- 축복과 성공으로 이끄는 비밀해석 -

조직
신학

- 축복과 성공으로 이끄는 비밀해석 -

조직 신학

한만봉 | 정바울 공저

KSII 한국학술정보㈜

머 리 말

이 책은 성도, 평신도, 학부모, 대학생 모두에게 알아야 할 조직신학에 대해서 알기 쉽게 다루었다. 주지하다시피 시중에는 수십 종의 책들이 즐비하게 출판되었다. 그러나 대부분의 책들은 조직신학에 대한 비밀을 해제한 구체적인 이론을 다룬 책이 별로 없고 오로지 일반적인 해제 또는 신학 일반적 이론에 대한 것을 다룬 책들이 있다. 이에 금서로 여겨지는 비밀해석에 근거한 조직신학을 저술하게 되었다. 오늘날의 신학은 목회자의 전유물이거나, 때로는 오도되고, 목회자의 이기심에 의하여 목회 철학이라는 이름하에 편협하게 선별된 이론들을 주입적으로 가르치는 신학으로 전락하게 되었다. 성도들의 눈을 막아버리고, 귀를 막아버리며, 입을 막아버리는 방향으로 목회자들은 지도하고 있을 때가 많다. 그것은 성도들이 너무 알면 다루기 어렵다는 생각 때문일 것이다. 그래서 덮어 놓고 믿으라는 식으로 우매한 신앙인을 만들어 놓고 있다. 성도들이 갈급해하며 더 깊은 신학을 배우려고 신학대학, 신학교를 찾아가면 그곳은 우리와 다르다. 이단이다. 그곳은 배울 것이 없고, 문제가 많다는 식으로 그들을 배우지 못하게 막고 있다. 구약에서 하나님께서 지적한, 눈이 있어도 보지 못하고, 귀가 있어도 듣지 못하는 이스라엘 백성의 타락을 지적했듯이 현대는 귀를 막아주고, 눈을 가리는 일을 교역자가 저지르는 경우가 허다하다. 신학이 신학다워야 하고, 믿음이 믿음다워야 함에도 불구하고 교단중심, 목회자중심의 신학노선이 너무 강해 본질을 오도하는 경우가 생긴다. 신학은 종교 속에서만 맴도는 것이 아니다. 행정학, 경영학, 사회복지학, 교육학, 관리학, 정보학 등 전반적인 분야에서 연구되는 파트인 것을 알아야 한다. 하나님은 역사를 떠나서는 주관하지 않는다. 역사 속에 존재하고 역사를 주관하기 때문이다. 그 역사적 삶 속에선 전반적인 것이 필요하고 적용된다. 즉 넓은 의미의 조직신학으로 보아야 할 것이다. 스스로가 구덩이를 파거나, 나만 옳다는 식의 이기주의적 사상은 하나님을 제대로 볼 수 없으며, 성경의 본래 의미를 바로 전달할 수가 없는 것이다. 삶을 포기하는 신학은 존재 가치가 없는 것이다. 인간이 존재하는 속에서 하나님의 섭리와 예정이 필요한 것이다. 이제 우리는 다시 회복되어야 한다. 초대교회로만 돌아가려 해도 안 되며 현대에 매몰되지도 말고, 진정한 의미의 조직신학을 찾아내어야 할 것이다. 성경 1000독을 하면 무엇을 하나, 그 의미를 제대로 파악하지 않고 1000독 했다는 것에만 자부심과, 우쭐함을 가지고 폼 내면서 살아가는 골빈 신앙인을 더 이상 만들지 말아야 한다. 교회도 가식을 버려야 한다. 주보에 버젓이 몇 개 선교단체를 지원하고 있고, 몇 개의 교회를 후원하고 있다고 하면서, 정작 선교헌금 지원하는 것을 보면, 매주에 몇 천만 원씩 들어오는 대형교회들이 겨우 5만 원씩 지원하고, 지원하고 있네, 하는 그 가식을 버려야 한다. 교회 십자가를 높이려고 교인들로부터 십일조만 강조하고, 헌금 강요하는, 그래서 십자가 뾰족 철탑이 하나님 똥구멍을 찌르는 그런 교회는 돌 하나도 남김없이 무너져야 할 것이다. 교회는 주님이 일하시는 현장이다. 이제 철저히 회복되어야 할 것이다. 이에 한국 교회 목회자들에게 경종을 울리기 위해 신세대적인 감각의 조직신학을 집필하게 되었다. 살아 숨쉬는 신학, 살아있는 교회를 만들고자 한다. 이 책에서는 전공 용어를 들어가며 이러한 중요도가 있는 조직신학을 성경적 측면에서 설명하고자 하였다. 때문에 다양한 이론들을 주장하게 되었고 다른 학자 또는 다른 저자들의 새로운 이론들을 적용하거나 이용하기도 하였다. 이 책은 신학, 성경학, 구약학, 신약학, 목회학, 전도학, 평신도학, 행정학, 사회복지, 케어복지, 경영학, 심리학, 정보학, 사무관리를 두루 넘나드는 포괄적인 책으로 엮었다. 한마디로 희망의 조직신학이라고 할 수 있다. 비전과 꿈과 소망을 심어주며 학문만으로서의 책이 아니라 현장, 현실적용의 살아있는 책인 것이다. 이 책을 통하여 미래사회를 지도할 훌륭한 목회자들이 많이 나오길 바란다. 다만 내용을 개괄적으로 다루다보니 각 학문에서 필히 다루어야 할 부문들을 누락시킨 부문들이 없진 않다. 내용 및 전개상 여러 부분들을 국내외 학계, 전문가의 이야기들을 요약 발췌한 부문이 있다. 그러나 독창적인 아이디어로 예화, 적용을 통해 재미있게 접근함은 필자의 독창성임을 밝혀둔다. 끝으로 이 책이 출판되기까지 물심양면으로 도움을 주신 분들께 감사를 표한다. 특히 세밀하게 출판관계의 모든 면을 챙겨주신 한국학술정보(주) 모든 분들께 감사를 표한다. 그리고 여러모로 도움을 주신 선생님들에게 감사의 뜻을 전하고 싶다.

2008년 7월 한만봉, 정바울 씀

◆ 목 차 ◆

I. 성경과 그 안에서의 말씀

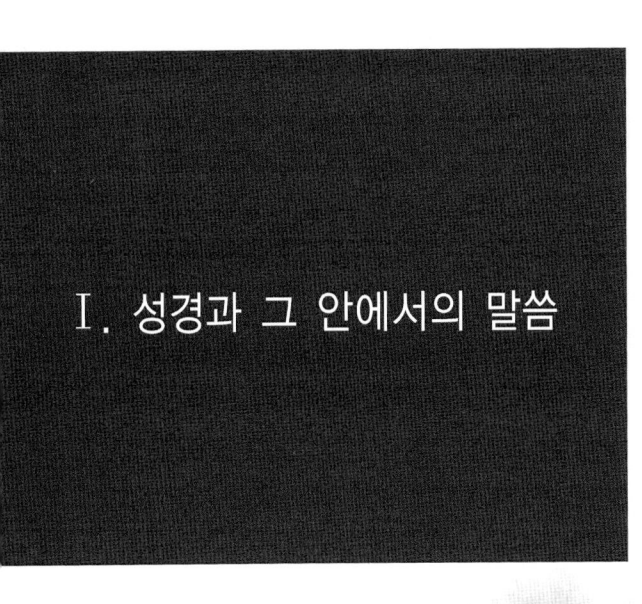

1. 목회자가 바라보는 신학

1) 구약의 예배

① 예배 – 하나님과 그 백성이 만나는 자리

구약의 예배는 하나님이 자기 백성 이스라엘과 만나며 교제하는 자리이다. 하나님께서 자기 백성과 만나시고자(출 25:22) 이스라엘에게 먼저 예배처소를 짓게 하셨다.(출 251-9) 제사장은 하나님과 그 백성 이스라엘의 만남을 위해서 하나님이 세우신 목자이다.

그러나 제사장들과 레위인들에게 있어서 예배는 "하나님을 섬기는 일"이다.

예배는 제사장의 "목회"(ministry) 그 자체이다. 하나님이 제사장을 부르시고 세우신 것은 오로지 이 예배를 제대로 수행하게 하기 위해서이다.

구원 사건은 하나님의 말씀을 듣고, 하나님과 언약을 맺는 삶(출 19-24장)으로 이어져야 한다. 궁극적으로는 예배를 통해서야 이스라엘은 하나님의 통치를 받는 백성이 되고 하나님의 뜻을 세상 속에 펼치는 신앙공동체가 되는 것이다.

② 예배드리는 때, 예배드리는 곳 – 안식일과 성소

이스라엘 자손은 아무 때, 아무 곳에서나 하나님께 예배하지는 않았다. 그것은 반드시 하나님이 정하신 특정한 때, 특정한 장소이어야만 했다.

구약 레위기는 이스라엘 자손들에게 공식적으로 안식일, 유월절, 칠칠절, 설날, 속죄일, 초막절 등에 성회를 열고 번제, 소제를 비롯한 각종 예물을 하나님께 드리라고 규정하고 있다.(레 23장)

이스라엘은 성소로 찾아가서 제사를 드려야 했다.(신 12:4-7) 성소란 하나님이 자기 특성을 자기 백성들에게 계시하고자 선택한 장소로 받아들인다. 하나님이 자기 이름을 두시려고 선택한 장소가 바로 예배하는 자리이다.(신12:5) 하나님은 어디에나 계시지만, 하나님께 드리는 예배는 아무 데서나 할 수 없었다.

그러나 기원전 587년 예루살렘 성전은 무너졌다.

예수는 하나님께 예배할 장소를 묻는 사마리아 여인에게 이렇게 말씀하신다. "아버지께서는 이렇게 자기에게 예배하는 자들을 찾으시느니라. 하나님은 영이시니 예배하는 자기 신령과 진정으로 예배할지니라".(요 4:21-24) 기독교 신앙이 가르치는 참된 예배에서 소중한 것은 "어디서"가 아니라 "어떻게"이다.

③ 예배와 "코르반" – 예배와 제물

구약의 예배는 희생제물을 드리는 제사이지만, 이것들은 모두 하나님께 바치는 "예물(코르반, gift)이라고 부른다. 구약의 예배의 바탕에는 예물을 드리고자 하나님께 나아가는 정성이 깔려 있다.

히브리어로 "코르반"은 "가까이 나아간다"라는 뜻이다.

레위기가 제시하는 다섯 개의 코르반은 성격상 크게 둘로 구분된다. 하나는 예물을 불에 태워서 드리는 "화제"이다. 번제, 소제, 화목제가 여기에 속한다. 다른 하나는 희생제물의 피를 성소에 뿌리거나 바르고 나서 태우는 제사이다. 속죄제와 속건제가 여기에 속한다.(레 4:1-6:7) 이런 까닭에 번제, 소제, 화목제를 예물로, 속죄제와 속건제를 제물로 구분해서 생각할 수도 있다. 그러나 현재의 예배와 재물은 상당히 본질에서 이탈해 있다. 예배에서는 형식적인 면이 강조되고 있고, 가슴으로 드리는 예배가 아니라 규칙과 제도에 흡수되어 드리는 것으로 되어 있다. 마르크스가 말한 소외되어 가고 있는 것이다. 종교를 믿고 신께 예배를 드리므로 자유함을 얻어야 하는 데 구속되어 가고 있다.

몇 년 전에 20년 넘게 교회 다니며 새벽기도를 한번도 빠지지 않은 집사님 한 분을 만났다. 그날따라 손을 다쳐 붕대를 감고 있었다. 왜 그러냐고 물었더니 20년 동안 한번도 새벽기도를 빼먹지 않았는데 오늘아침은 감기기운 땜에 늦잠을 자서 새벽기도를 못 갔다는 것이다. 그래서 집에서 늦게 일어나 무릎 꿇고 기도하고, 아침에 남편 출근시켜야 하기에 요리를 하다가 칼에 베었다는 것이다. 칼로 손을 베는 순간 "주여, 오늘 새벽기도 안 나가서 벌 주시나보다"라는 생각이 들어 죄책감 때문에 고생했다는 것이다. 그 이야기를 듣고 나는 "집사님 신앙생활 잘못하고 있군요"라고 말해주고 싶었다. 20년 동안 매일 새벽기도 잘 나온 집사님을 한 번 빠졌다고 손 자르라고 하는 하나님이면 우린 믿지 말아야죠. 그런 옹졸한 하나님입니까? 신앙은 자유함을 얻어야 한다. 진리를 알지니 진리가 너희를 자유롭게 하리라…… 종교의 형식에 구속된 정한 자유함을 못 얻는 우리 성도들을 볼 때 안타깝다. 과연 구약시대에도 그랬을까……?

가. 번 제

번제(레 1:1-17)는 이스라엘 신앙에서 가장 보편적인 예배이다(창 22장; 출 18:11-12; 24:3-8; 왕상 18:38-39 등). 이스라엘 백성들은 삶의 중요 단계 때마다 하나님께 번제 예물을 봉헌하였다.

번제는 예배하는 자의 죄를 속한다(레 1:4). 번제물을 드릴 때 제물을 드리는 자는 맨 먼저 제물의 머리 위에 안수하게 된다. 이 안수는 제물을 드리는 자가 자기 자신을 하나님의 단에서 태워드린다는 것을 상징적으로 표시하는 몸짓이다.

그가 번제물의 머리에 안수할지니 그리하면 열납되어 그를 위하여 속죄가 될 것이다(레 1:4)

오늘 우리의 예배에서 번제는 나를 하나님께 온전히 바치는 정신으로 구현되어야 한다. 그것이야말로 예배의 시작이다.

나. 소 제

소제(레위기 2:1-16)는 레위기의 5대 제사 중 유독 곡물로 드리는 예배이다. 소제는 땅의 소산물을 하나님께 드림으로 하나님의 은혜와 주권에 감사하는 예물이다.

소제의 예물은 기본적으로 고운 가루(솔레트)이다.

고운 밀가루는 추수한 밀을 부수고 갈아서 얻어진다. 하나님의 뜻을 이루기 위해서는 자기 자신이 부수어지고 깨지고 희생되어야 한다는 사실을 터득하게 되었으리라.

소제의 예물에는 그 속에 넣어서는 안 되는 것과, 그 속에 반드시 넣어야 될 것이 있다. 소제물 속에 넣어서 안 되는 것은 누룩과 꿀이다. 누룩이나 꿀은 물질을 발효시키는 성격을 지니고 있는 재료들이다. 소제의 예물 자체를 엉뚱한 모습의 예물로 변질시켜 버린다. 그러기에 누룩과 꿀을 넣은 예물이란 하나님께 드리는 제물로는 온당하지 못하다.(비교, 고전 5:6-8) 소제물에는 기름과 유향과 소금이 들어가야 한다. 기름은 땅의 곡물을 거룩하게 하는 물질이다. 유향은 제물을 향기 나게 하는 물질이다. 소금은 변하지 않게 하는 물질이다.(민 18:9) 하나님과 이스라엘이 누리는 교제가 변하지 않게 되는 언약관계를 지니고 있음을 상기시킨다.

다. 화목제

화목제를 드릴 때 예물을 드리는 자는 하나님께 기름과 피를 바쳐야 한다. 피는 하나님이 주신 생명을 상징한다. 그러기에 피는 모두 하나님의 것이다. 피뿐 아니라 내장에 붙은 온갖 기름도 하나님께 드려야만 / 태워야만 한다.

화목제는 하나님과 이스라엘이 확인하는 화평한 관계를 표현하는 제사이다. 하나님께 예배를 드리고 난 후 하나님이 주신 예물을 먹고 나누면서 평안과 기쁨을 확인하는 예배가 바로 화목제이다.

라. 속죄제

속죄제(레위기 4:1-5:13)는 이스라엘 자손이 "여호와의 금령 중 하나라도 그릇 범하였을 때" 드려야 되는 제사이다. 고의적으로 오만한 마음으로 지은 죄는 여기에 속하지 않는다. 그런 죄는 속죄제로도 해결할 수 없다.

속죄제는 히브리어로 "핫타트"이다. "핫타트"는 문자적으로 "목표를 빗나가다"라는 뜻이다. 죄란 "과녁을 빗나가는 것"이다.

그러나 히브리어 "핫타트"는 "죄의 용서"를 나타내는 "속죄제"라는 의미로도 사용된다.(출 29:36; 레 4:25 등) "핫타트"는 하나님의 백성 이스라엘이 하나님의 뜻을 어기고 살면서 하나님의 백성다운 목표에 어긋난 삶을 살게 되었을 때 하나님과의 관계를 회복하기 위하여 드리는 제사이다.

중요한 것은 죄를 죄로 깨닫는 것이다. 죄를 깨달아야 속죄제를 드릴 수가 있다. 죄를 깨닫는 것 자체가 은혜이다. 오늘 우리 교회가 회복해야 할 예배의 영적 감각이 바로 이것이다. 예배를 통해서 죄에 대한 가책, 죄에 대한 고민, 죄에 대한 회개와 용서를 이룰 수 있어야 되지 않을까.

마. 속건제

속건제(레위기 5:14-6:7)는 잘못을 저지른 자에게 변상의 책임을 묻는 제물이다. 하나님의 성소, 이웃 등에게 어떤 피해를 끼쳤으면 그 피해는 반드시 배상 / 벌금의 형태로 메워져야 한다. 속건제는 바로 이런 정신 속에서 봉헌된 제물이다.

속건제의 중요개념은 두 가지이다. 하나는 잘못해서 저지른 허물을 보상으로 대신 "속"(贖)하는 것이다. 다른 하나는 죗값을 치름으로써 제물을 드린 자와 제물을 받는 자에게 모두 만족을 주는 것이다. 보상(compensation)과 만족(satisfaction)은 속건제를 지탱하는 핵심이라고 말할 수 있다.

④ 구약의 예배 – 그 3대 요소: 선물, 교제, 속죄

구약의 예배는 하나님과의 만남이다. 이 만남을 이루는 수단은 희생제사(sacrifices)와 예물 / 제물(offering)이다. 이 만남에는 세 가지 요소가 있다. 첫째 선물을 드리는 것, 둘째 사귐을 갖는 것, 셋째 속죄하는 것이다. 선물(gift), 교제(communion), 속제(atonement)야말로 구약 예배의 3대 요소이다.

⑤ 제사에서 말씀으로, 제단에서 강단으로

예언자들은 제물을 드리는 삶이 이스라엘의 죄를 증가시키고 있다고 지적한다. 하나님이 원하시는 것은 제사가 아니라 상한 심령이요, 제물이 아니라 하나님을 아는 참사랑이라는 것이다.

에스라의 종교개혁(느 8장)은 이 점에서 이스라엘 신앙사에서 한 전환기를 이루는 사건이다. 에스라에게 시급했던 것은 성전 제사가 아닌 하나님의 말씀을 듣는 일이었다. 에스라가 읽은 모세의 율법은 에스라가 전한 설교라고 볼 수 있다. 하나님의 말씀을 읽고, 풀이하고, 깨닫고, 회개하는 역사에서 이스라엘 공동체는 영적으로 새로운 전환기를 맞는다. 제사보다 말씀, 제단보다 강단을 강조하게 되는 종교사적인 개혁이 일어난 것이다.

오늘의 설교자는 예배 중에 설교를 통해서 하나님을 만나게 하는 다리 역할을 해야 한다.

가. 몇 가지 걸림돌

가) 무관심, 편견, 오용

구약의 말씀을 설교의 본문으로 삼는 데 방해가 되는 걸림돌은 여러 가지가 있다. 그중에서도 구약에 대한 설교자의 무관심이나 편견이 구약에 선포된 하나님의 말씀을 바로 듣지 못하게 만드는 비극을 낳는다.

구약에 대한 편견 중에는 신약을 이해하기 위한 배경 자료로 구약을 활용한다는 견해도 있다. 이런 시각에서 구약을 율법으로, 신약을 은혜의 말씀으로 간주하려고 한다. 그러면서 그리스도가 오신 이상 구약은 폐기되어야 한다고 말한다.

또 다른 이유 중에는 구약을 은유적이거나 우화적으로, 또는 영적으로 "풀어서" 구약에서 무모하게 신약의 메시지를 들으려고 하는 시도가 있다. 구약의 말씀을 무조건 신약적으로만 해석해서는 안 된다. 그것은 차라리 성서적으로 해석되어야 한다.

나) 난해한 구절

설교자들이 구약의 말씀을 본문으로 삼아서 설교를 준비할 때 느끼게 되는 어려움 가운데에는 그 구약의 말씀이 낯설고, 난해하다는 데 있다. 엄밀한 의미에서 하나님의 말씀은 쉽게 풀이해서는 안 된다.

할 수만 있으면 히브리어 원문을 해독할 수 있는 능력을 배양해야 한다. 성서 한두 구절들만 붙들지 말고, 그 구절들이 포함된 문단 전체를 읽어 가는 습관이 요청된다. 그러면서 성서 지리, 이스라엘 역사, 구약 시대의 풍습과 문화에 대한 지식을 꾸준히 터득해야 한다.

다) 오해하는 구절

구약 본문을 오해하게 되는 가장 심각한 경우는 구약 본문을 자의적으로 해석하는 경우이다. 그것은 말씀을 해석하는 목적을 이른바 "은혜를 받는 것"으로만 단정 짓기 때문이다.

구약 본문을 오해하게 되는 많은 경우는 구약의 말씀을 요절형식으로만 기억하고 있을 때 대부분 생긴다. 문맥을 떠난 성서 읽기가 본문의 뜻을 심각하게 훼손하게 된다는 것이다.

예를 들어 "네 시작은 미약하였으나 네 나중은 심히 창대하리라"(욥 8:7)라는 말씀을 내세운다. 이 구절은 결코 욥기를 대표하는 구절이 못된다. 욥기 전체의 문맥을 파악한 사람이라면 "수아 사람 빌닷"이 한 말을 욥기의 요절로 삼게 되지는 않으리라. 구절 해석보다 소중한 것은 그 구절의 맥락을 파악하는 일이다.

나. 극복해야 할 몇 가지 시도

가) 마르시온(Marcion)과 아이세제시스(Eisegesis)

구약을 해석하는 과제 중 첫 번째가 구약의 말씀에 대해서 마르시온적인 태도이다.

기원 후 2세기경 마르시온이라는 자가 있었다. 그는 구약의 하나님을 조물주이자 진노하는 신으로, 신약의 하나님을 사랑의 하나님으로 간주하였다. 그리고 이 두 하나님 중에서 사랑의 하나님을 더 우월한 하나님으로 선택하였다. 결코 동일한 분일 수 없다고 생각하였다. 그러다가 몇 해 뒤 터툴리안(Tertullian)이 마르시온을 반박하는 논문을 발표하게 되면서부터 마르시온은 기독교 신앙에서 이단으로 규정되게 된다.

두 번째는 아이세제시스이다. 그것이 "엑세제시스"(exegesis), 곧 주석이기보다는 "아이세제시스"(eisegesis), 곧 인위적인 풀이이다. 본문이 그 본문을 읽는 독자에게 무엇을 전달하고 있는가를 듣기보다는 주석하는 사람의 생각을 본문 위에 포장시키는 결과를 낳아서는 안 된다.

나) 구약을 예화, 인용, 참조사항으로만 활용하기

설교자가 조심해야 할 구약 해석에는 구약의 말씀을 증빙서류식으로만 활용하려는 시도도 있다. 설교자가 구약의 말씀을 "참고문헌"으로 국한시킬 때 구약 본래의 메시지와는 상관없는 해석을 낳게 된다는 것을 기억해야 한다. 문맥을 떠난 구약 인용은 왜곡될 수 있는 여지가 충분하다.

설교자가 본문을 주석해야 할 이유가 여기에 있다. 주석의 과제는 본문의 증언을 듣는 일이다. 증언이란 본문의 뜻이다.

다) '구약은 예언이고 신약은 그 성취이다'라는 견해

전통적으로 교회는 구약을 예수 그리스도에 대한 예언으로, 신약을 그 예언의 성취로 읽어 왔다.

그렇지만 성서해석학적으로 볼 때, 구약의 말씀을 예언으로, 신약의 말씀을 그 성취로만 간주하고 끝나서는 안 된다. 구약은 구약의 맥락에서 우선 파악하고 살펴야 한다. 신약의 맥락에서 구약을 읽는 일은 그 다음에 가서야 할 일이다.

여기에서 대두되는 과제가 '구약의 말씀과 신약의 말씀을 설교자가 어떻게 연결지어야 하느냐'는 것이다. 구약과 신약 사이의 "케리

그마상의 연결" 또는 "케리그마상의 비교, 대조, 보완"이 신구약의 연결에서 중요하다는 것이다. 이 과제는 성서학자를 비롯한 설교자들이 모두 늘 기도하며 끊임없이 공부해야 할 과제이다.

라) 학문적 주석 방법론의 역기능과 순기능

그렇다면 과연 우리는 어떻게 구약의 말씀을 해석해야 하는가? 필자는 여기에서 모든 설교의 준비 과정에는 말씀에 대한 주석이 있어야 된다고 생각한다.

주석이란 진정 본문으로 하여금 외치게 하는 노력이다. 그 대표적인 노력의 결과 중의 하나로 이른바 성서 해석방법론이 등장했다. 여기에서 방법론이란 19세기 말에 시작하여 "역사비평"이란 이름으로 우리에게 소개되었다.

역사적 성서해석은 후에 통시적 해석으로 그리고 역기능인 이성적, 비판적 역할을 보완하여 공시적 해석이나 총체적 해석이란 이름으로 활발히 진행되고 있다.

다. 설교자가 알아야 할 구약 말씀의 성격

가) 구약 본문의 문학적 특징

구약의 말씀에는 구약에만 있는 문법적, 문학적 특징이 있다. 구약의 말씀을 본문으로 정하고 설교하는 자들은 무엇보다 이 사실을 염두에 두어야 한다.

구약은 동일한 주제나 사건 등을 때로는 여러 번 시각을 달리해서 반복하거나 중복해서 증언한다. 특히 구약의 오경에 이러한 복수적인 증언들이 많이 등장하고 있다. 이런 까닭에 구약을 주석하고 설교하는 사람은 이런 다양한 증언들이 각각 어떤 목소리를 지니고 있는지를 그 배경에서 파악한 후 다양한 증언들끼리 어떤 해석상의 관계나 과제를 지니고 있는지를 주의 깊게 살펴야 한다.

또 구약은 어떤 한 본문이 다른 여러 본문들과 "서로 연결되는 특성"(intertextuality)을 갖고 있다. 따라서 본문과 본문 사이의 상호관계 속에서 본문과 본문이 서로 어떻게 지지해주거나 수정하는지 또는 확대하거나 적용하는지를 눈여겨보아야 한다.

나) 구약 본문의 유대적 성격

구약의 말씀은 기독교 신앙의 유대성을 드러내고 있다. 유대교의 경전은 직선적인 역사관을 활용하고 있는 기독교 경전과는 크게 다르다. 유대교 경전에서 그 중심은 토라의 이상(ideal)이다. 이것은 하나님의 백성인 이스라엘 사회가 어떻게 조직되어야 하는지를 다루는 원칙이다. 토라는 중앙에 성소가 있는 사회를 이상적으로 제시한다. 이처럼 유대인의 타낙이 강조하는 것은 예루살렘과 성전이다. 이런 구조는 예수 그리스도의 오심과 다시 오심을 정경의 구조로 갖추고 있는 창세기-계시록의 흐름과는 차이가 난다.

기독교 신앙은 이런 유대인의 타낙을 구약성서라는 이름으로 우리 정경의 일환으로 공유하고 있다. 이처럼 구약의 말씀은 유대교적인 배경을 지니고 있다.

다) "문자와 영"-구약 본문의 해석학적 특성

구약의 글자는 그것을 써 놓을 수밖에 없었던 증인들의 영성을 드러낸다. 야훼 하나님이 자기들의 운명일 수밖에 없으며, 그 하나님이 이스라엘 백성만 아니라 온 세계의 하나님일 수밖에 없다고 믿었던 자들이 바로 구약의 말씀을 기록해 갔던 자들이다. 바로 이 점에서 구약의 모든 글자는 야훼 하나님의 영감으로 충만한 말씀이다.

라. 주석에서 주해로

주석은 주해로 옮겨가야 한다. 주석의 열매를 회중의 실제 삶 속에 구체적으로도 실제적으로 적용시킬 수 있는 말로 바꾸어서 표현해야 한다. 주석이 본문이 무엇을 말하고 있는지를 듣는 과정이라면, 주해란 그것을 '입장을 바꿔 놓고' 생각하는 과정이다.

주석에서 주해로 이르는 과정에는 본문에 대한 명상, 묵상이 요청된다. 성령의 도우심이 있어야 한다.

마. 주해에서 설교

구약의 말씀을 읽고, 주석 → 주해하는 과정에서 우리는 설교의 아이디어를 얻을 수 있다.

설교를 준비하는 자는 설교 본문으로 삼은 말씀의 세계, 본문의 음성, 말씀의 이미지를 주석 작업을 하면서 캐내야 한다.

그러나 설교의 스타일과 형식은 다양하다고 생각한다.

따라서 구약 본문을 가지고 설교를 한다고 해서 모든 설교의 형식이 반드시 주해식 설교나 강해식 설교일 필요는 없다. 어떤 주제를 선정하고 그 주제를 밝히는 본문을 구약에서 선정하고 난 뒤 설교문의 틀을 짤 수도 있다.

그 어떤 경우이든 본문을 주석하고 주해하는 과정이 설교의 형성에 기여하고 있으면 족하다. 이런 모든 과정 속에 성령의 도우심이 있어야 한다. 효과적인 설교는 성령께서 이루시는 역사이기 때문이다.

2) 해석과 성경

한국 기독교는 영성의 깊은 샘을 가지고 있지만 선교 초기의 역사는 종교적 영성의 깊이를 적극적으로 평가하지 못하였다. 오히려 조선조 말 사회 윤리의 틀을 형성해 주고 있었던 전근대적 유교 윤리를 암암리에 수용하여 복음은 단순화되었고 한국 기독교의 사회 윤리 지평은 보수적인 과거의 틀을 그대로 이어받아 유교화되었다. 따라서 21세기를 향한 한국 기독교는 이 문제를 비판적으로 극복해 나가기 위하여 해방적 영성의 윤리적 해석학을 전개해 나아가야 한다.

기독교 윤리학이 해석하던 텍스트의 해석과 신학적 개념 형성에 의존하던 전통적인 방법의 한계성을 인식하고 텍스트 적절성만이 아니라 상황 적절성을 윤리적 해석의 판단으로 받아들이므로 신학적 윤리학이 읽어내지 못했던 내용을 읽어낼 수 있다. 이 같은 방법으로 한국 교회의 윤리적 성향을 분석하는 데 사용하여 한국 교회가 텍스트를 주체적으로 해석할 수 있는 능력을 알아야 한다.

① 서구 기독교 전통에 대한 해석학적 문제

구 기독교의 역사가 기독교의 성장과 깊이 관계하고 있는 것은 부인할 수 없는 사실이다. 먼저 트뢸치가 보았던 서구 기독교 역사의 3가지 흐름[1]은 서구 기독교를 이해하는 단초를 제공한다. 그러나 트뢸치의 3가지 유형에서 교회 유형이 보다 보편적인 사회윤리학적 타당성을 가지고 있다. 왜냐하면 현실주의적 측면에서 교회 유형이야말로 사회에 대한 영향력을 기독교가 가지고 있기 때문이다. 즉 기독교적인 영향력을 미칠 수 있는 문명의 윤리(ethic of civilization)를 가질 수 있기 때문이다.

리처드 니버는 트뢸치의 유형론이 지나치게 기독교의 역사를 보편

---

1) 사회학적인 유형론은 사회학적 해석을 담고 있고 소종파형은 사회, 경제적인 이익 관계를 초탈하려는 윤리를 가지고 있고 교회 유형은 사회 경제적인 책임의 지평을 받아들이려는 입장을 가지고 있다.

화시켰다고 강조하면서 다양한 형태의 문화와 교회에 대한 입장을 전개하였다. 그의 책 『그리스도와 문화』에서 소개하는 5가지 유형 론2)은 기독론적 해석을 바탕으로 하고 있다.

트뢸치와 니버의 이론은 기독교 윤리학의 다양한 해석을 제공했다는 의미를 가지고 있다. 이런 다양한 해석은 서구 기독교를 더욱 이해할 수 있는 기회를 제공한다.

여기서 저자는 기독교 윤리학적 입장의 다양성을 통시적으로 이해하면서도 그 이해를 절대화하지 않는 기독교 윤리학적 태도를 중요한 신학적 통찰의 자료로 삼고자 한다.

② 복음 전래의 해석학적 한계: 생략의 죄

기독교 복음을 전해 준 선교사들의 신앙과 믿음의 내용이 토착민들인 한국인들과의 인식론적 보편 경험을 통하여 이해되었을 때, 일종의 양면적 생략의 구조가 형성되었다. 서구 기독교인들의 역사적 정황과 한국 기독교인들의 역사적 정황이 생략되고 궁극적인 종교적 관심으로 뭉쳐진 단순화된 복음이 전래될 수밖에 없었던 것이다. 즉 서구의 기독교가 한국에 전해지면서 서구의 많은 사상과 이론이 한국적 상황에 이해되고 적용될 수 있는 부분만 강조된 채 다른 부분은 생략되었다는 생각이다.

이러한 복음의 단순화는 결과적으로 한국 기독교로 하여금 구체적인 사회, 정치, 경제적 현실에 대한 공적 사역을 가로막는 한편, 한국 기독교를 도덕폐기론적 소극주의에 빠지게 하는 결과를 초래하였

---

2) 적대적인 공동체(Christ against culture), 세상과 함께 하는 그리스도(the Christ of culture), 세상을 초월하는 그리스도(Christ above culture), 세상과 갈등하는 그리스도(Christ and culture in paradox), 세상을 변형시키시는 그리스도(Christ the transfomer of culture)

다. 이를 달리 말하면 서구인들에 의하여 전승된 기독교는 기독교 사상의 다양성보다는 그들의 선교적 과업을 수행하기에 적절한 내용으로 축약되거나 생략된 것이었다는 것이다. 보다 효과적인 선교를 위하여 이들은 복음의 사회, 정치, 경제적 해석을 삭제했다고 말할 수 있는 것이다. 그리하여 비정치적, 비사회적, 그리고 교회 지상주의적 가치가 한국 기독교의 윤리적 성향으로 고착되어 갔다. 이러한 성향을 '생략의 죄'(sins of omission)라 칭한다.

따라서 서구 기독교가 전래되어 온 이후 전래된 기독교 사상에서 생략되었던 부분을 비판적으로 검토하고 수용하고, 또한 단순화된 기독교로 우리의 신학적 사고가 수렴될 당시 무시되거나 도외시되었던 부분이 회복되지 않고서는 복음의 주체적 해석자가 되기는 어려운 것이다. 이를 보다 구체적으로 지적한다면 19세기 말 서구 기독교가 전래되면서 누락시켰던 복음의 윤리적 해석을 회복하여 복음을 통한 우리의 사회, 경제, 정치적 해석이 이루어져야 하고 또한 이러한 해석이 가능하기 위해서 우리의 오랜 역사적 경험 속에 축적된 종교적 영성을 활성화시켜야 한다는 이중의 과제를 수행해 나가야 할 과제를 우리는 안고 있다는 것이다.

1970년대 이후에 한국 교회는 기독교 복음에 대한 다양한 해석을 시도해 왔다. 대표적인 예로 토착화 신학과 민중 신학이다. 이 두 신학은 단순화된 복음을 비판하였다는 의미를 가지고 있지만 목회적 적용을 시킬 수는 없었다. 왜냐하면 실용주의적 의식의 철저한 반성이 없기 때문이다. 토착화 신학이 아시아적 영성을 외면한, 서구 기독교화 된 한국 기독교의 반성을 촉구하였다면, 민중 신학은 사회, 경제적 관심을 상실한 한국 기독교의 사회정의에 대한 반성을 촉구하는 의미를 주었다고 생각된다. 여기에는 문화적, 종교적, 영성적 주체성을 결여한 채 성장해 온 한국 교회의 실용주의적 자기의식이 철저한 반성에 이르지 못하고 있는 데 커다란 원인이 있다. 한국 교회는 실제에 있어서 양적 성장에 따르지 못하는 내적 성장의 결핍으로 인하여 심각한 윤리적 위기를 안고 있다. 뿐만 아니라 두 신학 공히 20세기 후반을 살아가는 현대 기독교인들의 삶을 구체적으로 안내할 수 있는 사회과학적 인식을 결여하고 있다는 점에서 기존의 "단순화된 복음"의 한계를 근본적으로 극복하지 못했다고 생각된다. 결국 한국 기독교 사상을 대변할 수 있는 "단순화된 복음"이나 토착화 신학 운동, 그리고 민중 신학 운동은 복음을 해석하는 주관의 임의성에서 크게 벗어나지 못했다고 판단되며, 생략의 죄를 극복할 만한 보다 설득력 있는 실천성을 확보하는 일에는 미흡한 상태에 있다고 본다. 이 문제를 극복하기 위하여 과거의 틀을 재해석하는 방편보다는 현대의 사회과학적 인식이 불러온 윤리적 가치를 받아들여 새로운 틀을 엮어낼 수 있는 신학적 사고가 요청되고 있다.

③ "단순화된 복음"의 윤리적 성향

트뢸치의 교회 유형은 복음이 세상과의 타협을 통하여 문명화된 윤리를 형성함으로써 사회적 책임을 수행하고 사회 변혁을 끼치고 있다는 점에서 긍정적이다. 그러나 한국에 유입되는 과정에서 변질되었다. 한국 상황에서는 교회의 공적 사역에 염두를 두지 않고, 교회의 성장과 자립 논리를 강화시켰다. 그 결과 비정치, 비사회적인 교회 지상주의가 한국 교회의 논리가 되었다. 뿐만 아니라 도덕폐기론적 태도는 기독교에 대한 윤리적 평가를 거절하고 배타적인 절대 종교로서의 지위를 확보하는 주관적 논리를 가지게 되었다.

한국 교회는 형식적으로는 유교를 버리고 비하시켰지만, 내용적인 측면에서는 도덕폐기론적 기독교의 도덕적 무능을 보완하기 위하여 암암리에 유교 윤리를 폭넓게 수용하였다. 종교는 바꾸었어도 살아가는 삶의 저변에 깔린 의식과 문화는 유교적이거나 무교(巫敎)적이 거나 아니면 불교적이었기 때문이다. 그리하여 한국 기독교의 윤리 적 성향은 교회 지상주의를 우선 과제로 삼는 동시에 선교에 장애가 되는 도덕적 성숙의 이론을 제거한 도덕폐기론적 특성을 지니게 되 었다. 그 가운데 한국 기독교 속으로 유교적 윤리사상의 유입이 자 연스럽게 이루어졌다. 이러한 현상은 아직도 대부분의 한국 교회 안 에 건재해 있다. 이러한 윤리적 성향은 한국 교회를 자연스럽게 보 수주의적인 교회로 만들어 갔다.

그러면 "한국 교회 안에 생략된 윤리적 공백이 어떻게 기능해 왔 는가?" 의문을 갖지 않을 수 없다. 저자는 한국 교회 안에 생긴 이 윤리적 공백을 메우고 있는 것이 유교 윤리의 유산이라고 생각한다. 종교적인 명분에 있어서는 유교를 배척했으나 실질적인 행동양식은 몇 가지를 제외하고는 유교적 성향에 그대로 젖어 있을 수밖에 없었 다. 서구 사회과학적 인식을 겸하여 지니고 있었던 기독교가 한국으 로 전래되면서 전근대적 유교 윤리로 옷을 바꾸어 입는 방식을 받아 들임으로써 윤리적 퇴행이 일어난 것이다. 이 윤리적 퇴행으로 말미 암아 한국 기독교 안에는 유교적 잔재인 성차별 문화를 끊임없이 재 생산해 왔으며 교회의 구조와 틀을 가부장적 권위주의로 채색해 버 렸다. 뿐만 아니라 교회의 공적 역사에 대한 이해를 갖추지 못한 한 국 교회는 기독교 사회 윤리적 해석의 틀을 갖추지 못하였으므로 사 회적인 제 문제에 대한 답변을 위하여 유교적 충효의 윤리를 동원함 으로써 기독교인의 자유와 책임을 해명하는 일에 불행하게도 매우 불성실하였다. 온갖 부정과 불의가 횡행하는 사회 속에서 교회는 외 면적으로 성장하였으며, 오늘날 많은 교회들은 공적 역할을 감당할 수 없을 만큼 사유화되어 있다.

이러한 교회 성장에 대한 결과론적인 평가를 넘어서서 교회가 지닌 윤리적 문제들은 너무나 많이 드러나 있다. 원칙에 대한 익숙함을 강조하는 율법주의적 신앙, 교회구조의 계층질서를 불러오는 권위주의, 급격한 사회변동 속에서 성공과 지복을 지향하는 의식 고취 등은 기독교 본유의 가치를 대변하기보다는 유교적이며 전통적인 사회적 가치를 한국 기독교가 실천원리로 삼고 있다는 현실을 드러내는 것이다.

이 문제는 기독교 신앙의 윤리적 성찰, 혹은 기독교 신앙의 공적 사역에 대한 숙고를 게을리 함으로써 한국 교회가 불러온 윤리적 실패의 증거들이다. 이 문제는 도덕폐기론적으로 단순화된 복음을 무비판적으로 받아들이고 비지성적 비사회적 값싼 은총의 종교로 기독교를 전락시켜 온 지난 역사를 철저하게 검증해보지 않고서는 극복하기 어려울 것이라고 생각한다.

④ 한국 기독교의 갱신의 길 모색

한국 교회의 신학적, 윤리적 위기는 한국 교회의 신학적 사유의 빈곤에서 시작하였다. 이런 신학적 빈곤을 가져오는 원인으로 성장주의, 동서이원론, 그리고 비과학적 사유이다.

성장주의는 윤리적 가치들을 결과론적 가치들로 국한시켰고 동서이원론은 본질적으로 동과 서는 서로 다르다는 것을 전제로 나누는 사고방식이다. 이 사고는 기독교를 동양의 종교와 모호하게 만드는 종교 다원론적인 요소를 가지고 있다.

동과 서는 나누는 것이 아닌 통전적 개념으로 이해되어야 하고 이것으로 말미암아 서구인들의 경험과 한국인들의 경험을 합한 보다 넓은 의미에서 기독교 신앙을 재해석해야 할 것이다.

비과학적 사고는 신학을 사회과학적 분석을 통한 사회윤리적 대안을 찾을 수 있다고 생각한다.

그러면 "어떻게 복음의 주체적인 해석자가 될 수 있을까?"

서구의 경험과 한국의 경험을 함께 볼 수 있는 시각이 있어야 한다. 즉 지역적 특수성과 보편성의 확보는 새로운 복음의 해석을 가능하게 하는 것이다.

서구 기독교 신학이 서구인들의 경험을 통한 기독교 신앙의 해석으로서 의미를 가진다면 그들의 경험을 빌려 올 뿐 아니라 우리 자신들의 경험도 우리의 주체적 해석을 가능하게 하는 요인으로 받아들여져야 한다. 또한 우리의 경험이 아시아, 혹은 한국적 영성이라는 특수성에서 그치지 않고 그 특수성을 넘어선 보편성을 확보할 수 있어야만 창조적인 새로운 복음의 해석이 가능할 것이라고 생각한다. 여기서 저자가 강조하는 것은 신앙과 실천의 일치, 영성과 윤리의 일치를 기하는 새로운 해석이다.

오늘의 한국 교회의 위기는 신학적 위기라기보다 삶의 위기이며 윤리적 위기라고 저자는 생각한다. 이 문제의 해결은 영성과 윤리의 일치를 기하는 새로운 복음의 해석을 통하여 보다 바람직한 방향으로 나아가는 데에서 이루어질 수 있다. 저자는 한국 교회사 속에서 짧은 생을 살다간 이용도 목사의 삶을 통하여 이 가능성의 단초를 본다. 이용도는 영성은 곧 실천력을 동반하는 것이어야 한다는 관점에서 성서를 주체적으로 해석했던 사람이었다. 그는 윤리가 결여된 교회의 죄를 보았고 교회의 갱신은 예수의 윤리적 영성을 회복하는 길이라고 믿었다.

결국 우리의 과제는 참된(예수의) 영성을 경험하는 길을 모색하는 것과 실천력을 확보하는 신학의 형성이다. 이 신학적 과제가 공론에 그치지 않으려면 지난 신학적 오류를 극복하는 구체적인 방법, 즉 아시아적 영성이 촉진하는 실천성, 상황 적절성을 지닌 실천성, 보편적 경험의 적절성과 해석자의 윤리적 책임성을 동반하는 해방적 영성의 해석학이 되어야 한다.

⑤ 해방적 영성의 해석학

해방적 영성의 해석학은 자유와 책임의 지평을 열어냄으로써 기독교 윤리학의 구체적인 과제를 보게 할 수 있다. 여기서 이야기하는 영성은 비역사적이며 비사회적인 영성 이해에서 벗어나 구체적으로 육화된 영성을 의미한다. 이 문제는 단순화된 복음의 극복과 신학적 자유 그리고 교회가 머물고 있는 사회에 대한 책임 등을 말한다.

즉 해방적 영성은 한국적 영성과 서구적 영성의 통전적 시각과 자유, 정의, 평등, 유대와 같은 인간다운 사회를 이루는 사회적 가치와 함께 이루어져야 한다.

토마스 오글트리(Thomas W. Ogletree)가 말한 것처럼 자아, 관계 그리고 사회에 각각 연관시켜 해석하는 것처럼 자아의 성숙, 관계적 의무, 그리고 정치·사회적 해방은 해방적 영성을 얻게 한다. 이런 역사적 맥락주의(historical contextualism)에 대한 이해는 기독교 공동체의 역사적 경험과 아시아적 해방의 영성을 수렴시키는 데 도움이 된다. 이 이해를 빌어 설명한다면 해방적 영성은 개체 자아의 윤리적 숙성을, 인간관계 형식에서는 인간 존엄의 의식을, 사회적 차원에서는 정치, 경제, 사회적 복지의 지평을 촉진하는 영성이라 말할 수 있다. 이 세 가지 관계형식에 대한 윤리적 통찰을 불러일으키고 그 실천능력을 확보하게 하는 사건을 일으키는 것이 해방적 영성이다. 그러므로 해방적 영성이란 다름 아니라 역사적 맥락에서 윤리적 가치를 실현해 나가는 영적인 자각과 힘으로 작용하는 것이다. 따라서 해방적 영성은 개인의 차원에서, 관계의 차원에서, 그리고 사회 속에서 자유와 평등과 정의와 유대의 가치를 불러오는 힘의 근원으로 이해되는 것이다.

이러한 해방적 영성의 활성화가 일어날수록 개인과 다양한 인격적 관계와 사회, 경제, 정치적 관계와 제도가 인간화되고 하나님 나라를 향한 접근이 이루어지게 되는 것이다.

⑥ 나오는 말

한국 교회의 윤리적 성향은 도덕폐기론이다. 즉 생각의 죄로 인하여 윤리적인 비판 반성적 사유와 실천이 부족한 것이 사실이다. 사회 윤리적 삶의 영역에 대한 기독교적 이해는 의식, 무의식적으로 기존의 유교의 사회윤리로 대치되었다. 그 결과 오늘의 한국 교회 안에는 기독교적 영성 이해가 무색하리만큼 유교 윤리가 다양한 형태로 힘을 발휘하고 있다. 권위주의, 파벌주의, 성차별주의, 가부장주의 한국 교회 현실이 바로 이러한 사실을 적나라하게 드러내고 있는 것이다.

이제는 서구의 기독교와 아시아의 체험을 보다 통전적 개념으로 이해하고 유교적 윤리가 아닌 사회윤리적인 삶으로 전환이 필요하다. 이러한 현실을 극복하기 위하여 단순화된 복음에 대한 해석을 넘어서서 통전적인 복음에 대한 이해를 가지는 것이 요구되고 있다.

이러한 종합적인 사고는 역사적 맥락주의적 해석을 통해서만 가능하다. 동서의 종교적 지혜와 사회적 체험을 종합해 나갈 때 우리는 보다 인간다운 삶의 향상을 이루어 낼 수 있다. 이 종합을 통하여 자유와 정의와 평등, 그리고 유대의 가치를 중층적으로 그리고 개체 자아와 자아들의 관계 구조와 나아가서 사회, 정치, 경제적으로 새롭게 해석할 수 있는 길이 열릴 수 있기 때문이다.

이러한 역사적 맥락주의적 해석(contextual interpretation)을 통해서만 교회가 사회를 향한 공적 사역을 감당할 수 있을 뿐 아니라 자기비판 능력을 회복함으로써 새로운 갱신의 길로 나설 수 있게 될 것이다.

2. 21세기와 한국기독교

신학적인 의미를 가지고 역사를 바라본다면 인간의 역사란 죄로 인한 고통과 그 고통으로부터 해방을 얻고자 하는 몸부림치는 과정이다.

1) 봉건적 잔재와 청산과제

한국사회는 크게 보면 봉건주의적 세계관에서 깨어나 더욱 근대화된 세계를 향하여 나아가고 있는 사회이다. 봉건주의 세계관은 오랜 역사 속에서 지연과 혈연을 강화하였으며 지연과 혈연의 강화는 사회의 지배계층과 피지배계층 간의 엄격한 거리를 유지하게 하여 모든 관계를 주종 혹은 지배와 복종의 관계로 엮어 놓았다.

그리하여 긴 역사 속에서 사대부 자손들은 대를 이어 영화를 누리고 천민의 자식들은 대를 이어 빈곤 속에서 복종의 길을 걸어왔다. 또한 여성들은 삼종지도(三從之道)의 미덕을 예찬하는 덕목 아래 길들여지고 그 미덕을 숭상하여 자발적 복종을 실천하게 함으로써 한 인간이기보다는 한 여인으로 남게 하였다. 이에 반해 서구 사회는 400여 년 전부터 계몽주의를 거쳐 봉건주의적 사회적 비윤리성을 비판하며 길들여진 우물 안의 개구리로 살 수 없다는 자기이해를 가진 비판적 대중을 형성해 왔다. 비인간적 복종보다는 더욱 인간다운 삶을 살아가는 것이 하늘의 뜻이라고 믿게 되었던 것이다. 곧 서구의 역사는 무려 400여 년 동안 봉건주의 잔재를 청산하기 위하여 루터의 종교개혁을 시작으로 산업혁명, 프랑스혁명, 볼셰비키혁명에 이르기까지 먼 길을 헤쳐 왔던 것이다. 그러므로 우리가 물려받고 있는 정신 유산은 수구적이며 우상 숭배적이고도 반(反)해방적인 것이었다는 사실을 우리는 인정해야 한다.3) 이러한 봉건적 잔재가 남아있는 사회가 우리를 비인간화시키고 있는 것이다.

2) 비인간화된 사회의 현실

비인간화된 사회에 나타나는 결과는 폭력과 무질서이다. 우리는 바로 이 폭력과 무질서의 문화 속에 사로잡혀 있다.4)

저자는 폭력과 무질서가 횡행하는 사회의 특징을 다음과 같이 세 가지로 정리한다.

첫째, 양심의 명령보다는 복종의 질서에 순응해야 살아남는다는 철칙이 자리 잡게 된다.

둘째, 폭력과 무질서가 횡행하는 사회에서 성공하는 이들은 폭력과 무질서의 혜택을 받는 이들이다.

셋째, 무질서한 폭력이 횡행하는 사회에서는 변화가 일어나지 않는다. "이대로"를 외치며 변화의 요구를 진압하기 때문이다.

힘 있는 이들은 역사의 진보란 자신들의 성취와 업적을 말하는 것이지 보편적 인간해방을 진보로 믿지 않는다. 따라서 인간의 진정한 해방을 희망하지도 않는다.

이러한 사회 속에서 윤리학적 관심을 가진다는 것은 어쩔 수 없이 비판 문화를 일깨우고 권력 숭배 문화를 비판하고 약한 자들의 인간으로서의 권리와 존엄성을 옹호하는 일이 되어야 한다.

---

3) 유교사상에도 진취적이고 반우상적이며 해방적인 사상이 없는 것은 아니다.

3) 현실 분석 없는 대안의 허구

간혹 현실을 비판하는 말을 건네면 "부정적이며 냉소적이다"라고 폄하하는 이들이 있다. 이들의 주장에 귀 기울이다 보면 비판능력이 상실되고 비판적 대중도 사라진다. 그 결과 역사에 대한 책임의식도 증발하고 만다. 사회의 변화는 비판적 대중의 힘이 없으면 이루어지지 않는다. 어떤 이들은 현존하는 무질서와 폭력의 원인을 일방적으로 서구의 영향으로 몰아세우며 더욱 아시아적인 것으로 회귀하려는 사람들이 있다. 사회를 이원론적으로 구분하여 무엇이 옳고 그름을 떠나 지금 우리에게 중요한 것은 내가 그리고 네가 인간으로 인간답게 사는가가 중요하다. 관념이 부족한 것이 아니라 평등과 자유와 정의가 결여된 현실이 문제이다. 그러므로 우리의 절체절명의 과제는 우리를 비인간화시키는 협소한 사고에서 탈출해 오는 일이다.

4) 비판적 대중의 출현이 우리의 희망

'불의한 현실에 대해서 책임이 있는 이들은 바로 우리 자신들이다.' 나아가 우리가 우물 안의 개구리처럼 편협하게 사고의 틀 속에서 살아왔기에 불의한 현실이 계속 이어지고 있다. 그러나 현재는 사이버스페이스 문화와 정보화 문화가 우물 안의 개구리들을 비판적 대중으로 변화시키고 있음에 희망 갖는다.

결국 우리 사회가 요구하는 바람직한 교회는 교회라는 우물 안에서 신자들을 가두어 두는 종교가 아니라 우물 밖의 세계에 대한 책임 그리고 모든 인간이 참된 자유와 평등을 누리는 하나님의 나라를 향하여 발걸음을 크게 옮기라고 재촉하는 그런 교회가 되어야 한다. 그런 교회들만이 새로운 세기에도 인간을 역사 속에 해방시켜 오신 하나님의 뜻을 수행하는 교회로서 참된 존재 의미를 가지게 될 것이다.

이 책에서 다루고 있는 모든 주제는 진정한 인간다움을 실현해 나가기 위한 해방에 초점이 있으며 우리 한국 교회들이 하나님의 해방적 도구로 쓰임 받아야 한다.

한국 교회는 두 가지 점에서 서구교회와 다른 경험을 가지고 있다. 서구의 교회들이 성서와 예수의 언행에 대하여 역사마다 다양한 해석을 통하여 기독교성을 형성해 왔다면 한국 교회는 서구교회의 다양한 신학적 유산보다는 교회 유형의 신앙 고백적 전통에 따라 기독교성을 형성해 왔다. 또한 서구교회는 기독교가 주류를 이루는 근 2000년에 이르는 역사를 유산으로 안고 있다면 한국 교회는 유불선(儒佛仙)으로 이루어진 종교적 유산 위에서 지난 1000년도 안되는 짧은 역사를 가지고 있다.

오늘날 한국에서의 학문적 사유와 실천이 지나치게 서구의 학문에 의존되어 있다는 사실이다. 또한 우리의 역사가 다른 이들이 형성한 가치에 의하여 대상화되고 조작되어 왔다는 사실도 잊지 말아야 한다.

우리 한국 사회가 처해 있는 현실은 독특하다. 안으로는 전통적인 전근대적 사유가 전통의 이름으로 그 주권을 행사하고 있고 밖으로는 그 억압적 가치를 존속시키고 있는 제도들이 버티고 있기 때문이다. 이 문제를 시공간적인 이중의 구조로 보아야 한다. 즉 서구 사회의 윤리적 선진성과 우리 사회의 윤리적 후진성을 가로막고 있는 이 시차의 극복은 앞으로 한국기독교가 해결해야 할 중요한 과제이다.

이미 기술과학의 발달을 수용하여 공간적 거리는 극복하고 있으나 '윤리적 시차'5)의 극복은 아직도 요원하다.

---

5) 스스로 역사 속에서 가치를 형성하고 그 가치에 대한 사회적 합의에 근거되어 있는 사회와 주어진 혹은 받아들여진 낯선 가치를 살아가야 하는 우리 사회 사이에 분명하게 존재하고 있는 가치의 거리(25쪽 하단)

5) 한국기독교의 윤리적 문제

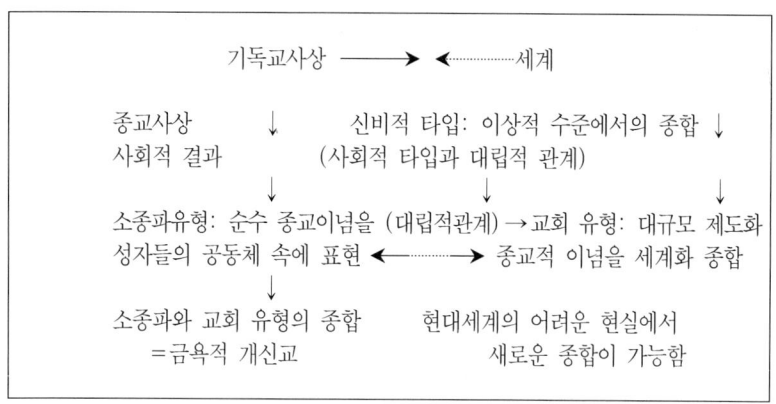

트뢸취는 기독교 초유의 메시지는 사회 윤리적인 내용을 갖추지 못한 순수하게 종교적인 것이었으며 종교적 이상에 따라 이루어진 이상주의적 동기들을 가지고 있었다고 보았다. 따라서 기독교 메시지는 현실 세계를 살아가는 구체적인 방법보다는 이 세계를 살아가는 이들을 향한 하나님의 구원의 사역에 대한 관심과 하나님 나라를 기다리는 삶이 주요 내용이다. 이러한 기독교 메시지 속에서 트뢸취가 발견한 주요한 사회학적 기초 개념은 개인과 공동체 혹은 개체와 보편이었다. 트뢸취는 기독교 교회의 역사를 세 가지로 유형화하였다.6) 트뢸취를 통해 본 서구기독교의 유형과 한국 기독교의 유형을 도표로 살펴보면 다음과 같다.

---

6) 종파형(sect type), 교회형(church type), 그리고 신비주의(mysticism)이다.

서구기독교의 유형

1) 서구기독교의 교회 유형 윤리 　사회혁명을 경험한 기독교	2) 아시아 유교문화와 윤리 반민주적 　개인주의적 선교 권위주의, 차별, 억 　압과 복종의 윤리 　개인주의와 보편주의
3) 비역사적 신비주의 윤리	
4) 전래된 기독교를 답습하는 기독교 　순수 종교윤리의 결여 　종교적 식민지화 　영적 개인주의	5) 타협을 거쳐 형성된 기독교 　순수 종교윤리의 결여와 　전근대적 가치수용 　보편주의적 약화

　기독교 신앙의 형성과정은 역사적 배태의 자리를 이해함 없이 바르게 이해될 수 없을 것이다. 교회 유형의 지도자들은 일면 사회 변혁을 위하여 사회질서를 흔드는 자들은 아니었다. 그들은 오히려 세속 권력을 선교적 도구로 삼고자 했기 때문에 사회의 근본적인 개혁을 요구하지 않았다. 즉 '사회 윤리적 변화의 요구'는 '사회사상의 구조'를 초월해서 이루어질 수 없다는 사실이다.

　역사적 우리의 한국 기독교 역사 속에서 기독교 복음 속에 담겨진 "위험한 기억들"을 강조하는 실천적 종파들을 찾아볼 수 없다는 점은 서구의 기독교 역사에 비하여 특이한 일이다. 여기서 작용한 것은 윤리적 사회 이론을 갖춘 유교 윤리와 기독교 윤리와의 유사성이다.[7] 그러나 기독교와 유교의 유사성을 강조하는 임시방편적인 전

---

7) 유동식이 지적한 대로 유교의 천(天)사상과 윤리구조가 기독교 사상과 예수를 이해하는 전이해가 되었고 윤성범의 주장대로 유교 윤리와 기독교 윤리가 일정부분 전근대적인 가치체계를 공유하고 있다. 「한국종교와 기독교」, 「성의 신학」
박봉배는 "유교적인 조화의 도덕철학"이라는 논문에서 유교의 도덕철학은 가족 중심의 가치구조 때문에 민족에 강한 이념이나 공동이익에 기초한 실제적인 물적 근거

략이 당대에는 다소 효용성이 있었을지 모르지만 후대로 가면 갈수록 기독교 지성인들의 잘못된 이해 지평을 수정할 기회는 멀어지기만 했다. 그 결과 기독교 복음에 대한 해석의 두 방향 즉 보수적 해석과 혁명적 해석의 틀 가운데서 보수적 입장만을 선택하게 하는 전통적 습성이 형성되었다고 하는 것이 적절한 것이다.

여기서 작용한 여러 요인들 가운데 중요한 하나는 한국 교회들이 신학적 반성을 통한 성숙보다는 교회 부흥을 통한 성장과 전도를 더욱 중요시한 입장이 결국은 유교의 가족중심, 혈연중심, 지연중심의 흐름을 그대로 한국 교회에 수용하는 원인이 되었다.

6) 기독교와 유교의 윤리적 타협

① 그릇된 권위 이해

기독교가 유교 윤리와 은밀하게 타협을 이루었다는 증거는 여러 가지 측면에서 입증될 수 있다. 그 첫째는 권위에 대한 이해이다. 유교는 하늘의 이치에 따라 정해진 질서에 대해서는 복종만을 요구할 뿐이다. 소위 유교적 질서의 논리는 기독교 신학의 질서 신학적 신분보다 더욱 강한 사회적 신분 제도를 낳았다. 이 질서를 종으로 횡으로 얽어내던 개념이 '충'과 '효'로 매어 놓은 조화의 이데올로기이다.

더 심각한 문제는 권위에 대한 검증적 사유가 결여된 유교적 세계 속에 들어온 기독교 지도자들이 그 자신들의 권위를 유지하고 강화하기 위하여 유교적 권위의 틀을 받아들이고 수용했다는 점이다.[8]

를 이해하는 데 취약했다고 보고 있다.
8) 독일과 미국의 장로는 임기장로. 한국의 장로는 종신제. 서구교회의 구역회장과 당회장은 목사가 아니다.

② 불평등과 차별을 용인하는 심정 윤리[9]

유교의 뿌리 깊은 질서 의식은 그들의 비인간적 정황을 운명적인 것으로 해석하게 하였다. 이러한 경제적 및 사회적 특권에 대한 불평등한 구조는 신분 사회를 조장하여 우리 역사 속에서 5백 년 동안 약한 자들의 한을 축적시켜 왔다. 조선 5백 년 동안 신분적 차별을 지속시켰던 가장 커다란 용인은 사회적 및 경제적 불평등이었다. 이러한 구조 속에서 사회의 구체적인 문제는 도외시한 채 영혼구원의 복음과 회개 운동이 일어났다는 것은 죄의 개념을 사적 관계의 차원에서 협소하게 해석한 것에 지나지 않는다.

이러한 비역사적 신앙운동으로서의 기독교 역사는 1900년 초 선교사들의 전도정책[10]에 영향을 받은 바 크다.

그러나 이러한 비역사적이며 비사회적인 복음화의 결과는 기독교인들의 관심을 내면화시키고 사회 비판적인 능력을 약화시켜 기독교 지도자들로 하여금 심정 윤리에 머무르게 하는 결과를 초래하였다.

③ 불평등한 연대성

권위주의와 불평등한 사회경제 제도를 받아들이는 맥락에서 형성된 기독교 공동체는 어떤 것이었는가? 결국 인간의 권리에 대한 진

---

9) 퇴트는 막스베베와 에른스트 트뢸취의 관점에서 심정 윤리(Gesinnungsethik)와 책임 윤리(Verantwortungsethik)를 구분하고 있다. 그의 설명에 의하면 지성인들의 윤리라 할 수 있는 심정 윤리는 행위의도의 순수성을 지향하고 실현결과나 현실화할 수 있는 조건을 도외시한다. 책임 윤리는 실천적 행위의 종합에서 출발하여 자신의 행동에 대한 예측 가능한 결과를 얻어 낼 수 있는 원리를 따른다고 한다. 여기서 심정 윤리의 책임성 결여와 책임 윤리의 심정성 상실의 문제가 극복되어야 한다.

10) 선교사들의 선교적 야심은 한국의 전근대적인 사회상, 그리고 한국의 정치적 비운을 비켜가게 하였다.(41쪽)

지한 이해가 결여된 집단은 그 집단의 이익을 위하여 개인을 희생시키게 된다. 이러한 경우에 속하는 사례는 크게 보면 다양한 전쟁이라고 말할 수 있으며 적게는 이익집단들의 불평등한 연대이다. 불평등성의 예로 저자는 가족주의에 근거한 정의감을 상실한 혈연적 연대와 학연이나 지역연고와 출신을 따라 형성되고 있는 인맥주의, 그리고 이러한 가치에 스스로를 종속시키는 줄서기와 편짜기 문화를 들고 있다.

④ 전근대적인 차별주의

저자는 유교문화가 한국 기독교에 커다란 부담으로 남겨주고 있는 것은 유교문화 속에서 자라 온 뿌리 깊은 차별의식이라고 말한다. 이 가운데서 저자는 연소자에 대한 차별과 여성에 대한 차별을 들고 있다. 효의 개념은 인격적 상관관계보다는 연장자 우선의 원칙을 매겨줌으로 결과적으로 사회의 기득권자들의 권리를 가용하는 이데올로기로 기능해 왔다.

우리 사회가 안고 있는 또 하나의 유교적 잔재는 여성차별의 전통이다. 우리 사회 속에서 차별의 구조와 불평등의 문화에서 이중적으로 억압당하고 있는 존재는 여성이다. 그 이유는 차별받는 남성에 의하여 억압당하는 여성이 있기 때문이며, 사회 문화, 정치 경제, 그리고 교육적으로 소외된 민중이 있다면 그 민중 속에서도 차별받고 있는 이들이 여성이기 때문이다.

유교적 차별의 원리는 육체적이며 시각적인 차이(difference)를 차별(discrimination)의 원리로 받아들이는 단순함에 있다. 기독교 공동체 안에서도 나이의 차이와 외양의 차이가 그토록 깊은 차별의 원리가 된 것은 유교적 실천원리를 무의식적으로 수용한 결과이다.

7) 토착화 신학의 윤리적 문제

동양이 서구와 구별되는 것은 역사적인 것이지 본질적인 것은 아니다. 역사는 시간과 공간을 담고 있으므로 동과 서를 담고 있는 역사적 내용이 문화적 사치와 공간적 거리를 가지고 있었음은 부인할 수 없다. 이런 관점에서 본다면 소위 한국적이란 의미는 불명료한 표현이다.11) 한국이란 그렇게 단순한 현실이 아니다.

① 성(誠)의 신학

먼저 윤성범에 의하여 제기된 유교의 기독교화는 세 가지 중요한 전제를 가진다. 먼저 한국적 주체의식의 확립을 위한 시도로서 신학적인 바벨론 포로상태를 벗어나기 위하여 그리고 한국 교회의 윤리적 위기를 극복하기 위해서이다. 여기에는 서구 문화로부터의 소외감이 강하게 표현되고 있다. 이러한 문화적 소외감을 불러일으키는 요소로는 토착 문화와 종교적 유산에 대한 적대감이 있고 토착적인 것을 이교적인 것으로 저주하는 경우 그리고 풍요로운 서구의 삶을 하나님의 축복으로 간주하는 일과 기독교 교육 자료의 서구적 교과과정의 문제가 있다. 덕과 성품의 윤리는 제도적 폭력과 악에 대하여 적극적으로 대처할 능력이 없다.

② 민중 신학

민중 신학은 한국의 사회, 정치, 경제사적 흐름 속에서 주 변화된

---

11) 여기서 지적하려는 바는 "한국적"이라는 표현이 한국의 역사와 문화와 전통. 그리고 오늘날의 현실을 모호하게 지칭하고 있다는 점에서 애매하다는 것이다.

민중을 신학적 주제로 삼았다. 민중은 역사 속에서 하나님의 뜻을 이루어 낼 주체로서 기능해 왔으며 또한 민주의 주인이 되는 세상을 이루어 가는 것이 하나님의 뜻이라는 입장을 가지고 있다.

민중 신학은 하나님과 혁명을 통일시키는 과제를 수행하면서 그 과제를 정작 땅에 정착시켜 민중을 더 나은 삶으로 이끌어 나가는 길을 구체적으로 제시하지 못하였다.

이러한 시학적 오류가 일어나고 있는 것은 두 가지 점에서 한국 신학이 취약점을 안고 있기 때문이다. 첫째는 동과 서에 대한 분기 (分期)적 사고를 함으로써 서양 사회사에 대한 면밀한 검토를 유예 하거나 도외시한 지성적 소홀이다. 둘째는 민중의 현실 혹은 한국 사회 현실에 대한 구체적인 이해, 즉 사회과학적 연구 결과들에 대 한 간학문적 방법의 결여이다.

③ 한국 신학의 오리엔탈리즘

한국 신학에 물들어 있는 오리엔탈리즘의 흔적은 보편적 가치를 어느 일정한 집단에게만 귀속시키는 습성이다. 이러한 현상은 이중 으로 나타나고 있는데 그 하나는 아시아 혹은 동양적, 혹은 한국적 선험성(a priori)을 강조하여 동양적 특수성을 발견함으로 스스로 "동 양적"이 되고 동양 속에서 자신을 규정하려는 것이다.

그런데 문제는 오리엔탈리즘의 역작용이 일어나고 있다는 것이다. 서구에 의하여 규정된 특수의 개념을 열등에서 우월로 바꾸려는 노 력이 여실하기 때문이다. 여기서 우리는 보편에 기초한 윤리적 사고 의 결여를 지적하지 않을 수 없다. 보편과 특수를 대립시키는 것이 아닌, 보편이 없는 특수는 서양인들이 동양을 바라보면서 기이하고 진기한 무엇이 있을 것을 기대하는 그 기대에 적절한 것일 수 있으 나 우리 한국 사회 현실에 깊이 참여하는 사유가 되기에는 역부족인 것이다.

 현실을 보면서도 심정적으로 고정된 가치를 벗어나지 못하고 있는 우리 신학의 문제 오리엔탈리즘의 그늘에서 벗어나지 못하고 있는 "우리를 깨달아야 한다."

3. 선교지평 확대와 신학

 초기 기독교 공동체의 선교이념은 한마디로 '문화에 적대적인 그리스도'였다(H. Richard Niebuhr). 그러다가 4세기 이후, 비로소 세계를 이해하려는 교회의 자기 이해와 선교 이해로 성숙해 나갔고(어거스틴) 20세기 중반에 들어서면서 선교의 중심이 교회의 협소한 틀을 벗어나서 하나님이 창조하시고 다스리시는 역사의 지평으로 선교개념이 확장되었다.

1) 하나님의 선교

 이처럼 선교의 과제를 교회의 포로에서 해방시킨 변화는 1952년 독일 빌링톤(Willington)에서 모였던 국제선교회의에서 비롯되었다. 이 대회의 문서는 '우리의 선교가 아니라 하나님의 선교(Missio Dei)가 되어야 함을 주장하였고 선교의 시발점과 주체는 인간이 아니라 하나님이심'을 강조하였다. 이때부터 교회는 하나님의 선교를 생각하면서 새로운 선교 지평을 삶의 현장에서 찾기 시작하였다. 그러나 우리의 형편은 이런 인식에 아직 도달하지 못한 것처럼 보인다. 1960년대 이후 산업선교, 도시선교, 혹은 민중선교에 대하여 오히려 비목회적 존재로 간주하여 목회현장에서 기피의 대상으로 만들고 소외시키는 일이 있었을 뿐 아니라 현재까지도 그러한 편견에서 벗어나지 못하고 있는 실정이다. 다양성과 다원적인 선교의 장이 되어야 함에도 편협성과 고립과 고착화로 인하여 스스로 폐쇄되어 가고 있는 실정이다.

일찍이 커크(J.A. Kirk)는 현대의 선교개념을 다섯 가지 범주로 설명한 적이 있다. ① 창조세계를 관리하는 일 ② 인간을 구별하지 않고 섬기는 일 ③ 진리를 선포하는 일 ④ 사회 속에서 하나님의 정의를 실현하는 일 ⑤ 부패하고 분열된 세계에서 화해와 해방의 공동체를 건설하는 일이 그것이다(환경문제에서 비롯하여 사회 윤리적 범주에까지 하나님의 선교가 미치지 않는 곳이 없다). 이 중에 세 번째 항목에 관해서는 한국 교회들이 많은 관심을 기울여 왔으나 나머지 네 가지 항목에 대해서는 소극적인 관심을 가지고 있다. 이는 한국 교회가 협소한 의미의 선교개념에는 익숙해 있으나 보다 광의의 선교이해에 대해서는 자신감을 갖지 못하고 있다는 사실을 말하는 것이다. 고로 오늘의 한국 교회는 선교개념에 있어서 보다 폭넓은 이해를 도모함으로써 다가오는 세기를 향한 하나님의 거룩하시고 선한 뜻을 분별하는 일에 충실하도록 노력해야 할 과제가 있다고 본다.

2) 선교이해의 윤리적 문제

한국 교회의 선교이해에는 ❶ 선교의 주체들이 개교회라는 점 ❷

선교신학적 토대가 취약하다는 점 등 두 가지 특징이 있다.

　Ⓐ 개체교회 중심적 선교운동은 한국 교회의 부흥과 성장을 불러오는 원동력이 되는 장점을 가지고 있지만 최근 교회의 성장이 주춤하면서 다소 문제가 되고 있다(지금까지의 선교개념에 대한 한계 노출이 되고 있다. 교회마다 교인 수가 감소하고 전도도 예전 같지 않다. 수도권이 더 심각하며 서울을 제외한 지방으로 가면 갈수록 이 증상은 완화된 추세이다. 즉 경남지역은 오히려 선교의 불이 붙고 있는 듯하다. 기도원 운동과 성경말씀 사경회 등도 자주 열리고 은혜를 추구하는 성도들도 넘쳐나고 있다. 수도권, 경기도, 충청권은 이러한 시기를 조기에 경험하여서 그런지 현재는 침체되어 가고 있는 듯 하다). 고로 개교회 중심적인 선교이해의 틀은 앞으로 다가오는 새로운 시대의 선교적 과제에 비추어 새롭게 논의되고 수정되거나 보완되어야 한다. 목회도 교단 중심의 목회가 아닌 협동목회가 이루어질 시기이다. 지금까지의 협동 목회는 자기교단 목회자들이 모여 협동목회를 시작하였었다. 그러나 시간이 지나고 교인들이 분파가 생기므로 해서 목회자 간의 갈등과 분쟁이 생겨 대부분 실패를 하였다. 그러나 21세기인 현재는 교단을 초월한 협동 목회가 성공할 것이다. 현재 필자도 협동 목회에 대한 강한 의지로 협동 목회 희망하는 목회자를 인터넷을 통하여 공개 모집한 바 있다. 의외로 기존 교단의 탄탄대로에 있는 목회자들이 많이 지원하였다. 장로교 통합측, 장로교 합동측, 기독교대한 성결교회, 기독교대한 감리교회 등 무려 100명이 넘는 협동 목회자들이 지원하였었다. 목회자들의 마음이 진정으로 협동 목회를 원하는 것이다. 지원하신 목사님들을 보면 나이 많으신 분들로부터 젊은 목회자 등 다양하였다. 앞으로의 교회는 교단 중심이 아닌 협동 목회가 될 것이다. 그리고 이것이 성경적인 것이다. 동일한 하나님, 동일한 예수님을 믿는 목회자들이 연합하여 진정한 사제의 길을 걷는 것이니까 말이다. 협동목회 시 과학파

트, 교육파트, 전도파트, 양육파트, 외국인예배파트, 영어예배파트, 일본어예배파트, 등 다양하게 목회자들이 각 분야에서 달란트대로 자기 소신껏 목회를 실천하는 것이다. 개체교회 중심, 교단 중심을 탈피해야 할 것이다. 내 교단만이 하나님이 역사하신다는 잘못된 사상은 버려야 한다. 하나님은 우주의 하나님이요 역사를 주관하시는데 특정한 교단에만 하나님이 역사하시겠는가? 우리가 교단신학이라는 함정에서 탈출해야 한다. 정통이라는 명목하에 스스로가 하나님 보시기에 바람직하지 않은 폐쇄적인 신앙인이 되어 가는 것이다. 이것을 누가 조장하느냐, 즉 목회자가 조장한다는 데 문제가 있다. 왜냐하면 자기 교인이 다른 곳으로 떠나갈 것을 두려워하기 때문이다. 목회자가 바로 서지 않는 데 문제가 있다. 양떼를 내양으로 착각하는 데 문제가 있다. 그 양떼가 담임 목회자 것인가? 그렇지 않다. 모든 양떼는 주님 것이라는 것을 잊지 말아야 한다. 내 것이라고 착각하는 순간 저질의 목회자가 되어 간다.

ⓑ 한국 교회는 3가지 측면에서 선교 신학적 토대가 취약하다. ① 기독교 선교를 지나치게 영혼구원에 맞추어 왔다(역사의식 부재를 들 수 있다). ② 탈역사적 선교개념 아래 피선교인의 구체적인 삶(정치, 경제, 사회적 현실)에 깊이 파고 들어갈 수 없게 되었다. 정치적, 사회적 문화적인 것을 거론하면 비성서적이며 신앙이 없는 것으로 치부하는 목회자들이 대부분이다. 이 가치관부터 깨뜨려야 한다. 하나님의 주관은 어느 곳에나 있다는 사실을 알아야 한다. ③ 건전하지 못한 토착화를 수용하는 오류를 범할 수 있다는 점이다. 건전치 못한 토착화란 예를 들면 기독교의 유교화: 기독교적인 아닌 규범과 가치 수용, 샤머니즘적인 성직자의 권위주의, 교회의 집단 이기주의, 남성 우월적 성차별주의 등이 있다. 설교 시에 주로 유교적인 명언을 설교의 테마로 잡는다든지, 성직자를 너무 우월시하고 우상화한다든지, 남성이기주의적인 우월의식을 조장한다든지 하는 문제들이 한국 교

회를 무너지게 하는 것들이다. 성경에서 모든 해답을 찾아야 할 것이다. 성경에는 짝이 없는 것이 없다고 하였듯이 그 물음과 해답을 성경에서 찾아야 한다. 머리카락 하나까지도 세시는 하나님이실진대 문제를 주었으면 해답도 당연히 성경에 주신 것을 알아야 한다.

3) 교회와 하나님의 선교

기독교 선교에 있어서 선교 신학적 토대가 취약한 데에는 여러가지 요인이 있을 수 있지만 가장 커다란 요인은 ① 교회가 여전히 '교회를 위한 선교'라는 협소한 선교개념에 집착하고 있다고 본다(모든 선교의 기초를 교회성장으로 보는 견해이다. 성장 중심의 선교관은 기존 교인들의 허무함을 채워줄 수가 없다): 변화하는 현대 세계를 진지하게 이해하려는 노력엔 실패한다. ② 하나님의 선교를 성령의 역사나 혹은 신비주의적 체험과 동일시하는 경우다. 즉 하나님의 선교가 혹은 성령의 역사가 교회 속에 갇히는 것이다. 고로 우리는 교회의 선교에 그치지 않고 나아가 하나님의 선교지평을 보다 적극적으로 수용할 과제를 가지고 있다. 이제 교회도 어느 정도의 여력이 되면 교회에서 산을 구입하여 교회납골당을 지어야 한다. 교인들이 죽으면 안락과 평안을 누릴 수 있는 교회 나름대로의 대안이 필요한 것이다. 의식 있는 목회자들은 벌써부터 시작하여 실행에 옮기고 있다. 노인들을 위한 노인대학을 교회에서 운영하여야 한다. 단순히 전도하고자 하는 목적에서 만드는 것이 아닌, 노인들을 위하는 여가시설, 놀이, 교육, 취미활동을 위한 다각적인 프로그램을 적용하며 운영하여야 한다. 보수적인 교회에서는 교회 내에서 그런 일을 어떻게 하느냐고 반대하는데 폐쇄적일수록 전도는 문 내려야 한다.

4) 종교적으로 전승된 죄와 선교

교회의 선교는 인간 영혼 구원에 초점이 맞추어져 있지만 하나님의 선교(죄의 역사성과의 투쟁을 통하여 인간의 구원을 이루어 내는 과제를 가지고 있다)는 인간들이 담겨 있는 그릇과도 같은 역사와 사회를 구원의 대상으로 여긴다. 인간이 담겨 있는 그릇과도 같은 역사가 오염되었을 때 그 오염된 것을 치유하지 않고 인간을 구원할 수 있다는 것은 일종의 종교 심리적 안위를 구원으로 착각하는 오류가 될 수도 있다. 고로 하나님의 선교라는 지평확대를 위해 우리는 일단 종교 안에 전승되고 있는 죄의 구조를 비판적으로 살펴보아야 한다(죄란 네 가지 차원에서 ① 사회적 ② 종교적 ③ 문화적 ④ 제도적). 이러한 과정을 통하여 왜 우리가 교회의 선교에서 하나님의 선교로 나가야 하는지에 대한 윤리학적인 해명을 얻게 되는 것이다.

5) 선교의 윤리적 과제

① 이원론적인 오류 극복

빛과 어둠, 선과 악, 성과 속, 기도와 정치, 교회와 세상, 영혼과 몸 등 사실 기독교는 오랜 동안 이원론적 사유에 깊이 물들어져 왔다. 그 결과 교회는 지난 역사 속에서 현상유지를 선택하는 입장에 서서 자신을 존속시킬 수 있었던 것이다. 그리고 영성은 왜곡되어 이해되거나 현실과 유리된 것으로 여겨지기도 하였다. 결국 이런 영성에 대한 이해는 기독교 선교를 비정치적인 것이며 비역사적인 것으로 전락하고 만다. 나아가 더욱 문제가 되는 것은 이러한 이원론적 사유에 의존해 있는 영성은 현실 속에서 인간을 억압하고 있는 구체적 불의를 인식하거나 제거해 나갈 구체적인 능력이 결여되고 있다는 점이다. 고로 이러한 이원론적인 사유에 바탕을 두고 있는 영성이해의 오류를 극복해 나갈 적극적인 윤리 신학적 이해가 요구된다.

6) 생명가치의 인식

생명은 구약성서의 계약사상의 관점에서 본다면 하나님과 밀접하게 관련되어 있다. 존재하는 모든 것에 생명과 생존권을 부여하신 하나님은 창조의 하나님이시다. 따라서 하나님은 존재하는 모든 것 속에서 당신의 의지와 뜻을 가지고 계신다. 생명을 내실 뿐 아니라 생명 있는 것들을 사랑하시고 보호하시는 하나님이다. 또 약자를 보호하는 과제를 당신의 백성들에게 안겨 주셨다. 결국 하나님은 살아 있는 이들의 하나님이시되 인간만을 소중히 여기지 않으신다. 하나님 앞에서는 생명 있는 모든 것들이 구별되지 않는 피조물이다. 피조물들 간의 생명의 유대, 약한 생명에 대한 책임의 윤리는 여기서 일어난다. 생명계의 사슬이 무너지면 인간의 생명도 존속될 수 없는 것이다. 인간을 포함한 모든 생명들에 대한 생명 신학적 이해는 현대 세계 속에서 구조적으로 작용하고 있는 인간의 이기적 욕망과 자본주의적 능력 위주의 사고가 가지고 있는 한계를 극복해 나갈 수 있는 윤리적 가치이다. 생명가치는 교회보다 넓으며 하나님의 선교의 구체적인 목적과 관계된다.

7) 신학적 역사의식의 성숙

한국 교회는 역사의식의 성숙이 요구되는 현장에 놓여 있다. 역사의식이란 시간과 공간에 대한 이해를 뜻한다. 시간적 거리와 공간적 이질성을 인식할 수 있다면 보다 명료하게 오늘의 선교에 충실할 수 있다고 믿는다. 시간적 거리와 공간적 이질성이란 교회 안에서 경험할 수 있는 ❶ 기존세대와 새로운 세대 간의 갈등(과거의 가치와 현대적 가치의 충돌) ❷ 남녀차별의 원리(남성 우월적 원리) ❸ 지성인들과 일반교인들 사이의 갈등(신앙과 역사에 대한 이원론적 이해)을 말한다.

8) 진리와 열린 사고

교회들이 참다운 교회로 남고자 한다면 오직 하나의 길 열린 교회로 가야 한다(칼 포퍼). 오직 열린 교회(밀려오는 새로운 변화에 대한 개방내지는 새로운 시대적 요구에 부응하는 교회)만이 이미 권위를 상실하고 몰락한 과거의 습성에서 벗어나 새로운 활로를 찾아나갈 수 있기 때문이다.

9) 하나님의 선교의 미래

하나님의 선교는 열린 교회로의 이행을 요구하고 있다. ❶ 열린 교회는 일정 부분 자기부정을 받아들임으로써 자기 우상화나 절대화에 빠지지 않는 장점이 있다. ❷ 또한 세계를 해석함에 있어서 규정적이고 정언적인 해석의 오류에 빠지지 않고 변화와 새로움을 향한 동기들을 받아들일 여지를 남기는 해석에 성실할 수 있다. ❸ 그리고 이러한 자기부정과 새로운 해석을 향한 개방성은 바로 생명을 사랑하고 인간을 존중하는 지평을 향해야 한다는 것이다.

따라서 교회의 선교에서 하나님의 선교로 그 축을 옮겨야 하고 하나님의 선교의 미래를 위하여 윤리적 가치의 수용이라는 과제를 더 이상 미루어 두어서는 안 된다. 이에 더하여 하나님의 창조 세계 속에서 인간을 포함한 모든 생명에 대한 사랑과 경외의 사역보다 더 우월한 가치가 없다고 보아야 한다.

교회는 교회가 존립해 왔던 그 시대 시대마다 세계와의 관계 속에서 자신의 존재의미를 밝혀왔다. 어떤 때는 세상을 도외시하는 방법으로 혹은 세상에 대한 지배자의 입장에서 세상과 관계해 왔다. 오늘날 한국 교회의 대부분은 제도화되어 있으며 사회의 제반 제도적 요소들을 거부감 없이 받아들이고 협력하고 있을 뿐 아니라 간혹 세속적인 제도가 가지고 있는 장점들을 교회 안에 수용하기도 하였다. 이러한 타협의 요인을 가지고 있는 교회는 당연히 스스로를 점검해볼 수 있는 여지를 가져야 한다. 왜냐하면 하나님의 교회로서 이미 존재하는 것이 아니라 하나님의 교회가 되기 위한 과정 속에 있다고 스스로 여겨야 할 것이기 때문이다. 이를 윤리적으로 표현하면 자기 비판적 능력을 강화해야만 도덕적인 것과 비도덕적인 것을 구별해 낼 수 있다는 것이다. 새로운 밀레니엄이 열리는 이 시점에 서 있는 하나님은 그분의 뜻에 합당한 사역을 삼천 년대 속에서도 열어나가실 것이기 때문에 우리는 신학적 사유의 지평을 윤리적 시각에서도 넓혀 나가야 한다. 이를 위해 다가오는 삼천 년대에서는 교회에 열린 사고, 이원론적 오류의 극복, 그리고 적극적으로는 생명 가치의 수용과 신학적 역사의식의 강화가 특별히 요청될 것이라고 본다.

4. 계약과 신학

하나님은 인간과 계약 관계를 수립할 때 주권적으로 삶과 죽음의 약정을 세운다고 정의한다. 또한 성경의 증거들은 계약의 통일성을 확실히 나타내고 있으며 역사가 반복되면서 이러한 계약은 다양성을 생기게 하였다. 하나님과 인간 사이에 세우신 최초의 약정은 창조의 계약이었다. 이러한 창조의 계약에 대해서 일반적인 면과 특수한 면 두 가지로 나누어서 설명하면 일반적인 면은 "안식일" 창조 때 하나님의 축복으로 받은 안식은 구원에서 하나님의 목적을 완성하게 된다. 둘째는 "결혼에 대한 하나님의 창조 질서는 구원 목적에서 연속적인 의미를 가진다."라고 할 수 있다. 결혼 제도를 통해 종족번식은 하나님의 구원 목적이 실현되는 주요 수단이다. 그러므로 결혼은 하나님의 창조 질서에서 가장 중요한 차원으로 간주된다. "노동"은 하나님의 형상으로 만들어진 인간의 필수적인 역할이다. 이에 반해 창조 계약의 특수한 면은 금단의 열매에 대한 순종과 불순종의 차이이다. 절대 복종은 창조의 계약 밑에서 축복받는 열쇠가 된다. 결국 이는 우리의 모든 삶의 영역에서 삶에 대한 책임감으로 이어진다.

로벗슨은 구속의 언약을 아담에서부터 시작한다. 여기에 나타난 축복과 저주의 요소는 창조의 계약과 뗄 수 없는 관계임을 인정하게 된다. 먼저 사단에게는 여자와 원수가 되게 하시겠다는 것이다. 여기서는 저주의 말씀만을 하신다. 그러나 여자에게 말씀하시고 남자에게 말씀하실 때에는 저주와 축복의 두 가지 요소가 모두 포함되고 있음을 말한다.

하나님의 언약은 노아와 함께 보존의 언약으로 나타난다. 노아의 언약을 "주권적으로 맺어진 피의 약정"임을 인정하며 이러한 노아의 언약은 임마누엘 원칙이 충분히 실현될 수 있는 역사적 기초를 제공한다고 한다. 이 언약은 아브라함에게 이어진다. 동물이 쪼개지고 그 사이를 지남으로써 계약의 당사자들은 "생과 사"를 건 서약을 하였다. 이 일로 그들은 자기 저주의 맹세를 세운 것이다. 만일 계약에 있는 약속을 어기게 되면 예식에서 동물이 쪼개진 것처럼 그들 자신의 몸도 조각으로 갈라지게 된다. 이처럼 아브라함과의 언약은 목숨 걸고 서약함으로 "피의 약정"이 세워지게 되었다. 또한 창조주 하나님은 엄숙한 피의 맹세로써 인간과 자신을 결속시킨다. 하나님은 이 계약의 표적이 몸에 있게 하기 위해서 할례를 주었음을 말한다. 모세와는 율법의 언약이 체결되었음을 말한다. 이 모세 계약은 하나님의 뜻이 외형적으로 기록된 구체화된 최종 요약이다. 이러한 언약은 다윗 시대에 와서는 "왕국의 계약"으로 나타난다. 이 계약은 왕국이 오는 것을 중심하고 있다. 이 계약은 그의 백성 가운데 하나님의 왕국이 오는 공식적인 약정으로서 기여한다. 이 언약에서 핵심적인 주제 중에 하나는 "거할 집"이다. 다윗이 하나님을 위해서 세울 집이 아니라 하나님께서 다윗을 위해서 세우실 집이다. 그러나 먼저 하나님이 다윗의 왕국을 세우시고 나서 다윗이 하나님의 집을 짓는 것이다.

이제 이러한 계약은 그리스도시대에 와서 완성을 이루게 된다.

로벗슨의 계약 신학과 그리스도는 하나님과 인간 사이의 계약이 인간의 연약함에 의해서 무너질 수 있는 계약이 아니라 오직 하나님의 은혜로 그 계약은 이루어져가고 성취됨을 보여준다. 또한 그 계약의 의미는 인간을 위한 것이었지만 궁극적으로는 하나님과 하나님의 언약을 위한 것이었음을 알게 해준다.

계약이란 "주권적으로 사역되는 피로 맺은 약정(約定)이다." 하나님은 인간과 계약 관계를 수립할 때 주권적으로 삶과 죽음의 약정(bond)을 세운다. 계약은 피로 맺은 약정 또는 주권적으로 이루어지는 삶과 죽음의 약정이다. 하나님 계약의 이런 정의는 다음의 세 가지 면으로 살펴볼 수 있다.

1) 계약은 약정이다

가장 본질적인 면에서 계약이란 사람들을 한데 묶는 것이다. 성경에서 모든 하나님의 계약이 성립되는 근본 구성요소는 세워진 약정의 성격이 구두 선언이라는 점이다. 하나님은 계약을 세우기 위해 말씀하신다. 하나님은 자신이 피조물과 결속하였고 또 창조물과 자신이 연관되었다는 사실을 표명하기 위해서 은혜 가운데 말씀하신다.

2) 계약은 피로 맺은 약정이다

"피로 맺은 약정"(bond-blood) 또는 삶과 죽음의 약정이라는 구절은 계약 관계에 있어서 하나님과 인간과의 결속(commitment)의 궁극성을 표현한다. 계약을 체결하실 때 하나님은 결코 인간과 우연한 혹은 비공식적인 관계를 맺지 않습니다. 대신 그가 세우신 약정의 의미는 삶과 죽음의 궁극적인 문제까지 포함된다.

구약성경에서 "계약을 체결한다"라고 번역되는 구절은 문자적으로 "계약을 자른다"이다. "계약을 자른다"라는 문구는 성경에 나타난 계약 역사의 한 시점에만 나타나지 않고 반대로 구약성경 전체에 걸쳐 뚜렷이 나타난다. 이런 사용법은 "절단"의 개념이 성경의 계약사상에 얼마나 중요하게 관련되어 있는가를 의미한다. 이는 술어적으로만 아니라 계약 수립에 수반되는 예식이 "절단"의 과정을 극적으로 반영한다. 계약이 이루어질 때 행하는 제의 예식에서 동물이 "절

단"된다. 이는 계약 체결 시에 "죽기까지 서원함"을 상징으로 보여
주는 것이다. 잘려진 동물은 서약한 사실을 범할 때 계약자 사신에
게 임할 저주를 나타낸다. 계약은 당사자들이 죽음의 고통을 치르고
서라도 충성을 해야 하는 "피의 약정"이다. 일단 계약 관계에 들어
가면 계약 파괴 시에는 피 흘림만이 주어진 의무를 경감시켜 줄 것
이다. 그리스도의 죽음은 예언적인 죽음이 아니라 계약적인 죽음의
문맥에서 이해되어야 한다. 그리스도의 죽음은 대속의 죽음이었으며
그는 계약 파괴자를 대신하여 죽은 것이다.

3) 계약은 주권적으로 사역되는 피로 맺은 약정이다.

오랫동안 상호조약이나 협정이라는 말로 계약이 연구되어 왔다.
그러나 최근 학계는 성경에서 하나님 계약의 절대 주권적인 성격을
주창한다. 성경의 하나님 계약에는 흥정이나 교환 또는 교섭이 있을
수 없다. 천지의 절대적인 주가 계약의 말을 명령하는 것이다.

첫째, 계약이라는 단어가 없어도 계약의 관계를 의심할 여지없이
분명히 표현한 성경적 전례가 있다. 다윗에 대한 하나님의 언약을
원초적으로 취급하는 기사에 "계약" 용어가 나타나는 곳은 없다(삼
하 7장, 대상 17장). 그럼에도 불구하고 이 관계는 분명히 계약적이
다. 다윗에 대한 하나님의 언약은 관계 수립의 최초 상황에서 볼 때
"계약"이란 용어의 형식적 사용이 없이도 분명히 계약적이었다. 성
경은 뒷부분에서 다윗과 하나님의 "계약"에 대해서 구체적으로 말하
고 있다(삼하 23:5; 시 89:3). "계약"이라는 형식적 용어는 다윗에 대
한 하나님의 언약 수립과 관련하여 사용되지는 않았다. 그런 상황이
다윗의 관계에서 존재하므로 노아 이전의 인간에 대한 하나님의 관

계에서도 같은 경우가 존재한다고 볼 수 있다.

둘째로, 다음의 성경 구절들을 종합해 볼 때 창조의 질서를 계약적으로 보고 있음을 알 수 있다. 먼저 예레미야 33:20, 21, 25, 26의 경우 예레미야는 "낮에 대한 나의 약정과 밤에 대한 나의 약정"에 대해 말하는 주의 말씀을 이야기하고 있다. 그는 또한 하나님의 "주야의 약정"을 언급하고 있다. 하나님이 언제 "주야"로 "계약"을 세우셨는가? 이 구절들은 확실히 하나님의 창조의 법이나 노아와의 계약의 법을 말하고 있다. 과연 둘 중에 어느 것을 말하고 있는 것일까? 이것을 해결하기 위해서 비슷한 줄거리를 갖는 렘 31:35를 눈여겨 볼 필요가 있다. 예레미야 31:35에 의하면 하나님은 낮의 빛으로 해를 주시고 밤의 빛으로 달과 별의 규례를 주신다. 특히 흥미 있는 것으로 밤과 낮에 빛을 발하는 것으로서 해와 달의 언급은 창조 기사에는 있지만 노아와의 하나님 계약 이야기에는 없다는 것이다. 이런 이유로 예레미야 31장은 노아와 맺은 하나님의 계약이 아니라 창세기의 창조 기사를 언급하고 있는 것 같다. 아무튼 여기서 "계약" 용어는 창조질서에도 적용될 것이다. 창조 질서에 "계약" 용어가 사용되는 두 번째 구절은 이스라엘 백성이 "아담처럼" 계약을 어겼다고 선언한 말이다(호 6:7). 아담이 창조에 의해 이룩된 계약을 어긴 것처럼 이스라엘도 시내산에서 제정된 계약을 어긴 것이다. 이렇게 볼 때 호세아 6:7은 창조 시에 세워진 인간에 대한 하나님과의 관계에 계약적인 술어를 적용하고 있다.

세 번째로는 창세기 처음 몇 장에 "계약"이란 용어가 없음에도 불구하고 계약이 존재하는 데 필요한 요소들이 노아 이전의 인간과 하나님과의 관계에서 나타난다는 것이다. 삶과 죽음의 약정은 하나님과 새로 창조된 인간 사이에 분명하게 나타나 있다(창 2:15-17). 만약 아담이 금지된 열매를 먹지 않았다면 살게 되고 만일 선악과를 먹는다면 그는 죽게 된다. 인간과 하나님과의 이 관계는 주권적으로 이루어진 것이다. 결과적으로 타락 이후 하나님과 인간 사이에 삶과 죽음의 약정이 세워졌다. 하나님께서는 여자의 후손과 사단의 후손 간에 불목의 관계를 세우는 데 있어 주권적으로 사역하셨다(창 3:15).

하나님의 계약의 통일성은 두 가지 면에서 찾을 수 있는데 첫째는 구조적인 통일성이며 둘째로는 주제의 통일성이다.

① 하나님의 계약의 구조적 통일성

가. 아브라함, 모세, 다윗의 계약의 통일성
  a. 역사경험에서의 통일성
    - 계약 수립의 내용이 통일성을 나타낸다. 하나님은 먼저 약속한 것과 같은 구속의 약속을 다음의 발전 단계로 이끌고 계시다는 것이 증명된다. 아브라함 후손들이 받은 잇따른 각 계약은 하나님의 본래 목적을 보다 높은 실현의 단계로 이끌었다. 이런 원칙은 모세와 다윗의 계약 수립 배경에서 나타난다.
    - 계약 아래에서의 삶의 역사는 통일성을 나타낸다(출 32:13, 14).
  b. 혈통적인 사역에서의 통일성
    계약의 혈통적 지배는 각 계약이 앞서 수립한 계약과 긴밀하게 연결되어 있다는 것을 강조한다(신 5:2-3, 신 29:14, 시 105:8-10). 하나님 언약의 혈통적 차원을 검토하면서 기억해야 할 두 가지 원칙이 있다. 접붙임의 원리와 가지치기의 원리가 그것이다.

나. 새 계약을 연합시키는 통일성
에스겔 37:24-26에서 에스겔은 아브라함, 모세, 다윗의 계약을 이스라엘의 장래 계약 가능성에 관한 예언의 말로써 서로 연합시키고 있다. "내 종 다윗이 그들의 왕이 되리니 그들에게 다 한 목자가 있을 것이라(다윗의 계약). 그들이 내 규례를 준행하고 내 율례를 지켜 행하며(모세의 계약) 내가 내 종 야곱에게 준 땅, 곧 그 열조가 거하던 땅에 그들이 거하되(아브라함의 계약) 내가 그들과 화평의 언약을 세워서 영원한 언약이 되게 하고(새 언약)……"(겔 37:24-26).

그리스도는 최후 만찬에서 계약에 수반된 제의적 식사 때(covenantal meal) 새 계약을 공적으로 세우신다. 잔을 들고 그는 "이 잔은 내 피로 세우는 새 언약이니 곧 너희를 위하여 붓는 것이라."(눅 22:20)라고 말씀하셨다. 이제 더 이상의 언약은 없다.

다. 아담 그리고 노아의 계약까지 연장되는 통일성

노아와의 계약은 백성을 구원할 하나님의 목적이 실현될 수 있도록 보존적인 구성을 제공한다. 노아의 계약에 "땅이 있을 동안에는"이라고 서술된 것처럼 죄로 물든 인간에 대한 하나님의 인내하심이 계속될 것이다(창 8:22).

비슷한 방법으로 아담의 타락 이후에 저주가 선포됨과 동시에 인간을 구원할 전능하신 하나님에 의한 약속도 있다. 타락한 아담에게 주어진 이 약속은 중요한 의미를 갖는다. 로마서에서 사도 바울은 사단에게 구원받은 후손의 승리를 보장하는 하나님의 약속을 극적으로 언급하고 있다. 또 인간은 시대를 통해서 하나님의 형상으로 만들어진 존재로서 창조주에 대한 의무를 가지는 것으로 존재해 왔다. 아직도 인간은 창조주(구원자)의 영광을 위해 번성하며 땅을 정복하며 노동의 수고를 해야 하는 책임을 갖고 있다. 창조자에 대한 피조물의 이 계속적 관계를 볼 때 인간에 대한 최초의 하나님의 약속은 계속적인 의미를 갖고 있다고 할 수 있다.

② 하나님의 계약의 주제적 통일성

성경에서 하나님의 계약은 구조적 통일성에 의해서만 서로 연결되어 있는 것이 아니다. 그것들은 또한 주제의 통일성을 나타내고 있다. 이 주제의 통일성은 하나님이 그의 백성과 관계할 때 계약의 중심을 이루고 있다. "나는 너의 하나님이 되고 너희는 나의 백성이 된다."

"행위의 계약"이라는 말은 타락 이전 상태, 즉 아담과 하나님의 관계에서 맺어진 계약을 말한다. 만일 아담이 하나님의 명령을 지켰다면 아담은 하나님의 약속된 축복을 받았을 것이다. 그러나 아담은 죄를 짓고 타락하고 만다. 이로 인해 인간은 구원받을 만한 행동을 할 수 없게 되었고 하나님은 인간과 "은혜의 계약"을 맺으신다.

이런 구분은 타락 상태에서 하나님과 인간과의 관계 전체가 통합되도록 일관된 구성을 준다. 하나님의 구속 계획의 통일성을 강조함으로써 이 구성은 교회가 신약과 구약으로 강하게 이분화하려는 유혹에 빠지지 않게 하고 있다. 그러나 이런 구분을 위해 사용된 술어는 명확성이 부족하다. "은혜"의 계약과 대조해서 "행위"의 계약이라고 말한다면 행위의 계약 안에서는 은혜가 작용하지 않는 것처럼 보이기 때문이다. 사실상 하나님과 인간간의 관계 전체는 "은혜"의 관계라고 말할 수 있다. 반대로 이 술어는 은혜의 계약 안에서 행위가 차지할 자리가 없게 하기도 한다. 그러나 성경적 관점에서 보면 행위는 은혜의 계약 안에서 가장 중요한 역할을 하고 있다. 그리스도는 그의 백성을 구원하기 위하여 일하시며 죄인을 위한 그의 의(義)의 실현은 구속의 중요한 면을 보여준다. 그리고 그리스도 안에서 구속받은 사람들은 행함이 뒤따라야 한다. 게다가 "행위"라는 말은 하나님과 인간과의 창조적인 결속 중 한 가지 요소에만 중점을 두게 되었다. 선악과를 먹지 않는 것은 창조된 인간이 수행해야 할

한 가지 "행위"로서만 여겨진 것이다. 보다 넓은 의미에서 창조주에 대한 인간의 책임을 가리키기보다는 아담의 금단의 시험만을 가리키게 된 것이다. 창조주 하나님은 자신의 모양과 형상대로 인간을 창조함으로써 자신과 피조물인 인간 사이에 독특한 관계를 세우셨고 여기에 덧붙여서 하나님은 인간에게 말씀하셨다. 이로 인해 인간의 역할은 결정되었다. 이 창조 / 말씀 관계를 통해 하나님은 삶과 죽음의 약정을 주권적으로 세우셨다. 하나님과 인간 사이에 세워진 최초의 약정이 창조의 계약이라고 말할 수 있다. 하나님과 인간 사이의 창조 약정은 일반적인 면과 구체적인 면으로 살펴볼 수 있다.

 1) 일반적인 면

 a. 안식일: 안식일 제도는 하나님의 창조 활동의 양식에 근거를 두고 있다. 하나님은 6일 동안 세상을 창조하시고 그다음 하루는 안식하셨다. 뿐만 아니라 "안식일을 복 주사 그날을 거룩하게 하셨다"(창 2:3). 창조 때 하나님의 축복을 받은 안식은 구원에서 하나님의 목적을 달성하게 된다.

 b. 결혼: 결혼의 창조 규례에 대해 다음의 결론을 내릴 수 있다. 첫째, 결혼 약정에는 상호 결합의 신비가 포함되어 있다. 둘째, 창조 질서는 하나님의 결혼 제도를 특징짓는 내부 구조를 결정하고 있다. 셋째, 창조 규례는 여러 가지 성적 오해를 불식시킨다.

 c. 노동: 의미 있는 안식의 개념은 노동에 의해서만 경험될 수 있다. 7일 중 하루를 쉬는 것은 곧 6일간의 노동을 하라는 것을 의미한다.

 2) 구체적인 면(특수한 면)

 하나님의 형상으로 지음을 받은 인간은 그에게 부과된 더 구체적인 명령에 대한 책임을 갖고 있었다. 즉 선악과를 먹지 않는 것이었다(창 2:16, 17). 인간은 동산의 모든 나무 열매를 먹을 수 있는 특권을 가졌었다. 하나님의 관리자로서 모든 것이 그의 소유였다. 그러나 여기에 한 가지 예외가 있었는데 그것은 동산가운에 있는 선악과는 먹지 말아야 한다는 것이었다. 모든 것이 그에게 거저 주어졌으나 이 한 가지 예외는 그가 창조주와 자신을 혼동해서는 안 된다는 것을 상기키시고 있다. 이것은 요구된 복종의 근본 특성을 나타낸다. 자유로운 존재로서 모든 창조물을 능가하는 자연적 능력을 부여받았지만 그래도 인간은 주권적인 창조자의 말씀 밑에서 겸손해야 한다. 선악과에 대한 금지 시험은 창조자에 대한 인간의 복종을 검토하는 데 그 초점이 있다. 이스라엘 백성들도 광야생활 동안 만나에 대한 시험을 겪어야 했다. 이 시험의 목적은 그에게 사람이 떡으로만 사는 것이 아니요 하나님의 입에서 나오는 모든 말씀으로 사는 줄을 가르치기 위함이었다(신 8:3).

인간은 빵으로만 사는 것이 아니라 창조주의 입에서 나오는 모든 말씀으로 산다. 모든 것을 빼앗아 간다는 하나님의 말씀일지라도 삶은 항상 창조주께 달려 있음을 인식하게 될 때 그것은 삶의 근원이 된다. 그러므로 절대 복종은 창조의 계약 밑에서 축복받는 열쇠가 된다. 이 순종의 역할은 구원의 계약 속에서도 나타난다. 타락한 인간의 구원은 두 번째 아담이신 그리스도의 한 순종 행위에 달려 있는 것이다. 절대 순종만이 절대 불순종의 죄를 지은 인간을 구원하는 기초가 된 것이다.

1) 노아와의 계약은 창조 계약과 구속 계약의 면밀한 상호 관계를 강조한다: 노아와의 계약은 창조에서의 하나님의 목적과 구원에서의 하나님의 목적을 연합시킨다. 노아, 그의 후손 그리고 모든 창조물은 이 관계에 은혜를 입고 있다.

2) 노아 계약은 하나님의 구원의 특이성을 말하고 있다: 노아시대에는 인간이 마음에 생각하는 모든 계획이 항상 악할 뿐이었

다(창 6:5). 그러나 노아는 하나님의 은혜를 입었다. 노아에 대한 하나님의 은혜는 그의 의로움 때문이 아니다. 구원에 대한 하나님의 계획의 특이성을 나타낸다.

3) 노아 계약은 하나님은 계약 관계에서 가족을 다루신다는 것을 말한다: 가족 중 한 개인의 의로움은 그의 전 후손이 방주로 들어가게 하는 데 기여하고 있다. 노아가 의로운 사람이므로 그의 전 가족은 홍수로부터 구원을 받게 된다.

4) 노아 계약은 보존의 계약이라고 특징지을 수 있다: 창 8:20-22의 말씀에서 하나님은 종말의 때까지 지구를 현재의 세계 질서대로 보존할 것을 약속하신다. 홍수 후에 인간을 보존하시겠다는 하나님의 약속은 또한 창세기 9:3-6에서도 명백하게 나타나 있다.

5) 노아 계약은 명확히 보편적인 면을 갖고 있다: 노아나 그 후손뿐 아니라 "모든 살아있는 생물"은 무지개의 표적 아래 살고 있다(창 9:10). 인간뿐 아니라 전 우주도 저주로부터 최종 구원을 받게 될 것이다. 노아 계약의 이런 보편적 특징은 현시대의 세계적인 복음 선포에 대한 근거를 제공한다.

6) 노아 계약의 표적은 계약의 은혜로운 특징을 강조한다: 하나님은 비와 구름으로 상징되는 무서운 심판 가운데서 심판 속에 있는 은혜를 나타내기 위해 아름다운 무지개를 설정하신다.

헬라어 디아데케(διαθήκη)는 "마지막 유언"(last will and testament) 또는 "계약"(covenant)이라는 말로 번역할 수 있다.

우리는 먼저 히브리서 9장의 본문에 쓰인 디아데케(διαθήκη)가 죽음과 관계가 있음에 주목해야 한다. 현대 독자들의 경우 죽음과 유언의 관계는 납득하나 죽음과 계약의 관계는 쉽사리 이해되지 않을 수 있다. 그러나 죽음이 유언과 뗄 수 없는 관계인 것처럼 죽음과 "계약"의 관계도 불가분의 관계이다. 죽음과 계약은 구체적으로 두 가지 면에서 서로 연결된다. 첫째, 계약이 수립될 때 계약 파괴자의 죽음이 상징적으로 나타난다. 둘째, 계약 파괴자의 죽음은 심판이 이루어질 때 역사적인 실현으로 이루어진다.

히브리서 9:15은 첫 언약을 범한 죄를 없애는 요인으로 그리스도의 죽음에 대해 말하고 있다. 그러므로 히브리서 9:15에서 디아데케(διαθήκη)는 분명히 "계약"을 말하고 있다. 뿐만 아니라 계약과 죽음과의 관계는 18-20절의 주제가 되고 있다. 옛 계약을 어겼기 때문에 생긴 저주는 예수 그리스도에게 담당되었다. 그리스도는 계약적인 죽음의 서약의 모든 결과를 친히 담당하심으로 우리를 저주로부터 구원하신 것이다.

모세 계약은 하나님의 뜻이 외형적으로 기록된 구체화된 최종요약이라는 특징이 있다. 족장들은 분명 막연하게 하나님의 뜻을 알고 있었을 것이다. 때로 그들은 하나님의 뜻의 구체적인 면에 대해 직접적인 계시를 받았을 것이다. 그러나 모세하에서 하나님의 뜻의 총 요약은 율법이 돌에 새겨짐으로 뚜렷해졌다. 백성들이 볼 수 있도록 형식적으로 제정된 하나님의 뜻의 최종 요약이 모세 계약의 특징이다.

오경에서 십계명을 강조한 것과 이 십계명과 계약 자체를 동일시한 것은 모세 계약의 특징이 하나님의 율법을 외형적으로 요약한 것임을 보여준다.

A. 율법 계약은 하나님의 구원 목적의 전체와 기능적으로 연관된다.

모세 시대에 하나님의 뜻이 명백히 선언되었으나 이것은 구속사에 있어서 새로운 것이 아니었다. 동시에 율법은 모세 이후에 사라지지 않았다. 율법은 모세 이전 시대뿐 아니라 모세 이후 시대에서도 중요한 역할을 했었고 또 할 것이다. 구체화된 율법의 요약이 모세 시대의 독특한 유산으로 남게 되는 반면 구속역사 전체에 걸쳐 율법이 존재했음을 인식해야 한다.

1) 법은 모세 이전의 모든 계약에서 중요했다. 아브라함 계약의 약속이 성취되는 관점에서 이스라엘을 구원하라는 임무를 받은 모세는 그의 가족과 함께 애굽으로 돌아가게 된다. 그런데 이 과정에서 아브라함 계약 규정 밑에서 규정을 준수하지 않았기 때문에 하나님은 모세를 거의 죽이려 하셨다. 분명히 법은 이 계약에서도 중요한 역할을 하였다.

2) 법은 모세 이후의 모든 계약에서도 중요했다. 다윗 계약과 새 계약은 구속사에서 하나님의 법의 중요성을 계속 나타낸다. 모세의 율법은 다윗의 계약에서 필수적인 역할을 하는 것으로 보인다. 이스라엘 왕위에 대한 전체의 역사적 서술은 모세 계약의 법에 기초한 책벌의 위협과 함께 다윗에게 주어진 약속의 훌륭한 증거로 간주될 수 있다. 오늘날 신자들에게도 모세 계약은 계속적인 의미를 주고 있다. 오늘날 신자들의 축복 상태는 하나님의 법을 지키는 데서 비롯된다. 반대로 불의하게 사는 기독교인은 하나님의 징계를 받게 된다. 이와 같이 기독교인들은 그들이 행한 행적에 따라 판단받게 될 것이다. 성경은 이 점에서 일맥상통한다.

B. 율법 계약은 하나님의 구속 목적의 전체와 점진적으로 연관된다.

1) 모세 계약은 앞선 모든 계약들보다 발전된 계약이다.

a. 백성의 국가화: 율법 계약은 계약의 백성을 국가화하는 데에서의 진보를 나타낸다.

b. 포괄성(comprehensiveness): 율법 계약은 하나님의 계시된 뜻이 나타나는 포괄성에서 진보를 나타낸다. "십계명"에는 하나님의 뜻의 완전한 최종 요약이 포함되어 있다.

c. 겸손하게 하는 능력: 율법 계약은 인간을 겸손하게 하여 그리스도의 은혜의 풍부성을 깨닫게 하는 데 있어서 이전 계약보다 진보됨을 나타낸다.

d. 예표론적인 의미: 율법 계약은 예표론적인 의미에서 진보됨을 나타낸다.

2) 모세 계약은 후에 이어지는 모든 계약보다 미숙하다. 모세 계약은 하나님의 구속 목적이 나타나는 데 있어서 후에 이어지는 모든 것보다 덜 성숙한 단계를 나타낸다. 이것은 다윗 계약이나 새 계약보다 하나님의 진리를 덜 표현한다. 다윗과의 하나님 계약은 율법 계시에 있어서 모세보다 진보됨을 분명히 나타낸다. 특히 이스라엘 위에 대표적인 왕을 영원히 세운다는 것은 율법 사역에서의 진보를 나타낸다. 계약의 하나님에 대한 왕 같은 대표적 모습을 모세 자신이 구현했다고 볼 수 있다. 더 나아가 율법 계약은 하나님 백성의 생활에서 율법의 역할을 나타내는 데에 새 계약보다 못하다. 성경은 새 계약하에서 하나님의 법이 지배되는 새 모습을 강조한다. 옛 계약에서 율법은 돌 판을 통해 나왔다. 그러나 이제 새 계약은 새로운 양상으로 이루어진다. 새 계약에서의 특징은 내부적 성격에 있다. 율법은 표면적으로 지배하기보다 마음속 안에서부터 지배될 것이다.

율법계약은 그리스도 안에서 완성된다. 마태복음 5:17에 의하면 그리스도는 율법을 폐하러 온 것이 아니라 완전케 하기 위하여 오셨다고 하였다. 그리스도가 오심으로 율법 수여에서 하나님의 모든 목적은 완성되었다.

아브라함 계약의 세대주의적 취급은 성경 해석에 대한 그들의 전체 방법론에서 근본적으로 이중구조의 문제를 나타낸다. 전 시대를 통해 사역을 통합하는 하나님의 한 가지 목적을 보는 대신에 세대주의는 하나님의 사역에서 이중 목적을 강하게 주장한다. 한 목적은 이스라엘 국가와 관련이 있고 또 한 목적은 신약시대의 교회와 관련이 있다.

새 스코필드 성경에 의하면 "아브라함 계약은 아브라함을 통해 이스라엘에 대한 그의 계획을 성취하려는 하나님의 주권적인 목적을 나타내며 또한 그리스도 안에서 모든 믿는 자에게 구세주를 준비하기 위한 하나님의 주권적인 목적을 나타낸다." 세대주의자는 최종적으로 유대인과 이방인에게 구원을 가져오는 통일된 목표를 가진 것으로 계약을 보기보다 아브라함 계약에서 세워진 이스라엘을 위한 하나님의 목적과 이 같은 계약에서 세워진 나라들을 위한 하나님의 목적 사이에 구분을 둘 것을 주장한다. 그들은 아브라함 계약의 규정을 해설하는 데에서 특수 사항들을 하나님의 "이중" 목적의 한 목적으로 해석하거나 또는 두 가지 목적으로 해석하려 하고 있다.

계약 신학은 구원을 아브라함의 약속이 이루어지는 영역보다 더 "영적"인 영역과 관계하는 것으로 보지 않는다. 계약 신학은 창조의 관점으로부터 구원을 보기 때문에 결과적으로 영적 영역에서의 구원과 육적 영역에서의 구원 사이에 이중성이 존재하지 않는다.

아브라함과 맺은 하나님의 계약은 계약의 일부분이 민족적인 이스라엘과 관계하고 또 다른 부분이 하나님의 새 계약 백성과 관계하도록 분리될 수 없다. 오히려 구분은 형이상학적인 면에서보다는 일시적인 면에서 이루어져야 한다. 의심 없이 하나님은 그리스도가 오기 이전 전체 기간 동안 아브라함 계약 밑에서 민족적인 이스라엘과 특별히 관계하셨다.

세대주의는 하나님의 목적을 하나는 육체적 지상적인 영역과 관계하고 다른 하나는 하늘의 영적 영역과 관련이 있는 것으로 갈라놓고 있다. 기독교 신앙 전체는 그러한 구분에 반대하여 외치고 있다. 인간은 그런 이중적인 양상으로 창조된 것이 아니기 때문에 그런 식으로 구분될 수 없다.

다윗의 왕권은 "팔레스틴"이라는 지형적인 장소의 그의 왕위로부터 나온 것이 아니다. 다윗은 그의 왕권과 하늘의 왕권과의 상호관련으로부터 그의 권위를 끌어냈다. 예루살렘에서의 그의 지역은 단순히 하늘의 통치가 지상으로 구현된 것이다.

아버지의 우편에서의 그리스도의 현 통치는 어떤 면으로 보던지 그 관련이 팔레스틴 땅이나 또는 다른 물질적인 장소에만 제한될 수 없다.

구속 역사에 대한 세대주의적인 사고방식의 문제점은 첫째, 성경 해석에 대한 세대주의적인 방법은 하나님의 목적의 이중성을 기초로 하고 있다. 하나님은 지상적인 목적과 하늘의 영적인 다른 목적을 가진 것으로 나타난다. 하나님의 목적은 그리스도와 연합하는 자들의 영육 간의 구원이 유일한 목적이다. 둘째, 세대주의는 역사의 이중 구조를 수반한다. 양심의 세대와 도덕적 통치의 세대는 자연적으로 하나님의 구원 계획을 말하지 않게 되지만 반면 이와 대응하는 계약적 관점은 앞으로 올 구원자에 대한 인간의 희망을 적절히 나타낸다. 셋째, 다윗 속에 나타난 메시야에 관한 구약성경의 약속의 관점으로부터 그리스도의 현재 통치를 제외시키는 것은 현시대에 대한 신약성경의 분석과 단순히 일치하지 않는다. 그리스도의 부활과 아버지 우편으로의 승천은 고통 받고 높여진 이스라엘의 왕에서 완성이 되는 구약성경 예언 전체를 이해하는 데 기초를 제공한다. 현시대는 구약의 예언자가 예언하지 않은 "괄호"(parenthesis)가 아니다. 오히려 오늘날 인간은 이제 그리스도의 영원한 왕국의 실재를 맛보는 큰 특권을 즐기고 있다.

다윗 계약에는 두 가지 측면이 있다. 하나는 다윗의 계열에 관한 것이고 다른 하나는 지형적인 문제로 예루살렘에 관한 것이다. 하나님은 다윗의 집을 영원히 보존하시겠다고 약속하셨고 만일 죄를 범하면 징계하실 것을 말씀하셨다(삼하 7:14). 결국 솔로몬은 하나님 앞에 죄를 범했고 솔로몬의 죄로 인해 하나님은 그에게서 나라를 빼앗아 그 종에게 주겠다고 선언하셨다(왕상 11:11). 이 의미는 놀라운 것이다. 다윗 후손이 아닌 다른 사람이 솔로몬 왕국을 다스릴 것이다. 그러나 하나님은 다윗 계약 밑에서의 그의 약속을 잊지 않으신다. "오직 내가 이 나라를 다 **빼앗지** 아니하고 나의 종 다윗과 나의 **뺀** 예루살렘을 위하여 한 지파를 네 아들에게 주리라"(왕상 11:13). 하나님은 솔로몬의 아들에게 한 지파를 주어 "내가 내 이름을 두고자 하여 택한 성 예루살렘에서 내 종 다윗에게 한 등불이 항상 내 앞에 있게 하리라"(36절). 따라서 솔로몬의 나라를 **빼앗는** 하나님의 징계는 다윗과 예루살렘을 위하여 세운 계약적 약속을 끊지 않는다.

이러한 다윗의 계약은 예수 그리스도로 인하여 그 목적이 성취된다. 그리스도 안에서 다윗 계약의 성취는 확실시된다. 다시 말해 다윗의 통치는 다윗의 왕권과 하나님의 왕권을 최종적으로 통합하는 메시아적 구원자의 실제인 그리스도를 예언하기 위한 것이었고 그리스도를 통한 다윗 언약의 궁극적인 성취는 이스라엘 백성들을 구원하기 위한 하나님의 약속을 성취하는 것이라고 볼 수 있다. 다윗의 언약인 다윗 계열의 유지와 예루살렘 왕권의 보존은 그리스도를 통하여 성취되며 그것은 백성을 구원하려는 하나님의 목적을 이루시기 위한 것이었다.

Ⅱ. 성경 속에 있는 말씀

1. 구약 신학

계약이란 "주권적으로 사역되는 피로 맺은 약정(約定)이다." 하나님은 인간과 계약 관계를 수립할 때 주권적으로 삶과 죽음의 약정(bond)을 세운다. 계약은 피로 맺은 약정 또는 주권적으로 이루어지는 삶과 죽음의 약정이다.

구약신학이란 구약 연구에서 가장 논쟁적이며 중요한 중심 주제이다. 구약신학을 역사적 학문인가 아니면 신학적 학문인가 하는 문제가 논의되고 있으며 자유주의는 방법론에서 자유주의적인 방법론을 택하고 있다. 예를 들면 JEDP의 문서설과 이사야에 대한 제2, 제3의 문서설 등이 있다. 이러한 문서설과 본문 비평적인 연구 방법을 전제로 학문을 하고 있는 실정이다.

이에 반해 복음주의에서 다음과 같은 방법으로 연구하고 있다.

구약을 해석함에 있어서 존 골딩게이(John Goldingay)는 하나의 신학 체계로서의 구약, 생활 방식으로서의 구약, 구속사로서의 구약, 그리스도에 대한 증거로서의 구약, 경전으로서의 구약이라는 방법으로 해석을 하고 있다. 언약의 관점에서 접근을 하면 다음과 같다. ① 족장 언약(창 12장), ② 시내산 언약(출 19:5-6), ③ 모압 언약(신 26:16-19), ④ 세겜 언약(수 24:25), ⑤ 다윗 언약(삼하 7:11-16), ⑥ 새 언약(렘 31:31-34; 암 9:11), ⑦ 결혼 언약(호 2:23).

전통적으로 문법적-역사적-신학적 해석을 주로 해왔다. 카이저(Walter C. Kaiser)는 역사적(Historical), 문법적(Grammatical), 구문적(Syntactical), 문화적(Cultural), 신학적(Theological)으로 해석을 하고 있다. 윌름 벤게메른(Willem VanGemeren)은 역사적(Historical), 문법적(Grammatical), 문학적(Literary), 정경적(Canonical), 구속사적(Redemptive

Historical)으로 해석을 하고 있다.

구약을 객관주의와 주관주의적 해석이 있으며 본문을 이해할 때 본문의 형성과정을 포함시키는 통시적 방법론(Diachronic Methodology)과 배경을 중요시하는 동시적 방법론(Synchronic Methodology) 등의 강조도 있었다. 그러나 최근의 해석학적인 흐름은 다각적인 방법론(Multiplex Methodology)과 다각적인 차원(Multi-Dimensional)에서 구약 해석이 접근되고 있다.

다각적인 방법론(Multiplex Methodology)은 다음과 같다.

① 본문(Text)적 요소이다. 본문이라는 것은 순수하게 본문자체에서 의미를 찾는 것을 의미한다. 본문의 의미를 찾기 위해서 문법적(Grammatical), 문학적(Literary), 언어학적(Linguistic), 구조적(Structural), 설화적(Narrative)인 접근들이 있다.

② 배경(Context)적 요소이다. 본문을 해석하되 본문의 형성과정과 본문의 정경에서의 위치 또는 본문의 역사적(Historical), 지리적(Geographical) 배경, 연대적(Chronical) 배경 등 본문 앞에 또는 본문과 함께 있는 문화적(Cultural), 인류학적(Anthropological), 역사적(Historical), 지리적(Geographical) 모든 배경과 저자(Author)와 회중(Audience)들의 상황 속에서 본문을 이해하고자 하는 것이다.

③ 독자(Reader)적 요소이다. 이 해석에서 중요한 면은 바로 성경을 해석하는 당사자와의 문제를 의미한다. 성경을 해석하는 해석자에 따라서 신학적인 강조점이 달라질 수 있다.

구약신학의 중심점을 아이크로트는 '언약', 셀린은 '하나님의 거룩', 콜러는 '주로서의 하나님', 월드버그는 '하나님의 백성으로서의 이스라엘의 선택', 시바스는 '하나님의 통치', 클라인은 '하나님의 왕국', 포르는 '하나님과 사람 사이에서의 하나님의 통치와 교제', 베리 즌은 '교통', 스멘트는 '야훼는 이스라엘의 하나님, 이스라엘은 하나 님의 백성'으로 본다.

비셔는 극단적으로 '구약의 기독론적인 해석'을 시도하였고 브라 이트는 "구약은 전체적인 관점에서뿐만 아니라 구체적인 관점에서 그리스도와 그리스도의 증거"를 한다고 한다.

카이저는 구약신학을 약속(Promise)이라는 관점에서 보고 있다.

① 약속에 대한 서론: 족장 이전 시대, ② 약속의 준비들: 족장 시 대, ③ 약속의 시대: 모세 시대, ④ 약속의 장소: 왕국 이전 시대, ⑤ 약속의 왕: 다윗 시대, ⑥ 약속 안에서의 삶: 지혜 시대, ⑦ 약속의 날: 9세기, ⑧ 약속의 종: 8세기, ⑨ 약속의 갱신: 7세기, ⑩ 약속의 왕국: 포로 시대, ⑪ 약속의 승리: 포로 후기의 예언자들.

팔머 로버슨(O. Palmer Robertson)은 계약이라는 관점에서 구약신 학을 보고 있다. 계약(בְּרִית)이란? "주권적으로 사역되는 피로 맺는 약정이다"라고 정의한다. 계약이라는 것을 '약정'이나 '관계'의 개념 으로 보고 있다.

① 아담: 시작의 계약, ② 노아: 보존의 계약, ③ 아브라함: 약속의 계약, ④ 모세: 율법의 계약, ⑤ 다윗: 왕국의 계약, ⑥ 그리스도: 완 성의 계약.

1) 구약성경의 분류

제1부류-1. 율법서: 창세기, 출애굽기, 레위기, 민수기, 신명기

2. 예언서: 전기예언서-여호수아, 사사기, 사무엘 상·하, 열왕기 상·하, 후기예언서 대 예언서: 이사야, 예레미야, 에스겔 소 예언서:

호세아, 요엘, 아모스, 오바댜, 요나, 미가, 나훔, 하박국, 스바냐, 학개, 스가랴, 말라기

　3. 성문서: 제1부류 - 시편, 잠언, 욥기

　제2부류 - 전도서, 아가, 예레미야 애가, 에스더, 룻기(축제용 다섯 두루마리)

　제3부류 - 에스라, 느헤미야, 역대 상·하, 다니엘

① 구약성경의 분류는 히브리어 원어 성경에 따른 분류이다.(토라, 네빔, 케투빔)

② 전기 예언서 →B.C.1400~B.C.587

③ 예언자 - 하나님의 말씀을 전달하는 사람. (선지자)

④ 다니엘서를 예언서에서 왜 제외시켰는가?

　　- 예언문학과 묵시문학 ⇒ 하나님의 심판을 강조함. - 유사점

　　예언서는 열려진 미래를 강조함. (궤도 수정이 가능)

　　묵시문학은 닫힌 미래를 강조함.

2) 구약 성서의 정경화 과정

　① 정　경

1). 정경 - 신앙공동체의 규범으로 작용하는 신앙적 문헌의 모음집.
　　 =경전, 성경 신앙생활의 규범이 되는 문헌.

① 유대교의 경전: 24권(39권) - 사무엘, 열왕기, 역대기가 구분되지 않음.

　12소 예언서를 한 권으로 함. 에스라와 느헤미야를 한 권으로 함.

② Catholic의 경전: 39권+7권=46권.

유딧, 도빗, 지혜, 집회, 마카비상·하, 바룩서

@Vulgata →1546년 트리엔트 공의회에서 불가타역을 인정함.

③ 동방 정교: 45권(천주교의 경전에서 바룩서 제외)

② 외 경(外經)

가. 외경의 분류

① 교훈, 지혜문학 -
  ○ 지혜서: 헬라의 유대인들을 무신론적이고 우상 숭배적인 이
    교의 영향에서 보호하려는 목적.
  ○ 집회서: 일반적인 도덕, 실질적인 경건생활을 교훈.

② 역사문학 -
  ○ 에스드라1서: 에스라, 느헤미야, 역대하의 부분을 독립적으
    로 번역.
  ○ 마카비 1서: 신·구약 중간사의 귀중한 역사 자료.
  ○ 마카비 2서: 1서와 대조적, 마카비 개혁을 신화적으로 서술.

③ 종교적 전기 문학 -
  ○ 토빗서: 살만에셀 치하의 니느웨에서 고생한 이스라엘 청년
    이야기.
  ○ 유딧서: 아름답고 경건한 유대인 과부의 이야기.

④ 예언문학 -
  ○ 바룩서: 바룩이 기록한 포로기 유대인들의 기도, 고백, 귀환
    의 약속.

○ 에스드라2서: 성격상 계시적임. 일련의 환상을 묘사함.

⑤ 전설문학 -
　　○ 므낫세의 기도: 유다왕 므낫세가 앗수르의 포로로 잡혀 갔
　　　을 때 기록한 참회의 기도.
　　○ 에스더 추가서: 환상, 편지, 기도의 형태.
　　○ 세 거룩한 아이들의 노래: 다니엘서의 첫 부분.
　　○ 수산나 이야기: 다니엘서를 확대한 종교적 전기소설.
　　○ 벨과 용: 다니엘서에 추가된 다니엘을 주인공으로 한 감상
　　　적 이야기.

③ 위　경(僞經)

가. 정경화 과정

가) 유대교

1). 율법서: B.C.400년경.
　　① 사마리아인들이 B.C.4C경에 유대인들에게서 독립되었는데
　　　이때 이들은 5경(사마리아 5경)을 소지하고 있었다.
　　② Lxx의 5경이 B.C.3C경부터 번역되기 시작.

2). 예언서: B.C.200년경.
　　-B.C.180에 기록된 Ben sirah의 글인 집회서 46~49장에 보면 전기
　　예언자들과 후기 예언자들의 이름과 그들에 관련된 사건들이 나
　　타난다.
3). 성문서: A.D. 100년경에 얌니아 유대교 총회에서 인정.

나) 기독교

1). 초대교회: 위경과 외경을 포함한 Lxx인정.
ex). 유다서 1:9,10의 내용이 위경 모세 승천기에 있다.
유다서 1:14,15의 내용이 위경 에녹서에 있다.

2). 교부시대(A.D. 2C~A.D. 4C)
- 대부분의 교부는 Lxx를 인정했으나 저스틴은 유대교의 경전을 인정.

3). 중세시대: 외경이 포함된 Lxx를 인정.

4). 종교개혁 시대
- M.Luther 는 1543년 독일어역 성서를 펴내고 독일어역 성서에 외경을 부록으로 넣음.
- 1546년 Trent 회의에서 Vulgata역을 인정, 공포.
@ 1648년 장로교 교단의 웨스트민스터 신앙 고백에서 외경은 신적 영감이 포함되지 않았기 때문에 교회에서는 권위가 없다고 인정.

④ 5경의 성격

1. 5경과 율법 - 5경이 모두 율법만은 아니다.
창세기에는 율법이 나오지 않으며 출애굽기에는 후반부에 조금 나온다. 그리고 레위기는 거의 율법이나 신명기와 민수기는 조금 나온다.
2. 5경은 거룩한 이야기이며 율법이 아니다.
- 이야기로서의 5경은 하나님의 주도권과 계획, 거기에 대한

백성들의 합당한 반응을 가르쳐 주는 책이다.

3. 5경은 신앙공동체의 권위가 되는 책이다.

⑤ 5경 이해를 위한 견해들

1. Antiquarian approach → 학자들의 접근 방법.(과학적, 역사적) 고대
   이스라엘 역사를 객관적으로 재구성하려는 것.
2. Crystal Ball approach → 예언서, 묵시서 미래를 예언할 수 있게
   만드는 책으로 간주.
3. The Bible as miror approach → 매 시대마다 거듭되는 상황을
   통해서 우리의 현실을 보여주는 것.

⑥ 5경의 저작권

1. 5경의 저자가 모세로 되어 있다.

ex). 출애굽기 17:14, 24:4 민수기 33:2 신명기 31장 등……

2. 5경의 저자를 모세로 볼 수 없는 이유.

① 현대적인 착오:
   ○ 창세기 14:14에 보면 아브라함이 단까지 추격한 내용이 나
     오는데 사사기 18:29에 의하면 단은 가나안 정복 이후에
     붙여진 이름이다.
   ○ 블레셋 족속은 B.C.12C 초엽에 나타난 민족이다.
   ○ 출애굽 연대의 두 가지 설 15C설: B.C.1445 13C설: B.C.1260

② 2중 3중의 기록:
   ○ 브엘세바의 유래에 대해서 창세기 21:31에는 아브라함과 아
     비멜렉의 조약으로 나오고 있으나 창세기 26:33에는 이삭과

아비멜렉의 조약으로 나오고 있다.

  ○ 아내를 누이로 가장한 사건이 창세기 12:10에는 아브라함이
     바로에게, 창세기 20:1에는 아브라함이 아비멜렉에게, 창세
     기 26:1에는 이삭이 아비멜렉에게 한 것으로 나타난다.

③ 구체적인 불일치:

  ○ 창조 이야기

  ○ 노아의 홍수 창6:19; 암수 1쌍 창7:2; 정결한 동물은 암수 7씩,
     부정한 동물 암수 2씩.

  ○ 요셉 이야기: 창세기 37:18 이하의 이야기는 두 개의 이야기가
     혼합된 것이다.

내 용 말 씀	神 名	창조 순서	창조 방법
창세기 1:1~2:4^1	하나님(엘로힘)	짐승→사람 (男女가 동시에 창조)	말씀으로 창조.
창세기 2:4^2~3장	여호와(야 훼)	사람(남) → 짐승→여자	흙으로 창조.

⑦ 자료비평(Source Criticism)

1. 제1단계: Gean Astruc(1683~1766년)
   창 1~2장→神名: 1장-Elohim(하나님) 2장-Jahweh(여호와)

2. 제2단계: Eichhorn(1752~1872년)
   창세기에서 출애굽기 사이에는 J자료와 E자료가 존재한다.

3. 제3단계: De wette
   5경 중 그 어느 것도 다윗 시대 이전 시대의 것은 없다.

4. 제4단계: J.Wellhausen
   『Prolegomena to the history Israel』

J (Jahwist): B.C.10C(다윗과 솔로몬 시대)

E (Elohist): B.C.9C~B.C.8C(엘리야 시대)

D (Deuteronomic code): B.C.7C(요시야 왕의 종교개혁)

P (Priestly code): B.C.6C(바벨론 포로기)

남방 유다 북방 이스라엘

J (다윗과 솔로몬 시대)

E (엘리야 시대)

B.C.721 북방 이스라엘 멸망

B.C.450 오늘날의 5경(Pentateuch)

⑧ 각 자료의 특징

	J	E	D	P
신 명	여호와	엘로힘	여호와	엘로힘
θ과 人과의 만 남	신인 동형론적 만남	초월적 만남 (꿈, 천사)	윤리적 만남	예배의식(제사)
신학적 강조점	하나님의 축복 θ의 약속	θ에 대한 경외	모세의 율법 순종 인과응보 사상	율법 순종
문체적인 특 징	소설체	소설체+경고	설교체(웅변체)	연대 기록, 족보 기록, 제사 제도
특이한 명 칭	시내산, 가나안족, 농경문화	호렙산, 아모리족	•	•
지역적 선호성	남방유다 우호적	북이스라엘 우호적	전체 이스라엘 강조	유다 강조

※ Man's extremity is God's opportunity

⑨ 각 자료의 신학

1. J 자료(B.C.10C): 세속화를 반대하는 신학. 약속의 신학.
   ① B.C.10C경에 활동한 익명의 예언자 그룹으로 추정.
   ② 정치적 안정, 경제적 부강: 도시화되어 도덕적으로 타락함
   (세속화)
   ③ 다윗과 솔로몬 왕조에 대한 사명 고취(격려)
   ④ 다윗과 솔로몬 왕조에 대한 견책
   ex). 원역사(태고사) 창1~11장
   　　a. 창조기사(실락원): 다윗의 밧세바 탈취사건, 우리아의 살해
   　　　사건.(삼하11, 12장)
   　　b. 가인의 아벨 살해: 압살롬의 암논 살해 사건.(삼하13, 14)
   　　c. 노아의 홍수: 압살롬의 반란.(삼하15~19)
   　　d. 바벨탑 사건: 솔로몬의 후안무치한 권력 장악.(왕상1, 2)
   　　한편, J자료는 다윗과 솔로몬 왕조가 전 세계에 대하여 축복
   을 전달하는 자로 선택된 자라는 사실을 드러내기 위해 다윗을
   아브라함과 연결시킨다.
   ⑤ 땅의 모든 족속이 너로 인하여 축복을 받을 것이다.
   창세기 12:1~3에서 아브라함에게 하신 약속이 다윗 시대에 이
   루어졌다.
   J 자료의 핵심 구절: 창세기 12:1~3
   J 자료의 핵심 인물: 아브라함.

2. E 자료(B.C.9C~ B.C.8C): 북방 이스라엘에서 형성된 자료. 우
   상 숭배를 배격하는 신학.
   ① 엘리야 시대의 종교적 혼합주의를 겨냥한다. → 하나님 경외
   　사상(Fear God)

ex). a. 창세기에 맨 먼저 등장하는 E자료의 설화는 창세기 20:1 이하에 나오는 아브라함이 그랄왕 아비멜렉을 방문한 기사이다.

창22:2 →『네가 네 아들 독자라도 내게 아끼지 아니하였으므로 이제야 네가 하나님을 경외하는 줄을 알았노라』

② 지도자의 역할을 강조 - 하나님의 거룩성 부각, 하나님을 경외하게 만들어야 한다.

③ 출애굽기 서두 - 족장사에서 민족사로 넘어가는 과정.

④ 출애굽기 1:17 - 하나님 경외 사상.

  E 자료의 핵심 구절: 창세기 22:12

  E 자료의 핵심 인물: 모세.

3. D 자료(B.C.7C): 갱신의 신학.

① B.C.621년 요시야왕의 종교개혁 때 힐기야 제사장에 의해서 발견된 율법.

② 민족주의적인 신관, 인과응보적인 역사관, 합법적인 성소에서의 예배의식, 약자 보호 사상, 성민으로서의 행동 규범, 선택 사상, 계약 사상이 나타남.

③ M. Noth는 신명기를 신명기적 역사서의 서론으로 취급한다.

4. P 자료(B.C.6C): 정체성 확립을 위한 신학.

① 바벨론 포로기(B.C.587~B.C.538)에 형성.

② 포로기의 상황(정체성의 위기 상황)

  - 정치적으로 암울하고 침체되어 위축되고 자포자기하는 상황이었다. ← 희망이 필요.

  - 종교적으로 할례를 지키지 않고 안식일을 지키지 않았다. ← 정체성 확립.

③ W.Brueggemann은 P의 신학은 "생육과 번성의 신학"이라고

규명했다.

ex). 창세기 1:28에 등장하는 단호한 축복선언에는 다섯 개의 동사가 나오는데 이 동사는 P기자의 메시지를 이해하는 열쇠가 되었다.

⑩ 창세기

1. 성격:
   ① 인류역사에 대한 세밀한 교재가 아니며 하나님의 구속사에 대한 교재이다.
   ② 과학 교과서도 아니다.
     - 천지창조에 대한 과학적인 물음은 How, When이나 창세기의 관심사는 Who, Why이다.
2. 기록 목적: 태곳적에 있었던 일들에 대한 원인론적 질문들을 대답해 주고, 아울러 이스라엘 백성들의 조상들과 함께 하신 하나님을 소개한 책이다.
3. 중심 주제:
   ① 창조 ② 인간의 죄 ③ 하나님의 약속 ④ 하나님의 주권성
4. 분류:
   ① 원역사(태고사) - 1~11장: 원인론적 질문에 대한 답변(창조신학의 근거, 구속사적인 면)
   ② 족장 역사 - 12~50장
     아브라함 → 믿음의 조상. 창조욕구(하나님에 대한 믿음) 소유.
     이삭 → 온유와 순종의 사람.
     야곱 → 축복을 향한 끝없는 질주.
     요셉 → 하나님에 대한 섭리를 알 수 있다.

⑪ 출애굽기

1. 창세기로부터 이어지는 사건.
2. 창세기: 족장들에게 축복하신 하나님.(족장사)
   출애굽기: 이스라엘 민족에게 계약을 주신 하나님(민족사)
3. 기록 목적
   - 하나님께서 이스라엘 백성들을 애굽으로부터 구원하셨다는 사실을 소개하고 그 사실에 근거하여 이스라엘 백성들이 하나님과 맺은 계약을 잘 지키기 위해 기록된 책.
4. 논쟁점
   - 출애굽 연대에 대해 두 가지 설이 논쟁하고 있다.
   ① B.C.15C설(1455년) → 성서에 근거.
      ex). 왕상 6:1 480년 후+성전 건축(B.C.965)
   ② B.C.13C설 → 애굽의 문서.
      ex). 출 1장 라암셋, 비돔 → 애굽의 큰 도시.
   건축 사업은 라암셋 2세 때(B.C.1290~B.C.1224)
5. 분류
   ① 출애굽 과정(1~15장)
   ② 홍해를 건너서 시내산까지의 여정(15:22~19:1)
   ③ 시내산 계약(19~40장)

⑫ 레위기

1. 성막에서 드려지는 예배, 제사 의식.
   하나님의 출현 장소 출애굽기: 불기둥, 구름기둥, 하나님의 구원 강조
   레위기: 성막, 성결, 거룩.
2. 레위기는 예배 지침서이며 의식서이다.

3. 제사제도와 성별된 생활.

  출애굽기(Θ→人): 내 백성으로 하여금 가게 하라.

  레 위 기(人→Θ): 내가 거룩하니 너희도 거룩하라.

4. 분류

  1). 제사와 관련된 율법.(1~7장)

  2). 성별

   ① 레위기 17~26장: 성결 법전 (The Holiness code)

   ② 출애굽기 20:22~23:19: 계약 법전 (The Covenant code)

   ③ 신명기 12~26장: 신명기 법전 (The Deuteronomic code)

    →사랑이 넘치는 공동체를 유지시키는 법들을 소개함.

    고차원적인 윤리=사랑의 공동체.

  ⑬ 민수기

1. 논쟁점

-광야에서의 백성들의 숫자.

2. 기록목적

-이스라엘 백성들이 시내산에서 모압 땅에 이르기까지 있었던 사건
 들을 기록함으로써 후손들이 역사적 신앙적 교훈을 얻도록 한 책.

3. 분류

  ① 시내산으로부터의 출발 준비(1:1~10:10)

  ② 시내산에서 가데스를 지나 모압까지.

4. 주제: 하나님의 거룩성, 불순종의 결과, 모세의 중죄 행위.

5. 기능: 민수기는 레위기와 여호수아를 이어줌.

⑭ 신명기

1. 기록목적: 출애굽기, 레위기, 민수기에서 언급된 중요 교훈들을 뽑아서 새 시대의 백성들에게 소개하는 책.
2. 기록자 및 기록 연대
   1). B.C.621년 요시야왕의 종교 개혁 때 발견.
   2). 북왕국에서 기록됨.
      ① 신명기의 내용이 호세아서와 유사.
      ② E 자료와 유사(인과응보 사상).
      ③ 아모리 족(북왕국의 표현)이 등장.
3. 장르
  -설교(웅변)체:~들으라,~기억하라,~지키라.
4. 분류
☞ C.Westerman 은 신명기가 3개의 설교로 구성 되었다고 주장.
   ① 1:1~4:43 →과거의 회고.
   ② 4:44~26장→구체적 율법 열거.
   ③ 27장~30장→축복과 저주.
   ④ 31장~34장→5경을 마감 짓는 결론.
☞ 12장~26장은 신명기 법전이다.
   ① 중앙 성소화.
   ② 인도주의적 사회건설을 위한 율법(약자 보호 사상).
5. 주제
   ① 언약 갱신. ② 인과응보. ③ 중앙 성소화.

3) 전기 예언서

① 전기 예언서

1. 전기 예언서의 문서: 여호수아, 사사기, 사무엘 상·하, 열왕기 상·하
2. 시대: 가나안 정착 시대~바벨론 포로기 직전(B.C.1400~B.C.587).
3. 전기 예언서의 기록자: 신명기 사가(Deuteronomist)
   - 신명기의 말씀에 준해서 역사를 기록한 자들.
   해석, 평가 → 사실보도가 아니다.
4. 활동 연대: B.C.550년경(바벨론 포로기)
   ex). 북방 이스라엘의 패망 원인: (왕하17:3~17:7) - 종교적 원인
       으로 패망.
   (왕하18:10) - 모세의 율법을 지키지 않음.
   실제적 멸망 원인: 우상 숭배에 대한 하나님의 징계.

※ 역사 편찬 이유
 - "왜 이와 같이 비극적인 상황이 이스라엘 역사 속에서 발생하게
   되었는가?"라는 12가지 물음에 대해 신학적인 답변을 내리기
   위해서이며 여기에서 신명기 사가는

   1). 여호와에 대한 순종은 평화와 번영을 가져온다.
   2). 번영의 시기는 불순종의 계기가 된다.
   3). 불순종은 믿음을 약화시켜 외적의 침입을 가져오게 된다.
   4). 외적의 침입은 회개를 낳게 된다.

는 순환으로 역사를 해석한다. 이러한 패러다임을 통해서 신명기 사가가 추구하려고 하는 것은 이스라엘이 현재 겪고 있는 고통(포로기)은 이스라엘의 범죄에 대한 마땅한 하나님의 의로운 징벌이라는 것으로 신정론을 견지한다. 더 나아가 지금의 이스라엘의 고통은 회개로써 구원의 새 출발이 가능하다는 사실을 주지시킨다.

신명기사가의 4단계 역사 순환(대표: 사사기)구원

(평화와 구원)
백성들의 회개 불순종과 범죄
(부르짖음) (우상 숭배)
하나님의 징벌
(외적의 침입)

※ 포로기 시대 이스라엘 사람들이 지녔던 12가지 질문

1. Question of Identity(정체성): 우리는 아직도 하나님의 백성인가?

2. Question of Guilt(죄): 무엇이 잘못되었는가?

3. Question of Theodicy(신정론): 하나님은 이직도 활동하고 계시는가? 하나님의 활동은 정당한가?

4. Question of Hope(희망론): 우리에게는 소망이 있는가?

5. Question of Faithfullness(신실성): 우리 조상들에게 하신 약속이 신실하신가? 아직도 그 약속은 유효한가?

② 여호수아

1. 분류
   ① 1~12: 가나안 정복 기사

② 13~22: 가나안 땅의 분리.

③ 23~24: 세겜에서의 설교.

☞ 가나안 정복 Model

① 정복설(Military Model)

  -학자들: W.R.Albright, G.E.Wright, J.Bright.

  -군사적인 정복, 일시적 정복, 모든 지파가 참여.

  -근거: 고고학적으로 볼 때 B.C.13C 무렵에 도시가 파괴된 흔적이 있다.

② 이주설[이민설](Immigration Model)

  -학자들: A.Alt, M.Noth

  -평화적, 점진적 정착, 개별 지파.

  -근거: 이스라엘 백성에게는 무기가 없었다.

    "아직도 정복되어야 할 땅이 많이 있다."라고 한 여호수아의 말.

③ 혁명설(Revolt Model)

  -학자들: G.E.Mendenhall → 가나안 정복의 주체는 가나안 변방 족속이며 이스라엘 백성들과 변방농민이 연합하여 정복했다는 『농민 봉기설』 주장.

    N.Gottwald → 이스라엘 사람들은 유목민이 아니라 농민이며 그 근거로 이스라엘 사람들이 제사 때 사용한 소는 유목민들이 기르는 짐승이 아니라고 주장.

③ 사사기

1. 분류

  ① 1장~2:5 → 가나안 정복에 대한 기사.

  ② 2:6~16장 → 사사들의 활동.

③ 17장~21장 → 부록.

2. 논쟁점

－사사들의 통치 연수. 410년.

④ 사무엘 상·하

☞ Lxx에서 사무엘상과 사무엘하로 나누어 졌음.

1. 내용 분해

① Keil ② O.Kaiser

－삼상1장~12장: 사무엘. － 삼상1장~7장: 엘리와 사무엘.

－삼상13장~31장: 사울. － 삼상8장~15장: 사무엘과 사울.

－사무엘하: 다윗. － 삼상16장~삼하1장: 사울과 다윗.

－삼하2장~12장: 다윗과 그의 나라.

－삼하13장~24장: 다윗의 계승이야기.

2. 사무엘서의 논쟁점(자료의 수): 적어도 두 개의 자료가 있다.

① 초기 자료(Early source): 친 왕정 자료.

－왕정 제도를 옹호, 사울이 부각됨.

② 후기 자료(Late source): 반 왕정 자료.

－왕정은 하나님께서 원하신 것이 아니다. 사무엘이 부각됨.

⑤ 열왕기 상·하

1. 내용

① 이스라엘 왕 역대 지략 (왕상 3:19)

② 유대왕 역대 지략 (왕상 14:29)

③ 솔로몬의 행장 (왕상 11:41)

④ 예언자들의 생애 기록 (엘리야, 엘리사 등……)

⑤ 성전 자료: 성전 완성에 참여한 자들.

　－솔로몬의 행적(왕상1장~11장)

　－분열 왕국의 역사(왕상12장~왕하25장)

2. 주제

① 열왕기서의 주인공들은 왕이 아니라 예언자들이다.

② 신명기 사가가 왕들을 평가한 기준은 하나님께 대한 순종의 여부였다.

③ 인과응보 사상, 메시야 사상.

④ 왕정 시대: 사울－다윗－솔로몬－르호보암－

족장 시대		애급이주 및		광야 시대
B.C.2000	B.C.1800	출애굽 시대	B.C.1445	B.C.1400
			출애굽 연대	
가나안 정착 시대	사사시대		왕정 시대	
B.C.1400	B.C.1200	B.C.1000	B.C.587	

통일 왕국

　－르호보암　　북(이스라엘):　　제1대　　여로보암~제19대　　호세아
　　〈B.C.930~B.C.721〉

　－앗수르의 사르곤 2세에 의해 멸망.

　　남(유다): 제1대 르호보암~제21대 시드기야 〈B.C.930~B.C.587〉

　－바벨론의 느부갓네살 2세에 의해 멸망.

　　분열왕국

4) 역대기 사가

① 역대기 사가

1. 대상·하, 스, 느: 아담~포로 후기(~B.C.450)
2. 포로기(B.C.550년경) → 신명기 사가.
3. 포로 후기에 작성(B.C.450~B.C.400)
- Universalism(보편주의): 요나서, 룻기.
- 이스라엘 민족 외에 모든 민족이 구원 대상이 될 수 있다.
- 보편주의가 종교적 해이에 영향을 끼쳤다.
4. 다윗이 예루살렘 제의의 창시자이다.
- 역대기에서는 다윗이 미화되어 최대의 실수인 밧세바 사건이 나오지 않는다.

② 역대기 사가의 신학(배경)

- 주전 538년 고레스왕의 칙령 후 조금씩 복귀한 이스라엘 사람들은 주전 515년에 성전을 재건하여 메시야를 대망하고 있었다. 그러나 그들이 메시야 왕으로 생각했던 스룹바벨이 죽자 그들에게는 주위의 이방인들과 종교적인 타협을 할 것이냐? 아니면 예루살렘 성전 제의를 중심으로 한 배타적 종교를 고집할 것이냐? 하는 양자택일에 놓이게 되었다. 어쨌든 느헤미야가 도착하기 직전에 백성들의 사기는 극히 저조하여 좌절 속에서 종교와 도덕적인 해이를 초래하게 되었다.(느헤미야13:10 이하) 그리고 보편주의 사상에 편승하여(이 어간에 요나서, 룻기서 등장.) 이방 사람 등과의 통혼이 성해 여호와 종교의 순수성을 상실하게 되

었다. 이런 상황에서 역대기 사가는 예루살렘 제의를 고집하는 배타적 집단으로서 하나님의 법도를 지키는 자들은 복을 받고 그렇지 않은 자들은 벌을 받는다는 철저한 응보 사상을 역사적 수단으로 삼아 예루살렘 제의와 다윗 가문에 대한 관심이라는 두 가지 기둥으로 약해져 가는 여호와 종교를 다시 한번 세워 보려고 했다고 할 수 있다.

③ 신명기 사가에 대한 의존성

1. 편집구(Editorial comment)

신명기 사가의 원본을 그대로 따르면서 자신의 신학적 견해를 첨가시키는 방법.

ex). 사울왕 사망 기사.

특수 자료(Peculiar materials)

신명기 사가의 원본에 없고 편집구나 교정 자료에 포함되지 않는 것을 말한다.

④ 문서 예언의 중요 4시기.

1. 제1기(B.C.750~B.C.700): 앗수르의 전성기, 북 이스라엘 멸망.
   북왕국: 호세아(B.C.750~B.C.725), 아모스(B.C.750년경)
   남왕국: 미가(B.C.722~B.C.701), 제1이사야(B.C.740~B.C.701)
   @ Isaiah: 제1이사야: 1장~39장 - Original Isaiah
            제2이사야: 40장~66장 - Deutero Isaiah

제1이사야	제2이사야
주제는 심판	주제는 위로
'이사야'라는 고유명사가 많이 나타남.	고유명사가 나타나지 않음.
전기적 자서전적 자료.	단편적인 서사시의 모음집.

2. 제2기(B.C.650~B.C.587): 앗수르의 몰락과 바벨론의 출현 시기.(B.C.626~B.C.604)

   앗수르의 몰락 시(B.C.612): 나훔, 하박국, 스바냐, 예레미야(620~바벨론포로기)

   유다왕국의 몰락 시(B.C.587): 예레미야, 에스겔

3. 제3기(B.C.587~B.C.538): 포로기 ― 제2이사야, 에스겔

4. 제4기(B.C.520~B.C.470): 페르시아의 지배(B.C.539~B.C.333) ― 학개, 스가랴, 말라기, 요엘 요나. (B.C.450~B.C.400)

5) 예언자 신학

1. 시내산 언약(모세) 신학을 근간으로 하여 역사를 해석한다.

   시내산 언약의 특징: 조건 언약(출 19:5~7)

2. 종교(신앙)와 사회 윤리(사회, 세상)와의 불가분성 ← 사회생활에서의 율법과 사랑의 실천.

   아모스 5:21~25, 미가 6:6~8, 이사야 1:11~15, 호세아 6:6

   ⇒ 하나님께서는 겸손히 하나님을 섬기는 것을 좋아하신다.

3. 형식적인 신앙(외식된 예배 행위)에 대한 질타.

   외식된 예배 행위는 성전만을 신성시 하는 그릇된 안정감을 조장한다.

   참 종교라는 것은 내적 변화가 수반되어야 한다.

4. 예언자들은 심판 사상을 주로 이야기했다.

심판은 주로 외적의 침입으로 나타난다.

5. 아직도 열려진 미래를 견지하고 있다.

희망의 메시지가 있다고 회개를 촉구하고 있다.

ex). 호세아 11:8, 아모스 5:4 5:14,15 이사야 6:13 10:20~23, 예레미야 31:31~34

축제용 다섯 두루마리.

전도서 - 수장절, 아가서 - 유월절, 예레미야 애가 - 예루살렘 멸망일, 에스더 - 부림절, 룻기 - 맥추절.

6) 지혜 문학

① 히브리인의 지혜문학의 특성.

헬라인들이 사변적인 백성이라면 히브리인들은 실천적인 백성들이었다. 그리하여 설령 사변에 빠진다 하더라도 그것은 하나님의 존재의 본성에 대한 것보다는 자신의 모습을 드러낸 하나님의 모습에 대한 것이었고 인간의 궁극적인 운명에 대한 것보다는 아름다운 삶의 본성에 대한 것이었다. 또 히브리인의 사고 속에는 지성적인 것보다는 종교적인 것에 더 관심이 있었다. 그리하여 우아하고 안정되고 행복한 삶을 살기 위해서는 종교적인 바탕이 선행되어야 한다고 여겼으니 여호와를 경외하는 것이 그들에게는 지혜의 시작이었으며(잠 1:7 9:10, 욥28:28) 하나님의 뜻에 대한 복종이 값있는 인생으로 가는 유일한 길이었다. 바로 이 종교적인 관심이 다른 고대 근동의 지혜 문학과 구별되는 독특한 것이었다.

② 지혜서

1. 잠언 (지식의 추구): "인간은 어떻게 하면 그가 속한 사회에서
   성공할 수 있을까?"
2. 욥기 (하나님의 임재의 추구): "의인이 당하는 고난은 과연 합
   당한가?"
3. 전도서 (삶의 의미의 추구): "인간은 수많은 한계 상황을 통해
   허무함을 경험하는데도 살아야 할 가치가 있는가?"
4. 1). 오랜 경험과 냉철한 이성에서 얻어진 삶의 원리＋하나님 경
   　외 사상.
   2). 인간의 제한된 경험과 지식만으로는 이 세상을 질서 있게
   　이끌어 나가시는 하나님의 섭리를 모두 이해할 수 없다.
   3). 하나님을 경외하는 인간의 삶이 필요하다.

7) 시 편

① 시편 연구의 약사.

R.Rowth의 "시편에 대한 평행성 연구"
A. 통의적인 평행법(병행법). (synonymous parallelism)
- 첫 번째 구절체에서 나왔던 내용이 다음 구절체에서 동의어로
  반복되어 평행을 이루는 것.
  ex). 시편 8:4, 사람＝인자, 생각＝권고
B. 반의적인 평행법(병행법). (antithetic parallelism)
- 첫 번째 구절체와 두 번째 구절체가 대립되는 경우.

ex). 시편 1:6, 의인 ⇔ 악인, 인정 ⇔ 망함, 잠언 10:1

C. 종합적인 평행법(병행법). (synthetic parallelism)

- 첫 번째 구절체에서 제시된 내용을 다음 구절체에 와서 종합하고 있는 것.

ex). 시편 4:7

8) 묵시 문학(다니엘)

① 구약 이스라엘 신앙에서의 하나님 이해

1. 창조주(creator): 하나님만이 창조주이다. 존재하는 것은 모두 피조물.
2. 역사의 주(Lord of History): 하나님께서 역사를 지배하신다.
   - 역사란 하나님께서 활동하시는 무대이다.
   - 역사란 하나님의 뜻이 실현되는 계시의 현장이다.

   1과 2의 토대 아래서 역사의 의미는 분명하며 역사는 신뢰할 만하다.

② 묵시 문학의 태동 원인

이러한 역사 이해에 대한 회의감에서 (바벨론 포로 후기의 이스라엘의 삶의 자리에서)기원전 587년 유다 왕국은 멸망하였고 바벨론 포로기라는 비극이 시작되었다. 바벨론 포로 생활이 끝나고 귀향한 이후 많은 시간이 흘렀음에도 불구하고 일찍이 예언자들이 보여 주었던 이스라엘의 회복에 대한 아름다운 꿈들은 역사적 현실로 실현되지 않았다. 그리고 페르시아 제국과 그 후의 희랍세력 밑에서 수난의 역사는 계속되었다. 이러한 상황에서 역사에 대한 비관적인 입장이 대두되었고 이러한 새로운 역사 이해 가운데서 묵시 문학은 태동되었다.

③ 묵시 문학의 역사 이해

가. 시간적 이원론: 두 시대로 구분
① 현재의 시대(The present) - 암흑의 시대. 악의 세력이 장악하고 있는 암흑의 시대 의로운 자가 핍박받는 시대.
② 앞으로 다가올 시대(The ago to come) - 하나님께서 통치하시는 의로운 빛의 시대. 의를 지키고 신앙을 사수한 사람들이 빛난 영광을 누릴 시대.

나. 닫혀진 미래
- 역사의 온 과정은 이미 확정되어 있는 결정된 미래이다. 그러므로 역사의 모든 과정은 하나님께서 이미 작정해 놓으신 예정표에 따라 단계적으로 종말을 향해 진행될 뿐이다.

다. 임박한 종말론
- 묵시 문학은 역사의 종말을 강조한다. 현재의 역사가 완전히 종결됨으로써 새 시대가 곧 도래한다.
⇒하나님께서 대장이 되셔서 우주적 차원의 초역사적인 대 전쟁(supra historical cosmic warfare)에서 승리함으로써 완전한 승리를 얻는다. 그런데 이러한 역사 이해는 현재의 상황이 비록 암담할지라도 끝까지 인내하면서 신앙의 순수성을 고수하는 자들에게는 하나님의 구원이 임할 것이라는 신앙의 동기에서 표출된

것이다.

④ 다니엘서의 역사적 배경

다니엘서의 무대 배경은 바벨론 포로기로 되어있으나 실제로 다니엘서가 쓰인 시대는 마카비 혁명(B.C.167)이 일어나기 직전 이스라엘 사람들이 극심한 종교적 탄압을 받고 있을 때였다. 이를 좀 더 살펴본다면 기원전 333년 역사적인 Issus전투에서 Alexander 대왕은 페르시아 제국의 군대를 무찔러 페르시아 제국은 끝나고 희랍시대의 서막이 올랐다. 알렉산더 사후 거대한 제국은 세 명의 장군에 의해 삼분(三分)되었다. 이집트는 프톨레미, 시리아와 바벨론은 셀류커스, 마케도니아는 알더고너스가 통치하게 되었다. 이때 프톨레미 왕가의 통치 철학은 관용주의였다. 따라서 평온을 유지할 수 있었다. 그러나 B.C.197년 셀류커스 왕가는 프톨레미 왕가로부터 팔레스타인 지역을 탈취했다. 그렇게 해서 이스라엘은 셀류커스 아래로 들어가게 되었다. 셀류커스 왕가의 통치 철학은 모든 통치 지역을 희랍 문명으로 통일시키려 했기 때문에 종교 탄압이 가해졌다. 따라서 유대인들에게 희랍문명을 강요했다. 특히 안티오쿠스 4세(B.C.175~B.C.163)가 등장함으로써 종교 탄압이 악화되었다. 그 탄압의 내용은 첫째, 안식일과 할례 금지, 둘째, 성전 안에 제우스 신상 건립, 셋째, 돼지를 희생 제물로 바치고 강제로 먹게 한 것이었다. 이에 유대인들은 이러한 상황에서 Hellenist - 현실 적응파 - 와 Hasidim - 죽음 각오 신앙 고수파 - 로 나누어 졌다. 다니엘서는 신앙의 투쟁을 감행했던 "Hasidim에 의해서" "Hasidim을 위해서" 쓰인 책이다. 결국 다니엘서는 종교적 박해 가운데서도 변절하지 말고 신앙을 지킬 것과 임박한 종말에 비전을 보여 줌으로써 Hasidim에게 희망과 용기를 주기 위해 기록된 묵시문학이다.

⑤ 육경설(Hexa)

○주장: 오토카이서, 폰나트
○근거
① 창12:1~3에 땅과 씨의 약속으로서, 씨는 야곱 12지파의 예로 출애
굽 당시 장정만 60만이었으며, 땅은 가나안 정복 후 여호수아와 토
지분배까지이며 여호수아가 세겜 땅에서 고별설교했으므로 내용상
육경설 포함한다.
② 신26:5~10은 가나안 정착 내용으로 아스라엘 민족의 신앙고백
으로 일컬음. 이 신앙고백의 얽매이는 부분은 땅이다.
③ 아브라함이 정착한 땅은 세겜 땅으로 여호수아의 최종 설교지
인 세겜 땅이 일치한다.
육경이 될 수 없는 이유: 창~신명기까지는 신정통치(9모세 통해)이
나 여호수아부터는 왕정통치이다.

9) 구약과 모세 5경

① 기독교인들을 위한 유대교 성경의 의미

가. 기독교의 초석으로서의 구약성경

《유대교 성경의 의미》
-구약은 AD 90~100년경 얌니아 회의 시 바리새인에 의해 완성
되었다. 바리새인은 이 땅 위의 질서를 강조함으로 묵시문학이
들어오지 못했다. 이들은 구약이 경전화되는 과정에서 구약이

피안의 세계를 바라보지 못하도록 묵시문학을 반대하였다.

- 구약이 경전화되기 전 신약 문서들이 쓰이고 있었다. 단 AD2C 세기까지는 구약만을 경전으로 가지고 있었고 AD397년 카르타고 공의회에서 신약정경이 완성되었다. 복음서 기자들도 구약을 근거로 신약을 기록하였다.

유대교 (TaNaK)	기 독 교
모세 5경( )Torah 예언서( )Nebiim 성문서( )Ketubim	모세 5경 역사서 시가서(지혜서) 예언서

《신약이 구약을 기초로 하고 있다는 증거》

- 신약의 많은 구절들이 그리스도를 증거하면서 구약을 거의 문자 그대로 인용하고 있다는 점에서 밝혀진다.

1) 복음서의 수많은 구절들에서 구약은 예수 그리스도를 향한 믿음의 기초로 해석되었고 예수 그리스도를 향한 신앙 고백의 증거로써 받아들여졌다(그러나 구약이 기독론적으로 해석되고 있다는 뜻이 아니다).

2) 복음서 기자는 구약을 가치 없고 낡아빠진 효력 없는 옛 약속으로 간주하지 않고 오히려 유일하고도 권위 있는 합법적 본문으로 채택 인용하였다.

※ 롬11:18 "네(신약)가 뿌리(구약)를 보존하고 있는 것이 아니라 뿌리가 너를 보존하고 있는 것이다."라고 설파

3) 초대기독교공동체가 헬라어로 쓰인 신약만을 경전으로 결정하지 않고 히브리 성서 뒤에 위치하도록 순서를 결정함으로 "구약과 신약"으로 "한 권"의 기독교 경전이 탄생되었다.

《기독교의 영지주의》

- Marcion (AD 140년경): 기독교 탄생 이전부터 있던 소아시아에 퍼져 있던 종교 혼합주의
- 기독교적 영지주의: 2원론으로 마르시온 영향 줌

1) 하나님의 이해: 구약의 신(물질 창조, 악, 불완전, 심판, 전쟁), 신약의 신(지고신, 사랑의 신, 은혜, 구원)

2) 세계에 대한 이해: 창조신이 만든 물질세계이며, 지고신은 영혼의 세계

3) 인간 이해: 창조신의 물질에 의한 악한 존재로서 방종, 타락 → 신비작 지식으로 탈출

   - 마르시온 주장: 구약 배제(거부), 10개의 바울서신과 누가복음만 경전으로 선택(탈유대화 된 성경 → 헬라 철학 영향)
   - 마르시온 때문에 구약 피해 받자 이로 인해 신약의 경전화 작업 박차

   ▸ 구약 거부 및 누가복음과 탈유대화 된 10개의 바울서신에 대한 새로 생긴 경전의 이름을 결정하게 되면서 그 명칭을 구약에서 끄집어 낸 것은 마르시온의 사상을 완전 배제한 것이다.(새 언약)

   ▸ 기독교의 경전을 결정하면서 신약만을 받아들인 것이 아니라 유대의 경전을 받아들여 하나의 경전으로 만들었다.(신약 + 구약)

   ※ 구약의 전승: 초대기독교 공동체는 유대적으로 해석한 것이 아니라 구약을 기독교적으로 해석해야 한다는 결정이다.

   ▸ 기독교의 자기정체성은 유대교의 문화와 성경인 타낙과의 긴밀한 관계 속에서만 이해될 수 있다.

10) 구약과 신약과의 관계

- 구약이 신약으로부터 읽혀져야 한다는 것이 아니고 신약이 구약으로부터 읽혀져야 한다는 것을 의미하는 것이다. 즉 신약은 구약으로부터 나온 것이다. 신약은 구약의 빛 가운데서 읽혀져야 한다. 구약은 신약의 어머니이며 스승이다.
- 고대 서기관 Hieromymus: 구약을 모르는 것은 예수 그리스도를 모르는 것이다. 구약을 이해하지 못하는 사람은 예수리스도와 기독교를 이해하지 못하는 것이다.
- 구약은 전통적 39권을 부른다.
- 舊約에 대한 오해 선입견: 영어 "old"가 지닌 부정적 의미로 무가치, 단절, 낡음, 소용없다.
- 초대기독교 공동체의 "구약" 명칭 사용은 "old"가 갖는 긍정적 의미를 사용하였다. 즉 전통이나 시대적 상황 속에서 적용될 수 있는 보편의 법이다.
- ①오랜 전통 ②가치-값지다 ③보존(가치 있으므로) ④합법성(법이 남아 있는 이유): 합법적 아니면 사장됨
- 구약이라는 이름의 일부 부정적 이유 때문에 「첫 번째 성경」으로 쓰자는 주장이 나왔다. 히8:7,13, 히9:1,15절은 「구약」 대신 「첫 번째 언약」이다.
- 종교 개혁가들은 첫 번째 언약서, 두 번째 언약서라 불렀다. 즉 부정적 의미를 없애려고 "첫 번째"라는 단어를 사용하였다. "첫 번째"는 1)초석, 토대, 기초라는 긍정적 의미 2)유래 / 출처로서 "두 번째"는 "첫 번째"에서 나왔다.

① 구약의 이해에 대한 여러 가지 이해들 (신·구약 관련성)

　　a. 대조 모델: 구약과 신약을 대립적 긴장관계로 보려는 시도이다. "구약은 율법, 신약은 복음" 등 마르시온적 해석이다. 구약과 신약의 불연속성을 주장하는 자들에게 구약은 실패의 책이며 대사기극이다. 구약에 대한 부정적 평가는 자연스럽게 신구약의 단절로 이어졌다.

　　－불트만: 구약은 유대인들만을 위한 책이지 기독교인들을 위한 책은 아니다.

　　－하르낙: 오늘의 교회가 구약을 정경의 문제로 보존하고 있는 것은 교회가 제 기능을 발휘하지 못하기 때문↔본회퍼: 너무나 성급하고 너무 지나치게 신약적으로만 되려는 사람은 더 이상 기독교인이 아니다.

　　b. 상대화 모델(모형론): 구약과 신약의 관계를 인정하지만 구약을 신약의 하인으로 간주하는 경해이다. "구약은 신약의 하인", "구약은 신약의 수종 드는 역할", "구약은 설명 보충문이다." 구약의 기능은 신약을 준비하는 기능을 담당할 뿐이다. 신약은 계시의 완성된 원형인 반면 구약은 신약의 모형일 뿐 그리고 예비적 서술뿐이다. 구약은 그림자이고 신약은 실체이다. 구약의 역사적 사건은 예수 그리스도 위한 의미이다.

　　－G.Von.Rad: "내 초기 모형론적 시도는 멍청한 시도였다" 고백

　　　　1) 이 모형론적 이해는 시간적 간격을 뛰어 넘어 서로를 직접적으로 연결시킬 수 있는 해석학적 장점을 내포하고 있다.

　　　　2) 구약의 본문이 지니고 있는 역사적 배경을 완전히 무시할 수 있는 해석상의 위험성을 내포하고 있으며

　　　　3) 구약의 본문이 원래 갖고 있지 않던 미래적 의미를 억지로 도출시킬 수도 있다.

　　c. 진화 모델 (약속과 성취의 관계): 선적인 역사이해 배경으로 신

약의 복음서 기자들이 구약을 이해했던 방식이다. 하나님의 말씀의 진실성을 증명시키는 긍정적 역할을 담당했다. 종의 변화가 아니고 구약을 역사적 입장 내지 단절 아닌 연속적 입장에서 바라본다. 구약은 씨앗, 신약은 활짝 핀 잎사귀 또는 꽃, 구약은 신약을 향해 나아감, 구약은 출발, 신약은 결과로서 연속성을 나타난다.

- 유대교적 성서해석 방법 아닌 이유는 구약을 연결시켜야 하기 때문이다. 구약에서 예수의 탄생 등은 일부밖에 없다. 그렇다고 구약을 무시할 수 없다. 우리에게 있어 가장 근사치적 모델이다.
- 신약을 중심으로 구약을 해석하는 방법으로 위험성 있다. 즉 구약을 단순화시킬 수 있다. 그리고 구약의 모든 약속과 예언이 필연적 연결이 아닌 것도 많다.

d. 기독론 모델: 예수 그리스도가 누구인가 해석, 즉 "구약에서 예수 그리스도를 간접적으로 찾으려는 시도"이다. 그래서 구약의 본문을 예수 그리스도의 중심으로 해석하려는 방법으로 예수 그리스도가 구약의 중심에 서 있다.

- 구약의 파란만장한 역사를 도외시하는 위험성이 있을 수 있다. (초시간적 성서 해석방법) 즉 역사적 다윗, 히스기야 등이 예수와 무슨 상관있느냐이다. 그들은 하나님을 믿었다. 그러므로 역사적 의미를 전혀 고려하지 않은 해석방법이 될 수 있다.
- 20세기 히틀러 때문에 유명해진 모델이다. 즉 히틀러가 구약에서 유대인 냄새 너무 난다 하여 없애려 하자 이에 반발하여 구약에서 예수 그리스도를 찾기 시작했다. 독일 나치에 대항하여 구약을 살리려는 시도이다.
- O. Proksch: All Fheologie "모든 신학은 기독론이다" 주장 (폰라드의 스승) ⇒ 이 4가지 모델들이 신구약의 관계성을 정립하는 기본모델로 등장한다. 구약을 기독론적으로 읽을 때 문제점이 있으므로 구약을 기독교적으로 읽어야 한다. 모든 구약 본문을

예수 그리스도와 연결시킴은 물의가 있다. 따라서 구약의 역사성과 계시성을 상호 보완하는 것이 필요하다.

② 구약의 올바른 해석을 위한 전제조건

－구약의 다음성: 구약 안에는 다양한 음성이 들어 있다.
－구약의 다층성: 서로 다른 저자의 내용이 층을 이룬다.
－구약의 통일성: 그럼에도 불구하고 통일성을 지닌다.
－구약 1-39권의 합본성: 다양한 문학 장르, 특성 등을 잘 이해해야 하나님의 말씀을 이해할 수 있다.
※ 요나서를 급진자들은 시대적 상황을 묘사하려는 단편소설로 본다. 논리적 사고에 대한 문제이다.
－서로 다른 신학＋저자＋시대적 배경
⇒내용상의 모순＋반복＋문체상의 차이＋서로 다른 용어 등 전이해 필요
※ 통일성－39권의 서로 다른 이야기들은 다 다르나 한 분 하나님을 이야기하는 통일성을 이룬다.
즉 구약은 긴장속의 통일성, 복합성의 통일성, 보조직적인 통일성, 대조적인 통일성을 갖고 있다.
구약은 하나의 오케스트라와 같다.

③ 타낙(TaNak): 유대인의 경전

가. 타낙의 3등분 구분(토라＋네빔＋케투빔의 영문자 앞을 본 땀)
－초기 역사가 요세프스(A.D 90-100): 「아비용 반박문」에 보면 타낙의 숫자 22권으로 이야기함. 즉 삼상·하를 1권으로, 왕상·하 1권, 에스라와 느헤미아 1권, 소선지 서1권 등 묶어 22권으로 의

도적 만듦. 이유는 22라는 숫자는 히브리어 자음 수와 같으므로
맞춤-제4 에스라서(1C말): 24권으로 룻기와 사사기 분리, 렘과
렘애를 분리시켰다. 이유는 12숫자(완전수) 완전하고 완전하다.

- 타낙에서 구약으로 넘어가는 과정에서 말라기 위치, 역대하 위
치 등 바뀜. 따라서 타낙의 최종 편집부에서 3개의 에필로그 역
할 무의미해짐
- 삼등분 순서: 경전화 과정 순서와 동일. 토라는 B.C.400년경 확
고히 굳힘, 예언서는 B.C.300년경, 성문서는 A.D 100년경으로
바리새인들이 얌니아에서 A.D 90-100년 동안 Tanak의 최종 완
성 역할

나. ⟨A.D 100년경 이스라엘의 사회적 상황: 사회적 중요 3지도층⟩

1) 사두개인: 귀족적인 제사장 그룹이면서 고위 정치계층을 결합
하여 사두개파 형성 정치적 역할 함. 이들은 문서화된 토라만
인정하고 구두전승 전통은 인정 안했다. 또한 영혼불멸, 천사
의 존재, 육체의 부활 등을 부인했다.

2) 에세네파: 쿰란 공동체(B.C.158~A.D 68)사회 북부 쿰란 동굴
생활로 이들은 엄격한 율법 충실, 금욕 생활. 가장 두려운 것
은 여자의 유혹이었으며 약 4,000명 살았고 사유재산 불인정
및 공유(공동)생활 유지와 급박한 세상 종말을 믿었다. 사두개
파와는 달리 육체의 부활을 인정하고 바리새인들과 같이 모세
의 율법과 안식일, 정결의식, 천사의 모습을 인정한다.

※ 1947년 베두인 목동이 양치다가 잃은 양을 찾아 헤매다 절벽의
동굴을 발견함. 덩굴 때문에 못 들어가서 양이 나오도록 돌을
던지자 항아리가 깨졌다. 들어가 깨진 항아리를 보니 두루마리
가 있어 한 뭉치를 가지고 골동품 가게에 팔아먹고 그것이 계
속 팔리고 팔려 히브리대학교수에게 들어오고 이는 이사야의

한 장임을 알게 된다. 교수가 다시 역추적하여 목동을 찾고 동굴로 가서 대대적 탐사(1947~1969년)로 일대를 다 조사하여 11개의 동굴 발견 후 900개의 성경 필사본(서기관 기록)을 발견했고 이는 구약성경과 외경이 기록되었으며 구약에서 "에스더"만 없었다. 이것은 가장 오래된 구약성경 사본이다. A.D 1008년 마소라 텍스트(MT: 현 우리 성경)와 거의 같았다.

3) 바리새인: "분리된 자"의 뜻으로 평신도와 서기관들로 구성된 신학자 그룹이다.

● 율법이 가장 중요하며 문서화 및 구두전승 모두 중요했다.「모든 성서학자는 바리새인이 아니지만 모든 바리새인은 성서학자다」라는 말이 있다.

● 율법을 해석, 적용, 실천에 관심 가져 성서의 문자적 응고화를 막았으며 이들의 엄격한 도덕적 생활과 일관된 생활은 대중적 지지를 받았다.

● 죽은 자 부활, 천사, 죽은 후의 보상 혹은 형벌이론을 받아들였으나 묵시적 내용은 받아들이지 않았다.

하나님의 율법의 성취는 현재를 통해 이루어진다. 묵시문학의 새로운 시대를 바라보지 않고 현재에서 찾으려 했다. 구약이 경전화될 때 묵시문학적 자료와 혼합 종교적인 문서를 삭제한다.

다. 〈기독교인의 성경 순서〉

- 과거 → 현재 → 미래의 순으로 기재. 그러나 중요한 것은 현재이다. 과거와 현재를 중심으로 미래를 바라보아야 한다. 그런 면에서 바리새파인들은 공헌했다 할 수 있다.

- 오늘날 한국 기독교가 미래를 지나치게 강조하는 위험성에 빠져 있다. 현재적 책임을 도외시(회피)하는 경향이 있다 ⇔ 현실 참여 (운동권)

④ 타낙의 해석학적 구조(에필로그 통한)

《타낙 구조의 순서와 특징》

1) 히브리어 성서는 경전화 과정의 역사적 순서에 따라 배열되었다.
 - 토라는 B.C.400년경, 예언서는 B.C.300년경, 성문서는 A.D.100년경

2) 서로 다른 정경적 중요성을 가지고 있다는 점

3) 토라 중심적 구조를 보이고 있다는 점

 - 타낙의 해석학적 기본전제는 "모세의 율법은 경전의 가장 본질
   적인 구성요소이며 어느 것과도 비교될 수 없는 영원한 하나님
   의 계시이며 삶의 지침서"라는 것

 - 예언서와 성문서는 독립적인 의미를 갖고 있지 못하며 "토라를
   향해", "토라에 비추어" 해석되어야만 하는 토라의 주석서에 불
   과하다.

가. 세 부분의 계획적인 결말 본문들

1) 신 34:10-12 강조점(전체 토라의 결론 부분)

 ① 모세를 하나님과의 대면자, 선지자, 이스라엘 역사상 가장 위대
    한 인물

 ② 출애굽 사건은 모세 중심, 모세가 결정적 역할

 ③ 하나님의 율법(②③은 모세에 종속됨)

2) 말 4:4-6 강조점(모세 율법을 기억나게 하는 부분)

 ① 엘리야를 강조하나 모세의 제자임. "크고 비밀한 날" 이르
    기 전 엘리야가 옴은 예수와 연결된다.

 ② 예언서의 종말로서 모세 5경을 기억나게 하는 해석서이다.

 ③ 예언서는 토라의 현실화

3) 역대하 36:22~23(성문서의 결론)

 ① 하늘의 신 여호와는 세계의 통치자

② 이스라엘은 영원한 언약을 체결한 민족이며 예루살렘은 세계의 중심

나. 주제와 표제어를 통한 세 부분의 연결

1) 여호수아 1:8 → 예언서와 모세 5경 전체 연결함.「이 율법책」은 모세 5경과 예언서 편집과정에서 랍비들이 표현함. 즉 예언서는 모세 5경의 부수적 역할로 각인

2) 성문서: 시편이 처음이며 시편 1편의 "복 있는 사람은~여호와의 율법을 주야로 묵상하는 자"로서 성문서의 처음은 율법서를 향하고 있다.

⇒ 타낙 구조 특징은 토라 중심적 구조로서 모세 율법은 어느 것과 비교될 수 없는 계시이며 삶의 지침서이다.

⑤ 첫 번째 성경(구약): 기독교인의 성경

가. 기독교 정경의 탄생

-원시 기독교 공동체는 A.D 400년경에 Tanak을 받아들이지 않고 70인역(헬라어 번역)을 정경으로 인정함.

이는 기독교사에 혁명적 사건이다. 당시 Lxx는 39권+15권임

70인 역 만든 동기: 헬라문화권에서 살던 디아스포라 유대인들이 히브리어를 잊어감에 따라 공중예배를 드릴 수 없고 민족적 위기감을 갖게 되었다. 자녀들의 가정교육 또한 어려웠다. 이유는 학교에서 헬라어를 가르쳤기 때문이다. 알렉산드리아에서 B.C.250년경부터 번역 시작되어 먼저 토라 번역 후, B.C.200년경 예언서를, 그리고 A.D 100년경 성문서를 번역하였다. 처음에는 72명의 랍비들이 72일 동안 번역에 참가하게 되어 이를 근거로 뒤에 교부들에 의거 70인 역이라 이름을 붙였다.

〈39권 외의 15권〉

① 토비트(Tobit) ② 유딧(Judith) ③ 에스더 첨가서(The Additions to the Book of Esther) ④ 솔로몬의 지혜서(The wisdom of Solomon) ⑤ 집회서=예수시작서(Ecclesiasticus) ⑥ 바룩(Baruch) ⑦ 예레미야의 편지(The Lether of Jeremiah) ⑧ 세 청년의 노래(The song of the three Yurths) ⑨ 수산나(Susanna) ⑩ 벨과 뱀(Bel and the Dragon) ⑪ 마카비 1서(1 Maccabees) ⑫ 마카비 2서(2 Maccabees) ⑬ 에스드라 1서(1 Esdras) ⑭ 에스드라 2서(2 Esdras) ⑮ 므낫세의 기도 (The Prayer of Munasseh)

　　1) 단편소설: ①, ②, ③, ⑨, ⑩
　　2) 지혜문학: ④, ⑤
　　3) 역 사 서: ⑪, ⑫, ⑬
　　4) 기 도 문: ⑧, ⑮
　　5) 묵시문학: ⑭
　　6) 훈 계 서: ⑥, ⑦

－70인 역은 헬라문화권에서 크게 전파되었다. 예수를 따르지 않는 기독교인에게는 악평되나 개종한 유대인에게는 쉽게 전파될 수 있는 도구가 되었다. 복음서 기자들은 구약을 받아들일 때 히브리 구약 아닌 70인 역을 받아들였다. 그리고 동방교회는 7세기에 와서 정경으로 결정했다.

－16세기 종교개혁 시기에 개혁가들에 의해서는 원래의 성경인 타낙에 포함되지 않은 15권을 정경에서 뺀 후 외경으로 취급하였다. 루터가 말하기를 "외경은 무시하지 않지만 공중예배에서는 사용 안 된다. 단 개인(적)은 사용해도 좋다"라고 함.

－1546년 트리엔트 공의회에서는 15권 중 12권만을 선택하여 정경으로 받아들였다.(⑬, ⑭, ⑮ 제외) 그래서 제1정경은 39권, 제2정경은 12권으로 취급했다. 이후에 동방정교에서는 1672년 ①,

②, ⑤, ④만을 받아들였다.

- 희랍정교에서는 ⑭번을 제외한 14권과 마카비3서(위경), 시편151편을 받아들여 현재 정경으로 가지고 있다. - 러시아 정교에는 ⑮번 제외 14권과 마카비3서(위경), 시편151편, 우리나라 공동번역(1977)에서는 15권 중 12권을 선택하여 9권으로 줄여서 엮어 만든 것이다. 즉 토빗 유딧, 에스더 첨가서, 집회서, 바룩서, 다니엘서 추가부분(세 젊은이의 노래+수산나+벨과 용), 마카비상·하이다. 따라서 가톨릭에서는 아직도 통일되지 않은 구약을 갖고 있다. 지금도 서방, 동방, 개신교는 서로 다른 구약 경전을 가지며 신약은 일치한다.

나. 첫 번째 성경의 4등분 구조

- 정경의 범위는 타낙을 따르고 순서와 구조결정은 70인 역을 따른다.

다. TaNaK 구조의 변경 (자료 p.1 참조)

- 3단계(율법서, 예언서, 성문서)에서 4단계(모세 5경, 역사서, 지혜서, 예언서)로 바뀌면서 성문서의 완전 해체

1) 성문서의 해체

① 시편, 욥기→욥기, 시편: 시편은 탄식으로 시작해서 찬양으로 끝맺는데 다시 욥기의 탄식이 나오므로 70인 역에서는 욥기, 시편으로(탄식-탄식-찬양) 바꿔 놓았다.(신학적 구조문제)

② 성문서 룻기 → 역사서 룻기: 70인 역에서는 역사적 순서에 따라 순서를 정하였다. 룻기 1장에 "사사들이 치리하던 때에"라는 구절이 나오므로 왕국시대 이전으로 해석하여 사사기와 삼상·하 사이에 배열시켰다.

2) 후기예언서: 기독교인 성경 순서에서 제일 뒷부분 위치
- 예레미야 애가, 다니엘: 애가는 예레미야 것으로 인정되어 예레
  미야 다음 위치하게 되었고 다니엘서가 소선지서 앞에 위치한
  이유는 12소선지서와 대 예언서 3개를 엮어주고 있다. 다니엘을
  역사적 배경의 실질문서로 인정한다.
3) Tanak의 예언서 → 역사서(전기 예언서가 변하여) / 예언서(후기
  예언서가 변하여)

라. 새로운 구조의 주도적 이해

1) 모세 5경의 독자적 위치 상실
- 타낙과 같이 모세 5경은 그대로 남아있다. 구약에서도 원계시
  (Uroffoularurg)라는 입장에서 남겨 두었다. 그러나 나머지가 완
  전히 구조적 변경되었기에 5경에 타낙의 구조 속에서 가졌던 특
  수한 위치를 상실하게 되었다. 즉 모세 5경은 역사적 성격을 지
  닌 문서로 바뀌게 되었다. 왜냐하면 여호수아와 모세의 관계가
  재정립되어야 하는데 이 토라에서 땅/자손에 대한 약속이 가나
  안 땅에서의 성취로 보았기에(모세 5경: 창조-족장-가나안-왕
  국-포로기) 모세는 가나안에 못 들어갔으므로 미완성이고 여호
  수아가 이어 완성했으므로 모세 5경은 연속성을 지닌 역사로 보
  았다. 즉 역사 신학적 구조로 이어졌기에 모세 5경의 새로운 이
  해가 되었다.

2) 역사 신학적 구조

	역사서	지혜서	예언서
원계시	(이스라엘 역사) (과거) 이스라엘 민족중심 volk	(삶의 지혜) (현재) 개인적용	(예언 형태) (미래) 전 세계 향함 welt

- 세계사의 역사는 하나님이 창조하신 역사이며 창조주 하나님은 세계 종말의 집행자이시다.
- 창(1-3장)에서 요계(21-22장)는 하늘-땅-강-밤-낮-나무-강-생명나무 등 중요 단어를 공유한다.
- 말 4:4-6은 신약으로 이끄는 교량역할: 마 17:10-13 「야훼의 날(구원의 심판의 날)=예수 그리스도의 사역」, 「엘리야-세례요한」
- 결국 신약과 구조적 연결뿐만 아니라

	기　초	과　거	현　재	미　래
구　약	모세 5경	역사서	지혜서	예언서
신　약	4복음서	사도행전	서신서	요한계시록

1) 신약의 정경성, 합법성 시도
2) 구약과 신약의 정경적 통일성 이룬다. 신약은 구약의 연장선상에 있는 정경이다. 예수 그리스도의 복음 선포는 구약의 메시야 예언의 성취이며 신약의 하나님은 구약의 하나님과 동일하신 분으로 역사를 주관하시는 분이다.
- 마 5장의 예수께서 산에 오르심은 모세의 시내산과 연결시킨 것임. 이는 마태복음 기자의 편집사적 의미이다. 산상수훈은 삶의

지침서로서 구약의 율법서와 대치된다. 그리고 눅 6:17절에는 평지로 되어 있다.

11) 모세 5경

① 한 작품으로서의 5경 이해

가. 신학적 프로그램으로서의 최종 모습

- 독일어 Penta teuch
- 라틴어 pentateuchus liber → "다섯 그릇에 보관된 책"이라는 의미, 고대인들은 풍습으로서 일정분량을 특별용기에 나누어 보관함
- 히브리어 토라
- 헬라어 η πεγττατεμχος βιβλος
- 모세 6경: Huxateuch(창~여), G.Von Rad, 땅의 점령과 분배는 아브라함에 대한 약속의 성취
- 모세 4경: Terateuch (창~민), M.Noth, 신명기 역사서(Dtr G)는 신명기로부터 왕하(룻기 빼고)까지, 즉 신명기~왕하까지 하나의 역사서로 보므로 신명기 빠짐
- 모세 5경은 신약전체와 양적으로 거의 비슷
- 모세 5경은 문학적으로 복잡하고 어지럽다. 많은 문학층으로 형성되었다. 크게 J+E+D+P이지만 그럼에도 5경은 우연적 산물이 아니다. 신학적 프로그램으로서 계획적인 편집과정을 거쳤다.
- 다섯 개로 나눌 때의 기준: 내용과 신학의 흐름 따라 나눔, 그리고 내용 대표 표제에 붙여 명칭 사용

-창세기 1~11장은 우주의 기원(원역사), 12~15장은 족장사(아브라함, 이삭, 야곱, 요셉)

〈출애굽기〉
-출 1-15장 애굽에서의 학대와 출애굽
-출 15-18장 광야에서의 유랑
-울 19-34장 시내산에서의 계시, 20장 십계명, 21-23 언약서(약자보호, 평등: 나그네와 과부의 인도주의 등)
-출 35-40장 성소의 건립
※ 출 19장~민수기 10장까지는 시내산에 정착하였다.

〈레위기〉
-레 1-7장 제의의 지정(제사장의 율법서)
-레 8-10장 제사장의 성별
-레 11-15장 성결 규정들
-레 16장 대 속죄의 날(히: 욤키푸어)
-레 17-26장 성결법전(레 19:2 거룩법전)
-레 27장 성결 재물들

〈민수기〉
-민 1-10장 백성들, 장막, 레위인을 위한 규정들
-민 6:24~26 축복의 상투어
-민 10-19장 광야에서의 유랑
-민 20-36장 동 요르단의 정복

〈신명기, 申命記: 거듭된 명령〉
-新命記: Lxx 에서는 두 번째의 율법으로 착각했었음. 이유는 첫

째 율법은 모세가 시내산에서 받은 율법, 두 번째는 모세가 모압 땅에서 받은 율법으로 착각

-골격

a. 하나의 예배장소라는 신학 (요시아의 종교개혁 내용이 들어 있음→순수 야훼종교 회복)

- 성소, 산당은 성전(예루살렘 안)과 달리 밖에 있었는데 이는 종교 혼합주의의 비일비재

- 성소도 이스라엘 제사였지만 나중에 가나안의 종교와 믹서 된 제의가 행해져 예루살렘외의 예배장소는 없이함.

※ 산당-산의 효험 전통

b. 하나님의 선택을 받은 이스라엘 백성(선민의식)

c. 인과응보적 역사관: 화가 있으면 죄의 결과라는 생각, 즉 하나님의 역사 개입을 직접적으로 체험하려는 논리 및 질서 있게 역사를 운행하시는 하나님 체험

각 권의 깊은 관련성(독립된 책이 아니라 서로 밀접 관계)

a. 인물 중심적: 모세의 전기로 착각(출~신명기의 주인공), 출(탄생)~신(죽음)

-창세기의 족장사는 모세의 족보 이야기: 출 6:14-25에 의해 모세는 레위지파라는 이야기가 강하게 대두되어 창세기를 모세의 족장 이야기로 볼 수 있다.

※ 모세 5경 / 모세의 율법(말 3:22, 스 7:6) / 모세 율법책(수 8:31, 느 8:1)으로 불린다.

b. 내용 중심적: 이스라엘 백성이 약속의 땅으로 들어가는 행진과정으로 일맥상통하는 한권의 책

-아브람 선택→땅의 후손 약속→행진→가나안, 즉 내용상으로는 「이스라엘의 전기」라는 특징을 가짐

c. 신학 중심적: 레위기가 모세 5경의 핵심(시내산 머묾)

-출, 민수기는 내적 테두리, 창. 신명기는 외적 테두리(P.2참조)

※ 5경의 핵심 주제 ① 거룩하신 하나님(성결법) ②속죄하시는 하나님(화해)

② 역사와 율법으로서의 5경

1) 법 (간결, 축약)

-출 20장＋신 5장: 십계명

-언약서: 출 21~23장

-정결법: 레 17-26장

-신명기법전: 신 5-28장

2) Narrativ-Text(서술체 본문): 이야기체 → 역사(사건)의 진행

-창 1-11장(원역사)＋아브라함＋이삭＋야곱＋요셉까지는 이야기체로 구성

ex) 민 1:1-10:10(법R), 민10:11-14:15(이야기 N), 15장(R), 16-17장(N), 18-19장(R), 20-25(N), 26:1-27:11(R)

-5경은 역사(이야기)와 율법(법)의 대화 구조로 형성되어 있다. 역사가 진행되면서 율법이 형성(탄생)되는 것이다. 이스라엘의 해방의 역사로부터 율법이 탄생

-J.Assmann:「율법은 역사를 통해 그 의미를 소유할 수 있다.」

• 애급으로부터 탈출을 잃어버리지 않는 자만이 율법이 자유라는 사실을 알게 된다.

• 율법과 복음의 2중 구조로 5경이 형성되어 있다. 구약은 율법과 복음(해방)을 동시에 소유

-오토 카이서:「이스라엘에 요구된 율법에 대한 순종은 하나님의

사랑 해방에 대한 인간의 응답이다.

가. 최종 편집의 역사적 콘텍스트

가) 페르시아 제국 내에서의 유다 율법의 공포

-모세 5경 최종 탄생은 페르시아의 정치적 상황과 관련 있다.

-5경의 최종 결정은 학사 에스라의 공헌: 에스라는 페르시아 관청에서 유대인의 종교 업무를 담당하는 고급 행정관 출신이다. 시대적으로는 약 B.C.400년 전후 예루살렘에서 유다의 지도자들이 최후 편집한다.

페르시아의 식민지 정책 중(속국의 법이 중앙법에 위반되지 않았을 때 존립) 페르시아 이전 제국주의 앗시리아, 바빌로니아의 반란이 일어나지 않게 하기 위해 속국의 지배 강경정책

앗시리아가 성전에 우상 세워 종교적 결집 약화시킴. 여러 가지 면에서 식민지에 강경정책 그러나 종교는 온건정책

나) 〈모세 5경을 400년으로 잡는 이유〉

a. 5경에는 헬레니즘의 영향받은 흔적이 없다. 또한 대결 흔적도 없다. 헬레니즘은 B.C.333~63이므로 5경이 더 먼저 기록하였을 것이다.

b. 사마리아 사람들이 이스라엘로부터 분리된 때 이미 5경을 거룩한 책으로 가지고 있었다. -알렉산더 진출은 보통 B.C.330년경

c. 70인 역이 번역될 때 3C 중반에 그리스어로 번역되는데 5경이 먼저 번역되었고 디아스포라에서 확고히 인정되었으므로 확고한 경전으로 받아들여졌다.

d. 에 3:2 "모세의 율법", 느 13:1의" 모세의 책"을 견주어볼 때 "모세의 책"은 이미 문서로 만들어졌음을 추측함

e. 신명기의 최종 편집 연대가 400년경으로 잡을 시 모세의 책은
   신명기가 빠졌을 수도 있다. (400년경 페르시아 칙령)

다) 〈역대기〉
- 538 고레스칙령, 525 포로의 귀환시작, 520-515 제2성전 건축(수
  룹바벨＋여호수아＋학개), 445 예루살렘 성전재건(느헤미야), 398
  유대종교가 구체적 인정(페르시아 제국 내 인정: 에스라)

라) 〈P.Frei // R.G.Kratz: 계몽된 바사의 종교정책〉
- 페르시아는 거대한 제국을 다스리기 위해 각 지방과 각 민족의
  법을 중앙의 법으로 인정하고 시행하도록 허락하였다. 이렇게
  함으로 페르시아는 지방의 정치적 충돌을 미연에 방지하고 제국
  의 통일성을 유지할 수 있었다. 이러한 페르시아의 종교정책이
  5경 탄생의 결정적 배경이 된 것이다.
- 400년경 에스라가 모세 5경을 중앙제국에 인정을 받아서 유대인
  들을 위한 지역법이 되도록 하였다는 것이 에스라의 공헌이라는
  주장
- 보충 설명: 당시의 유대와 예루살렘은 다메섹에 주둔하고 있는
  중앙관리의 통치를 받고 있었다. 이때 이 주에서는 자치적 행정
  을 취했는데 그중 유대와 예루살렘을 포함한 시리아 지방에서
  나름대로의 화폐발행, 세금징수, 치안유지 자치권을 갖고 있었
  다. (독립권 행사)뿐만 아니라 페르시아의 중앙 정부는 각 주의
  제의를 지원, 보조, 복구하고 장려(바벨론으로부터 많이 파괴되
  었기에)하였으며 심지어 다리우스는 고대 애급의 법전을 편찬토
  록 지시할 정도로 각 주의 자치권을 혁명적으로 발전시켰다.

마) 〈중앙정부 정책과 에스라의 역할(에 7:12-26)〉
- 아닥사스=아르탁 세르크세스 2세, 14절 "네 손에 있는"→율법

의미

－칙령: 유대인의 입장에서 신학적으로 해석한 본문(원어 의미 살리기 위해 아람어 사용)

1) 26절: "네 하나님의 명령(율법)과 왕의 명령(페르시아 왕의 칙령) →유대적 입장에서 말을 바꾸었다. 즉 "중앙법과 지방법을 가져가라"이며 네 하나님의 명령을 역사적 배경으로 볼 때 유대인들에게 있어 모세 5경이든지 5경의 일부든지 암시

2) 23절: 하늘의 하나님이 명령하신 것을 행하라 →공포된 것은 법적 구속력을 갖고 있는 것이다. (25절 도 같은 맥락), 26절의 "형벌이 따른다"는 "유대는 다 지켜라", "페르시아 왕이 본다." 즉 자치권의 최대 인정이다.

3) 16, 17, 19, 20, 24절 반복: 「하나님의 성전」→법의 공포는 하나님의 성전과 밀접한 관련이 되어 있다. 이것은 세상에서만 적용되는 것이 아닌 거룩한 제의적 성격 가짐.

4) 14절: 「네 손에 있는」→에스라의 손에 이미 있다는 법으로 다시 만들라는 것이 아니다. 즉 「너희 민족들이 너에게 전달해 준」의 가정이 들어 있다.

⇒ 따라서 유대 본토 위원회의 긴밀한 협의 걸쳐 나온 율법이다. 당시 유대는 ㉠ 제사장 그룹(P) ㉡ 예언자 그룹(E) ㉢ 평신도(Laien) ㉣ 장로 그룹(A)이 지도자 역할을 했고 이들은 이스라엘 백성에서 진행되어 온 고유한 나름대로의 법을 체계화하여 페르시아에 허락을 받은 것이다. 즉 구두적인 것이 독립적 성격으로 되어 있었으나 문서화시킨 것임. 중앙 칙령의 기준은 「싸우는 것의 금지」에 이어서 4계층이 서로 하모니를 이룬 것으로 추측된다. 그래서 페르시아에서 인정 후 에스라의 결정 공헌으로 한 권의 책으로 된 것이 모세 5경이라 추측함.

바) 〈모세 5경에 대한 논쟁들〉

① 모세 5경 ② 법: 신명기법전(5~28장), 성결법전(레1,7~26장), ⇒ 2
가지 주장 중 ①번이 더 확실하다. 즉 모세 5경은 역사와 율법을 따
로 떼어놓을 수 없는 것이다.

나. 포로 후기 이스라엘의 신학적 경향

1) 신권정치주의(신정주의): 왕과 국가가 없던 시대에 제사장이 주
   관하던 정치제도
-배경: 하나님이 직접 제사장을 통해 통치하신다.
-종말론적인 희망을 단념하고 현재에 나타난 사건(역사)을 예언
   자들이 선포한 약속의 성취로 이해
-제사장들을 통한 하나님의 통치로서 제사 전통, 율법, 제사법전
   (제의)+성전 중요
※ 예루살렘 성전과 성전에서의 제의는 구원의 보증이다. 그래서
   중요하게 방향 지어진 것은 성전의 재건이다. 유일한 계시의 통
   로는 성전과 성전에서 일하는 제사장들이었다.(율법-삶의 기준)
-제사장적 전통(P문서)을 갖고 있었던 상류계층의 인간들이 신권
   정치주의의 동조자이다.

2) 종말론
-하나님께서는 페르시아 제국을 넘어서 이스라엘과 세계의 완전
   한 변혁을 준비하고 계신다고 믿는 사람들, 즉 하나님의 최종
   메시지는 페르시아가 아니고 그 너머에 있다. 따라서 현실에 대
   해 비타협적 자세 취함.
-예언자 전통 특히 신명기사가의 신학적 전통을 간직했던 예언자
   후예들, 이들은 예언자들의 예언에서 미래의 희망을 바라보며(예
   언의 미성취) 역사의 종말을 바라본다. 그래서 역사 저편에서 나

타나는 구원에 대한 희망을 바라본다. 하나님은 페르시아(현자)를 심판하시고 새로운 시대를 이끌어 올 것이다. 페르시아는 다가올 구원의 징표일 뿐이다.

- 예루살렘이 심판의 최고 중심지(신권정치와 같음)이나 근본적으로는 전혀 다름.

- 제3이사야와 같이 미래를 바라봄으로 성전 건축(현재 일) 반대함. 후에 에세네파는 미래를 바라보며 카타콤으로 들어감.

- 양자택일의 가능성은 없다. 구약에는 두 개 같이 갖고 있다. 바울은 A지향적, 복음서 기자는 B지향적이다. 이러한 기본적인 두 조류가 모세 5경에 집약되어 있다.

③ 정경으로서의 5경

- B.C.400년 정경화 작업 완료, 즉 정경으로 확정되기까지의 오랜 역사적 과정

- 완료: 공동체의 합일 통해 최종적으로 정경의 범위 결정 행위, 본문에 대한 마지막 손질 작업, 공적 공포·새로운 가감청산은 이제 불가, 단 필사나 번역은 가능함을 의미하며 400년대 에스라의 활동은 정경의 완결을 의미하는 것이다.

【참 고】
○ 창 2:4f의 의미: 2장 4~5절
○ 창 2:4ff의 의미: 2장 4절부터 단락이 끝나는 부분
○ 창 2:4a의 의미: 2장 4절의 전반절
○ 창 2:4b의 의미: 2장 4절의 후반절
○ 창 2:4aα의 의미: 2장 4절 전반절의 절반
○ 창 2:4aβ의 의미: 2장 4절 후반절의 절반

가. 다층적 형성과정의 증거들

가) 〈비평적 연구방법〉

a. 문학 비평(Literarkritik=LK): 본문 안에 등장하는 부조화, 단절, 모순 등을 인식해 내는 방법. 즉 용어상의 모순, 문체상의 반복, 이중 중첩, 서로 다른 사상 등을 찾아내서 그 유래를 분석해 내는 방법

ex) 하나님의 이름 사용 본문, 야훼 이름 사용 본문 등 따로 구분하여 종합 결론 내림

b. 본문 비평(Textkritik skritik): 우리의 성경 마소라 텍스트(MT)는 오리지널 아니라 AD 10세기에 완성된 것이고 그 이전의 쿰란 사본도 있으나 오리지널 아니다. 즉 번역본이나 필사본들을 비교해서 가장 원문에 가까운 본문으로 재구성하는 작업

- 쿰란 사본
- 번역본: 타르굼 Targum(아람어 번역본), 페쉬타 Peschitta(시리아 번역본), 셉투아진타 Lxx(헬라어 번역본), Vetuslatina(주후2~3C 라틴어 번역본), 불가타역(Vulgata(주후4세기 라틴어 번역본), 곱틱어 번역본(주후3세기), 애급 기독교공동체 번역본, 에티오피아 번역본(주후4세기경), 그리스 번역본, 아퀼라 Aqila(주후130년), Thoodotiom(주후2세기말), 심마쿠스 Symmaohus(주후3세기 초)

c. 전승사 비평(Wber lieferung skrtik): 본문의 모습을 복구하는 작업(탄생-성장-결합-기록까지의 상황)

d. 편집사 비평(Redaktion skritik): 문서화된 본문들이 왜, 누구에 의해 현 위치로 들어오게 되었는가 비평

ex1) 법궤 이야기(삼상4~6장, 삼하6장): 왜, 누구에 의해, 어떤 역사적 비평위에서 분리가 되었고 그곳에 위치했나? Silo →블레셋 →다윗 →예루살렘이 각자 독립적인데 누구에 의해 결합되

고 어떻게 본문에 들어왔나 등

ex2) 창1장(P문서)은 포로기 후기 편집되었고 창2장(J문서)은 다윗
과 솔로몬 시대에 편집되었는데 왜 창세기 1장이 2장보다
앞에 위치했나 등

e. 양식사 비평(Form)

ㄱ. 문서화된 본문이 어떤 문학 장르(Gattung)를 지니고 있느냐 분석

ㄴ. Sitzim Leber(삶의 자리)를 찾아내는 작업

ex) 시, 소설, 산문, 전기, 영웅담, 역사 등이 성경에 있지만 하
나님의 말씀을 전달하는 방법을 인간의 표현문학으로 표현
된 것으로 이를 분류하되 먼저 Gattung을 분석하고 이 문
학형태의 삶의 자리는 어디인가 분석 (찬송시의 경우 성전
에서 불렀을 것이다. 사5장의 포도원의 노래는 노동가이므
로 포도원 농사지을 때 불렀으되 하나님의 계시가 담겨 있
다 등)

f. 전통사 비평(Tradition skritik): 영어의 Tradition으로서 특수한
신학적인 개념, 언어, 고정문구, 각인된 언어, 모티브 등을 어떠
한 역사적 흐름 가운데 이어져(달라져) 왔는가 분석

④ 신명의 변경

-Elohim, JHWH, E+J, E+L: 각 기자들의 사용 이름이 다르다.

-서로 다른 저자, 서로 다른 지역에서, 서로 다른 신학적 관점을
가지고 있다.

① 창 1:1~2:4a: Elohim (P문서)

② 창 2:4b~3:24: Jahwe+Elohim(J문서): 여호와(J) 하나님(E.P.)

③ 창 4장: JHWH (J문서)

④ 창 5장: Elohim (P문서)

⑤ 창 6~9장: J+E (섞여)

⑥ 창 11~16장: JHWH (J문서)

⇒②가 J문서임에도 불구하고 Elohim이 나온 이유는 신 이름의 이중적 기재로 혼란을 야기할까봐 이를 약화시키기 위해 두 이름 사용

이야기의 반복

a. 창조이야기(창1:1~2:4a // 창2:4b~3:24): 창조의 분위기, 순서, 인간이해가 완전히 다르다

-J문서는 먼저 쓰인 초라한 창조론이고 P문서는 포로 후기에 쓰인 우주적 창조론 주장

b. 3번에 걸친 조상 할머니에 대한 보도 (① 창12:10~20, ② 창 20:1~18, ③ 창26:1~11)

창1:1 ~ 2:4a	7일간 창 조	남자와 여자 동시 창조	인간창조는 6일째 (창조의 절정)	창조 시작 (혼돈/ 공허 /수면)	하나님 형상대로 창 조	우주론적 창 조	초월적, 능력의 하나님, 하나님의 일방적 선언(전적타자)
창2:4b ~ 3:24	날자 개념 없다	남자→여자	인간이 가장 먼저 창조 후 동물 만듦	창조(물이 없고 메마른 땅)	흙 창조 →흙 돌아감	에덴동산 창 조	인간과 이야기, 동산 산보하시는 하나님 (신인동형동성설)

-①에서는 "죄"라는 단어가 나오지 않고, ②에서는 자지 않았음 강조(윤리적)

-모세 5경의 저자는 한 명이 아니라 여러 명이 쓴 것으로 증명해 준다. ①의 주인공은 아브라함과 사라, ③의 주인공은 이삭과 리브가

【공통점】

-여자는 아름답다 그리고 결혼한다.

-남자 조역은 이방의 왕이다(12장: 애급의 바로왕, 20장 네겜의 그랄왕 아비멜렉, 26절 그랄의 블레셋 왕 아비멜렉)
-동일한 거짓말의 반복 :자기부인이 누이이다.
-결말은 하나님의 개입으로 부인들이 구출되는 내용이다.(12장은 재앙, 20장은 꿈을 통해 사건 해결)

【차이점】
-사건의 동기: 12장 기근, 26장은 강도 있는 기근, 20장은 남쪽 이사
-거짓말 이유: 12장은 죽음에 대한 공포 때문에 20장은 죽음 공포 때문이 아님
-강조점: 20장에서는 12장에 없는 여인의 윤리성, 즉 왕과 가까이 하지 않았음을 강조하며 또한 죄라는 신학적 용어 강조한다. 그리고 26장에서는 죽음 모티브 등장하면서 매우 길어짐을 볼 수 있다.
⇒구전전승 단계에서 이야기가 서로 상이한 관계로 발전: 12장은 J문서, 20장은 E문서로서 E문서가 후에 등장하여 죄(罪)문제, 윤리적인 문제를 강하게 다루었다.

가. 한 이야기 내에서의 모순

a. 홍수 이야기(창6:5~9:17)

① 홍수의 원인　┌ 6장 5절: 인간들의 악함 (인간, J문서)
　　　　　　　└ 6장 11절: 땅의 패괴 (인간 포함한 모든 자연세계, P문서)
② 방주 안의 동물들 ┌ 6장 19f: 각기 암수 한 쌍
　　　　　　　　　└ 7장 2절: 정결했던 암수 7쌍, 부정한 것 2쌍

③ 홍수의 기간 ┌ 7장 4, 12절: 40주야
             └ 7장 6절, 8장 13절, 7장 12절, 8장 14절을 더하면: 1년여
               기간
④ 홍수의 종류 ┌ 7장 6f, 10, 12: 억수로 쏟아 붓는 홍수(히:미불)
             └ 7장 11절, 8장 2절: 깊음의 샘＋하늘의 창
⑤ 방주 나옴 ┌ 8장 6~12절: 까마귀＋비둘기(인간의 지식)
             └ 8장 15~17절: 하나님의 명령

b. 홍해 이야기 (출14~15장)
-홍해를 가를 때 1)바람에 의한 것(야훼 주최) 2) 지팡이 이용(모
 세 주최)

나. 〈모　세〉
-J문서: 수동적 인물이며 기적은 야훼 것. 하나님의 기적의 구경
 꾼. 출애굽은 하나님의 직접적 역사 계시이며 모세는 하나님 계
 시받은 한 목자 (지팡이 등장 안함)
-E문서: 능동적으로 역사의 전문에 등장하는 하나님의 도구. 지
 팡이는 기적 일으키는 마술사와 같은 역할을 함. 모세는 아론과
 대비되어 "모세는 아론의 신, 아론은 모세의 입", "모세는 창조
 적 주체자, 아론은 일을 설명하는 대변인", 모세는 예언자이며
 누이 미리암도 예언자
-D문서: 모세는 예언자이며 모든 예언자의 우두머리(신18:18), 모
 세는 더 이상 군사적 지휘자가 아니고 하나님의 말씀 중재자로
 등장
-P문서: 아론의 부각, 기적의 지팡이는 아론의 소유(출7:9, 8:17),
 모세는 평범한 인간이고 모세는 범죄자로 약속의 땅 들어갈 수
 없는 사람(민20:10-13, 12:14, 27:13f), P문서는 제사장 문서로 제
 사장인 아론이 부각됨

다. 윤리적, 제의적 규정들의 반복

a. 세 개의 커다란 법 모음집
b. 십계명의 반복 (출 20:2~17 // 신 5:6~21)

① 안식일 계명 ┌ 출20장 11절: 창조 신학적 해석
　　　　　　　 (하나님께서 쉬셨으므로 쉬어라)
　　　　　　 └ 신5장 15절: 출애굽 사건과 연결
　　　　　　　 (하나님께서 강한 손으로 인도하셨기에 지켜라)

	언약서 (출20:22~23:33) 자유의 보호	성결법전 (레17~26장) 거룩한 삶	신명기 (5~26장) 인류사랑
1. 희생 제물의 봉헌과 장소	출20:22~26	레17장	신12:1~14:21
2. 사회 제사적인 계명들 －관직(제사장, 사사)들 에 대한 계명 －제의계명들	출21:1~23:19 － －	레18~20장 레21~22장 레23~25장	신14:22~16:17 신16:18~18:22 신19~25장
3. 축복과 저주	출23:20~23	레26장	신26~28장

② 십계명　┌ 출20장: "너는~하지 말라", "너는~하지 말라"-.-.으로 연결
(6~10계명)
　　　　　└ 신5장: 계명이 달라질 때마다 and(　　) 사용→6~10계명이
　　　　　　 제2돌 판이라 생각하여 전체 내용이 연결 가능한 하나의 특징
　　　　　　 규정(이웃간 관계성)

비밀스러운 범행		공적인 범행
생명	살인(6번째)	거짓증거(9번째): 재판
공동생활	간음(7번째)	탐내지 마라(10번째): 아내 / 여종
소유	도둑질(8번째)	

라. 《십계명의 다른 각도》

가) 언어, 문체, 세계관의 갑작스러운 변경

a. 베델에서의 하나님
 -창28:16 "계시다"(에쉬), 창5:1~15 "내려가다", "올라가다"
b. 하나님과의 만남
 -출33:11 "대면", 출30:20,23 "얼굴 보면 죽음", "등을 본 것임"

모세 5경 형성에 대한 3가지 모델들
보충가설: 모세 5경은 창조부터 시작하여 모세의 죽음까지 골격이 갖추어져 있었으며 시대별 수많은 부분적인 내용이 기본 골격에 중간에 계속 더하여져서(보충, 삽입) 형성된 것
문서설(4자료설): (J:2장 창조이야기 시작+E:아브라함 시작+D+P:1장 창조이야기 시작)
 -여러 가지 독립된 서로 다른 신학적 구조의 문서들이었는데 이 4개의 문서가 결합되어 상호 보완된 하나의 문서 형성 (오늘날 일반적)
 ※ 창세기는 J, E, D의 구분이 명확하지만 레위기는 구분이 어렵다.
단편가설: 독립된 수많은 단편들(이야기 군)이 몇백 년 흐르면서 결합되어 창조부터 모세의 죽음까지 확산됨

 ⑤ 비판적 5경 연구의 역사

가. 모세 저작설에 대한 비판
 -AD 1C 문헌에 필로(philo)+요세푸스(Josepus)에 모세가 쓴 것으로 하고 전개

- NT(신약)에서도 "모세의 책"으로 언급
- 초대기독교회: 그대로 받아들임(15C까지). 15C 이후 인문주의자+종교 개혁가에 의한 모세 저작설 의심 시작(신34장의 모세 죽음, 모세 이전의 창세기 등 사건의심)
- 17C에 와서 강하게 모세 저작설 반박: 1655년 프랑스 개신교도인 Isaak dela Peyrere는 그의 저서 「Prae-Adamiter」에서 모세 5경 중 모세가 쓰지 않은 부분과 그 이유를 설명함. 1956년 파리에서 책 공개 처형되고 저자는 감옥에 감 (중세의 교리적 반대)
- 1670년 Spinoza: 「신학과 정치학에 대한 취급」에서 모세 저작설 완전 부인함. 그래서 로마 교황청 압력에 의한 2번의 암살 위기에 처하였다. 스피노자는 주장하기를 "모세 5경은 저술가이나 복잡 다양하고 이질적이라 혼자 썼다고 말하기 어렵다. 에스라가 많은 전승들을 모아 편집한 것이다." 이것은 로마 교황청의 금서가 되나 후에 베스트셀러가 되었다.
- 1711년 H.B.Witter는 "신명의 교차사용이 바로 모세 단일저자가 아님을 밝혔다."
- 1854년 E.Riehm: 모세 5경은 4개의 문서로 구성됨을 발견함. P→E→J→D 순으로 쓰였음을 주장하였다.
- 1876년 J.Wellhausen은 「6경의 편집」에서 오늘날의 J, E, D, P의 4개 문서 확정하였다. 많은 사람들이 구약 역사상 가장 위대한 신학자로 부르고 있다.

12) 창세기 주석

《천지창조 주제》

1) 창1~2장 (P+J)
2) 창조 시편: 8. 74. 89. 104
3) 제2이사야: 창조를 구원의 사건으로 이해 (하나님은 위대한 능력자로서 출애굽 사건 거론하며 더 나아가 포로의 해방자로 거론)
4) 욥기: 창조는 신앙의 근거 → 창조의 정신화, 간접적인 창조
   ⇒ 1), 2), 3)은 행위(hf['), +4) 말씀(rm;a")

① P문서의 창조 보도 (창1:1~2:4a)

가. 주석을 위한 전제들

1) P보도에 속한다.
   a. 연대적으로 포로기(586~539): 포로기의 신학적 관점 배경이다. - why 포로기 창조 신학인가? 구약은 구속사 신학으로 출애굽 사건은 중요한 맥이다. P문서는 왕국시대에 중요성이 없었다. 포로기 때에 와서야 구속사보다 창조 신학의 중요성이 대두되었다. 이는 구속사 신학은 이스라엘만을 인도하시는 민족적 단순한 하나님이시기 때문에 여기에 대한 회의가 있었기 때문이다. 그래서 우주를 이끄시고 섭리하시는 하나님으로 바꿀 때 하나님의 위대성이 해결된다고 생각하게 됨
   b. 바벨론의 창조신화와의 비교: 포로기 때 바벨론의 「에누마 엘루쉬」가 이미 있었고 이것에 대한 영향을 받음
   c. 제사장적 신학이 들어있다: 제사장들이 강조하는 신학적 개념들

거룩한 하나님의 영광, 초월적인 하나님 (전적타자) // 족보, 질서 등을 강조했다. 7일간의 창조(탄생 족보)의 강조는 질서, 족보로서 제사장적 신학의 강조이다. 이렇듯 제사장적 신학은 갑자기 탄생된 것이 아니라 수백 년에 걸쳐 신학적 여과과정을 걸친 탁월한 영적 성숙의 모습을 말한다.

2) 신앙과 과학의 관계에 대한 문제
a. 창조이야기는 창조에 대한 과학적 진술이 아니고 창조에 대한 신학적 진술이다.
 -창조에 대한 과학적, 합리적 증언보다는 창조 신앙 발견 노력하고 신앙적 진리 찾으려 노력한 것이다.
 -히11:3 "믿음으로"이지 "지식으로"가 아니다.
 -칼 바르트: 창조는 비역사적인 역사의 기록이다. (unhistorical History writing) →창조의 논증이 아니라 하나님의 역사사건에 대한 의미의 역사, 해석된 역사 강조이다.

② P 창조 보도의 구조와 특징

1) 6일간 8개의 창조 작품
 -3일과 6일에는 각각 2개의 창조 작품: 이것은 제사장들의 오랜 신학적 숙고 전제, 이러한 보도는 역사적 관점보다는 신학적 해석의 강한 의미를 내포한다.
 • 7일이라는 도식에 전체의 도식을 맞추려는 의도가 엿보인다. 7일은 1주일에 대한 해석으로 현실적인 해석이다. 즉 우리가 사용하는 시간 안에서의 창조, 역사 안에서의 창조를 의미한다. 하나님의 창조는 역사 밖에서, 시간 밖에서의 창조가 아니다. 또한 이것은 초월적 세계에서의 창조가 아니다. P문서는 창조의 시간적 과

정에 많은 관심을 갖는다. 인간의 밀접한 삶의 현장에서의 창조로서 아직도 계속되고 있다.

1. 초대교회의 입장들 → 초대기독교 교부들의 변증으로부터 체계화하였다.
- 외경 마카베오 후서 7:8 (B.C.175년)에 無에서 有의 창조를 설명했고 이어서 초대기독교 교부들의 변증문에 체계화시켰다. 교부들은 영지주의, 플라톤, 오리겐주의와 싸우면서 교리를 보존하는 투쟁 가운데서 체계화시킨 것이다.

1) 플라톤주의에 대한 변증(반박): 이분법적 사고방식
- 플라톤주의에 영향 받은 사람은 저스틴(Justin), 클레멘스(Clement)이다. 이들은 하나님의 창조를 혼동으로부터의 질서의 창조사상을 설명했다.
- 여기에 반기 든 사람은 타티안, 테로필루스, 터툴리안은 無에서 有의 창조사상을 전개하였다. 즉 혼돈, 무질서에서의 질서의 창조사상은 하나님의 전능사상을 약화시키므로 받아들일 수 없다고 주장함.

2) 영지주의에 대한 반박(반증): 유일신 하나님과 창조주의 구분
- 리용의 이레네우스는 「이단반박문」: ① 유일신 하나님이 창조주이시다. ② 유일신 하나님은 無에서 有를 (無 → logos → 창조) 창조하셨는데 창조 전 선재한 인격체인 logos를 통해 창조하셨다.

3) 오리겐 주의에 대한 반박: 알레고리적 성서 해석 방법(문자에 치우친 해석은 저등)
- 오리겐 사상은 ① 성부가 잉태한 로고스는 영적인 세계를 창조했

다. ② 육적인 세계는 영적인 존재들의 타락으로 생성된 것이다.

(성부 → 로고스 → 영적 세계 창조 → 타락 → 육적세계창조)

-반박으로 아타나시우스의 주장

① 성부인 하나님이 그 자신과 똑같이 그의 아들을 낳았다.

② 그의 아들을 통하여 세상을 창조했다.

③ 창조된 세상은 하나님의 사랑의 산물이며 하나님의 뜻을 위해 만들어진 것이다.

1. 無로부터의 창조사상은 초대기독교 교부들이 헬라철학과 대결하면서 심도 있게 교리화되었다.

2. 혼돈 / 무질서에서의 창조사상은 바벨론의 창조신화와 내용적으로 밀접하게 관련되는 것이다.

3. 창1:2절은 문법적으로 독립적으로 처리되어 있다. 창조 이전의 상태는 1:2에 의하면 혼돈과 무질서 상태이다. 그러나 1장 전체가 반드시 모든 부분에서 혼돈으로부터 질서로의 전환만을 고집하는 것이 아니고 다른 많은 부분들에서 無에서 有의 창조사상을 주장하고 있다.

가. 창조보도의 상투어: 반복되는 5가지 공식

1) 하나님이 가라사대(아마르): 3, 6, 9, 11, 14, 20, 24, 26, 28, 29절

-이것은 말씀을 통한 창조임을 강하게 나타낸다.

2) 날의 선포: 5, 8, 13, 19, 23, 31절

-이것은 하나님의 창조의 질서 / 시간 이야기함

3) 하나님의 동의 "하나님이 보시기에 좋았더라.": 4, 10, 12, 18, 21, 25, 31절

-창조의 결과 또는 평가

4) 그대로 되니라: 3, 7, 9, 11, 15, 24, 30절

-성취에 대한 보고 ⇒ 위대성

5) 무엇 무엇이 있으라(예히, Jussiv 3인칭 명령): 3, 6, 9, 11, 14,
　　15, 20, 24절.

-말씀 통한 창조

⇒ 이러한 상투어의 효과는 간단한 어구의 반복을 통해 독자들에
　　게 하나님의 창조에 대한 강한 인상뿐만 아니라 문학적 높은
　　효과를 준다.

나. 말씀을 통한 창조

-창1장에서는 〔행위(hf['), 말씀(rm;;a")〕이 같이 나온다. 그러나
　　말씀을 통한 창조를 강조하며 이것은 성숙된 것으로 본다. 반면
　　창2장에서는 재료 통한 행위가 주로 사용된다. 이것은 원시적인
　　방법으로 본다. 즉 창1장의 하나님의 말씀은 강력한 동적인 힘
　　이며 역동적인 성격을 지닌다.

-창1장의 하나님의 말씀은 모든 것을 현존케 하는 능력의 표현이다.

-ar'B': 하나님의 창조사상을 독립적으로 사용하고 있는 신학적
　　사상이며 바라의 주어는 언제나 하나님이다. 구약에서 48회가
　　나오는데 모두 하나님이 주어지 인간이 주어는 아니다. 바라는
　　전혀 힘을 들이지 않고 하나님의 의지에 의해 무엇인가 만들어
　　지는 것이다. 또한 바라 사용 시 절대로 재료가 등장하지 않는
　　다. (hf['는 재료 수반)

-말씀을 통한 창조사상은 고대근동에도 나타나는 창조사상의 하
　　나이다. 그러나 고대근동의 사상은 주술 신앙과 밀접되어 있다. 「에
　　누마 엘리쉬」의 창조신 마르둑은 별을 만들 때 말씀으로 만들었
　　지만 생겨난 후 없어지게도 한다. 그러나 구약에서의 말씀 통한
　　창조사상은 독재적 무계획적이 아니라 인격적 계획적 창조이다.

다. 하나님의 창조사역의 완성으로서의 안식일

가) 【안식일】

- 바벨론의 안식일 제도: 매달의 음력 7의 배수 (7, 14, 19, 21, 28 일), 19는 미신적 경외감 안식일은 불행의 날로서 악신이 찾아 오는 날 (돌아다니면 안 됨: 왕은 병거 안타며 제사장은 신탁 말하지 않고 의사 진료 시 더 악화된다고 믿는다.)

- 이스라엘의 안식일: 달의 움직임과 상관없고 1년 동안 계속되는 날 중 7번째 날 (한주간의 마지막 날). 특정 숫자와 관계없다. 수리적 계산법으로 바꾸어서 무조건 7일 간격으로 찾아오는 날. 거룩한 축복의 날 하나님과 교제하는 날로 보았다.

※ 출16:22~30의 "메추라기와 만나" 사건에서 처음 언급 ⇒ 종교적 절기로 등장

- 명사: 사바-트, 동사는 사-바트 (정지하다, 멈추다, 절제하다, 그치다, 쉬다)

- 창2장3절: "복 주사 거룩하게 하셨으니"

나) 【시대적 발전】

- 포로 전: 휴일, 축제일(사1:13, 호2:13), 성소 / 하나님의 사람을 만남(왕하4:23), 장사를 쉬고(암8:5), 가까운 곳 여행(왕하4:23)

- 포로기: 다른 민족과 구별, 제사 안(못) 드림 (이방 땅이 거룩하지 않으므로 → 말씀예배로 대처, 율법강조), 민족 구별의 표시 (안식일, 할례: 자기 정체성 확인)

※ 포로기 이전은 안식일의 중요성이 희미함 (이사야는 안식일 말할 때 월삭 다음에 사용함)

- 포로 후: 엄격. 장사 안 되며 여행 안 됨(사58:13), 예루살렘 성에 물건 들여오면 안 됨. → 이것이 잘 지켜지지 않자 느헤미야

(13:15~)는 예루살렘 성문 폐쇄 및 레위인 몸 정결케 함)
- 마카비 시대(B.C.175전후): 시리아와 전쟁 중에도 안식일을 지키기 위해 전쟁을 하지 않아 살해당함(1마카비서2:32~38). 마타디아스 이스라엘 지도자가 공격은 안 되나 방어전쟁은 할 수 있음의 안식일법 제정(2마카비서2:39f)
- 희년서 50:8~12 안식일 결혼, 불, 일 금지
- 쿰란공동체: 안식일 전날 요리 완료. 어떤 물건도 움직이면 안 되고 대, 소변도 금지
- 신약시대: 환자 돌보면 안 됨(막3:2), 곡식 따선 안 됨(마12:2), 움직이는 거리는 2000보 또는 1,000M

라. 바벨론 창조신화와의 비교

가) 【Enuma Elish】
- 7개의 토판으로 1100행의 첫 번째 두 단어로 뜻은 "높은 곳에서"
- 수메르인의 창조 서사시: 수메르 제국은 B.C.3500~1950년 사이 문명, 역사, 문자의 시작으로 선사 / 역사 시대의 구분이다
- 19C말~20C초 독일 중심으로 "Bibel-Babel-streit"(비벨-바벨-논쟁)이 있었는데, 주요논쟁은 1)창조 2)홍수
• 1872년 셈어학 교수 E.Schrader는 구약에 나온 언어와 바벨론의 두 서사시의 언어적 유사성을 주장하여 심도 있게 논의 시작
• 1876년 고대근동박물관장 F.Delitzsch는 고고학에 많은 관심을 보여 이스라엘과 고대근동의 문화화의 관련성을 밝히려 했다.
• 1850년 영국인 레야드(A.H.Layard) 고대 골동품 수집가가 고대 니느웨성 발굴하면서 아수르바니팔 (B.C.668~627)의 도서관 발견. 그는 역사에 관심이 많아 3500년경 수메르인 역사수집해 놓았는데 그것이 에누마엘리쉬와 길가메쉬였다.

▶ 내용설명: 태초의 아버지 Apsu는 지하수를 관장하고 모든 생명의 어머니 Tiamat은 바닷물을 관장한다. 창조 이전 혼돈 상태에 두 신이 있었으며 두 신을 통해 6자녀신 탄생(라무, 라하무, 안샤르, 아누, 에아). 한편 자식들이 시끄럽게 굴어 다 죽이려고 계획하자 막내신 에아(Ea)가 알아차려 Apsu를 죽이고 왕이 되었다.

● 그리고 에아가 담키나와 결혼해 마르둑(Mardux)이 탄생된다. 한편 킹구 신이 티아맛에 접근해 에아와 그의 편들을 죽이자고 건의하여 티아맛이 신적 괴물 킹구를 만든다. 티아맛과 에아의 싸움이 격렬해지자 마르둑이 나서서 번개로 티아맛의 심장에 꽂고 승리한다. 그리고 티아맛의 몸 반절로 잘라 하늘과 땅을 만든다. 또한 킹구를 죽이고 그의 피로 인간을 만든다. 인간은 신들을 수종을 들기 위하여 만들어졌다.

나)【창1장과의 비교】

1) 유사점: 외적인 구조와 창조의 순서

- 창조 이전은 혼돈/무질서 상태이며, 창조의 외적 순서 (빛 → 하늘 → 땅 → 광명체 → 인간 → 신의 휴식)

2) 차이점:

 ㉠ 거하심: 바벨론의 두 신은 혼돈 속, 하나님은 따로 거하심

 ㉡ 빛의 창조: 성경은 말씀으로 창조하지만 바벨론은 신으로부터의 유출이다.

 ㉢ 하늘 창조: 바벨론 신화는 티아맛의 몸 나누어 창1장은 말씀으로

 ㉣ 인간 창조: 바벨론 신화는 신들 수종을 들기 위해 패배한 신 킹구 통한 인간 창조, 창1장은 하나님의 형상/모양이며 창조의 중심이 인간이다.

ⓜ 기타 7일 도식은 창세기에만 등장한다. 그리고 無에서 有의 창조모습은 창1장에서만 등장한다.

1. 구약에서의 창조는 신들의 투쟁 통한 창조가 아니다.

2. 바벨론의 신화론적 모티브들이 성서에 들어왔을 때는 탈신화가 되었다. 즉 신화론적 모티브가 야훼 신앙 안으로 흡수되었다.

1장2절~Aht(깊음, 심연)은 바닷물의 신 티아맛과 관련되며 수면 운행은 바벨론 신의 영역인 수면을 누르고 다님을 의미한다.

본문 주석 (창1:1절~창2:4a)

1) 1장 1절은 1장 전체 사건을 요약하는 표제어

－"하나님이 천지를 창조하셨느니라." :그 하늘과 그 땅은 하나님 께서 두 개만을 만든 것이 아니라 양극단 표현으로 모든 것을 창조했다는 창조의 전체성 의미

2) 1장 2절은 창조 이전의 상태에 대한 진술: 2가지 사상 지배적 【물질적 개념(혼돈/무질서)&신학적 개념(표현－혼돈(Whto): 황량한 사막, 황폐된 곳 의미(탈신화됨)할 수 없는 無에서 有로)】

－공허(Whbo): 항상 "토후"와 함께 등장한다. "공터, 황폐된 곳" 의미

두 단어가 창조 이전 "무질서, 비어 있는 상태" 의미함

페니키아 신화에 바우(Baau) 신은 "무질서와 밤의 신" 이름이며, 바벨론의 신화에서 바우(Bau)는 땅의 신이다. 곧 언어적 유사성 이 있다.

－흑암이 깊음 위에 있고: 깊음(~Aht.)은 바벨론의 혼돈의 여신 티 아맛과 관련시킴. "깊음"에 정관사가 안 붙은 것으로 보기 때문 에 고유명사로 본다. "혼돈의 바다"를 의미한다.

－"하나님의 신"은 수면에 운행: 하나님의 신은 성령으로 창조사

역에 참여하였다는 주장(조직신학측면)이나 구약에서는 신화론적
배경에서 하나님의 바람/폭풍으로 이해하며 하나님의 신은 창
조에 전혀 동참하지 않았다.

1) 1장 3절은 하나님의 창조활동의 시작

- 빛으로부터의 창조: 어둠 속에 빛이 비춰지므로 시작되며 하나님
  창조의 첫 번째 작품이다. 빛에 의해서 만들어짐 (피조성 강조).
- 하나님이 가라사대: 1장에서 10회 등장하는 관용구.
- 빛이 있었다: 성취적 관용구. 즉각적인 성취(하나님의 창조 위대
  성 상징) 7, 9, 11, 15, 24, 30에서 "그대로 되니라"로 같은 의미
  에서 사용됨.

2) 1장 4절은

- "좋다"(bAj): 히브리어에서 포괄적 개념이다. 여기서 "좋다"는
  하나님의 피조물에 대한 가치평가이다. 기준은 심미적 판단이
  아니라 적합성 또는 합목적성에 대한 설명이다. 즉 "있어야 될
  것이 있는 것"이다.
- 보시기에 좋았더라: 보시기에(평가적 관용어), 좋았더라(승인적
  관용어)는 창조주 하나님에 대한 찬양이다.
- 빛과 어두움을 나누사(lDeb.): 창조가 구별(이것 또한 창조의 역
  할이다), 이원론 극복(둘 다 하나님의 주권 안에 있는 것으로 종
  속, 대결관계가 아니다), 단 "좋았다"는 빛만 해당되며 밤은 하
  나님께 대항하는 악의 세력은 아니지만 빛과 동일한 수준도 아
  니다.

본문 속 시대적 메시지: 하나님의 창조의지는 빛(구원)이다. 암흑
기(포로기)에 이스라엘 백성에게 희망을 주는 빛의 강조이며 또한
하나님의 능력에 의해 어두움을 몰아내려는 의지이다. 구약적 복음

이다.

요 8:12, 9:5의 "나는 세상에 빛이다", 요12:46 "나는 빛으로 세상에 왔다 나를 믿는 자는 어두움에 거하지……"의 내용들은 창1장을 염두에 둔 것이다.

3) 1장 5절은

– 빛을 낮이라 "칭하다": 하나님의 절대적 주권(주인 되심) 설명. 히브리어에서 이름을 부여하는 것은 주권(지배권) 행사이다. 하나님은 광명과 어두움을 의지에 따라 지배 가능함을 의미하는 것으로 4절과 연계됨

왕하 23:34 바로느고가 "엘리야 김"을 "여호와 김"으로 이름 바꿈. 즉 애급 왕에게 이름을 하사받음

왕하 24:17 바벨론 왕이 "맛다니야"를 "시드기야" 고쳐 줌 (바벨론 왕이 이스라엘의 주권자임)

다) 《둘째 날의 창조(1:6~8)》

1) 궁창의 창조(공간)

a. 고대인들의 우주관: 하늘은 신적 장소, 하나님 계신 장소가 아니었다. (탈신화화)

궁창의 기능은 물과 물을 나누는 기능으로서 악의 세력은 물 아래로 가게 하여 하나님 주권 안에 있음을 나타낸다. 히브리어 [;yqir'(궁창)]은 "견고히 고정된 것"이며, 동사는 [q;ir']로서 "넓게 펴다"의 뜻이다.

욥 37:18에서 궁창은 반구형의 육중한 종의 모양이다. "부은 거울 같은 견고한 궁창"

라) 《셋째 날의 첫 번째 창조(1:9~10)》

 -"보시기에 좋았더라."는 둘째 날에 없음 (승인적 문구): 셋째 날
  에 두 번 걸쳐 나온다.
   ㉠ 셋째 날의 첫 번째 "좋았더라."는 둘째 날 창조의 마무리이
    다. 궁창의 나눔은 둘째 날에 끝냈으나 육지와의 구분은 셋
    째 날에 완성된다. 즉 궁창 아래의 물은 둘째 날에 아직 혼
    돈 상태이며 셋째 날에 확실히 구분된다. 여기서 땅은 궁창
    아래 물 위(악의 세력 위)에 떠 있는 것이다.
   ㉡ 땅과 바다의 경계 설정: 땅은 혼돈 세력이 넘볼 수 없는 경계
    로서 생명들의 안식처이며 인간을 향한 배려이다. 하나님의 명
    령에 철저히 복종당하는 세력이 물이다. 물은 독자적 권세가
    있는 것이 아니라 하나님의 섭리 안에 순종해야 할 세력이다.
    문장에서 2번 수동태(Nipal 동사) 사용: "모이다, 드러나다" →
    물은 자체세력 아닌 지배세력이다.
    궁창의 나눔은 수직적 창조인데 땅과 바다는 수평적 창조이다.(7절)
   ㉢ 개념과 이름의 구별(10절): 뭍 → 땅, 물 → 바다
   -개념에서 이름을 만든 의미는 하나님이 땅과 바다의 주인이라
    는 신학적인 의미를 가지고 있다.

마) 《셋째 날의 두 번째 창조(1:11~13)》

1) 창조행위의 주체로서의 땅 이해: 식물이 땅으로 나오게 함(각기
   종류대로 나라). 이것은 하나님이 직접 만든 것이 아니라 생명
   체의 근원인 땅을 통해서 나오게 한 것이다. 즉 하나님과 식물
   과의 관계는 간접적이나 땅과 식물과의 관계는 직접적이다.(고
   대인들의 자연관 반영: 땅이 갖고 있는 모성적 이해)

2) 생명체의 터전으로서의 땅: 땅은 생명체가 살기 위한 터전으로서 창조되었다. 창조순서는 식물(11~13절), 동물(24~25절), 인간(26절)순으로 되었다.

3) 창조와 생성은 다르지 않다: 하나님의 창조는 자연세계를 통해 오늘도 계속되고 있다. 즉 하나님의 땅을 통한 창조활동은 오늘도 간접적으로 계속되고 있다. 창조 이후 인간 삶의 역사에 개입하시는 하나님이시다.(하나님의 섭리 증거)

4) 풀: 식물계 총칭의 상위 개념이다. 풀, 나무, 채소를 포함한 식물계에 대한 상위 개념으로 씨 맺는 채소와 씨 가진 열매 맺는 나무 등 모두 포함한다.

5) 종류대로: P기자의 중요한 신학이다.

－이는 "이방민족과 섞이지 말라"라는 의미이다. 레19:19(P문서) 「종자를 섞어 뿌리지 마라: 이방인과의 결혼 금지」, 「육축과 교합 금지」, 「종자, 두 재료 금지」는 포로기 때 민족보존과 신앙 유지를 위한 강력한 메시지이다.

－섞이는 것은 하나님이 원치 아니하시는 것이다. 더 나아가 선과 악, 거룩함과 속됨이 섞일 수 없다는 경고이다. (천지창조 시 경계선 그어 놓으심) 질서, 정돈, 구별, 성별 등은 하나님의 창조의 계획이며 뜻이다.

포로기 후기 에스라, 느헤미야 시대에는 야훼종교 정화: 혼합종교, 혼합결혼 등 내어 쫓음

바) 《넷째 날의 창조(1:14~19)》

1) 궁창의 광명들의 창조(해, 달, 별): 시간의 창조(비교적 자세함)
－양적으로도 인간 창조 다음으로 많은 부분 차지: 고대인들에게 천체 움직임이 중요했음을 의미한다.

-강한 탈신화적 표상이다: 본문에서는 신적 의미를 전혀 갖고 있지 않고 하나님에 의해 창조된 피조물이다. 즉 하나님의 뜻에 따라서 봉사하는 제한된 기능만을 담당한다.

제한된 기능: 징조와 사시와 일자와 연한을 주관하는 기능 소유

탈신화: 해와 달을 큰 광명, 작은 광명으로 바꾸어서 사용했다. 해(vm,v,)는 셈어에서 Shamash로서 태양신의 이름이다. 그래서 태양이란 용어를 사용하지 않음으로 오해사지 않도록 하였다.

-달(x;rey")은 셈어로 Yarih로서 달신의 이름이다

-별들의 신적 능력을 강하게 거부하면서 고대근동문화의 점성술 문화에 강하게 도전하였다. 별자리에 따른 운명 결정이 오늘날 우리에게 영향을 미치고 있는데 고대근동에서는 강하였다.

-이스라엘의 역사에 있어 B.C.600년까지 일월성신 경배사상이 강하게 많이 있었다. 점성술 숭배사상 경고는 신4:17, 레14:2, 욥31:26~27, 사47:13에서 찾아볼 수 있고 특히 왕하 23:11~12의 「다락 지붕에 세운」은 전체 관측 도구이다

-징조: 주기적인 절기 / 시간이 아니라 하나님의 특별한 개입시간(카이로스)이다. (하나님의 강권적 구원, 만남의 날 등)

카이로스: 하나님의 특별한 개입 시간, 크로노스: 연대시적 시간, 자동적으로 흘러가는 시간

-사시: 유월절, 칠칠절 등

-일자: 날 (7일안식일)

-연한: 해

사) 《다섯째 날의 창조(1:20~23)》

1) 두 개의 창조(바다동물과 조류의 창조)

-인간으로부터 비교적 멀리 떨어진 동물부터의 창조로 시작이다.

a. 22절: 축복의 대상으로서 피조물→생육, 번성, 충만은 하나의 명령이라기보다는 스스로 번성할 수 있는 능력의 부여이다. 중요한 P기자의 신학으로 P문서에서 자주 나온다.(1:28, 7:1~2, 8:17)

포로기 때 창조 신학을 통해 미래의 희망을 주기 위해 의도적으로 사용되는 약속 성취라는 신학적 개념이다.

생육(hr'P'), 번성(hb'r') 충만(%r'b')은 발음상 비슷하다. 이는 하나님의 축복의 강조이다.

b. 큰 물고기(~nIyNIT;): 구약에서 뱀, 악어, 용으로 등장하는 바다 괴물로 신화적인 동물이다. 고대 근동의 신화론적 배경(신적인 물고기)까지도 하나님이 만드셨다는 하나님의 주권을 강조하기 위해서이다. 하나님께서 괴물과 싸우려는 것이 아니라 통치, 주권, 능력을 나타내기 위해 기록하였다.

아) 《여섯째 날의 창조(1:24~25): 7번째 창조 – 땅의 짐승들》

1) 땅에 대한 모성적 이해
-24절 "땅은 그 생물을 종류대로 내되"는 11절 "식물"과 같다. 땅은 모든 생명의 어머니이다. 하나님의 명령은 땅을 향한다. 땅의 모든 동물들은 식물처럼 전적으로 땅을 의지하고 있다.
2) 축복의 결여
-바다 동물과 조류 창조 시에는 축복(22절)했으나 땅의 짐승 창조 시에는 축복에 대한 명령이 결여되었다. 동물에 대한 축복은 곧 창조되어 땅에서 살게 될 인간에게 양보되었다.
하늘의 권세(번성, 충만)는 조류, 바다는 어류, 땅에서는 인간에게 주어졌다. 인간은 만물의 영장이다.
3) 동물세계의 분류 → 질서, 정돈을 알 수 있다.
① 육축(hm'heB): 가축 동물, 인간의 권세에 의해 통제되는 동물

② 기는 동물(fm,r,): 파충류, 작은(저등) 동물

③ 땅의 짐승: 야생동물

자) 《마지막 창조(1:26~28): 인간의 창조 - 창조의 클라이맥스》

1) 창조의 클라이맥스로서의 인간 창조

① "우리가 사람을 만들자": 하나님의 의지 표명(진지, 열정)

② "다스리게 하자"(hD'r'): 탈취, 파괴의 의미가 아니고 번영, 번성, 책임, 안녕, 질서의 의미이다.

  - 하나님이 인간을 창조하고 소유물로 준 것이 아니라 지키고 다스리는 청지기의 사명을 부여받았다.

  - 인간 창조 목적 중의 하나는 하나님이 창조한 피조세계를 잘 관리하는 것이다. 「에누마 엘리쉬」의 인간창조와는 다르다.

  아담: 1) 아담(고유명사) 2) 인류, 인간(보통명사)

2) "우리"(we)에 대한 문제[여러 가지 해석들]

① H.Gunkel, W.Zimmerli: 다신론적(신화론적) 표현의 잔재

② C.Westermann, W.H.Schmidt: "우리"라는 표현은 청유형(창 11:7의 바벨탑 사건, 사6:8의 이사야 소명)으로서 하나님의 의지 표명 시 사용한다. 중요한 결정을 앞두고 심사숙고할 때 쓰이는 화법으로써 사용한다.

③ Keil, Driver: 경칭의 복수이다. 영국 관습에 의하면 왕이 위엄을 나타내는 복수형으로 "내가" 대신 "우리"라는 표현으로 사용하였다.

④ 조직신학자들: "우리"라는 말은 삼위일체적 표현이다.

⑤ G.von Rad: 구약에서 하나님이 "우리"라는 복수형을 쓸 때

는 하늘의 천상회의 때 쓰인다.

- 왕상22:19 → 미가야가 아합을 죽이기 위한 천상회의를 바라보는 장면 (②번의 상호 보충적 역할)

- 욥1:6, 2:1, 38:7의 하나님의 아들들 → 히브리어 "B는 육신의 아들뿐만 아니라 예언자의 제자들을 말하기도 하고 또한 바위를 잘랐을 때 나온 조각들을 일컫기도 한다. 즉 종속된 부분을 의미한다. 우리"라는 것에 들어있는 또 다른 신학적 이유

- 인간의 외형을 하나님의 외형과 극단적으로 동일시하려는 시도를 포기하게 만드는 표현이다. 천상의 존재들 속에 자신의 존재를 숨기고 있다. (창3:22 "우리 중 하나" → 하나님의 본질을 가림)

- 하나님의 본질을 가시화시킬 수 없다는 신학적 노력이다. 하나님은 인간의 눈으로 포착될 수 없는 실재이다. 인간에 의해 동일한 모습을 끄집어 내지 못하도록 한 것이다.(불가시성, 불포착성, 형상 거부성)

⇒ 하나님은 인간이 볼 수 없는 분, 종교적 개념으로 규정할 수 없는 분, 포착될 수 없는 분이시다.

3) 하나님의 형상

① 형상: 조각품, 모조품(외향, 외관)의 뜻이다. 18~19세기에 조직신학에서는 내적 본질, 인격, 윤리적 결단으로 해석하려 했으나 잘못된 것이다. 하나님의 형상을 인간의 내면과 연결시키는 것은 고대 이레네우스(초자연적, 영적 본질=하나님의 형상), 필름(인간의 정신능력), 어거스틴(인간의 정신력, 지성, 사랑), 슐라이에르마허(인간의 종교성, 도덕성), 카이져(지성, 의로움, 거룩성) 등도 시도했었다. → 이러한 해석

은 거부되어야 한다.

종교사적 비교: 고대사상 중 인간이 신의 모양대로 창조되었음은 고대 애급 바로(파라오)를 "하늘에 있는 신의 모형", 메소포타미아 왕 Amemophis 3세(1403~1364)를 일컬어 "Amon Re 신의 살아있는 형상" 또는 "땅에 놓아 둔 나의 형상"이라 일컬었다. 즉 왕은 신들의 형상 모양이라는 사상이 고대 근동에 만연하였다.

② 모양: "유사성" 의미, 앞에 있는 형상을 다시 한번 규정, 즉 하나님과 인간의 모형을 동일한 것으로 보지 못하도록 함. 인간을 신적인 것의 일부와 연결시키지 못하도록 동일성 아닌 유사성을 주장함(인간의 신격화 방지)

창5:3 아담이 130세에 셋을 낳았는데 자기 모양, 자기 형상과 같은 아들을 낳았다 함. 여기서도 유사성이다. → 동일성에 대한 거부를 끊임없이 함

⇒ 결론: 형상과 모양은 동일성이 아니라 유사성이다. "우리"라는 본문 속에서 ㉠ 인간의 신격화 방지, ㉡ 하나님과 인간의 외면적 동일성의 방지이다. 26절은 신학적인 섬세한 작업이다.

차) 《P기자의 인간 이해》

1) 하나님의 최고 창조물로서의 인간: 인간은 우주 속에 우뚝 서 있는 존재 (우주론적 피라미드의 최고봉)

2) 인간만이 하나님의 유일한 사귐(교제)의 파트너: 인간은 하나님의 말을 들을 수 있고 하나님은 말씀을 하신다. 인간을 통해서만 관계하신다. (하나님과 인간의 긴밀한 관계성)

3) 하나님의 대리 통치자: 하나님은 어디든 계시나 하나님 대신

통치자로써 인간을 세웠다. 다른 피조물들에 대한 책임이 따른다. 즉 세계의 실질적 통치자는 하나님이시지만 대리로 인간이 위임받았다.

　4) 남자와 여자의 창조
　　① 인간은 함께 사는 존재: 공동체적 운명
　　② 인간은 피조물이다: 인간은 영혼불멸의 존재로 창조된 것이 아니다. 한계상황을 갖고 있다. 번식과 생산능력은 있지만 신이 아닌 피조물이다.
　　　죄로 인해 죽음이 왔지만 죄를 짓지 않았을 경우 영원한 존재로 살 수 있었겠는가? 아니다 인간은 원래 유한적 존재이다.
　　③ 인간은 양성적 존재가 아니다. 그러나 신은 성의 구분이 없다. 인간과 신의 본질적 차이를 나타낸다.

카) 《창1:29~31》

1) 인간의 음식물 (양식)
　-양식은 동물 아닌 식물이다. 동물은 노아 홍수 후 피 흘린 다음 먹을 수 있도록 허락받았다.(창9장) 즉 동물과 같은 날 창조된 인간에게 같은 땅, 같은 날의 동물을 먹도록 허락하지 않았다. 동물과 인간에게 동일한 식탁을 허용하셨다.

　신학적 메시지: 창조 시 인간에게 죄 없을 시 동물계의 피 흘림이나 인간에 의한 살인행위가 허락되지 않았다. 하나님 창조 최초의 모습은 하모니 이루는 완전한 평화 세계이다.

　구약사11:6~9는 종말론적 상황을 설명해 주는데 이것은 천지창조 시의 창조신화에도 동일하게 등장한다.

2) 창조의 완벽한 완성
- "심히"(daom): 강조 용어로서 창조세계의 본질을 선언하는 신학적 선언→창조의 완벽성 찬양
- 강조: 하나님이 창조하신 세계는 아름다운 세계, 좋은 세계, 조화로운 세계, 무너질 수 없는 완벽한 세계이다. 즉 포로기 암담한 현실에 포기하지 말고 악의 세력이 지배하지 못하도록 하나님이 새로운 세계를 주실 것이라는 희망을 주는 신학적 메시지이다.

타) 《창2:1~4a》

- 창2:4 여호와 하나님이 천지를 창조하신 때에 (b) / 천지의 창조된 대략이 이러하니라.
- 히브리 성경에는 "천지"가 "땅과 하늘(지천)"로 기록되었다.

1) 창조 사역의 완성
- 7일째의 안식일은 창조의 부산물이 아니라 창조의 한 행위이다. (쉬신 창조)
- "천지와 만물을 다 이루니라": "다"(lk)는 완전성을 나타내며 만물(ab'c')은 군대, 군인을 말할 때 사용한다. 군대는 "많다"의 의미로 "꽉 찬"이다. 그러므로 "만물(ab'c)"은 우주 만물의 총체적 개념이다.

2) 거룩한 안식일
- "거룩한"은 "구별되다"의 의미로 이날은 바벨론 포로기 때 이스라엘 백성을 구별시켜 주었던 날이라는 의미

3) 종말론적 의미의 안식일

- "저녁이 되며 아침이 되니"라는 고정문구 구절이 빠져 있다. 이 것은 "하나님의 창조 작업은 완전히 끝난 것이 아니라 안식일을 통해서 지금도 계속되고 있다"의 의미이다.

마. P 창조보도의 신학(창1:1~2:4a)

1) 찬양시적 특징을 가지고 있다.

- 상당히 웅장한 어조, 절제된 언어와 구조로 만들어져 있다.
- 시적 감각을 지닌 신학적 용어로 되어 있다. 이후의 본문은 산 문적인 구조를 지니고 있지만 이 본문은 아름다운 시적 용어로 창조주 하나님을 찬양하고 있는 것이다. (한 편의 시적인 설교)

2) 인간이 피조물의 최고임을 여러 각도로 노래하고 있다.

- 하나님의 우주론적 창조행위가 단계적으로 인간의 창조를 향해 움직이고 있는 내용으로 되어 있다. 세계와 만물은 인간을 위해 창조된 것이다. 하나님과 인간의 관계는 직접적이고 반면 창조 된 모든 동물은 인간을 통해서 하나님과 관련된다. (창1:28)
- 인간의 창조는 말씀을 통한 창조가 아니며 행위를 통한 창조도 아닌, 내적인 깊은 숙고와 특별한 결정(신적인 회의)을 통해서 창조하셨다.

⇒ 이 이야기는 인간을 하나님께서 특별한 파트너로 만들어 주셨 다. 인간 존재의 완성은 하나님을 대면할 때에만 가능하다. 형 상과 모양을 통해 인간은 모든 피조세계를 능가하고 있다.

3) 無로부터의 창조(creatio exmihilo).

- 제2마카비서 7:28에 처음 등장한다. 완전하게 無에서 有의 창조

사상을 주장(단언)하기가 쉽지 않다. 무질서 / 혼돈으로부터 질서
의 창조사상도 있다.

ex) 바라는 하나님이 주어로서 無 → 有의 사상을 보충해 줄 순 있
지만, ID'b'(나누다)는 무질서 / 혼돈에서의 질서로서의 전환이
므로 2가지 입장을 고려해야 한다.

4) 종교사적 비교
- 바벨론 창조신화의 이해 없이 창세기를 바라보는 것은 어렵다.
즉 고대근동에 널려 있던 신화와 비슷하다.

5) 창1장은 자기존재에 대한 이해(실존적 자기 이해의 표현)를 반
영하고 있다.
- 지적 호기심 충족 위한 과학서나 역사서가 아니라 이스라엘 백
성이 처한 포로라는 역사적 위기 속에서 하나님에 대한 질문,
고백, 선언의 내용이 창1장에 들어가 있다. 다른 말로 "자기 실
존에 대한 응답"이 들어 있다.

③ J문서의 낙원 이야기 (창2:4b~2:25)

가. 주석을 위한 전제들

가) 불규칙한 요소와 긴장들
- 논리적 모순들, 내용상의 반복됨에도 불구하고 단순한 전승의
결합이 아니고 통일적인 신학사상의 흐름이 발견되고 있다. 즉
창조와 인간의 문제로서 인간 창조의 신학적 의의에 초점을 맞
추어 전개한다.
ex) 논리적 모순: 2장에서 생명, 선악을 알게 하는 나무 이야기가

전개되면서 3장에는 생명나무가 없다.

나) 인간 창조 보도로서의 2장의 의미

-1장의 인간 창조는 세계 창조의 핵심, 우주론적 피라미드의 정점이다. 반면 2장은 인간의 창조가 세부적으로 설명된다. 하나님 창조의 전부이다.

-1장은 단계적, 체계적, 신학적인 반성이 심도 있게 다루어지는 데 비해, 2장은 에덴동산이라는 좁은 영역에 국한한다.

-1장은 물이 인간의 영역을 침범하려는 악의 세력으로 설명되지만 2장의 물은 생명의 근원으로 설명된다. 광야, 황야에 물이 스며들면서 창조가 시작된다.

다) J문서의 신학적 특징

① 강한 남유다적(친유다적) 경향: 1장 배경은 헤브르, 소돔, 고모라, 베델 등 중부와 남부에 관심이 많으나 2장은 남유다 배경

② 인간의 본질(성)에 대한 관심 지대: 인간은 죄인이다. 죄성, 연약함의 강한 선언이다.(불신, 타락 등) 유한적 존재로서의 인간, 흙으로 만들어진 인간이다.

 ┌ ~d′a′ (이름): 질료를 갖고 창조된 인간 (유한성, 나약성 선언)
 └ h~′d′a: (땅): 아담이 향하는 곳(방향), 결국 땅이다.

③ 다윗과 솔로몬의 번영기에(B.C.950년경) 씌어졌다. 이때 왜 인간의 나약성을 강조했는가? 즉 다윗과 솔로몬의 위대한 왕국 창출은 인간의 작품이 아닌 하나님의 작품임을 드러낸다.

⇒성서는 철저히 두 얼굴-인간의 위대성, 인간의 연약성-을 가진다.

나. 창2:4b~7 주석

1) 4b: 여호와 하나님이 천지를 창조하신 때에
　① 여호와(J) 하나님(D+E)은 2장과 3장에서만 독특하게 등장한다. 즉 1장에서는 "하나님"인데 2장에서 "여호와"만 사용하면 어색하므로 통일성을 위해 신명을 "여호와 하나님"으로 사용하였다.
　② 시간의 측정:~AyB.(때에)을 직역하면 "그날에"로서 단수이며 2장 창조는 하루 동안의 창조인 것처럼 기술하고 있다.
　－인간은 우주(세계) 속에 거하는 인간이며 2장은 땅 위에 거하는 인간이라는 서로 다른 표상을 갖는다.

2) 5~6절: 창조 이전의 상태(=창1:2) 5가지
　① 땅이 비를 내리지 않았다.
　② 땅을 경작할 사람이 없었다.
　③ 들에는 초목이 없었다.
　④ 밭에는 채소가 없었다.
　⑤ 땅에는 안개가 있었다.
　⇒4개의 부정적 상태 진술(5절)과 1개의 긍정적 상태 진술(6절)이다. 이것은 황무지, 생명이 없는 상태이다.(농경 문화적 배경)

3) 7절: 하나님의 창조 행위의 시작은 인간이다.
　－생기: 신적인 생명력, 살아 있는 존재로 만드는 힘이며 동물과 구분되는 표이다. 생기는 하나님으로부터 유래되었다. 즉 생명의 근원은 하나님이시고 인간은 스스로 독자적 생명력을 지닐 수 없다. 인간은 신이 아닌 유한한 존재이며 언제나 하나님에 의해 절대적 의존해야 하는 존재다.

창1장의 "하나님의 형상과 모양"과 병렬적으로 비교될 수 있다.
~d'a'(아담), h~'d'a;(아다마)에 공통적으로 들어 있는 것은 ~da'(붉은),
~d'(피)이다. 근거는 아카드어 adamatu는 "붉은 땅", adamu는 "붉은
피"로서, "아다마"는 붉은 땅, 아담은 "땅처럼 붉은 색을 띠고
있는 존재"이다.

rp'['는 흙, 먼지이고 #r,a,는 하늘과 반대되는 땅이다.

-"흙으로 사람을 지으시고": 아파르(먼지: 우리말에는 없다) 민
(from) 하(유래)아다마(밟는 땅)

⇒인간은 땅의 먼지로 창조되었다. (=인간의 재료성) 인간은 무상
한 존재이며 하나님이 생기를 주시지 않는 한 허무하고 초라한
존재이다.

4) 8~9절: 에덴동산

-!d,[e: "기쁨", "희열", "황홀"의 뜻. 고유명사?: ㉠ 동산의 이름 ㉡ 지
명의 이름

-8절에 !d,[eB.-!G:은 "에덴 지역의 한 동산의 의미"로 사용(지역
의미)하나 구약의 다른 많은 본문에서는 동산의 이름과 동일시함

-동방(~d,Q,): 이스라엘의 동방? 위치는?

-9절의 생명나무, 선악과 선과 악을 아는(알게 하는) 나무

가) 종교사적 비교

애급 신화에 보면 saggaru에 있는 Neferherenphah의 무덤의 나무는
사람의 소원을 들어주고 죽은 사람을 살리는 나무이다. 인도 신화에
보면 하늘에 한 나무가 있어 그 열매(Soma)를 취하면 영원히 살 수
있다. 수메르 신화에 보면 기쉬킨은 생명나무이다. 이렇듯 고대 사람
들은 나무에 신적인 의미를 부여했다.

-히브리어로 상수리나무는 hl'ae이고 참나무는 !Alae으로서 공통

적으로 lae이 붙는다. 즉 신적인 내용이 들어가 있다. 호4:13에도 신적인 능력이 있다. 하지만 창2장에서의 생명나무 모티브의 의미는 약화되었고 선악과 모티브만 다루고 있다.

나) 선악과

- 2장에서 2회 나오며(2:9,17), 3장에서는 "동산 중앙에 있는 나무"로 설명(암시)

- 선악과 의미에 대한 3가지 주장 (선악을 알게 하는 지식이 무엇인가?)

1) 윤리적, 도덕적 판단 지식

2) 선적인 지식: "하다아르"는 동사 "아다"(알다)에서 파생된 것으로 "동침하다"의 뜻임(완곡어법)

3) 전지(全知)의 의미: 모든 것을 알 수 있는 지식, 하나님과 같이 분별할 수 있는 지식((3:5,12)이다. 창3:6 "지혜롭게 할 만큼 탐스럽다", 창3:22에 "우리 중 하나같이 되었다" 등 하나님이 필요 없는 독립적 존재가 되었음을 의미.

4) 신학적 메시지: 1) 인간은 유한한 존재로 창조되었다. 2) 인간은 하나님의 손안에 있는 존재다.

   - 하나님으로부터 벗어날 수 없는 존재이다. 죄라는 것은 하나님으로부터 벗어나고자 하는 시도이다. 즉 선악과를 따먹는 행동이 하나님에게 도전이고 죄이다. 죄란 단순히 율법의 어김 차원이 아니라 하나님께 의존하지 않고 모든 판단을 자기 자신에게 두는 것이다.

5) 10~14절: 네 개의 큰 강 이야기

a. 주제에서 벗어남(4강 / 문명): 일반적으로 나중에 삽입된 문구라고 생각한다. 예루살렘을 에덴으로 보려는 의도이자 세계의 중

심으로 보려는 의도이다.

b. 에덴 발원 4개의 강: 비손(아라비아 추정), 기혼(나일 강 추정), 힛데겔(티그리스), 유브라데(유프라테스)

- 4라는 숫자는 동서남북으로서 전 세계를 의미하며 지리적 위치의 중요성을 논함이 아니라 전 세계 문명의 기원이 에덴이라는 신학적 의의

- 비손, 기혼의 위치는 정확히 말하기 힘드나 힛데겔과 유브라데는 지리적 위치가 지금도 확실하다.

6) 15절: 에덴 이야기

a. 인간의 존재(창조) 이유(15절): "~을 위해"를 통해 설명

ㄱ 다스리기(Hd'b.['l.): 아바드, 그것을 수종을 들기

- 수종을 들기 위해서(봉사, 섬기는 것)

ㄴ 지키도록(Hr'm.v'l): 사마르, 그것을 지키도록 하기 위해서(보호, 보존, 손상 방지)

- 한글 성경의 오역: 통치적 지배인 "다스리다"가 아니라 심부름꾼으로서 "섬기기 위해서"이다.

- 두 가지의 확대해석: 에덴동산에서 살아갔던 인간의 모습은 일, 노동, 괴로움, 땀이 없는 상태가 아니라 기본 모습이 노동하는(땀 흘리는) 존재이다. 노동은 인간의 원초적 업무(본질)이다.

십계명 중 "도둑질 하지 마라"는 남이 땀 흘려 수고한 것은 빼앗지 마라로서 창세기의 인간 존재 이유와 관련된다.

〈고대근동사람들의 노동이해와 구약의 노동이해의 차이점〉

- 같은 점: 노동은 인간의 본질로 규정함

- 차이점: 고대근동에서 노동은 신의 양식 공급 및 신을 편하게

모시기 위해 노예적으로 일하는 것으로서 신이 인간을 속박하는 수단으로서 부정적으로 등장한다. 반면 구약에서는 신의 양식 제공을 위한 노동이 아니라 하나님의 창조사업에 동참하는 선한 작업으로서의 노동이다.(노동에 대한 긍정적, 창조적 이해)

7) 16~17절: 제한된 자유
-16b는 긍정적 명령, 17절은 부정적 명령으로 인간의 결단과 순종의 문제이며 인간들에게 선택의 자유(억압, 무조건적이 아니라) 주심. 선악과는 인간을 보호, 구원을 위한 명령이며 인간에게 축복을 주기 위한 것이다. 현대적 의미의 선악과는 목회자로서 평신도로서 가지고 있다.

8) 18절: 더불어 사는 존재로서의 인간의 모습(남자와 여자의 창조)
-여자는 하나님이 마지막 준 신비로운 선물
-그를 위하여 돕는 베필: "돕는"(rz 〈[e)은 동격의 의미 또는 상위 개념이며, 구약에서 "에쩨르"는 하나님과 관련되어 사용된다. 즉 여성이 남자보다 못하다는 의미가 아니다.
"그를 위하여"(ADg)n(K)는 "그에게 상응하는, 일치하는, 적합한, 어울리는" 의미이다. 그러므로 히브리어에서는 동격의 의미로 두 단어를 사용한다.
구약에서는 독신을 강조하는 구절은 없다.

9) 19~20절: 동물의 창조
-인간+동물+새 → 흙으로 창조
-바다의 물고기 창조 결여(P문서와 차이)

10) 21~25절: 가정

a. 남자의 갈비뼈로 만든 여자: 가장 소중한 곳을 보호하는 뼈로서 가장 소중하게 다루어야 할 존재임을 간접적으로 서술

b. 23절 "남자에게서 취하였은즉 여자라 칭하니라": "남자"인 "이쉬"와 여자인 "이싸"의 언어적 유사성 설명한다. 창조 때부터 남자와의 관계로서 남녀는 하나였고 재결합은 창조의 부분이다.

c. 24절「남자가 부모를 떠나~연합하여 둘이 한 몸이 될지니라」

　㉠ 모권 사회의 잔재

　㉡ 대가족 제도에 대한 배경: 아들이 결혼하면 같이 살다가 나중에 독립하는 모습 연상

　㉢ 감정의 문제: 남자가 여자보다 사랑의 관계에 능동적이다. 즉 남자가 감정적인 면에서 활동적이다.

　㉣ 부모를 떠나는 남자의 상황을 본문과 일치하지 않는 것으로 후대에 사용되었을 것이고 결혼 예식문 낭송문구가 신학화되어 삽입된 것으로 본다.

13) 구약의 문학구조

인류문화사에는 문자가 생기기 전에 먼저 그림이 있었고 서전문학 이전에 구비문학이 있었으며 그 구전문학의 틀은 언제나 간단한 도형들이었다. 구약본문도 정확하게 분해하여 나누고 이것을 다시 바르게 서로 맞추고 옳게 얽어 짜면 회화적으로 표현되어 하나의 훌륭한 예술작품이 된다. 모든 성서의 본문들은 그래픽으로 디자인할 수 있고 이들 그래픽에는 거기에 적합한 메시지를 담고 있다. 그리고 이들 그래픽을 통하여 오늘의 독자들은 원래의 성서기자들이 본문을 작성

할 때 의도했던 문학적 구조의 틀을 밝힐 수 있어 메시지를 이해하는
데 도움을 받을 수 있다. 구약성서 본문의 문학적 구조와 그 메시지
를 이해하기 위해서는 본문의 구두표시들인 단어와 문장의 분절에
특별히 주의를 기울여야 한다. 왜냐하면 히브리문학의 구조적 형태와
메시지 전달의 방법이 현대문학 특히 오늘의 서구문학과는 전연 다
르기 때문이다. 성서의 본문들은 낱말과 문장의 대칭과 평행과 반복
으로 이루어져 있으며 그러한 구도가 때로는 크거나 혹은 작게, 그리
고 때로는 한 개로 혹은 여러 개가 겹쳐서 서로 가까이 혹은 얼마의
간격을 두고 나타나는 데 거기에 사용된 의미소들(semantic units)끼
리 연결하면 메시지들은 도형(그림)으로 나타나게 된다. 문학작품 전
체의 메시지는 몇 개의 짝을 짓는 중요한 이야기(story)들로 구성된
다. 그리고 각 이야기들은 일련의 삽화(episode)들로 이루어져 있고,
각각의 삽화들은 몇 개의 문단(column)들로 이루어져 있다. 그리고
그 문단들은 문장(sentence)들로 구성되어 있고 그 문장들은 다시 짝
을 이루는 절(phrase)들로 이루어져 있다. 그리고 이러한 절들도 역시
짝을 지을 수 있는 단어(word)들로 이루어져 있다.

   나. 부분들과 단위들의 배열과 상관관계를 분석
      a-b-c-d(순차)
      a-b-c, a'-b'-c'(반복)
      a-b-c, c'-b'-a'(대칭교차)
      평행과 교차와 반복은 성서문학 구조의 기본이 된다.

   다. 작품의 구조와 메시지의 관계를 고려
   작품의 배치는 일반적으로 저자의 주된 초점, 강조사항, 의사일정
등을 반영하며 따라서 저자가 의도하는 의미를 더 잘 이해하는 데
대단히 필요하고 중요한 길을 나타낸다.

고대 근동세계의 언어들 즉 수메르어와 아카드어, 우가릿어, 히브리어 등을 포함한 셈어, 그리고 이집트어 등은 모두 원래는 사물의 모양을 본떠서 만든 상형문자를 사용하였다. 수메르인들은 기원전 3100년경부터 그림문자를 사용하여 마침내 설형문자로 발전시켰다. 가나안 종족들이 우가릿문학에 사용했던 우가릿어도 같은 과정을 거친 문자이다. 원래의 고대 근동문학은 그림과 문자 간에 그리고 구비문학과 서전문학 간에 서로 분리할 수 없다.

고대 히브리문학 생성의 터전이 된 근동의 셈 문학은 다양한 상징과 의미를 지닌 회화문학을 창조하였고 유포시켰다.

오트말 킬(othmar Kell)은 그의 명저 '성서세계의 상징주의'(The Symbolism of the Biblical World)에서 고대 근동세계의 도형학(Iconography)이 히브리 시편들에 미친 영향을 수많은 예문적 도형들로 설명해주고 있다. 이러한 작품들과의 만남을 통해 우리는 성서구조 이해에 새로운 빛을 얻을 수 있다. 신구약성서는 하나의 거대한 화폭과 같으며 그 화폭 속에는 또 다른 크고 작은 수많은 그림들이 들어 있다. 성서주해의 대가 요셉 엑셀(Joseph S. Exell)은 성서는 원근법에 의하여 묘사된 그림들과 같다고 했다.(21) 성서에는 하나님께서 나타내신 진리가 영감받은 기자들을 통하여 인간들에게 보이신 가장 훌륭하고 가장 소중하고 가장 신선한 도형과 그림처럼 나타나 있다. 그리고 이들 그림들은 인간의 마음처럼 깊고 인간의 생활처럼 다양한 모양이다. 그러나 성서의 그림들의 다양성은 자연의 다양성과 마찬가지로 훨씬 더 놀라운 통일의 세계 속으로 스며들고 있다. 성서의 구조는 고대 근동인들의 사고방식으로 이해해야 한다. 서양인들은 자연과학을 도구로 하여 만물의 구조를 설명했으나 동양인들 가운데 우리 극동인들은 음양이라는 철학을 사고의 틀로 하여 우주와 인체를 설명하였고 근동인들은 극동인들 및 원동인들과 유사하게 우주와 인간, 사물과 자연현상은 모두 대립성과 의존성이라는 양식으

로 설명하려고 노력하였다. 이러한 현상은 그들의 언어와 문학에도
대립성과 의존성을 보여주고 있으며 이러한 현상은 흔히 성서학도들
간에 평행법이니, 대구법이니, 반복법이니 하는 따위로 불려왔다.

모세설화의 예:
　어떤 레위인 남자가 밖으로 나갔다가
　그는 한 레위인 여자를 안으로 데려 왔다.
　그 여인이 잉태하여 사내아이를 낳았으니
　그녀는 그 아이를 심히 좋아하였다.
　그녀는 아이를 석 달간 숨겼으나
　그녀는 아이를 더 이상 숨길 수 없었다.
　그녀는 아이를 갈대상자에 넣었으니
　그녀는 그 상자에 송진과 진흙을 발랐다.
　그녀는 상자 안에 아이를 넣은 다음
　그녀는 그것을 강가 갈대 사이에 띄었다.(출2:1-3)

구약법률문학의 예:
　이스라엘 자손에게 말하여
　그들에게 이르라.
　어떤 사람의 아내가 탈선하여
　그 남편에게 불신받을 행동을 했다.
　어떤 사람이 그녀를 취하여
　그녀와 함께 동침했다.
　그러나 그 행동이 남편에게 감추어졌고
　그리하여 그 부정은 남편에게 숨겨졌다.
　그녀의 행위에 대한 증거는 없고
　그녀가 붙잡히지도 않았다.

그러나 의혹이 남편의 마음에 생기고
그리하여 그는 아내가 부정했으리라 의심하였는데
그의 아내가 부정하였거나 그 남편이 의심이 생겨
그 아내를 의심하였으나 그 아내가 부정하지 아니 하였다면(민5:12)
B.C.830년경의 모압 왕 메사의 석비(Moabite Stone of Mesha)의 예:
나는 메사, 그모스의 아들,
모압 왕, 디본 사람.
내 부친은 30년 동안 모압을 다스렸으며
나도 내 부친의 뒤를 이어 다스렸다.
나는 콰르호흐(샤호:승리의 높은 곳)에
그모스의 성소를 마련하였다.
이는 그가 나를 모든 왕들에게서 구해주었고
그가 모든 대적들 눈앞에서 나를 승리케 하셨음이라.(1-5)

히브리성서를 포함한 고대 근동문학에는 의미론적으로, 형태론적으로 한 구절 안에서 전반구와 후반구는 음양의 이론처럼 서로 대구를 이루어 상호 대립과 의존으로 연결되어 있으며 일반적으로 연속적인 내용을 반복하고 있다. 구약성서의 장과 절의 구분은 성서가 기록된 후 여러 세기가 지난 후에 현대의 독자들이 첨가한 것으로서 고대의 독법을 되살린 것은 아니다. 고대 사본들의 본문은 한결같이 끊어지지 않고 계속해서 기록함으로써 제목이나 부제나 들여쓰기와 같은 어떤 시각적인 구조 표시도 없이 위에서 아래로, 오른쪽에서 왼쪽으로 단순히 열을 채워나간 것은 문장의 뒷면에 강하게 버티고 있는 확고한 구조의 틀이 독자들의 독경법을 뒷받침해주고 있었기 때문이다.

오늘의 현대인들은 인체에서 신경계와 혈관계를 보지만 고대의 동양인들은 인체에서 기의 흐름과 경락계를 보았던 것이다. 마치 인체의 경락에는 5장6부에 직접 소속되어 있는 정경과 직접 장부에는 관련되어 있지 않은 기경이 있듯이 성서의 구조에는 정경과 기경에 상응하는 의미소들의 연결설이 있다. 인체의 기혈과 경혈을 잘 조절해야 명의가 될 수 있듯이 성서 본문의 맥을 잘 잡고 문장의 분절을 잘 조절해야 성서기자의 저작 의도를 살릴 수 있으며 이렇게 하여 성서본문들의 내적구조를 밝혀내고 그 구조와 메시지 사이의 상관관계를 파악할 수 있게 된다.

① 욥기의 문학적 특징과 통일성의 문제

욥기는 한 인간의 정신적 어둠과 회의의 심연으로부터 벗어나 새로운 통찰력과 웅대한 신앙의 세계로 나아가게 된 내적 경험을 엮은 책이다. 성서 양식 비평가들은 산문부분 즉 서론인 1-2장과 결론인 42장 7-17절은 하나의 독립된 설화로서 시문부분 즉 본론인 3장–42장 6절과는 별개의 작품이며 각 단락들은 여러 시대의 것으로 보는가 하면 또 다른 자들은 적어도 4단계의 서로 다른 시대를 암시해주는 전승의 모습을 보여주어 그 통일성을 의심해 왔다.

욥기의 구조를 요약하면 아래와 같이 병행을 이룬다. 이러한 병행은 연쇄적이며 또 반복한다. 욥기는 번영으로 시작해서 비극으로 기울고 다시 행복으로 끝나는 하나의 U자형 줄거리(U-shaped plot)를 지닌 작품이다.

욥기의 의미소와 구조

순서	내 용	본 문	순서	내 용	본 문
1.	욥의 재난 시작	(1:1-2:10)	18.	욥의 답변	(21:1-34)
2.	세 친구의 등장	(2:11-13)	19.	엘리바스의 3차 변론	(22:1-30)
3.	절망적인 욥	(3:1-26)	20.	욥의 답변	(23:1-24:25)
4.	엘리바스의 1차 변론	(4:1-5:27)	21.	빌닷의 3차 변론	(25:1-6)
5.	욥의 답변	(6:1-7:6)	22.	욥의 답변	(26:1-14)
6.	하나님을 향한 욥의 호소	(7:7-21)	23.	욥의 1차 독백	(27:1-28:28)
7.	빌닷의 1차 변론	(8:1-22)	24.	욥의 2차 독백	(29:1-34:4)
8.	욥의 답변	(9:1-35)	25.	엘리후의 1차 변론	(32:1-33:33)
9.	하나님을 향한 욥의 호소	(10:1-22)	26.	엘리후의 2차 변론	(34:1-37)
10.	소발의 1차 변론	(11:1-20)	27.	엘리후의 3차 변론	(35:1-16)
11.	욥의 답변	(12:1-13:19)	28.	엘리후의 4차 변론	(36:1-37:24)
12.	욥의 호소	(13:20-14:22)	29.	하나님의 1차 변론	(38:1-39:30)
13.	엘리바스의 2차 변론	(15:1-35)	30.	욥과 하나님의 중간대화	(40:1-5)
14.	욥의 답변	(16:1-17:16)	31.	하나님의 2차 변론	(42:1-6)
15.	빌닷의 2차 변론	(18:1-21)	32.	욥의 고백과 회개	(42:1-6)
16.	욥의 답변	(19:1-20)	33.	세 친구들의 회개와 욥의 중보	(42:7-9)
17.	소발의 2차 변론	(20:1-29)	34.	욥의 회복된 축복	(42:10-17)

위의 의미소들을 평행되는 것들끼리 연결하면 다음과 같은 도형이 산출된다.

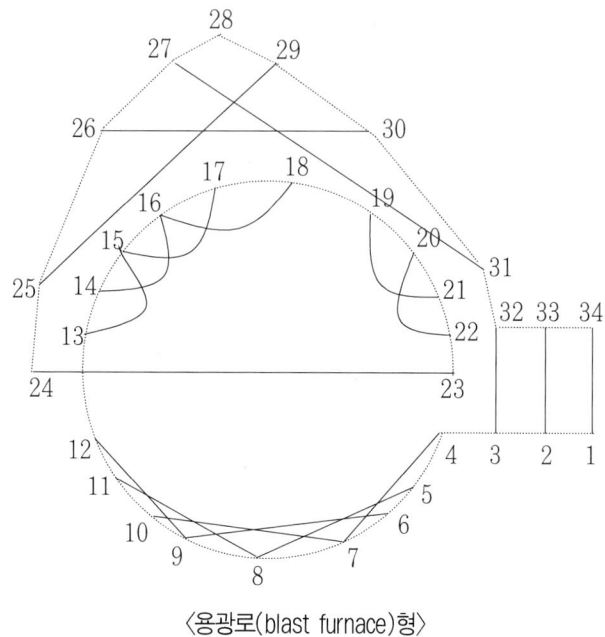

〈용광로(blast furnace)형〉

이 도형은 상충되는 듯이 보이는 다양한 세부 구조들이 전체적으로 완벽한 통일을 이루고 있음을 보여주는 데 절대적인 도움을 준다.

② 욥기의 도형에 대한 설명

주인공 욥의 불평과 같이 하나님이 인간을 대하시는 방법은 불가사이하고 알 수 없지만 하나님은 세상만사에 목적을 가지고 계신다. 욥기의 도형은 '용광로' 같다. 따라서 이 용광로는 인간이 당하는 고난의 이유와 거기에 대처하는 인간의 자세를 가르치려는 것 같다. 사실상 욥기에서 하나님은 용광로로 묘사되어 있다.(욥41:18-21) 인간은 두 번 태어난다. 처음은 어머니의 모태(욥1:21). 모태에서 인간은 알몸으로 태어난다. 인간은 그가 얻은 재산, 지위, 명예, 친구 심지어 가족마저도 버리고 알몸이 되어 혼자 이 용광로에 들어가서 인간으로써 거듭난다. 이 용광로 도형은 욥기의 내용과 신학, 본질과 형식에 완전히 일치한다. 따라서 이 도형은 하나님의 정의와 인간의 지혜가 마주치는 인간의 운명과 하나님의 길이 상응하는 하나의 본보기로써 제시된 것이다.

가. 기타 걸작들

가) 에스더 - 〈이중도르래가 달린 이중교수대〉

에스더서의 핵심 구절은 높이 세운 장대이다.(에5:14)(에7:10)

본서의 도형은 도르래가 달린 거대한 구조물이다. 벨트를 사용하는 도르래는 중심선에 축(shaft)이 붙어 있어 바퀴를 돌리면 힘이 축을 통해 전달된다. 본서의 모형은 바퀴가 두 개로 조합되어 힘을 증가시킬 수 있게 되어 있다. 그리하여 본서의 도형은 사람 같은 무거운 죄수를 들어 올리는 데 유리하게 되어 있는 바퀴가 두 개 달린 이중 장치로 된 높은 교수대이다.

나) 룻 기 -

1장 1절 - 23절 〈이삭 줍는 여인상〉

2장 1절 - 4장 16절 〈추수바구니와 곡식이삭〉

룻기의 도형은 인간의 세상사에서 흔히 일어나는 삶과 죽음, 사랑과 결혼, 그리고 기근과 풍요 사이의 경계선상에서 필연적으로 요구되는 노동의 신성성을 다룬다.

룻기의 도형은 밭에서 여인이 곡식이삭을 주어 바구니에 담는 모습을 연상해 볼 수 있다.

③ 결론적인 평가

구약성서의 문학구조는 한결같이 대칭적 구조가 짜여 있으며 내용의 묘사도 치밀하고 정확하게 평행과 반복을 거듭하고 있으며 그것들은 흔히 교차와 대조로 표현되어 있다. 각 책의 의미소들은 원저자에 의하여 의도적으로 사용되었으며 그것들은 정확하게 일정한 도형들을 도출한다. 그리고 이러한 도형들은 각 책의 메시지를 이해하고 가르치는 데 절대적으로 기여하고 있다. 따라서 구약성서의 문학구조에 대한 이러한 도식적 접근은 계속적으로 시도되어야 할 것이다.

가. 출애굽기의 문학구조 – 이스라엘 민족의 해방과 구원

"모세가 모든 일을 보았다", "하나님이 명한 대로 모든 것이 다 되었다", "모세는 사람들을 축복하였다"라는 말은 마치 하나님이 창조 후에 "일을 마쳤다", "일곱째 날에 축복하셨다"는 태초의 창조의 반복, 회복의 언어이다. "하나님께서 모세에게 명한 대로"란 문구가 7번이나 반복된 것은 창조의 7일과 짝을 이룬다. 40장 34절~38절의 마지막 부분은 모세가 자기 사역을 다 한 후에 안식일을 기념하는 것으로서 하나님이 창조역사를 다 이루신 후에 안식일을 지키시는 것과 마찬가지이다. 구름이 회막을 덮었다는 것은 "여정"의 완수를 위한 인내를 의미한다. 구름이 걷히면 앞으로 나갈 수 있으리라! "모세가 성막에 충실하였다", "그의 사역을 마쳤다", "야훼의 영광이 성막에 충만하였다" 하나님은 "그들의 중심에서" 거주하셨다는 것은 모두 이스라엘의 하나님과의 재결합을 의미한다.

성서 속에서 뚜렷한 성격을 가진 각각의 장르는 내적인 연관성을 통하여 융합되고 변형된다. 양식비평과 자료비평은 성서는 분명히 잡문의 모임이거나 모순된 이야기, 신화, 픽션, 역사적 산문, 이야기,

드라마, 족보, 목록, 법률평전, 계약, 예언, 찬가, 공공기도, 축사와 저주, 시, 노래 등의 잡다한 단편들임을 보여주었다. 그러나 의미 있고 매혹적인 사실은 이 모든 것들이 하나의 책으로 되어 있다는 것이다. 이 낱낱의 조각들을 하나의 책으로 묶었다는 것은 성서 편집자들이 보여준 "혼합 예술"이라 하겠다. 우리는 창세기가 신학적 텍스트일 뿐 아니라 과거의 정확한 설명이라는 사실을 통합된 설화 속에서 찾아볼 수 있다. 모세오경 전체는 하나님의 창조질서, 완벽한 균형, 낙원의 조화가 무질서한 인간 역사와 재결합하려는 욕망 때문에 끊임없이 추락하고 추방당하는 이야기이다. 하나님과의 재결합은 신화적 에덴으로 되돌아감으로 되는 것이 아니고 세상과 역사 속에서 신의 자기 현현에 의하여 에덴의 역사적 국면이 전개된다. 이 역사적 에덴이란 선택된 백성들에게 약속으로 주어지는 땅이다. 이런 이야기는 창세기와 모세오경 전체의 역사화된 설화가 진행되는 가운데 복잡한 주제와 신화적 양식이 구조적으로 내적 연관을 가짐으로 해서 족보의 역사화된 양식으로 나타난다. 결국 "신적인 역사"를 만들어 낸다. 이는 족장 역사와 원 역사를 해석하는 양식을 통해 만들어진 출애굽 이야기의 실제 역사의 "신화"를 나타낸다.

창세기에서 여호수아서에 걸친 복잡하게 아치형으로 구성된 도식은 마지막 제작품이 단일 구성으로 기능할 수 있도록 설계된 것을 강하게 암시한다. 이 웅장한 대칭적 기획은 다양하고 독특한 구성 기술의 풍부한 사용과 함께 제시되지만 어느 단일 저자나 편집자를 요구하지는 않는다. 義는 보상을 받는다는 것을 가르치는 요셉 이야기의 편성과 야훼에게서 순종에 대한 모세의 도입부의 간곡한 권고문은 야훼에 관한 순종과 믿음을 강조한다. 더구나 아브라함의 자손들이 땅을 상속할 것이라는 야훼의 언약을 포함한 아브라함에 관한 단위의 편성은 야훼는 그의 약속을 지키시며 이스라엘이 그 땅을 정복할 수 있다는 것과 함께 야훼의 신실성과 그의 전능하심에 대한 주제를 두드러지게 한다.

창세기 1장부터 여호수아 24장까지의 본문 내용을 분해하면 아래와 같다.

a. 원 역사: 나라들이 그들의 할당된 영토를 분배받음 (창 1-7)

b. 아브라함 (창12:1-21:7) - 아브라함의 자손들에게 가나안을 주기 위한 야훼의 약속

c. 이삭과 이스라엘의 시조 아브라함의 죽음 (창21:8-28:4)

d. 야곱: 사회와 가족의 불화로 말미암은 죄를 설명하는 한 이야기 (창28:5-37:1)

e. 요셉: 믿음의 순종에 하나님이 보답하는 이야기 (창37:2-50:26)

f. 출애굽 (출1:1-13:16)

g. 실패와 광야에서 하나님의 은혜 (출13:17-19:2)

h. 중심: 시내산 언약 (출19:3-민10:10)

g'. 실패와 광야에서 하나님의 은혜 (민10:11-21:20)

f'. 모압에서의 승리 (민21:21-신3:29)

e'. 순종에로의 부름; 역사로부터의 교훈에 대한 근거 (신4:11)

d'. 안전을 위한 법과 가족과 사회 속의 정의 (신12:26)

c'. 모세의 마지막 말과 이스라엘의 다른 시조 모세의 죽음 (신27-34)

b'. 가나안 정복 (수1-12) - 아브라함에 대한 약속이 완료됨

a'. 이스라엘을 위한 가나안 땅의 분배 (수13-24)

나. 이스라엘의 정신적 타락

사사기서에서 저자는 중요한 두 개의 주제를 강조하고자 한다. 첫째는 야훼께서 은혜를 베푸시어 이스라엘 후손들의 범죄에도 불구하

고 구원해 주셨음을 나타내면서 네 개의 문단 구조와 함께 중심부에 항상 전환점을 두었다. 둘째는 이스라엘의 도덕적 정치적 현실을 선과 악, 나쁘고 좋음으로 대비시키고 있다. 여기에서 저자가 의도하는 것은 사사들의 통치 역사는 이스라엘에게 좋지 않은 시기였음을 강조하고자 하는 것이다.

일곱 사사들 (삿 3:7-16:31)

a. 옷니엘 (3:7-11,1:11-15)

  1. 평가: 긍정적

  2. 야훼께 순종하는 믿으면 좋은 이스라엘 아내를 얻다

  3. 그곳에서 가나안으로 들어가 정착했다

  4. 아내가 그들의 땅에서 좋은 일을 하게 하다

  5. 이스라엘을 하나로 결속시키는 훌륭한 사사

  6. 그의 용감한 장인으로부터 축복을 받다

b. 에훗 (3:12-30)

  1. 평가: 긍정적

  2. 에글론 왕이 이스라엘을 18년 동안 다스리다: 벤냐민에서 일어남

  3. 에후가 비밀 메시지를 가지고 적의 왕에게 하나님 메시지를 전하다

  4. 요르단 얕은 여울을 점령하고 에브라임 사람들의 도움으로 수천 명을 죽이다

  5. 이스라엘 사람들이 단결하다

c. 드보라와 바락(4:1-5:31)

  1. 평가: 긍정적

  2. 여인이 부주의한 순간에 시세라의 우상(Skull)을 부수다

  3. 이스라엘이 하나가 되다

d. 전환점: 기드온(6:1-8:32)

　평가: 긍정적 / 부정적

　　　　기드온이 오프라에서 우상에 대항하다(6:33-7:3)

　　　　기드온이 미디안에서 대항하여 전쟁하다(6:33-7:3)

　　　　기드온이 이스라엘에 대항하여 전쟁하다(8:1-21)

　　　　(1) 기드온이 오프라에서 우상숭배로 무너지다(8:22-32)

c. 아비멜렉(8:33-9:57)

　1. 평가: 부정적

　2. 여인이 부주의한 순간에 아비멜렉의 우상(Skull)을 부수다

　3. 이스라엘 백성들이 좌절하여 시민전쟁을 일으키다

b. 입다(10:6-12:7)

　1. 평가: 부정적

　2. 시혼 왕이 18년 동안 이스라엘을 다스리다. 벤냐민에서 일어남

　3. 입다가 적의 왕에게 메시지를 두 번 보내다

　4. 요르단 여울목을 점령하여 건너는 에브라임 사람 수천 명을 죽이다

　5. 이스라엘 백성이 좌절하여 시민전쟁을 일으키다

a. 삼손 (13:1-16:31)

　1. 평가: 부정적

　2. 가나안 사람으로 야훼께 불순종하는 나쁜 아내를 얻다

　3. 삼손이 우상 숭배하는 가나안 정착민들 가운데 거하다

　4. 아내가 그에게 나쁜 일을 시키고 비밀을 말하게 하다

　5. 나쁜 사사로써 이스라엘을 좌절시키다

　6. 우상 숭배하는 장인으로부터 배신을 당하다

다. 룻기의 문학구조 - 효부의 복 받은 생애

룻기는 비극적인 이야기를 하며 사사기 시대에 있었던 베들레헴에

서의 가족의 결과적인 회복을 기록한 책이다.

  a. 서론: 나오미 가족의 참상(1:1-5)

  b. 나오미의 두 자부들의 이야기(1:6-19a)

  c. 절망과 빈손으로 베들레헴으로 돌아감(1:19b-22)

  d. 전환점: 룻과 보아스의 만남(2:1-23)

        희망이 가득 찬 손으로 베들레헴에 돌아감(3:1-18)

        나오미의 두 친척들의 이야기(4:1-12)

        나오미 가족의 회복(4:13-21)

  라. 사무엘서의 문학구조 – 다윗과 예루살렘 성전

히브리 원전에서는 사무엘 상·하의 구별이 없이 하나로 되어 있다.

  a. 사무엘이 엘리를 계승하여 모든 이스라엘을 통치함(삼상1-7)

  b. 사울의 실패(삼상8-15)

  c. 사울 왕국에서 다윗의 인기가 올라감(삼상16-20)

  d. 전환점: 야훼가 사울과 다윗의 운명을 바꿈

  '. 온 이스라엘에서 다윗의 힘이 올라감(삼하1-8)

  '. 다윗의 실패(삼하9-20)

  a'. 솔로몬이 다윗을 계승함: 다윗의 말년(삼하21-왕상2)

  사무엘서는 두 가지의 이야기가 조화를 이루면서 대칭적인 구조를 이루며 핵심적 역할을 하고 있다.

  마. 열왕기의 문학구조 – 하나님에 대한 반역

  열왕기 상·하도 사무엘서처럼 본래는 한 책으로 된 것이다. 북부 이스라엘과 남부 유다의 열왕들의 사적들을 모두 우상 혹은 지방 성소에 대한 태도 여하에 따라 비판하고 있다. 따라서 열왕기의 편집자는 신명기적 정신의 소유자라고 본다. 이 책의 목적도 남북 왕조의 정치사(政治史)를 쓰는 것이 아니라 종교사(宗敎史)를 말하는 데 있었다. 그러므로 여러 왕 가운데 군사적 정치적으로 공을 세운 위대한 인물이 있을지라도(예컨대 아합, 여로보암 2세 등) 그들의 우상에 대한 태도나 성전에 대한 태도가 미온적(微溫的)일 때는 그 사적은 간단히 넘겼다.

a. 예루살렘에서의 솔로몬의 통치, 예루살렘의 부, 성전이 건축됨 (왕상 3:1-11:43)

b. 북 이스라엘이 일어남. 북이스라엘의 최초 일곱 왕(왕상12:1-16:34)

c. 엘리아 선지자와 초기 오므리 왕조 (왕상17:1-왕하1:18)

d. 중심장: 친절함에 대한 엘리사의 기적(왕하2:1-8:6)

c'. 선지자 엘리사 그리고 오므리 왕조의 종말(왕하8:7-13:25)

b'. 북 이스라엘의 몰락: 북 이스라엘의 마지막 일곱 왕(왕하14:1-17:41)

a'. 예루살렘에서 솔로몬 왕조의 종말: 예루살렘의 몰락 그리고 솔로몬 성전의 파괴(왕하18:1-25:30)

위에서 본 바와 같이 교차적인 선으로 이루어진 본서의 배치는 책의 종결부로 우리의 주의를 인도한다. 본서의 연속적인 구성은 두 왕국의 몰락에 대한 이유와 그 작용에 대한 결론 부를 세우려는 의도에 있다. 각 연속적인 구성은 이스라엘과 유다를 대항하시는 하나님의 의도에 대한 타당성, 즉 하나님께서 그들을 징계하시는 이유에 대해 최종적인 보충을 하는 것이다.

바. 역대기의 문학구조—이스라엘 역사를 통하여 격려하는 이야기들

역대기의 역사를 쓴 이는 열왕기가 예언자 정신에 입각한 데 반하여 제사적 정신에 입각하였다. 남 왕국을 정통으로 보고 북 왕국은 그릇된 성전과 예배를 진행하여 신벌을 받은 이단이라고 보고 있다.

a. 시작: 아담으로부터 바벨론 유수에 돌아오기까지 족보(대상1:1-9:44)

b. 다윗왕국의 설립(대상10:1-22:1)

c. 다윗이 솔로몬이 성전건축을 할 수 있도록 준비하기 위해 온 이스라엘을 모음(대상22:2-29:30)

d. 중심: 솔로몬의 성전건축(대하1:1-9:31)

c'. 이스라엘의 분열: 르호보암으로부터 선한 왕 여호사밧까지의 유다왕들(대하10:1-20:37)

b'. 일곱 왕들: 여호람에서 아하스까지(대하21:1-28:27)

a'. 마지막: 유다의 마지막 왕: 바벨론으로 유배 가는 선한 왕 히스기야와 회복에 관한 기록(대하29:1-36:23)

열왕기가 바벨론 유수와 예루살렘의 파괴를 핵심으로 무시무시한 재앙과 그 원인을 반영하는 반면에 역대기는 그와 대조를 통해 고레스의 예루살렘과 성전재건을 위한 부름과 함께 역대기를 마치면서 포로 후기 공동체를 격려하기 위해 더욱 명확한 목적을 반영한다. 이 책은 디아스포라가 된 유다인과 공동체 회복으로 미래의 번영을 위한 성전의 주된 임무를 재발견하기 위해 이스라엘 안에서의 그들의 삶을 고취하는 것을 추구한다.

사. 에스라-느헤미야서의 문학구조-예루살렘으로 돌아온 하나님의 백성

전체구조로 볼 때에 가장 분명한 주제는 고국으로 돌아오는 것이다. 에스라-느헤미야의 평행구조에서 세 번이나 들을 수 있는 내용은 유다인들이 디아스포라의 안락한 생활을 버리고 어떻게 유다로 돌아가며 성전 재건의 반대자와 방해에도 불구하고 하나님은 그들의 수고와 생활에 어떻게 축복하시며 기도에 응답해 주시는가를 보여주고 있다.

아. 에스라 - 느헤미야서의 교차평행 구조

    a. 스룹바벨의 귀국(스1-2)

    a'. 스룹바벨의 완성(스3-6)

    b. 에스라의 귀국(스7-8)

    b'.에스라의 완성(스9-10)

    c. 느헤미야의 귀국(느1-2)

    c'. 느헤미야의 완성(느3:1-7:3)

    d. 최종 개혁자 이름(느7:4-13:31)

여기서 우리는 애국자의 겸손한 회개를 보게 되며 나라의 흥망성쇠(興亡盛衰)는 외교수단과 경제정책에 달린 것이 아니라 그 근본이 하나님께 대한 태도 여하에 달렸으며 도덕적 문제에 귀결한다는 철칙(鐵則)을 보게 되는 것이다.

자. 에스더서의 문학구조 - 하나님의 백성을 보호한 거룩한 섭리

    a. 왕의 당당한 축제(1:1-22)

    b. 에스더가 왕후가 되다(2:1-18)

    c. 왕의 생명이 구함을 받다(2:19-23)

    d. 하만의 음모(3:1-4:3)

    e. 모르드개가 하만의 음모를 알림(4:3-17)

    f. 에스더가 왕과 하만을 잔치에 초대함(5:1-2)

    g. 전환점: 하만이 모르드개를 명예롭게 함(6:1-14)

    f'. 에스더가 왕과 하만을 잔치에 초대함(7:1-10)

    e'. 모르드개와 에스더가 하만의 재산을 받음(8:1-2)

    d'. 하만의 음모가 폭로됨(8:3-17)

유다인들의 생명이 구함을 받다(9:1-10)

에스더가 수산궁에서 승리하다(9:11-19)

유다인의 부림절 축제(9:20-10:3)

차. 시편의 문학구조 - 하나님께 대한 찬양과 이스라엘 백성의 기도

시편의 내재적 조직을 발견하는 것은 각 시편의 요소가 되는 부분들의 기능을 명백하게 도와줄 수 있다. 더욱 중요한 것은 독자들이 더욱 쉽게 시편의 중심주제와 강조점을 확인할 수 있게 하는 시편의 배열 형태에 대한 이해이다. 그들의 구조에 대한 성형은 동등하게 다양하다. 우리는 이 시편이 승리와 패배, 안전함과 죽음의 위협, 순종과 비참한 도덕적 실패 가운데 창출되었다는 것을 발견한다. 시편에 내포된 정서 - 구조에 의해 종종 강조된 - 환각적인 즐거움 그리고 분노의 만족, 외로움, 두려움, 절망, 이러한 것들의 모든 범위에 미친 것을 표현한다. 시편기자들은 하나님이 도움을 구할 수 없는 곤경에 빠진 자에게 호의적이고 어려움에 직면한 자에게 보호자가 되시며 외로운 자의 친구가 되시고 회개하는 죄인을 용서하시는 분으로 이해하였다. 하나님은 사람에게 희망과 즐거움의 위대한 원천이시다. 이스라엘 백성은 하나님을 찬양하는 노래에도 다양한 양식이지만 일정한 구조를 지닌 문학적, 예술적, 신앙적 기교가 들어있다.

카. 잠언의 문학구조 - 야훼는 모든 지혜의 근원이시다

잠언의 작자는 예언자처럼 묵시에 의하지 않고 제사장처럼 율법에 의하지 않고 자유롭게 인생을 관찰하고 있다. 그들은 우주의 창조자이신 야훼의 지혜를 세계지배의 원리로 보고 있으며(8:15), 모든 사람이 그 생활원리를 야훼께 구하지 않으면 안 된다고 보았다(3:6,16:9,19:21,3:5). 잠언에서는 하나님의 초월성과 위에서 내리는 은총이 강조되어 있으며(3:6), 다른 한편으로는 인간의 자유의지를 존중하고 있다.

타. 전도서의 문학구조 – 하나님만이 인간의 생에 의미를 부여해 주신다

전도서의 대칭적 구조는 책 전체를 통하여 반복적으로 설명된다. 이를테면 10장 20절로 12장 8절에서 반복하는 주제 해, 지구, 돌고 도는 바람과 그리고 7장 1절로 14절의 출생, 죽음, 슬픔과 웃음의 반복, 3장 16절로 6장 12절에서의 지혜 반복 사용 등이다. "두려운 하나님"에 대한 청중들의 높임의 중심적인 단위에 조명된 위치는 두려운 하나님을 향한 방청자들에게 강요하는 것처럼 마지막 결론부분의 조명된 위치와 동등하게 그리고 함께 저자로부터 이 주제의 중심의 중요성을 제시한다.

파. 아가서의 문학구조 – 참사랑 · 하나님의 연인

아가서의 구성상의 말투와 말투의 각 마디들을 서술하기가 어려울 뿐만 아니라 이 말투들이 쉽게 알 수 있는 어떤 음악상의 절이나 꾸러미로 정리될 것으로 보이지 않는다. 비록 아가서가 다양한 구성요소상의 조각들에 대해 눈여겨보고 생각해 볼 여지는 있다고 하더라도 자세한 분석은 최소한 마지막 저자가 철저하게 시가의 자료들을 처음부터 끝까지 재구성하였다는 것을 알 수 있다. 아가서의 겉으로 드러난 구성상의 정교성과 동질성은 단일 저자에 의해 구성된 통일된 시라는 것을 강하게 제시한다.

하. 이사야서의 문학구조 – 야훼만 신뢰하라

일반적으로 현대 학자들은 그 책이 적어도 두 명의 저자에 의해 씌어졌다고 말한다. 이사야 선지자는 1-39장(제1이사야)까지를 대부분 기록했고, 이사야 후 150년간 익명의 저자들이 40-55장(제2이사야)을 기록했고, 56-66장(제3이사야)은 그 이후 에스라-느헤미야 시대에 씌어졌다고 말한다. 그러나 이러한 학자들의 주장은 이사야서의 통일성에 대한 무지에서 나온 것이다.

   a. 책망하는, 변호하는, 기록 미래의 구원에 대한 메시지를 소개(1:1-12:6)
   b. 이방 국가에 대한 신탁: 교만한 바벨론의 왕의 수치(13:1-27:13)
   c. 재앙들: 땅의 힘을 신뢰하지 마라(28:1-35:10)
   d. 중심: 역사적 이야기; 온 땅에 가득한 야훼의 주권과 하나님의 힘을 보여줌(36:1-39:8)

   우상을 물리치는 야훼의 주권: 우상을 신뢰하지 마라!(40:1-48:22)
   종의 메시지: 겸손한 종을 높임(49:1-54:17)
   책망하고 변론하는 그리고 미래 구원에 대한 메시지(55:1-66:24)

   이 책의 가장 중심은 36-39장의 "다른 어떤 신보다 야훼를 신뢰하라!"는 것이다. 28-35장과 40-48장은 서로 나란히 배치되는데 이 둘은 애급과 가치 없는 우상과 땅의 힘을 의지하지 말 것을 말해 준다. 13-27장은 이방 나라들에 대한 신탁을 다루고 있다. 그 구조를 살펴보면 21장과 24-27장에 나타나는 알 수 없는 적은 바벨론임을 보여 준다. 이것은 이 부분에서 가장 중심적인 부분이고 또한 이것은 49-54장을 명확히 이해하는 데 도움을 준다. 13-27장과 49-54장의 조화는 이 두 도시의 대조되는 운명에 주의를 기울이는 것처럼 보인다. 위에서 살펴본 대로 우리가 알 수 있는 것은 적어도 누군가가(1인 저자, 또는 최종적인 편집자) 이사야서를 처음부터 끝까지 철저하게 분석해서 조직해 놓았다는 것이다. "야훼를 신뢰하라!"는 주제를 중심에 놓고 다른 것들의 구조적인 위치를 배열할 것임을 알 수 있다.

   가. 예레미야서의 문학구조-적국을 향한 예언자

   예레미야서의 시작부와 종결부는 나라들의 몰락에 대해 신성하게 판결이 난 것에 대한 일치점을 취하는바 바벨론의 포로들에게 다음

과 같은 강조를 한다. 그들에게 닥친 재앙이 야훼의 실패의 결과가
아니라 그들 자신의 실패의 결과이다.

   a. 유다를 대항하는 신탁: 북쪽으로부터 침략과 재앙이 옴(1:1-12:17)

   b. 유다의 포로 됨과 고난을 받을 것에 대해 예언됨(13:1-20:18)

   c. 특정한 왕들과 그룹에 대한 판결의 각 시대별 메시지(21:1-29:32)

   d. 중심부: 미래의 희망에 대한 메시지(30:1-33:26)

   c'. 특정한 왕들과 단체에 대한 판결의 각 시대별 메시지(34:1-35:19)

   b'. 유다의 몰락과 포로 됨(36:1-45:5)

   a'. 열방들에 대항하는 신탁: 북쪽으로부터 침략과 재앙이 옴(46:1-51:64)

   냐. 예레미야 애가서의 문학구조 – 야훼의 자비가 새 아침의 소망

애가는 주전 586년에 패망당한 유다와 예루살렘의 참상을 애도한
노래다. 각 장의 주제는 공통하지만 그 관심의 초점은 각기 다르다.
제1장에서는 한때는 그렇게 화려했던 수도, 거룩한 도성 예루살렘이
얼마나 비참하게 되었는가를 중점적으로 다루고 있다. 애가는 제5장
을 제외한 각 장이 알파벳 순서대로 된 아크로스틱(acrostic) 시형으
로 구성된 시다. 그래서 각 장은 히브리 알파벳 숫자대로 22절을 갖
는다. 제1, 2장은 각 시구가 3행으로 구성돼 있고 각 시구의 첫 행
은 히브리 알파벳 연속 문자로 시작된다. 제3장은 글자 하나로써 석
줄씩 지어 한 절을 만들었기 때문에 66(22×3=66)절로 되어 있다. 제
4장은 각 시구가 2행으로 구성됐다고 하는 것 이외에는 제1, 2장과
같다. 제5장은 자음적으로 배열되지는 않았지만, 22절로 되어 있으니
이것도 히브리 자음수와 일치한다.

   a. 여자 – 시온 – 가 황량하고 황폐하게 되다(1:1-11)

   b. 나 – 시온 – 배반당하고 패배 당함: 그곳에는 위안하는 자나 돕는
      자가 없다(1:12-22)

   c. 그 – 야훼 – 가 분노한 원인이 됨(2:1-8)

d. 그들-군주들, 처녀들, 젖먹이들, 아이들, 어머니들-이 고통함
　(2:9-12)

e. 너-시온-는 하나님을 향하여 부르짖어야 함(2:13-22)

f. 그-야훼-가 나를 괴롭힘(3:1-20)

g. 절정: 야훼의 위대한 사랑!(3:21-32)

f'. 그-야훼-가 인생으로 괴롭게 함(3:33-39)

e'. 당신-야훼-을 향해 내가 부르짖음(3:40-66)

d'.그들-군주들, 처녀들, 젖먹이들, 아이들, 어머니들-이 고통함
　(4:1-10)

c'. 그-야훼-가 분노한 원인이 됨(4:11-16)

b'. 우리-시온의 백성들-가 배반당하고 패배 당함(4:17-22)

a'. 우리-시온의 백성들-가 황량하고 황폐하게 되다(5:1-22)

다. 에스겔서의 문학구조-환상 중에 본 하나님의 영광

　에스겔서의 모든 내용은 대부분 연대기 순서로 기술하고 있으며 구조적으로는 전체적으로 일곱 개의 주제로 구성하고 각 주제별로 또 일곱 개의 작은 단위로 구성한 완전한 책이다.

1. 에스겔의 부르심과 심판에 대한 첫 번째 메시지(1:1-7:27)

2. 심판에 대한 두 번째 메시지(8:1-13:23)

3. 심판에 대한 세 번째 메시지(14:1-19:14)

4. 심판에 대한 네 번째 메시지(20:1-24:27)

5. 나라들을 반대하시는 하나님의 계시(25:1-32:32)

6. 이스라엘의 벌 받음과 미래 회복하심에 대한 메시지(33:1-39:29)

7. 새 성전과 새 땅에 대한 환상(40:1-48:35)

　본서는 모두가 다 대칭구조로 되어 있지는 않다. 그러나 시작하고

마치는 부분에서는 확실하게 대칭을 이루고 있다.

랴. 다니엘서의 문학구조-온 땅의 권세들을 지배하는 하나님의 주권

다니엘서는 하나님의 주권과 온 지구상의 능력을 제어하시고 그의 백성이 어느 곳에 있든지 보호하실 수 있는 그분의 전능성을 확실하게 알리기 위해 기록되었다. 이 책은 히브리어 서론, 아람어 본론 부분과 또 다른 히브리어 부분 세 부분으로 구성되었다.

히브리어 서론: 다니엘과 세 친구들이 궁정에서 교육을 받음(1장)

가) 아람어 부분(2-7)

a. 네 왕국의 환상(인간의 모습) (2장)
b. 순교자 이야기: 하나님이 다니엘의 세 친구들을 용광로에서 구출하심 (3장)
c. 느브갓네살의 교만과 하나님의 주권(4장)
c'. 벨사살의 교만과 하나님의 주권(5장)
b'. 순교자 이야기: 하나님이 다니엘을 사자 굴에서 구출하심(6장)
a'. 네 왕국의 환상(야수의 모습)(7장)

나) 히브리어 부분(8-12)

a. 두 왕국의 환상(페르시아와 그리스: 야수들의 비유)(8장)
b. 70이레의 환상(9장)
a'. 두 왕국의 환상(페르시아와 그리스: 사람의 비유) (10=12장)

먀. 호세아서의 문학적 구조-신실치 못한 이스라엘이여! 내 집으로 돌아오라!

호세아서는 7개 부분으로 구성되어 있고 그것들 각각은 예술적인 조직으로 차례로 형성되어 있다. 호세아서 전체는 전반부와 후반부가 아래와 같이 평행대칭을 이루고 있다.

   a. 이스라엘은 하나님의 말씀을 안 듣는 아내다: 그는 그녀를 집으로 데려올 것이다(1:1-3:5)

   b. 이스라엘의 영적 타락과 우상숭배에 대한 책망(4:1-5:7)

   c. 믿음 없음과 타락과 공허한 희생제사에 대한 책망;
      이스라엘을 돌아오게 하려는 야훼의 노력(5:8-6:11a)

   d. 중심: 이스라엘은 야훼께 돌아오지 않았다. 비록 그가 돌아오라는 부름을 받았음에도 불구하고(6:11b-7:16)

   c'. 믿음 없음과 타락과 공허한 희생제사에 대한 책망(8:1-9:7b)

   b'. 이스라엘의 영적 타락과 우상숭배에 대한 책망(9:7c-10:15)

   a'. 이스라엘은 하나님의 말씀을 안 듣는 아들이다: 하나님이 돌아오라고 초대했다(11:1-14:9)

바. 요엘서의 문학구조 – 야훼께서 그의 군대 앞에서 호령하심

요엘서는 전체적인 배치에 있어서 일곱 개의 교차 대칭법으로 조절, 구성되어 있는데 요엘서는 아래의 몇 가지에 있어서 다른 예언서들과 흡사하다. (1) 그것은 일곱 개의 부분을 가지고 있는데 (2) 네 번째 중심위치에는 회개를 향한 부름이 포함되어 있고 (3) 심판에 대한 반전과 희망의 메시지 그리고 마지막 세 가지 단위에 있는 회복은 첫 번째 세 가지 단위에 있는 심판으로 특징된 메시지와 균형을 이룬다.

   〈1〉 파괴적인 메우기의 침입(1:2-14)

   〈2〉 메뚜기 재앙으로 인한 피조물들의 고통(1:15-20)

   〈3〉 야훼께서 친히 유다를 대항하는 군대로써 메뚜기를 불러오심
      (2:1-11)

〈4〉 중심: 회개를 향한 부름(2:12-17)

〈5〉 메뚜기 침입에 의한 재앙이 반전될 것이라는 약속(2:18-27)

〈6〉 유다는 야훼의 영적인 축복을 경험할 것이다(2:28-32)

〈7〉 야훼께서 유다를 대항한 나라들을 부르실 것이다. 그러나 그는 그 나라들을 멸하시고 유다를 회복시키실 것이다(3:1-21)

샤. 아모스서의 문학구조 – 사자가 포효하다

아모스서의 본문내용은 7개 단락의 평행구조로 구분할 수 있다.

　　a. 이스라엘과 그 이웃나라에게 심판이 임함(1:1-2:16)

　　b. 예언자의 충동: 이스라엘과 베델단들의 파괴가 올 것에 대한 발표(3:1-15)

　　c. 부유한 이스라엘 여인들의 유죄선고: 무의미한 종교 활동과 야훼의 심판(4:1-13)

　　d. 중심: 회개로의 부름, 그리고 애가(5:1-17)

　　c'. 부유한 이스라엘 남자들의 유죄선고: 무의미한 종교 활동과 야훼의 심판(5:18-6:14)

　　b'. 예언자의 충동: 심판이 임함에 대한 환상: 아모스가 베델단의 파괴가 올 것이라고 하는 발표(7:1-8:3)

　　a'. 이스라엘 위에 심판이 임함(나라들 가운데 흩어짐) 그리고 미래에 나라들 가운데 회복됨(8:4-9:15)

야. 오바댜서의 문학구조 – 에돔의 멸망과 유다의 회복

오바댜의 본문도 일곱 단락의 평행되는 구조를 이루고 있다.

　　a. 교만한 에돔이 나라들에 의해 패망할 것이다(1-4)

　　b. 에돔은 동맹국에 의해 완전히 약탈당하고 남는 것이 하나도 없을 것이다(5-7)

　　c. 에돔의 거민들은 살해될 것이다(8-11)

    d. 중심: 에돔의 기소(고발)(12-14)

    c'. 에돔과 나라들이 심판을 받을 것임(15-16)

    b'. 이스라엘이 잃었던 것을 되찾고 에돔을 약탈할 것이다(17-18)

    a'. 겸손한 이스라엘이 주변 국가들로부터 승리하게 될 것이다.(19-21)

쟈. 요나서의 문학구조 – 하나님의 자비에 대한 교훈

    a. 요나의 사명(1:1-2)

    b. 요나 대 야훼: 요나의 도망과 야훼의 폭풍(진노) (1:3-4)

    c. 선원과 요나의 대화: "공포" 주제(1:5-13)

    d. 선원의 기도: "이 사람의 생명 때문에 우리에게 책임을 돌리지 마소서! "(1:14a)

    e. 야훼의 통치의 자유: "야훼께서 뜻대로 행하소서!"(1:14b)

    f. 바다가 풍랑을 그침("진노")(1:15)

    g. 사람들이 야훼의 진노를 두려워함(1:16)

    h. 야훼가 큰 물고기를 준비하여 요나의 마음을 변화시킴(2:1-2)

    I. 요나의 노래: 구원의 선언(2:3-10)

    j. 요나의 구원(2:11)

    k. 요나의 사명 갱신(3:1-2)

    k'. 요나의 반응: 야훼의 운명에 대한 신탁(3:3-4)

    j'. 니느웨의 회개(3:5-7a)

    i'. 니느웨 왕의 명령: "악에서 돌이키라" 선포(3:7b-a)

    h'. 하나님께서 그의 마음을 변화시킴(3:10)

    g'. 요나에게 큰 악이 있음(4:1a)

    f'. 요나가 성을 냄(4:1b)

    e'. 야훼의 통치의 자유: "재앙에서 돌이킬 줄 알았나이다."(4:2)

    d'. 요나의 기도: "내가 사는 것보다 죽는 것이 더 낫나이다."(4:3)

c'. 야훼 하나님과 요나의 대화는: "진노" 주제(4:4-9)

b'. 야훼 대 요나: 그의 동정에 대한 야훼의 변명(정당화) (4:4-11)

a'. 요나 / 이스라엘의 반응

차. 미가서의 문학구조 - 네 하나님과 더불어 겸손히 걸으라!

미가서도 역시 잘 분석해 보면 예술적인 면을 발견할 수 있으며 중심부분에 절정이 나타나 7단락으로 조직되어 있다. 특히 (1) 이스라엘의 사회적 죄, (2) 지도자들의 도덕적 실패, (3) 전 세계에 자애로운 왕권으로 펼쳐진 야훼의 통치이다.

a. 다가오는 실패와 멸망(1:1-16)

b. 백성들의 타락(2:1-13)

c. 지도자들의 타락(3:1-12)

d. 중심: 영광스러운 미래의 회복: 야훼의 강하고 의로운 통치 아래서(4:1-5:15)

c'. 지도자들의 타락: 과거의 선한 지도자에 대한 야훼의 규정과 이스라엘의 신적 통치자로서의 야훼의 요구(6:1-16)

b'. 백성들의 타락: 야훼를 제외하고 어느 누구도 신뢰하지 마라(7:1-7)

a'. 실패와 멸망에 대한 미래의 반전(7:8-20)

카. 나훔서의 문학구조 - 사자의 소굴이 어디냐

이 책의 내용은 두 부분으로 나뉜다. (1) 하나님의 정의의 선언, 니느웨 함락(1:1-2:2) (2) 하나님의 정의의 실증(實證), 니느웨 함락의 실상(實相)(2:3-3:19)이다.

a. 야훼는 자연의 무서운 힘 같으시다. 그의 적들에게는 보복하시지만 그를 신뢰하는 자들에게는 선하시다.(1:2-10)

b. 야훼는 니느웨를 멸망시키실 것이다. 그러나 유다는 회복시키실 것이다.(1:11-15)

c. 니느웨에 임하는 공격에 대한 생생한 묘사(2:1-10)

d. 중심: 니느웨의 위에 임하는 슬픔, 사자의 굴(2:11-13)

c'. 니느웨를 약탈하는 자들에 대한 생생한 묘사(3:1-7)

b'. 니느웨는 멸망당할 것이다. 니느웨는 취약성이 있다. 테베스처럼(3:8-13)

a'. 니느웨는 자연의 파괴하는 힘과 같았다(3:15-)

탸. 하박국서의 문학구조 – 의인은 오직 믿음으로 살리

하박국서의 내용은 세부분으로 나뉜다. (1) 예언자의 기원(1:1-2:4) (2) 악에 대한 다섯 가지 재화(災禍)선언(2:5-20) (3) 예언자의 찬송(3장)이다.

파. 스바냐서의 문학구조 – 야훼의 날이 가까이 왔다

스바냐는 7세기 유다 왕족이었던 예언가이다. 그의 간단한 메시지는 자신의 친척들을 포함한 유다의 지도자들을 꾸짖으면서 야훼 심판의 날이 도래하기 전에 유다 백성이 회개할 것을 외치고 있다. 이 책은 일반적으로 일곱 부분으로 나눈다. S.R.드러이버는 8부분으로 R.L Smith도 7개로 나누는데, otto Eissfeldt도 (1) 우주적 심판의 선언(1:2-6), (2) 야훼의 날의 선포(1:7-2:3), (3) 열국에 대한 신탁들(2:4-15), (4) 예루살렘에 대한 심판(3:1-5), (5) 열국에 대한 심판(3:6-8), (6) 도래하는 대변화(3:9-13), (7) 새 노래(3:14-20)의 7개의 대칭구조로 분석한다.

햐. 말라기서 문학구조 – 우리가 어떻게 하나님의 것을 도둑질하였나이까

    a. 야훼는 공의로우시다: 그는 이스라엘 (신실한 남은 자들)을 "사랑하신다." 그러나 악한 에돔을 극도로 멸하실 것이다

(1:2-5)

    b. 제사장들과 백성들이 그들의 희생 제물로 인하여 야훼께 부정을 저지름(1:6-14)

    c. 과거에는 의로움으로 레위인이 섬겼다. 그러나 레위인들이 야훼로부터 돌아섰다(2:1-9)

    d. 중심: 불신실함을 멈춰라!(2:10-16)

    c'. 미래에 야훼의 메시지가 임할 것이고 레위인들이 정결하게 될 것이다(2:17-3:6)

    b'. 백성들은 십일조와 헌물을 도적질하였다. 그러나 만약 그들이 변화된다면 하나님은 그들을 축복하실 것이다(3:7-12)

    a'. 야훼는 공의로우시다. 그는 의로운 자에게 보응하시고 악한 자들을 끝까지 멸하실 것이다(3:13-4:3)

    야훼의 날(4:4-6)

창세기1-4장과 말라기 1-4장은 아래와 같이 그 내용이 역으로 서로 평행을 이룬다.(943)

    창1장 땅에서의 하나님의 축복 : 말 4장 땅에서의 저주

        생명을 창조하는 것   그것을 멸망시키는 것

    창 2장 하나님은 사람에게 풍부한 : 말 3장 사람이 하나님께 인색하면

        음식을 제공   질 나쁜 음식을 주심

        하나님은 사람에게 먹을   사람에게 먹을 열매를

        열매를 주심   주심을 약속

    창 3장 : 말 2장

    창 4장 : 말 1장

④ 신약성서 본문의 문학적 구조

다양한 그래픽은 신약의 복음서들과 서신서들에도 많이 나타나고 있다.

마가복음은 예수님의 변형 사건을 중심으로 교차평행의 도식적 구조를 이루고 있다.

바스 반 이에르젤(Bas van Iersel)은 마가복음을 "지형적인 구조"(topographical structure)의 방법으로 아래와 같이 제시한다.

a. 광야에서(1:2-13)

y. 첫 번째 연결고리(hinge) (1:14-15)

b. 갈릴리에서(1:16-8:21)

z. 소경이 보게 됨(8:27-10:45)

c. 길 위에서(8:27-10:45)

z'. 소경이 보게 됨(10:4-52)

b'. 예루살렘에서(11:1-15:39)

y'. 두 번째 연결고리(15:40-41)

a'. 무덤에서(15:42-16:8)

요한이 전한 복음서는 그 자체가 21개의 카이아즘의 평행구조를 이용하여 아름답고 완벽한 문학작품을 구성하여 놓았다.

사도 누가가 기록한 스데반의 명설교(행 7:1-53)는 전형적인 평행 반복구조이다. 본문에서는 광야교회와 솔로몬의 성전을 대비시키고 모세의 사역과 아론의 사역을 대비시키고 있다.

가) 블링거(Bullinger)의 분류

a. (2)메소포타미아

b. (3-8)아브라함

c. (9-19)요셉

d. (20-38)모세

e. (39-43)반항

a'. (44)광야

b'. (45a)여호수아

c'. (45b-46)다윗

d'. (47-50)솔로몬

e'. (51-53)반항

지금까지 구조도식들을 몇 개 살펴보았다. 이러한 구조 도식들은 성서본문의 바른 주제와 핵심사상을 찾아낼 수 있게 하고 성서 본문을 해석하고 주석하는 데에도 절대적으로 필요하다. 그리고 성서의 문학적 구조를 아주 쉽게 이해할 수 있게 해준다.

⑤ 《Evaluation》

가. 문학구조이다.(Literary Structure)

고대근동문학은 여러 가지의 낱말과 의미와 기호와 상징 등의 제 요소들 일정한 형식으로 구성되어 있는데 보통 이중 혹은 다중으로 쌍을 이루고 있다. 이러한 문학적 형식을 문학구조라 말하며 다양한 도식으로 표현할 수 있다. 일반적으로 고대근동문학은 반복(repetition)과 평행(parallel)과 교차대구(symmetric) 형식을 많이 사용한다.

나. 평행구조(parallel pattern)

히브리성경에서 흔히 사용하는 문장구조의 하나로, 두 개의 문단을 순서대로 반복하여 강조하는 기법이다. 이를테면 a-b-c / a'-b'-c'의 형식 또는 a-b-c / a'-b'-c' / d와 같이 결론을 맺기도 한다. 시편 19:1-2와 창세기 1:1-2:4를 예로 들어보면 다음과 같다.

구약성경 신약성경 모두가 공통적인 하나님 말씀이다. 어느 것이 우월하다고 말할 수 없고 어느 것은 필요 없는 것이라고 말할 수 없다. 서로가 상호보완적이며 구약과 신약에서 하나님을 나타내고 예수님을 나타내고 있는 것이다. 그러나 다른 것은 신학적인 강조점이 다르다. 이 차이점만 있는 것이지 다른 것이 있는 것은 아니다.

이러한 구약성경을 어떻게 연구하고 바라봐야 할 것인가가 지금도 많이 논의되고 있다.

하젤은 이에 대해서 10가지 대표적인 방법들을 말하고 있다.

첫 째, 교리적-교훈적 방법으로 조직신학적인 방법이다.

둘 째, 유전적-발전적 방법

셋 째, 교차적 방법론-역사적 원리와 언약원리를 합성하여 만든 세 가지 범주, 즉 하나님과 백성, 하나님과 세상, 하나님과 사람을 따라 구조적 틀을 짠다.

넷 째, 제목별 연구방법-구약자료들과 주제를 읽고 배열하고 체계화시키는 틀로써 이해

다섯째, 통시적 방법-1930년도에 발전된 전승사 연구에 의존하고 있다.

여섯째, 전통형성 방법-구약신학이 그 본질에 있어서 역사적인 발전과정으로 이해되어야 한다.

일곱째, 주제별-변증법적 방법-부르그만은 구약신학이 처한 방법론적인 교착 상태를 풀려는 새로운 수렴현상이 구약신학에 나타나고 있는데 이것은 변증법적이고 주제적인 관계

를 사용하는 구약신학에 나타나고 있다고 하였다.

여덟째, 최근의 비평적 구약신학 방법들 - 최근의 몇몇 학자들은 구
약신학에 대해 "비평적인" 접근을 새로 시작해야 한다고
주장한다. 성경의 영감관과 권위를 버린 자유주의 방법

아홉째, 새로운 성경신학 방법 - 폰라드의 통시적 방법과 게제의
"전통형성" 방법을 가장 강하게 비판하고 있으며 차일즈
는 과학적인 역사적 서술의 난국을 넘어 믿음의 공동체를
위한 신학적 재해석을 시도

열   째, 다각적인 정경적 구약신학

하젤의 주장이 들어가 있는 내용으로써 구약신학의 구조는 다각적
인 방법을 따르고 있다는 것이다. 구약신학에 대한 정경적 접근의
최종적 목표는 각 권과 각 묶음들이 가지고 있는 다양한 수평적 주
제들과 다양한 신학을 뚫고 들어가 모든 신학들과 주제들을 묶는 역
동적 통일성에 도달한다.

카이저는 구약에 대해서 약속을 말하고 있다. 하나님의 약속이라
는 관점에서 구약을 보고 그 구약을 해석하고 있다.

팔머로버슨은 구약신학을 계약 신학으로 이해했다. 하나님께서 사
람들과 하신 계약 속에서 구약성경을 이해하고 있었다.

골딩게이는 그의 책에서 구약과 신약의 연관성을 생각하여 계시의
발전으로 볼 때 구속사로 연결되며, 예언의 초점인 그리스도를 중심
으로 볼 때 그리스도에 대한 모형과 모델로 구약을 해석해 볼 수 있
다. 구약은 신약과 동등한 하나님의 경전이다.

또한 "구약신학의 구성적인 임무는 모든 벽돌들을 동일한 크기로
자르는 것이 아니라 그들의 잠재적인 다양성 안에서 이것들을 유용
화하는 것이다." 이것은 구약을 특정 주제로 이해하려는 것도 중요

하지만 구약성경이 말하고 있는 구조 그대로 주제를 찾는 것이 중요하다는 것이다.

우리는 여러 신학자들을 통해서 구약이란 어떤 것인가를 맛보았다. 구약성경을 이해하려면 각 권의 하나님을 잘 발견해야 할 것 같다. 그리고 어떤 사람들이 말하는 것처럼 구약을 비하하거나 이제는 필요 없는 책이라고는 말하지 말아야 한다. 구약도 하나님의 말씀이며 하나님을 나타내고 예수님을 나타내고 우리의 삶을 나타내고 있는 것이다.

유대민족에게서 가장 두드러진 특징은 역사의식이라고 보며 유대교는 그들의 성경 안에서 전개된 사건들 즉 정체성과 소명의식을 지닌 하나의 백성으로 만든 사건들에 대한 독특한 기억을 갖고 있는 민족의 종교라고 본다. 기독교인들 역시 역사의식을 가지고 있으며 성경의 결정적 사건까지 거슬러 올라가는 오랜 기억을 가지고 있다. 구약이 로마 가톨릭교회의 공식적인 결정에 의하여 경전으로 인정되기까지에는 오랜 시일이 걸렸다. 로마 가톨릭교회의 경전은 개신교 경전보다 7권이나 많으며 동방정교회에서도 대부분 이를 인정하고 있다.

구약성서는 하나님의 백성인 이스라엘의 생활체험으로 유대교와 기독교가 역사적 드라마의 결과에 대하여는 서로 이해를 달리할지 모르지만 구약성서가 다루고 있는 역사의 고유한 성격에는 일치된 견해를 보이고 있다. 일반적 관점에서 볼 때 이스라엘 역사는 주변 강대국 사이의 각축전에 말려든 역사와 다를 바 없지만 단순히 역사나 문화만을 다룬 책이 아니며 역사적인 체험을 신앙적으로 해석하여 인생의 궁극적 의미를 밝히는 책이다. 버나드 W. 앤더슨의 책은 주로 고대 근동의 역사적 자료에 기초를 두고 성서를 해석하려고 하였으며 역사적 증거 자료가 풍부한 곳에서는 성서 비평을 서슴지 않앉고 역사적 자료가 부실한 곳에서는 주로 성서의 기록에 의존하기보다는 지금까지 추측되어 온 학설을 바탕으로 재해석하려는 의도를 보였다. 본 저작을 통하여 이스라엘 역사에서 출애굽 사건을 성경을 이해함에 있어서 결정적인 사건으로 보고 이곳에서 시작하면서 출애굽 사건을 시발점으로 한 백성의 창조, 이스라엘의 나라형성, 새로워진 계약 공동체 등의 순서로 기술하고 있다.

⑥ 한 백성의 창조

가. 이스라엘의 기원

출애굽기의 역사적 드라마의 주인공인 하나님께서 무기력한 노예들의 편에 서 계시면서 활약하시는 모습으로 등장하신다. 이스라엘의 시원사는 오직 그것이 인간 실존의 긴장과 갈등들을 구체적으로 묘사하고 있으며, 하나님과 인간과의 교섭의 드라마로서 인간 역사의 영욕을 해석하고 있다는 넓은 의미에서만 역사적이라고 할 수 있는데 에덴동산으로부터 출발하는 시원사는 이스라엘의 체험적 역사의 과정에 있어 반복적으로 나타나며 불변적 진리로 인정되는 한 가지 사실을 보여준다. 그것은 죄는 하나님께 반항하는 의지의 행위라는 것으로 이러한 역사적 관점으로부터 아브라함을 부르시는 사건도 이해될 수 있다. 아브라함을 부르신 사건은 새로운 종류의 역사, 곧 이스라엘 및 다른 민족들에게 유익들을 가져다줄 야훼의 약속들의 역사가 시작되는 시발점이었던 것이다. 출애굽기는 유대교, 개신교, 가톨릭 학자들의 견해에 의해 모세오경이 수 세대를 거쳐 오면서 전승되는 동안 여러 다양한 문학적 요소가 복합적으로 이루어져 형성된 작품으로 이 전승은 주전 400년경 토라가 복구된 이스라엘 공동체에서 밑바탕을 이루기 시작하는 시기 즉 에스라 시대에 모세오경이 현재 전해지고 있는 최종 형태로 고정되기까지 여러 단계로 종합된 것이다. 특히 히브리인은 전통적 조상인 아브라함과 관련지어 가나안 정착민 사이에 거류민으로 여겨졌으며 그들의 하나님은 아브라함을 그의 고향으로부터 이끌어내시고 새로운 장소로 인도하신 분이셨다. 이스라엘의 순례여행에서 하나님께서 인도하셨다는 인식은 이집트의 압제시기에 모세가 '나는 네 조상들의 하나님 아브라함과 이삭과 야곱의 하나님'이라는 말씀을 들었다는 출애굽 설화의 배경이 되고 있다.

나. 억압에서의 해방

출애굽 사건과 그 이후의 시내산에서의 계약을 기록하고 있는 출애굽 이야기를 다루고 있다. 출애굽 이야기는 구전으로 전승되어 왔고 여러 집단에서 전승이 기록되었기 때문에 불일치와 반복이 있음에도 불구하고 드라마 구성상 확실한 통일성이 있다. 출애굽 이야기는 이 땅의 모든 것이 야훼 하나님의 소유에 속하므로 모세를 통하여 말하시고 행하시는 하나님이 모든 것을 통치하신다는 가정하에 기록된 책이다. 시적인 묘사인 출애굽 사건은 단순히 해방사건이 아니라 이 사건으로 한 백성이 탄생하게 되는 것이 특별한 의미가 있다. 이집트에서의 연대기에 출애굽 사건은 이집트에 더 주요한 일들이 차지함으로써 변방의 사건 정도로 보이지만 이스라엘에게 이 사건을 후손에게 전함에 있어 이보다 더 주요한 사건은 일찍이 없었다.

다. 광야에서의 계약

광야는 이스라엘에게 이상향의 공간이 아니었다. 야훼께서는 자기 백성이 궁핍하거나 위험에 처했을 때 그 간구를 들으시고 여러 방면의 은혜를 베푸셨다. 그럼에도 전승은 이스라엘의 불평을 사리적으로 적고 있는바 이는 이스라엘이 그들의 역사를 인간이 성취한 업적으로 보지 않고 하나님의 판단을 찾고자 하는 관점에서 기술하고 있음을 알아야 한다. 계약은 백성들이 마땅히 지켜야 할 조건을 담고 있었으며 파기에 대하여는 응분의 책임이 따랐다. 야훼는 다른 신들을 섬기지 말라고 못 박음으로써 자기 백성이 하나님과 이방신과의 사이에 양다리를 거칠 수 없음을 분명하게 명령하고 계신다.

라. 약속의 땅

가나안 땅은 유랑민에게는 낙원 그 자체였지만 이 전승들은 가나안 정복완료 이후에 기록된 것으로 우리는 땅의 해석을 출애굽 사건에 드러난 하나님의 계시에 비추어 재해석될 때 더 분명하게 이해할 수 있다. 야훼로서 가나안 땅을 유업으로 주신 사실에 대하여는 그 땅의 정복이 인간의 능력으로 인함이 아니라 하나님의 섭리에 의하여 일어난 것으로 본다면 그 땅을 가나안의 소유물로써가 아닌 겸손함과 감사함이 따라야 할 것이다. 가나안 정복과정에서 나타난 무자비한 적대세력에 대한 살육은 하나님께서는 이스라엘과 동떨어져 존재하시는 분이 아니라 오히려 사회투쟁에 참여하여 인간사를 주도하시고 형성하는 것에 그 토대를 두고 있는 것이다.

마. 이스라엘 서사시의 형성

앤더슨은 이스라엘 역사에서 여호수아의 고별사는 복잡한 역사적 상황에 비춰 볼 때 핵심지파에 속하지 않았던 여러 지파들에게 출애굽의 해방자인 하나님인 야훼를 인정하라는 초대연설로 이해되고 있으며 이로써 열두 지파의 탄생이 우라지는 계기가 되었다고 본다. 온 이스라엘의 서사시의 형성은 왕정의 정치적 사회적 현실에 의하여 깊이 영향을 받은 것이 사실이며 여러 세대에 걸쳐 이야기들이 전해지는 과정에서 기본적 설화의 개요는 확대되고 다듬어져서 완결된 토라로 기록되었다고 본다. 조상들의 약사에 대한 이야기는 신앙의 백성들의 내적인 투쟁이라고 보기보다는 인간의 계획을 더 의지하고자 하는 유혹, 신앙의 변질과 불신앙을 반영하는 거울로 볼 수 있다.

바. 신앙과 문화 간의 투쟁

여호수아 이후 사울왕정 도래 이전까지 이스라엘의 동맹체제의 역사는 투쟁과 혼란의 연속이라고 볼 수 있다. 이 시기를 주전 11~12세기의 사사시대라 부르며 이 시기는 이스라엘이 생존을 위한 투쟁기로 볼 수 있다. 가나안 땅에서의 갈등은 깊게는 종교적 갈등이었으며 군사적 투쟁이라기보다는 오히려 이념적 투쟁기였다. 사사기 대부분의 구조는 신명기계 역사관에 의해 기록된 것으로 야훼께 순종하면 번영과 평화가 따르고 순종하지 않으면 고난과 패배가 따른다는 것이다. 옷니엘, 에훗, 드보라, 기드온 등과 같은 고대 지파 전승에서 유래한 이야기들은 비교적 오래된 형태로서 짜임새가 없었으나 새로운 형태를 취해서 신명기계 구조로 통합되었다.

사. 나라를 형성하는 이스라엘

가) 다윗의 왕좌

이스라엘이 국가적 통일을 이루고 팔레스타인과 시리아에 걸친 정치적 세력을 확보하게 된 것은 유리한 당시 국제적 상황 때문이었다. 하지만 당시 신명기계 사가들은 가나안의 문화가 범람하는 곳에서 모세의 전승에 충실하기가 어려웠고 결국 비옥한 초승달 지대의 신들에게 이스라엘 백성이 빠져 들어가지 않을 수 없어 예언자들이 나서서 이러한 백성들의 욕망을 비판하고 저지하지 않았더라면 이스라엘의 독특한 신앙은 사라졌을 것으로 본다. 신명기계 사가들은 솔로몬의 통치가 하나님의 심판을 받음으로 왕정 국가가 아닌 신정국가로 돌아가야 함을 이야기하고 있다. 또 다른 관점으로는 야훼문서

기자의 견해로서 그는 모든 국가를 포함하는 의미 안에서 국가로서의 이스라엘의 존재를 이해하였고 야훼가 전 세계에 대하여 가진 목적에서 국가로서의 이스라엘의 역할은 이 땅의 모든 민족에게 하나님의 은혜를 가져다주는 것이었는데 이러한 역할은 아브라함의 소명이전의 창조 이야기에 이미 들어있던 것이었다.

나) 예언으로 이스라엘을 괴롭게 하는 자들

하나님이 예언자들을 통해서 말씀하시는 목적은 먼 장래에 일어날 사건들을 알려주는 것이 아니라 하나님이 곧 행하실 일에 대한 현재의 절박성을 강화시키는 것으로써 일차적 관심은 현재였다. 예언자들의 임무는 지금에 대한 하나님의 메시지를 전하고 백성들로 하여금 바로 오늘 응답하도록 촉구하는 것이었다. 예언의 기원은 가나안 주변 환경으로부터 빌려온 탈혼 상태의 예언에서 시작되었다고 볼 수 있지만 이스라엘의 예언자는 언약의 약속들과 요구들을 해석한 야훼의 대변자였다는 점에서 가나안의 것과 다르다. 초기 예언자들의 상당수는 예언자의 아들들로 알려져 있던 동업조합이나 학파에 소속되어 있었다. 이들은 공동체를 이루어 살았고 채주라 알려져 있었음이 분명한 우두머리가 그 공동체를 지도하였다. 예언운동은 일종의 의고(擬古)주의가 아니었으며 그들의 메시지는 모세의 과거가 새로운 생명력과 의미를 가지고 현재에 되살아나도록 만들었고 이스라엘은 야훼의 언약과 역사 속에서의 야훼의 방식들에 함축된 의미들을 좀 더 깊이 이해하게 된다.

다) 처녀 이스라엘이 엎드러졌음이여

여호사밧 시대의 유다는 정치적으로나 상업적으로나 소생하기 시작하면서 두 나라가 통혼에 이르기까지 관계가 공고하게 되었으며 결과적으로는 이스라엘과의 지속적인 국지전과의 소모전에서 벗어나게 된다. 이 장에서는 예후의 혁명의 종교적 측면이 있었음을 인정한다. 여로보암 2세의 번영기에 대하여 아모스와 호세아는 물질적 풍요와 만연된 우상숭배가 몰락을 자초하고 있다고 경고하고 있다. 결과적으로 이스라엘은 하나님과의 언약을 파기함으로써 이것은 역사의 비극을 향해 치닫고 있음을 고발했고 당시 벌어지는 모든 문제들은 이런 멸망의 하나의 징후였음을 지적하고 있다. 당시 사대의 사건들 안에서 호세아가 심판과 갱신을 향해 움직이시는 하나님의 활동을 보았는데 이는 오늘날의 역사 역시 하나님의 주도적 활동으로 보면 귓전에 들려오는 물질만연과 이에 기인한 패륜적 소식들은 그 결과를 생각해 볼 때 모골이 송연해진다.

라) 죽음과 언약한 유다

이사야서 40-66장은 주전 8세기에 예루살렘에서 예언사역을 하였던 이사야의 것이 아니다. 이 장들은 이사야시대보다 2세기 뒤에 있었던 역사적 정황을 반영하고 있다. 그래서 이를 제2이사야의 저작으로 돌리는 것이 보통이다. 이사야의 진정한 저작은 1-39장까지이다.

그러나 이 장들 중에서도 36-39장은 이사야의 후기 사역 중에 일어난 사건들을 말하고 있는 열왕기하의 내용을 약간 수정해 옮겨 놓은 것이고, 34-35장은 제2이사야의 작품일 가능성이 크다. 좀 더 거슬러 올라가서 24-27장은 이사야 전승에서 후기단계를 반영하고 있는 것으로 보면 예루살렘의 이사야의 예언은 세 단원 즉 1-11장, 13-23장, 28-32장이다. 이사야는 북왕국 몰락 직전에 있던 두 번째 중대한 정치적 위기에 대하여 말하기 위해 예언자단에서 빠져 나와 다시 등장한 사람으로 백성들에게 연속하여 심판의 타격을 가했지만 백성들은 역사의 혹독한 징계의 의미를 배우려고 하지 않았으며 결국 파국으로 치닫게 되는 것을 배우게 된다.

마) 모세율법의 재발견

신명기사가의 눈에 끔찍하게 보였던 므낫세 시대는 완전한 쇠퇴 시기는 아니었으며 유대의 삶의 깊은 곳에서는 예언자들의 열정이 살아 숨쉬고 있었음이 분명하다. 당시 정치적 상황은 일시적으로 유다의 부흥을 가져왔고 요시아 개혁이 성공하도록 만들었다. 예언자들은 역사의 무대를 하나님에 대한 신앙의 눈으로 바라보았는데 하나님의 의도는 역사의 어느 특정한 시점에서의 정치적 위기들을 통해 알려지기는 하지만 그 위기들이 반드시 하나님의 의도와 꼭 동일했던 것은 아니었으며 이 시기의 예언자는 스바냐와 예레미야이며 요시아는 신명기적 개혁을 통해 역사를 통한 구원과 인도라는 구원적 행위로써 은혜로운 사랑을 보여준 야훼께 온 마음을 다하여 헌신할 것을 이스라엘에게 촉구하고 있다.

바) 국가의 멸망

요시아 시대의 일시적 개혁과 희망에도 불구하고 급격한 요시아 왕의 죽음과 일련의 일부 백성들의 바벨론 포로로 이어진 사건들의 충격으로 애국자들은 백일몽에서 깨어났는데 이때의 암울한 시기를 틈탄 평화와 위로의 메신저들을 제치고 등장한 두 위대한 예언자는 예레미야와 에스겔이다. 예레미야의 메시지는 백성들의 상처가 자신의 것이었으며 그 자신의 고뇌와 슬픔은 메시지에 섞여 있다. 그는 하나님의 의도가 단지 파괴와 멸망만이 아니라는 것을 잊지 않았으며 이 땅의 잘못된 기초가 허물어져야만 하나님께서 새로운 백성과 새로운 시대를 건설하실 수 있음을 확신하였으며 그런 희망을 전하는 메시지는 작은 위로의 책이라고 불리는 예레미야 서 제30장에서 33장까지 두드러지게 나타나고 있다. 예레미야는 자신이 고립에도 불구하고 각 사람은 공동체 안에서 하나님께 나아가 치유 또는 구원을 체험한다는 것을 안 예언자로서 자신의 눈을 들어 하나님의 미래의 지평선을 바라보면서 새로운 공동체를 말하고 있다.

아. 새로워진 계약 공동체

가) 바벨론의 물가에서

예레미야가 마지막으로 활동하던 시기는 유대의 폐허 속에 남은 사람들을 괴롭히던 어려움과 같은 어려움으로 점철되었으며 그는 끝까지 역사적 체험이 아무리 막연해도 '하늘황후에 관한 신학'은 거짓된 것이며 야훼의 말씀만이 진실하며 살아있다고 고집하고 있다. 그의 말대로 이스라엘의 장래는 이집트에 있지 않았음이 증명되었다.

여기서 에스겔은 포로 아래서조차 민족주의가 여전히 살아있는 상황에 직면하게 되며 예루살렘이 느브갓네살에 의하여 함락되는 것을 하나님의 계획 아래 있음을 확신하였다. 에스겔은 공동체가 참을 수 없을 만큼 더렵혀져 있음과 이로 인해 하나님의 심판이 필연적으로 도래할 수밖에 없음을 외쳤다. 포로기간 중에 이스라엘 백성은 하나님께서 그들의 기도를 들으신다는 것을 확신하고 이방의 땅에서도 성소를 가질 수 있음을 확신하면서 어느 곳에서나 성전 없이도 예배드릴 수 있음을 깨닫게 되었다. 하나님께서는 성전에 갇혀 계시는 하나님이 아님을 알게 된 것이다.

나) 새로운 시대의 여명

이스라엘의 멸망은 그들의 신앙의 관점에서 해석될 수 있다. 그것은 하나님과의 계약의 불이행에서 온 것으로 이것을 에스겔은 잘 보여준다. 에스겔에 의하면 임박한 심판은 이스라엘 역사의 시작부터 뿌리를 찾아볼 수 있는 끈질긴 배교가 맺은 결실이었다. 이스라엘 역사는 그 시작부터 더렵혀져 있었다. 왜냐하면 사람들이 야훼의 선택과 약속에 대하여 그들을 해방하신 하나님을 배신하고 이집트의 우상을 숭배하는 행위로 돌아갔기 때문이다. 그러나 멸망으로 이스라엘의 역사가 종언되는 것은 아니었다. 배신한 이스라엘까지도 야훼께서는 아주 버리시지 않는데 야훼께서는 배신자들을 위해서 메시야를 보내실 것이다. 하나님은 영원한 이스라엘의 구원자이시기 때문이다. 이러한 메시야 신앙은 제2 이사야서에 잘 나타난다. 여기서 하나님의 종은 미래적인 이미지를 가지고 있으면서도 그는 현재적인 이미지도 역시 가지고 있다. 그는 오랜 질서의 어두움이 사라지면 새 시대의 빛이 지평선에 시작하는 새벽에 서 있는 것이다. 이러한 의미에서 이스라엘의 역사는 회복되어야 할 역사이며, 미완성의 드라마며, 신약으로 연결되는 고리를 갖게 된다. 이는 찰스 비어드의 '꿀벌은 자기가 꿀을 빼앗아가는 꽃을 풍요롭게 한다.'라는 말처럼 국가가 약탈당하고 정복자들의 말발굽에 짓밟혔지만 이스라엘의 비극은 그들의 종교를 윤택하게 만드는 밑거름이 되었다.

다) 제사장들의 나라

귀환이야기는 여기서 스룹바벨과 성전재건, 에스라와 언약의 갱신, 느헤미야와 예루살렘성벽재건, 학개와 스가랴에 대하여 다루고 있으며 에스라와 더불어 생겨난 유대교에 대하여 언급하고 있다. 필자는 현대인들이 유대교의 제사장적인 강조를 격하시키는 경향에 대하여 이는 종교의 속성상 그리고 공동체의 필요상 반드시 필요한 것이었으며 하나의 예배행위였음을 인정해야 하지 않는가며 강변하고 있다. 그럼에도 공허한 형식으로 변질되어가고 오만과 독선으로 흘러가는 유대교에 대하여 이 시기와 맞물려 예언자들의 예언활동도 거의 끝나버렸다는 말로 마무리하고 있다.

라) 이스라엘의 찬양

시편은 성전예배 주로 큰 축제들과 관련하여 사용하기 위하여 찬송시편과 감사시편들을 모아놓은 모음집으로써 이는 왕 중 왕이신 만유의 창조자이면서 동시에 역사의 창조자께서 지상에서의 왕을 뛰어넘는 왕으로서 합당한 마음의 표현들이다. 이스라엘은 역사의 드라마 속에서 하나님과 동반자가 되어 하나님의 임재와 활동에 응답하도록 부르심을 받은 민족으로서 그들은 역사적 저작들을 통해 야훼의 행사들을 회상하고 온전히 인격적인 방식으로 진언하였던 것이다. 이스라엘이 야훼와 대화를 나눈 가장 훌륭한 흔적들은 시편에서 찾아 볼 수 있으며 이스라엘은 예배공동체로써 그리고 고통가운데서 탄원자로써 또한 감사와 고통에 대하여 응답하시는 분에 대하여 감사의 노래를 그려내고 있다.

마) 지혜의 시작

이스라엘의 지혜문학은 이스라엘이 예배공동체임을 인식하고 있었음에도 불구하고 예배행위에 대한 언급이 지나치게 적고 잠언에서는 야훼와 이스라엘과의 관계에 대하여 특별히 시사하는 바가 없어 홀로 서 있는 문학이다. 그러나 일부 내용의 세속성 및 예언자들의 비판에도 불구하고 하나님과 인간 사이의 주도권에 의존하고 있는 두 가지 관점에서의 융합이 이스라엘의 전승역사 속에서 토라와 지혜를 동일시하는 경향을 촉진시켰으며 지혜문학에 대한 후대의 성찰들은 기독교 안에서의 지혜운동이 예수 그리스도 안에서 그 완성에 이르고 있다고 본다.

바) 미완성의 드라마

느헤미야와 에스라 아래서의 재건에 관한 역대기 기사에서 갑자기 유대인공동체 이야기가 중단되는 것은 역사의 침묵으로 보면서도 1세기 이상 정치적 안정기에 있었기 때문으로 보았다. 그렇지만 구약의 막이 내리기 전에 이스라엘의 물줄기가 사나운 격랑 속으로 휘말려 들어가는 모습을 볼 수 있다. 이를 살펴보면 먼저 페르시아 이후 유다문제는 더 이상 비옥한 초승달지대의 두 중심세력인 메소포타미아와 이집트의 틈바구니에 말려들어가는 문제가 아니라 좀 더 지역적인 문제가 있었다. 요나서는 에스라와 느헤미야의 정책이 협소한 민족주의와 교조주의적인 배타주의를 양성하고 있던 그때에 '하나님의 동정의 신비'를 선포하였는바 이는 야훼의 은혜가 신학적 도식에 갇혀 제한될 수 없음을 보여준다. 에스더서는 종교적 문제들을 일부러 회피하는 독특한 유대인들의 책으로 제2 이사야서나 요나서처럼 폭넓은 시야가 결여되어 있지만 외세의 지배하에서 엘리야의 말을 자기 식으로 말하려고 하였다. 이어 헬레니즘시대의 문화적 통일을 위한 싸움과 이스라엘이 가나안에 들어온 이래 씨름한 신앙과 문화와의 관계는 거센 저항운동이 되었고 헬레니즘의 문화의 강요는 필연 저항과 박해로 이어졌다. 이어 마카베오의 반란은 전면적 저항운동으로 번졌으며 이 전쟁 직후 나타난 것이 다니엘서이다. 다니엘서는 셀류코스 왕조의 박해에도 불구하고 결코 신앙을 포기하지 말 것을 촉구하는 목적을 가지고 있었으며 역사의 모든 행로는 인간 절대자가 아니라 야훼 하나님의 주권 아래에 있어 용기 있는 신앙을 가질 것을 촉구하는 것을 목적으로 하고 있었다. 나아가 묵시문학은 마지막 때 하나님의 나라의 도래에 관한 계시로써 하나님께서 역사의 최종완성시기인 마지막에 관심을 가지고 있는바, 모든 역사의 드라마는 처음부터 끝까지 하나님의 주권적 계획 아래 들어있다는 확신을 가지고서 지금의 고통을 이기고 맞서나갈 것을 호소한다.

창세기: 창조, 선택하신 하나님

아브라함은 하나님께서 그에게 주신 복에 대한 약소의 말씀을 의지하며 믿음으로 살아갔습니다. 그 부르심이 진짜 응답이 되시는 예수 그리스도를 비록 보지 못했지만 그는 오직 신실하신 하나님의 말씀에 의지하여 살아갔습니다. 그렇다면 오늘날 우리도 하나님께서 우리에게 주신 약속의 말씀을 굳게 믿고 이미 오신 예수 그리스도를 통해 영원한 나라를 소망하며 종말론적인 신앙을 가지고 살아가야 할 것입니다. 믿음은 끈기 있게 오랫동안 변함없이 말씀을 의지하고 따르는 것입니다. 이 신실하신 하나님의 말씀만을 믿고 나아갑시다.

출애굽기: 구원자 하나님, 하나님은 우리를 선택하셨습니다. 그러나 선택하신 백성과 언약을 맺으시는 것으로 끝나는 것이 아닙니다. 우리를 창조하시고 또한 우리를 구원하셨으며 이후로 우리가 말씀을 받아 예배의 인격으로까지 이르게 하시기를 원하시는 것입니다. 하나님은 우리를 구원하셨습니다. 그러나 구원자체만으로 끝나는 것이 아니라 율법을 받고, 그리고 예배를 드리는 사람으로까지 이를 것을 가르쳐 주십니다. 바로 이 말씀은 구원의 수단이며 우리를 성화에 이르게 하는 은혜의 수단입니다.

레위기: 거룩하신 하나님

하나님의 거룩함과 온전하심과 자비하심으로 거룩해야 합니다. 이는 하나님이 거룩하셔서, 우리를 언어적으로 사랑해 주심입니다. 따라서 우리는 하나님을 사랑하고 이웃을 사랑함으로 거룩함을 좇고 말씀을 행해야 합니다. 이런 행위를 통하여 우리가 가지고 있는 갖은 약함을 버려야 하는 것입니다. 우리는 예수님이 가르치신 황금률을 기억해야 합니다.

민수기: 인도하시는 하나님

이스라엘 백성 중 광야 1세대는 불평과 불신앙으로 가나안 땅에 한사람도 들어가지 못했습니다. 그러나 우리는 믿음을 가졌던 여호수아와 갈렙과 같이 인도하시는 하나님을 바로 신앙함으로 가나안에 들어가는 믿음을 소유하십시다. 애급에서(세상에서) 우리를 인도하신 하나님은 이곳 광야교회까지뿐만 아니라 저 천국까지 인도하시기를 원하십니다. 아멘.

신명기: 신실하신 하나님

하나님은 가나안을 들어가기 전 모임에서 언약을 새롭게 갱신하고 있습니다. 하나님이 신실하시므로 그 백성들도 신실함으로 하나님만을 의지하고 신앙하고 그 말씀을 선택하여 전적인 순종을 요구하십니다.

여호수아: 땅을 주시는 하나님

하나님은 우리에게 주실 땅을 예비하시고 들어가라고 하십니다. 우리는 순종하는 마음으로 말씀에 순종하고 거룩한 전쟁을 준비하여 능력이 하나님께 있음을 믿으며 나아가야 합니다. 또한 우리는 좋든 싫든 하나님이 약속하신 땅을 얻기 위해서 그 땅에 들어가기를 막고 방해하는 모든 대적들과 맞서야 하며 그 장벽들을 무너뜨리며 싸워야 하는 것입니다. 그러므로 우리는 이러한 전쟁에 대비를 해야 합니다.

사사기: 사사가 되셔야 할 하나님

우리는 사사 시대가 하나님을 왕, 사사, 지도자, 통치자로 모시지 않음으로 종교적, 사회적으로 타락하였음을 봅니다. "먹든지 마시든지 무엇을 하든지 다 하나님의 영광을 위해서 하라"라고 하시듯이 우리는 우리 속에 함께 계신 성령의 능력을 통해서 하나님께 영광을 돌리며 그분의 통치 속에 살아야 할 것입니다.

룻기: 고엘되신 하나님

룻은 하나님의 경륜을 통하여 예수 그리스도의 가계에 들어가는 놀라운 축복을 받게 됩니다. 즉 신약 마태복음 1장 1-6절까지 볼 때 예수 그리스도의 가문의 여성들을 (1)다말 (2)라합 (3)룻 (4)마리아 라고 마태복음에서 기록하고 있습니다. 즉 (1)다말은 창세기 38장에 서 시아버지 유다를 속여 동침하여 베레스와 세라를 낳았습니다. (2) 라합은 여호수아가 여리고를 정복할 때 자신을 맡겼습니다. (3)룻 역 시 이방인의 딸로서 자격이 없는 자이나 하나님께서는 보아스를 통 해 구원의 계보에 들게 하셨습니다. 이와 같은 하나님의 은혜가 룻 기의 주제인 것입니다. 구약성경에서 이렇게 앞뒤에 바뀐 예 즉 에 서가 먼저 태어났으나 야곱의 축복을 뒤이어 받게 된다거나 이방인 이 예수 그리스도의 계보에 들거나 하는 경우도 바로 하나님의 선택 적인 구원의 은혜를 보여주시는 것입니다.

사무엘 상, 하: 기름 부으시는 하나님

하나님이 사용하시고 들어 사용하시는 자들은 기름 부음을 받은 자들이었습니다. 우리는 성령으로 기름 부음을 받은 자들입니다. 1) 기름 부음 받은 자가 되기 위해 기다리며 기도하고 2) 성령이 우리 속에 계심을 믿고 소멸하거나 근심하게 하여 사울과 같은 모습이 되 어서는 안 되며 3) 다윗과 같이 성령 충만한 모습으로 우리의 골리 앗을 무찌르기 위해 나아가는 자가 되어야 합니다.

열왕기 상, 하: 성을 보호하시는 하나님

이스라엘의 역사는 솔로몬의 타락으로 나라는 나뉘고 역사는 멸망 을 향해가고 있었습니다. 그러나 이런 역사 중에서도 하나님은 시대 를 개혁하고 새롭게 하는 사명을 맡기시고 계셨습니다. 역사적으로 결국은 기원전 586년에 바벨론에게 유다는 완전히 멸망해서 포로로 잡혀 가고 맙니다. 그러나 이러한 역사의 패망에서도 하나님은 새롭 게 그의 역사를 이루시는데 바로 그의 나라 즉 하나님의 왕국을 통해서 그의 교회를 통해서 이 역사를 이루시고 계십니다.

역대 상, 하: 겸비하시기를 원하시는 하나님

예레미야의 사역은 슬픔의 사역이었습니다. 그가 외치고 백성들을 돌이켰으나 한사람도 돌이키지 않고 결국은 멸망하고 하나님의 말씀은 그대로 이루어지고 말았던 것입니다. 우리는 하나님의 일하심을 바라보고 "여호와여 우리를 주께로 돌이키소서. 그리하시면 우리가 주께로 돌아가겠사오니 우리의 날을 다시 새롭게 하사 옛적 같게 하시옵소서."라고 고백했습니다. 하나님 나라가 회복되고 옛적 같게 되도록 기도하고 회개하고 동참하여 일하십니다.

에스라: 성전 재건을 원하시는 하나님

우리는 하나님의 교회와 시대의 개혁을 위해서 준비하고 연구하기를 결심해야 할 것입니다. 그리고 이러한 개혁자는 가슴만 뜨거워서도 안 되며 지성으로 가득 찬 머리로도 안 되는 것을 보여줍니다. 균형 있는 삶을 통해서 하나님의 뜻을 이루는 개혁을 준비해야 할 것입니다.

느헤미야: 성벽 재선을 원하시는 하나님

하나님의 결정적인 개혁과 부흥의 순간에 에스라를 사용하였습니다. 하나님의 부흥은 이렇게 준비된 자들을 통하여 역사하십니다. 종교개혁시대에 쯔빙글리는 하나님의 말씀 히브리어 헬라어 성경을 들고 다니며 말씀으로 준비된 자였습니다. 오늘도 하나님의 말씀으로 또한 사명으로 사로잡힌 느헤미야 같은 사람을 통해서 하나님의 개혁의 역사를 이루어 가십니다. 이러한 개혁과 부흥의 주자가 되지 않으시렵니까? 교회의 어려움이 있다면 그냥 피해 가지 말고 우리가 바로 개혁과 부흥의 주자가 되십시다.

에스더: 섭리의 하나님

한국역사를 보아도 불의한 지도자들은 다 그 죗값을 받았고 심판을 받았습니다. 하나님을 대적하던 이방인들은 역사적으로 심판을 받았습니다. 하만과 모르드개의 대전은 대역전극입니다. 하나님의 백성은 멸망하게 되었으나 하나님의 은혜로 오히려 하나님의 백성을 죽이려고 했던 그들이 멸망당하게 된 것입니다. 하나님의 대역전극은 마지막 날에 일어날 것입니다.

욥기: 의로우신 하나님

하나님은 우리에게 세속적인 신앙이 아니라 순수하고 연단하는 신앙을 주시기 위해 우리가 죄를 지은 결과가 아님에도 주님을 열심히 섬기는 우리의 삶의 헌신에도 고난과 어려움을 주십니다. 이것은 1) 하나님 절대 신앙화 2) 인간미 넘치는 신앙인의 모습과 3) 성숙한 모습으로 인도하시기를 원하시기 때문입니다. 우리의 신앙은 상황을 초월하는 신앙입니다. 나를 죽이시는 것 같은 상황에서도 우리는 절대 신앙으로 하나님만 의지하십시다.

시편: 찬양과 기도를 받으시는 하나님

우리들의 삶이 말씀이 성취되어야 하며 또한 우리 기도와 헌신이 말씀을 이루는 것이 되어야 합니다. 다윗의 고난이 바로 예수 그리스도의 고난을 예표하였던 것입니다.

잠언: 지혜를 주시는 하나님

지혜의 근원은 바로 하나님이시며 지혜는 이 하나님을 경외하는 것입니다. 하나님은 우리의 신앙생활 속에서 모든 영역으로 지혜롭게 행하시기를 원하십니다.

전도서: 본분을 알기 원하시는 하나님

우리 인생은 역사적인 사명을 가지고 살아갑니다. 나의 행동과 내가 하나님 앞에 본분을 깨닫느냐 깨닫지 못하느냐에 따라서 역사는 바뀝니다. 나 한 사람이 말씀에 따라 어떻게 행동하느냐에 따라 역사를 바꾸어 놓을 수 있습니다. 성경에 히스기야도 이사야 39장에 보면 바벨론에게 성전 기물을 보여주어서 결국 자신이 나라를 멸망하게 만드는 역사의 주인공이 되었습니다. 사람은 바로 본분을 바르게 깨닫느냐 깨닫지 못하느냐에 따라 역사를 바꾸어 놓은 것입니다. 저주와 심판의 역사를 시작하느냐 축복의 역사를 시작하느냐는 바로 내가 현재 여기서 나의 본분을 정확하게 의식하는 것에 달려 있습니다.

예레미야: 심판으로 새롭게 하시는 하나님

하나님은 심판을 통하여 우리를 새롭게 하십니다. 우리를 심판하여 새롭게 하시며 모든 열방을 심판으로 또한 새롭게 하십니다. 우리는 하나님만을 의지하는 참믿음과 소망을 가져야 합니다. 그러므로 우리는 우리의 어떤 것이나 세상의 어떤 것을 의지하지 말고 하나님만을 신뢰하여야 합니다.

에스겔: 영광으로 충만하신 하나님

하나님의 영광이 우리들을 지켜주시는 보증이 되는 것이 아닙니다. 오히려 우리는 죄악으로 하나님의 영광을 막을 수 있습니다. 이 영광이 떠난 모습은 메마른 뼈와 같습니다. 그러나 이 영광을 회복하기를 원하십니다. 우리 모두 영광을 회복하는 성도들이 되십시다.

다니엘: 역사의 주인이신 하나님

우리는 우리 개인의 역사와 하나님의 나라를 역사적으로 인도하시며 통치하시는 하나님이심을 알았고 또한 일반 역사의 종말과 마지막에 대해 하나님은 모든 것을 작정해 놓으신 것을 알 수 있습니다.

요엘: 성령을 주시는 하나님

주 앞에 어떠한 모습으로 주의 낯을 대하시겠습니까? 주의 날 재림의 날 전에 큰 환난과 어려움들이 있을 것을 요한계시록은 말씀하고 있습니다.

"주 안에서 죽는 자들이 복이 있도다."

언제 주의 날이 올지 모릅니다. 기도하다 전도하다 말씀보다 하나님의 말씀과 믿음을 지키다가 하나님 앞에 서고 믿음을 지키다가 수고를 그치고 주의 날을 맞이하십시다.

아모스: 공의로우신 하나님

한국 교회의 과제는 바로 개교회 중심적인 신앙을 넘어서야 하며 국가도 이기적인 기업의 이익보다는 전체를 바라보아야 합니다. 사람들의 인식을 바꾸고 기독인에 대한 태도가 바뀌도록 나의 처한 환경에서 1)최선을 다하는 사람 2)인정받는 사람 3)복음을 전하는 사람이 되어야 합니다. 공동체적인 정의 바로 이것은 정의로우신 하나님이 나타나기를 원하시는 것입니다. 이 국가가 많이 바뀌었습니다. 정치는 바뀌었습니다. 이제 경제와 사회가 바뀌어 질 수 있도록 우리들이 계속 노력해야 합니다.

오바댜: 역전의 하나님

사랑하는 성도님이여! 우리 모두는 하나님의 백성이 걸어야 할 길을 제대로 걸어야 합니다. 세상이 추구하는 가치관과 행동원리를 버리고 그리스도의 겸손과 온유로 옷 입어야 합니다.

요나: 자비의 하나님

하나님이 원하시는 것 사람됨으로 그 백성들이 하나님의 나라를 건설하기 원하십니다. 하나님 나라 건설 자신의 분야에서 월등하고 그리고 그 분야에서 그리스도를 나타내는 것 바로 이것이 하나님 나라를 건설하는 것입니다.

미가: 비교할 수 없는 하나님

하나님은 죄인과 죄악의 세상을 반드시 심판하십니다. 그들은 파수꾼의 날 곧 그들의 형벌의 날이 임하였으니 이제는 그들이 요란하리로다. 이러한 하나님의 약속의 말씀을 보여 종말론적 관점을 가지고 살아야 합니다.

나훔: 악한 세력은 마침내 심판하시는 하나님

하나님은 이스라엘을 멸망시킨 앗수르 그리고 그 도시인 니느웨라는 대상을 통하여 회개할 때 그 악한 자들이라도 하나님의 자비심으로 구원하시며 심판에서 돌이키시나 끝까지 하나님의 백성을 대적하고 그들을 괴롭힐 때 그들의 최후는 심판밖에 없음을 우리에게 다시 확인 시켜주십니다.

하박국: 참 만족이 되시는 하나님

이 세상이 주는 괴리와 고통 속에서도 우리는 하나님께 기도를 통하여 주시는 확신을 가지고 믿음의 삶을 살아야 할 것입니다. 그리고 그 믿음의 삶은 하나님이 주시는 기쁨으로 살아가는 성숙한 삶이 되어야 합니다.

스바냐: 우리를 기뻐하시는 하나님

하나님은 우리를 잠잠히 사랑하시며 환호성으로 기뻐하시는 분이십니다. 우리로 인하여 기뻐하시는 하나님을 실망시켜서는 안 될 것입니다.

학개: 영광을 받기 원하시는 하나님

하나님은 시대 시대마다 하나님은 하나님의 나라에 관심을 가지고 헌신과 생활의 순결을 통하여 일하는 사람들을 기뻐하십니다. 약속하신 하나님을 신뢰하여 하나님 나라의 건설을 위해 노력해야 합니다.

스가랴: 성전을 건축하시는 하나님

하나님 나라의 완전한 성취는 백성과 왕 그리고 영원한 땅에서 대적들이 멸하고 여호와의 통치가 영원히 있음으로 일어날 것입니다. 천국은 바로 이러한 곳입니다. 우리를 대적하는 모든 세력들이 다 물러가고 하나님과 우리가 함께 영원히 거하는 곳입니다.

말라기: 변치 않으시는 하나님

하나님의 영광이 우리들을 지켜주시는 보증이 되는 것이 아닙니다. 오히려 우리는 죄악으로 하나님의 영광을 막을 수 있습니다. 이 영광이 떠난 모습은 메마른 뼈와 같습니다. 그러나 하나님은 이 영광을 회복하기 원하십니다. 우리 모두 영광을 회복하는 성도들이 되십시다.

- 구약(AT, OT)은 약 1000년 동안 쓰인 하나님의 말씀으로 서로 다른 시대에 쓰였으므로 역사적 배경(상황)을 연구해야 한다. 즉 서로 다른 시대에 쓰인 모음집으로서 서로 다른 층들의 결합으로 되어 있다.
- 제대로 공부하기 위해 전제되어야 할 사항으로 구약은 다양한 층들로 구성되었음과 매우 많은 저자에 의해 쓰였고 또한 시대적 배경 연구가 필수적이며 다양한 신학들에 대한 연구도 전제

되어야 한다.

-한편 구약신학은 시대적 상황이 멀리 떨어져 있고 문화적 차이
  등 이질적이므로 이러한 여러 가지 성격들을 종합하고 분석해야
  할 과제이다. 즉 언어(셈족어), 개념, 신학, 전승, 배경 등 이러한
  구약의 잘 알지 못하는 내용들을 해석학적으로 풀어가는 작업이
  우리의 과제이다.

① 조직신학적 접근: 가장 선호하는 방법으로 "구약신학이란 구
   약전체의 통일성을 형성하고 있는 특정한 종교적 개념들(선
   택, 창조, 율법, 계약 등)에 대한 체계적인 설명"이라고 정의
   한다.

② 역사 신학적 접근: 대표학자로는 G.VonRad. 구약 내에 들어
   있는 역사적 전승의 신학적 전승의 흐름을 파악하는 작업이
   다. 이는 구약시대의 신앙고백, 생활양식, 삶의 모습들을 집
   중해서 연구하는 작업이다.

예) 창조전승, 예언전승, 지혜전승 등 개념의미 아닌 포괄적 개념

③ 근본주의적 접근: 구약을 교의(리)학에 종속시키는 작업이다.
   즉 구약을 교리적 증거 본문으로 이해하려는 데 가장 큰 관
   심을 갖는다. 삼위일체, 원죄론, 구원론 등으로 풀어나간다

예) 이삭의 희생제사 속에 예수 그리스도의 모습 해석 - 극단적
   보수주의자들의 경향으로 고·중세 교부들에게 인기(역사성
   거부함)

④ 종교사적 접근방법: 19C말~20C초 활발했다가 잠시 조용한
   후 다시 20C말 갑자기 대두된 학문적 사조로서 구약의 독특성,
   개별성, 통일성을 무시하고 구약을 고대근동의 문서 중의 하나로
   간주하는 법.

자. 20C 이전의 구약신학

가) 고대시대

① 교의학의 시녀: 독립적인 학문의 대상이 될 수 없었다. 교의학 준비 위한 전 단계이다.

② 영지주의 / 마르시온의 철저한 교리적 싸움: 이들은 이원론을 주장하여 구약은 사랑의 하나님 아닌 심판과 저주의 하나님으로 구약을 경전에서 제거함

③ 이레네우스(Ireneus): 알레고리적인 성서해석을 많이 사용한다. 역사성 인정 많은 알레고리적 해석으로 요나의 물고기 뱃속 3일을 예수 그리스도의 부활의 상징으로 연결시키고 노아의 방주의 재료인 나무는 십자가의 재료인 나무와 연관시키는 등 구약을 신약에 맞추어 해석한다.

④ 오리겐(Organ): 구약을 강하게 알레고리 해석한다. 성서해석 방법은 크게 3가지로서

  ㄱ. 문법적: 육적(somatisch) 해석. 가장 저차원 해석(단어의 의미, 개념을 밝힘)

  ㄴ. 자연적 해석: 도덕적 해석(moralisch)

  ㄷ. 알레고리적 해석: 영적 해석(pneumatisch)

⑤ 어거스틴: 6개의 시대로 구분 – 성장과정을 비유적으로 해석하여 현재 관점의 신학과 다른 이상한 비유 나옴

  ㄱ. 유아기: 아담~노아시대   ㄹ. 장년기: 다윗~포로기

  ㄴ. 소년기: 노아~아브라함   ㅁ. 노년기: 포로기~예수 그리스도

  ㄷ. 청년기: 아브라함~다윗   ㅅ. 새 계약시대: 신약의 교회

나) 중세시대

① 성 토마스 아퀴나스
  - 당시 구약성서는 영적생활을 증진시키는 수단으로 이해
  - 교회의 신정적 이상을(제사장적 신권 통치) 뒷받침해 주는 증거본문으로 이해
  ⇒ 교회가 정치를 지배하는 수단의 증거 본문으로 이해

다) 종교개혁시대

① 알레고리적 해석 거부하고 본문의 1차적 의미(sensus)를 중요하게 취급함. 성경을 교의학적 증거 본문(dicta probantia)을 제공해 주는 것 이상으로 보려는 시도
② 그럼에도 불구하고 구약을 통일적으로 바라보는 데에는 성공 못함
  - 루터는 말하기를 "구약에는 연속적인 발전이 없다"라 하며 "구약은 예수 그리스도가 놓여 있는 강보와 구유이다", 즉 구약을 기독론적으로 해석(예수 그리스도의 탄생, 죽음, 부활을 관계하여 구약 해석)
  - 칼빈은 구약에서 신정정치의 모델을 찾으려고 노력함. 프랑스 출생으로 구교가 강한 지역이므로 인정받지 못하고 스위스 제네바에서 인정받았다. 신정정치 이데올로기 구현하려 하다가 적대자도 죽임

라) 17세기

① 스페너(J.Spener): 독일 경건주의 창시자

- 주장: 성경을 원어로 읽어야 하나님의 계시성을 밝힐 수 있
  다. 성경을 교의적 족쇄로부터 완전히 해방시키려 노력
- 성경연구 목적이 지식에 대한 욕구라기보다는 개개인의 신앙
  적 성숙을 위해서 성경을 연구하는 데 노력함. 따라서 구약보
  다는 신약에 집중

마) 18세기

① 종교개혁시대보다 한 단계 더 나아가 성경에 대한 역사적이고
  어원학적인 주석의 조화가 시작되었다.
② 벵겔(J.A.Bengel): "신약은 구약에 감추어져 있고(뿌리) 구약은
  신약에서 밝혀져(열매, 잎사귀 등) 있다" 주장. 즉 구약과 신약
  의 관계에 대한 새로운 인식이 시작됨(신약은 구약의 약속의
  성취)

바) 합리주의

① 성경을 더 경건해지게 하기 위해서가 아니라 더 합리적이 되게
  하기 위해서 읽기 시작했다.
  - 성경을 합리주의적 노력 안에서 해석, 즉 초자연적 기적들을
    잘 받아들이지 않음
② 요한 필립 가블러(Johann Philipp Gabler): 1787. 3. 30 행한 알
  트도르프 대학교수 취임 연설이 기폭제가 되어 구약을 교리적
  대상으로부터 완전히 해방
  - 성서학과 교의학의 연구방법이 확실히 다르다고 주장: "성서
    학은 역사학이다. 교의학은 이성적이고 철학적이고 교리(논
    리)적인 조직신학이다" 그러므로 구분되어야 함을 주장함

가블러의 공헌: 성서신학을 독립적인 학문분야로 확립시킨 신학자

보충설명: 성서신학은 성경(이스라엘)이 역사를 통해서 하나님에 대해 인식한 것을 연구하는 것(그들은 하나님을 그렇게 고백했는가 분석)이고, 교의학(조직신학)은 하나님에 대해 이성적으로 생각하는 것을 체계적으로 연구하는 것이다.

③ 합리주의의 공헌 및 약점: 공헌은 성서신학의 태동이며 약점은 신학에 철학의 흔적을 남겨 둔 것이다. 그래서 성경을 자주 비판의 대상으로 삼았다. 즉 합리적이지 못한 것은 받아들이지 않는다. (예: 오병이어)

사) 19세기

- 성서신학과 조직신학이 2개의 커다란 축으로 고정된 시대
- 구약신학과 신약신학이 분리되기 시작: 헤겔(Hegel)과 슐라이에르마허 쌍벽 이룸

① 헤겔 (Hegel)
  - 구약의 종교를 우연의 역사로 보지 않고 절대종교를 향한 발전과정에서 필연적인 위치를 차지하고 있음을 강조함.
  - 진화론적 성서(역사) 이해: 원시종교에서 고등종교의 역사
  - 정반합(正反合)의 철학적 원리를 구약에 적용

┌ 정(正): Thesis, 율법(구약 출발점) → 율법의 억압에서 벗어나고자 하는 것이 반(反)임
├ 반(反): Antithese, 예언자 운동(하나님의 역사 섭리는 율법만이 아닌 은혜, 용서)
└ 합(合): Synthese, 기독교(예언자 운동이 신약으로 이어지면서 완전성을 기함)

  ⇒ 구약의 종교는 저등종교에서 고등종교로 발전하는 과정에 있었던 종교이다
② 바트케 (W. Vatke): 구약신학으로부터 종교사로의 주제상의 변

화를 시도

- 헤겔의 이론에 의하면 구약의 종교는 저등(원시)종교로 되어 그 시대의 구약은 절대자를 추구하는 학문(신학, Theolosie: 신에 대해 논리적으로 연구하는 학문)이 될 수 없기에 고대 근동에 존재하는 많은 종교와 비교 설명되어야 한다고 주장하여 종교사학파의 탄생에 많은 영향을 미침

아) 종교사학파(19C중반~20C중반)

- 종교사학파들은 야훼를 신 중의 한 신으로 본다.
① 군켈(H.Gunkel): 구약의 본문을 근동의 역사적 배경 속에서 설명하려고 노력
    - 구약의 본문상황을 고대근동(주변국가)의 자료를 비교하여 구약을 믿을 수 없는 자료로 간주
    - 주장: "다른 종교들과 공유하고 있는 역사적 배경 속에서 신·구약성경의 종교를 이해하고 서술해야 한다."

② 키텔 (R. Kittel)
    - 주장: "구약은 종교학의 한 분과일 뿐이다", "구약은 모든 옛 종교들의 최고봉이다", "구약은 모든 고대종교의 꽃 중의 꽃이다", "구약신학은 구약에 숨겨진 종교적 자료를 밝혀내는 작업이다"(=역사성, 계시성을 밝혀냄이 아닌 다른 종교와 같은 종교적 보편성을 찾아내려는 것이다)

차. 20C의 구약신학

가) 아이히로트(W.Eichrodt, 1890~1978)

- 구약신학을 3부분으로 나눔: 하나님 중심적 서술 → 구약의 하나님은 그의 백성 이스라엘의 하나님이고 세계의 하나님이며 온 인류의 하나님이다(=제목을 통해 강하게 암시)
  Ⅰ. 하나님과 백성(1933) Ⅱ. 하나님과 세계(1936)
  Ⅲ. 하나님과 인간(1939)
- 조직신학적 접근방법 통해 풀어나감
- 신·구약 전체에 흐르는 핵심은 "언약"으로 신약과 구약의 연결고리 역할이며 신·구약 속에 흐르고 있다.

예) 하나님은 창조 사건 통해 인간에게 복 주시기로 약속 → 노아와의 무지개 약속 등 역사의 전환점에서 축복 언약 → 아브라함을 통한 언약 → 출애굽 시 모세와의 언약(십계명과 할례) → 다윗과의 영원성 보증 언약 → 포로기 이후 예수 그리스도의 오심 등 ⇒ 언약은 하나님의 이끄심의 방향을 말해줌.

- 결론: 구약과 신약은 하나의 동일한 사상인 언약이 흐르고 신약에 와서 완성된다. 하나님은 이스라엘만의 하나님이 아니고 온 인류의 하나님이다. 아이히로트는 경시된 구약의 의미를 찾으려 했고 또한 구약의 계시성을 밝히려 노력하였음.
- 주장: "구약신학은 역사의 세계보다 신앙의 세계(Glanmasit: 구약이 하나님에 대해 어떻게 고백했는가 연구)에 더 많은 관심을 기울여야 한다.

【공 헌】
① 이스라엘의 주변 종교들과 비교해서 이스라엘 신앙의 결정적인

독특성을 찾으려 노력하였다. 즉 구약의 통일성과 독특성을 찾
기 위해 신학적 노력을 기울였음

② 구약의 구조적 통일성에 대한 깊이 있는 연구의 출발을 갖게
함-구약의 중심개념의 연구 촉진

 ⅰ) 빌트베르거: 이스라엘의 선택(בָּחַר), 즉 선택신학(불가해성)

 ⅱ) 쉬미트(H.H.Schmid):하나님의 위대성에 대한 고백, 즉 창조 신학

 ⅲ) 쉬미트(W.H.Schmidt):십계명 중 제1계명이 구약전체사상 꿰뚫음
  -이렇듯 단일개념으로서의 구약사상 요약에 대한 이해를
  넘어 여러 개로 요약할 수 있음을 생각하게 됨

 ⅰ) 베이커: 다층적 통일성→물통의 조각조각이 곧 계약, 약속,
  선택 등으로 보는 것으로 그동안의 단편적 주제들을 종합
  시켜 해석

 ⅱ) 헤르만: 신명기 정신이 구약 전체 사상 꿰뚫음→올바른 제
  사, 십계명, 인도주의적 삶(약자보호)

③ 계약의 중요성에 대한 인식에 동의하고 많은 학자들이 계약의
의미 찾기 위해 노력(계약 자체 연구)

 ⅰ) 모빙켈(S.Mobinkel): 계약갱신(신년)축제(이스라엘과 하나님 사
  이: 10월 농사 추수절기)가 이스라엘 제의의 중심이다. 즉 아이
  히로트의 계약의 중요성 때문에 영향받아 발달

 ⅱ) 노트(M.Note)의 십이지파 동맹설(Amphiktyomie): 종교적 공동체
  로서 중앙성소에서 야훼 하나님을 섬기는 것으로 한 부족이 적
  에게 공격당하면 방어 위해 11개 부족이 도와주었다. 즉 12지
  파의 언약체결사항으로 중심내용은 완전한 평등 공동체

【비 판】

① 구약의 세계를 일원화(단순화)시켰다.

 -구약의 복잡한 신학사상을 계약이라는 단어 하나로 집약시키

느냐에 의문을 가짐(주제가 협소)

② 언약이라는 단어가 신학화되어서 사용되기 시작한 것은 B.C.8
세기 이후이다.(일부 학자는 포로기 주장) - 이유는 호세아에 몇
차례 등장하기 때문이다. 즉 연대적으로 뒤늦게 나온 단어를
구약전체의 중심 사상으로 말하기는 모순이다(시대착오적 발상
으로 비판받음)

나) 프록쉬(O.Procksch, 1874~1947)

- 아이히로트와 폰라트의 스승이며 책은 사후 1950년 출간
- 기독론적 입장: 책 서문에 기록 → "모든 신학은 기독론이다"(All
  Theologie ist christologie)
- 영향: 본회퍼, 칼 바르트

다) 프리젠(Th,C.Vriezen, 네덜란드, 1949 「구약신학 개요」출간)

- 책의 특징(180 page)
i) 구약과 교회의 관계성 강조, 즉 구약은 교회의 경전이어야 한
  다. 구약도 역시 하나님의 말씀이다. 목회자들은 교회 안에서
  구약을 어떻게 설교할 것인지 심도 있게 고민해야 된다. 나아
  가 구약과 신약을 구별된 책으로 보지 말고 한 권으로 보아야
  한다.
ii) 구약은 고대 근동의 문화 중의 하나가 아니다. 구약은 이스라
  엘이 고대근동의 종교들을 만난 후 반발하거나 흡수하거나 비
  판하거나 의존하거나 하는 과정을 거친 이후에 생긴 말씀이다.
iii) 구약은 예수 그리스도를 향해 전진을 계속하고 있다. 구약은
  신약을 향해 걸어가고 있다. 구약은 씨앗이고 신약은 열매 또

는 잎사귀이다.

라) 바압(O.J.Baab)

－전형적 조직신학 관점으로 구약을 해부: 신론, 인간론, 죄론, 구
 원론 순으로 기재

마) 폰 라트(G.Von Rad, 1957 / 1960)

(가) 생 애
① 생애(1901~1971), 뉘른베르크
   －1921년 에어랑겐 대학 입학하여 학부 때 신학 심취
   －1923년 튀빙겐 대학으로 옮겼으며 1925년 목사고시 합격 후
    바이에른 지방서 목회 시작
   －1929년 박사학위 논문「신명기에 나타난 하나님의 백성」
   －박사학위 후 에어랑겐 대학으로 옮겨 교수 자격 논문「역대
    기 역사서의 역사상」발표했고 이때부터 역대기 역사서에 대
    한 연구가 매우 활발하게 진행되도록 하는 데 공헌함
   －1930년 Alt의 제자가 되어 공부하면서 학문과 목회의 길 사
    이에서 고민
   －1930~1934년 라이프치히 대학으로 옮겨 5경 연구 집중,「육
    경의 양식사 문제」논문
   －1934년 Jena대학으로 옮겼을 당시 나치정권의 전성기였고 신
    학교마다 "독일인의 피는 히브리 언어를 싫어한다."라는 문구
    가 있는 구약의 위기 시대였음
   －1937년「구약성서: 독일 국민을 위한 하나님의 말씀」,「구약
    을 통한 기독교로의 안내」,「구약의 영속적인 의미」,「왜 교

회는 구약을 가르쳐야 되나?」논문 발표함으로 어려운 상황 속에서 구약에 대한 변호를 전개함
- 1945년 괴팅겐(Gottinger) - 1947년 하이델베르크

① 20C 최고의 구약학자
② 구약신학을 종교사학파들에게서 완전히 건져내었음: 구약의 독특성, 계시성 등 정확히 말함
③ 구약분석의 조직신학적 접근방법 반대하고 새로운 연구 방법 제시
- "구약신학은 체계가 아니라 역사이다", "구약은 사상체계나 개념으로 파악될 수 없다", "조직신학적으로 체계화된 내용은 구약의 흐름과 동떨어진 외적인 구조일 뿐이다"라고 주장

(나) 폰 라트의 구약신학

① 전승사 신학
    ┌ 제1권: 이스라엘의 역사적 전승의 시작(역사서, 5경)
    └ 제2권: 이스라엘의 예언전승의 신학

전승(uberlieferual): 하나의 신학사상이 어떻게 이스라엘 사람들의 삶과 신앙 속에 내재되어 흘러 왔는가를 추적해 나가는 방법(신학사상의 내적 역사 파악)

② 신앙고백(Credo)의 신학
- 구약신학의 과제는 이스라엘 종교세계를 파악하는 것이 아니라(종교사학파 겨냥) 이스라엘이 하나님에 대해 어떻게 증언(고백)했는가 하는 구약의 증언 세계 파악

- 역사를 "하나님을 어떤 분"으로 고백하는 것으로 단순한 객
관적 역사보도를 토대도 하여 신앙의 눈으로 바라본 역사
- 신26:5~9 가장 오래된 신앙 고백문(짧은 역사적 신조) → 모든
역사 사건을 하나님 중심으로 고백
ex) 폰라트는 "구약은 신앙의 진술이다"라고 말함

③ 구속사 신학
- 구약은 인류와 이스라엘에 대한 하나님의 구원행동을 기록
(보도)하고 있는 책이다. 즉 세속사와 구속사는 두 개의 분리
된 실재가 아니라 하나이다. 하나님은 인간의 역사 속에서 활
동하시는 분이다
- 구약은 이스라엘만의 역사가 아니라 하나님의 역사이다. 세계
사는 인간구원을 위한 하나님의 활동의 장소이다.

바) 침멀리(W.Zimmerli)

- 구약은 하나님에 관해 진술하는 책이다. 모든 역사의 주최는 하
나님이시다.

사) 베스터만(C.Westermann)

- 구약은 하나님과 인간의 대화를 기록하는 책이다
Ⅰ. 하나님
1) 구원하시는 하나님(출애굽) - 역사서
2) 축복하시는 하나님(창조+율법) - 토라(율법서)
3) 심판하시는 하나님(죄) - 예언서

아) 차일즈 (B.S.Childs)

-구약에 대한 정경적 접근: 구약은 기독교의 경전이라는 상황에
서 해석돼야 한다. 주석이라는 것은 본문이 갖고 있는 경전적
의미를 찾아내는 것이다.
-"구약본문에는 경전으로 향하는 영감의 힘이 있다", "구약은 믿
음으로 해석되어야 한다."고 주장

자) 알버츠 (R.Albertz)

-이스라엘의 야훼종교는 공적인 예배와 개인적인 경건성이 긴장
관계 속에서 형성된 것이다.
고대근동의 종교사적 비교를 완전히 배제할 수 없다. 왜냐하면
구약은 고대근동의 문화권 안에서 탄생되었기 때문이다.

┌ 애굽 영향: 제왕이념 및 지혜,
├ 메소포타미아 영향: 원시역사의 신화적인 전설
└ 가나안사람들: 제의적 요소들(제사, 축제절기, 신개념) 등

-그러나 우리는 이러한 한계를 극복하고 구약만의 독특성과 계시
성을 발견해 내야 한다.
2) 폰라트 주장 역사 신학적 연구방법을 받아들여야 한다. 왜냐하
면 구약은 교리서가 아닌 역사서이기 때문이다. 구약은 내적으로 흐
르는 역사의 흐름을 반드시 파악해야 한다. 이스라엘 사람들은 역사
를 통해서 하나님을 이해했기 때문에 역사를 배제하고 파악하기는
어렵다
토인비: "도전과 응전"의 법칙에 따라 새롭게 하나님의 역사 이해

노력함. 즉 응고된 신앙 / 산학을 갖고 있지 않고 언제나 역동적인 신앙을 갖고 있었다. 역사가 진행됨에 따라 고정된 하나님의 상을 깨는 작업을 했다. (시대적 상황에서 실존적 자기 발견 → 새로운 역사 신학 탄생시킴)

예) 선택신학(출애굽)이 8세기 아모스에 이르러 깨져 버림 (아모스는 "더 이상 하나님은 이스라엘을 지키는 자가 아니다"라고 주장함)

R.렌토르프: "이스라엘 종교의 특징은 처음부터 불변의 것으로 주어진 것이 아니라 점차적으로 시대에 맞게 형성되어 간 것이다"

예) 같은 이스라엘 사람이라도 다윗의 고백과 다른 사람의 고백에 있어 하나님은 다르게 표현된다

카. 야훼 하나님의 이름

◎ 아이히로트: 역사를 이끌어 가는 구성요소가 "하나님, 인간, 세상"으로서 이는 구약이 갖는 독특성이다

신(神) - 인간은 하나님의 역사의 파트너(중심축은 하나님)로서 인간 통해 간접적으로 이끌어 가신다.

인(人) - 세계(世) - 세계는 하나님의 활동의 현장임과 동시 인간의 활동 무대이다

⇒ 끊임없이 변함없는 고백: 세계(인간)의 역사를 이끌어 가시는 분은 오직 야훼 하나님이시다

◎ O.T: 구약 전체의 내적 질문의 흐름은 3가지 질문으로 요약될 수 있다

ⅰ) "이스라엘과 세계의 역사를 이끌어 가시는 분은 누구인가?"

ⅱ) "하나님과 상대하는 인간은 누구인가?"

ⅲ) "세계의 역사는 어떻게 진행되어 왔는가?"

⇒ 즉 하나님에 대해 사변적, 철학적, 추상적, 논리적 사고가 아

닌 체험적으로 하나님에 대해 고백하고 구체적으로 인간 삶
에 어떻게 역사하셨는가 하는 신앙고백적인 진술이다

역사서(歷史書): 이스라엘 역사의 전면에 인간이 등장한다 할지라
도 결국 하나님의 계획대로 진행되는 것이라는 고백이다

타. 이스라엘 고유의 하나님의 이름

① 야훼(יהוה): 이스라엘의 고유한 하나님의 이름
- 고유한 자기 이름을 갖고 있음은 "인격적인 신"임을 뜻한다. "바알/
  엘" 등은 가나안 지역의 신에 대한 일반적인 명칭이다. 야훼는 특
  정신의 고유하고 유일한 이름이다. 바벨론 신의 이름 "마루둑
  (Marduk)"은 50여 개의 이름을 갖고 있다. 즉 본질 파악이
  불가능하다.
- 하나님은 하나의 인격체이시며 인간이 진정한 "너(Du)"로써
  만날 수 있다는 것이다. 그래서 인간은 야훼를 부를 수 있고
  그 이름을 명명할 수 있으며 관계할 수 있음을 나타낸다.
- 이와 관련 아이히로트는 "하나님이 자신의 고유한 이름을 주
  신 것은 하나님 스스로 자신의 비밀스러운 처소에서 인간과
  교제할 수 있도록 자신을 내어 보이시는 행동이다"라고 주장
  한다.
  "이름이 곧 실체이다"(nomina sunt realia): "하나님의 이름은
  인격적이다"의 역설적 표현이다. 구약에서 하나님의 이름이
  주술적, 신비적, 위력적인 힘으로 불려진 적은 없다.

◎ 야훼(יהוה)
- 성서에서 6828회 등장
- יהוה 신성4문자(Tetragramation): 모음을 사용치 않아 어떻게 불러야

할지 몰랐으며 1년에 1회 지성소에서 "대제사장의 죄일"(יום כפור)에
불렀다

−야훼 이름을 즐겨 사용한 사람(J기자)

```
┌ J기자: 창2:4∼
├ P기자: 창세기에서 의도적으로 사용 안함, 출6:6부터 사용
└ E기자: 출3:15
```

즉 야훼 이름을 출애굽 사건과 관련시키기 위해 P, E기자는 의도
적으로 사용하지 않고 출애굽 이후에 사용했다. 예) 창17장(P문서)
아브라함이 하나님을 전능하신 하나님(אל שדי)으로 사용한다. 즉 야
훼 하나님은 평등조건에서 인간을 창조하셨음을 나타내기 위함이다

◎ 야훼(יהוה)에 대한 언어학적 접근

```
┌ 긴 형태: יהוה →사자신명(四字神名, Tetragrammation)
└ 짧은 형태: 1) יה   2) יהו   3) יהי   4) יהה   5) יו
```

▶ 어느 쪽이 원래인가? 긴 형태에서 짧은 형태로 발달했는가? 아
  니면 짧은 형태가 시간이 지남에 따라 긴 형태로 되었는가?

① H.Grimme / G.R.Driver
  ⅰ) 짧은 형태는 사람의 이름에 세속적 현장에서 대중적, 광범
     위하게 문서 및 구두로 사용되었다. 그리고 긴 형태는 종교
     적 형태로서 제의에서 문서에 사용하였다.
     −짧은 형태: 여호수아(יהושע), 예레미야(ירמיהו)
  ⅱ) 단음절 יה (흥분할 때 외치는 소리)이 가장 원래적 형태로

서 긴 형태로 발전하였다.

-B.C.3000년경 神의 이름은 yau, yaum, addaya, yaubani이
었다. 따라서 고대근동의 신의 이름이 יה 이었을 것이고
이에서 발전했을 것이라 추측함

② M.Noth

ⅰ) B.C.3000년경 사용되었던 고대근동의 신의 이름과 야훼와
는 아무런 관련성이 없다. 왜냐하면 ya가 무슨 의미인지
파악할 수 없기 때문이다. 그러므로 ya에서 긴 형태로의
발전은 있을 수 없다.

ⅱ) B.C.840년경의 것으로 메사석비에 긴 형태의 야훼 이름이
등장하는데 현재까지 발견된 야훼 이름(신명기록) 중 가장
오래된 것이다. 그러므로 위의(①) 주장을 받아들일 수 없다.

ⅲ) 할렐루야(הללו־יה)는 마지막 축약형을 가지고 있는데 제의에
서 사용되었기에 위의(①) 주장에 맞지 않음

③ 출3:14(야훼의 이름에 대한 유일한 해설 구절)

-더 이상의 논쟁은 접고 야훼 이름의 뜻풀이에 몰입하게 됨

אהיה   אשר   אהיה: 나는 있게 될(되어질) 나이다

I will be   관계절   I will be

나는 있게 될 것이다 나는 있게 될 것이다

ⅰ) 존재론적 해석(Lxx) → 창조 신학적 관점에서 풀이

ἐγώ εἰμί ὁ ὤν=I am who I am=나는 스스로 존재하는 자이다

-היה 동사를 사역형으로 보았고 나아가 "존재케 하는 자"
로 해석했다. 이는 야훼의 자존성(自存性)으로서 수동적
존재 아닌 스스로 존재, 절대적 존재성을 강조하는 것이다

　- 결정적 약점

　　a. יהוה 가 구약에서 언제나 자동사로 쓰이지 사역형으로는
　　　사용치 않았다

　　b. 히브리적 사고에 어긋나는 해석이다. 왜냐하면 야훼의
　　　존재성에 대한 숙고는 구약에서 한번도 이루어진 적
　　　이 없다. 야훼는 언제나 존재하시는 분으로 전재되었
　　　지 야훼가 있음을 증명하는 시도는 없었다.(한동안 존
　　　재론적 해석을 받아들였으나 지금은 인정하지 않음)

ii) 활동론적 해석 → 역사 신학적 관점에 기초하여 해석
　I will be who will be(미완료 → 히브리어의 충실한 번역)

　- 하나님 활동의 미래성 강조, 하나님의 주권자다운 자유성
　　강조

　- "나는 내가 되고자 의도하는 대로의 나이다": 나는 현재
　　의 상황에 얽매이는 자가 아니다. 즉 현재의 모습으로 규
　　정될 수 없는 분이다. 현재에 완성된 분으로 나타나는 분
　　이 아니다. 미래에 내가 원하는 대로 될 나이다. 내가 누
　　구인지는 역사를 통해서 보여줄 것이다. 나의 존재성은
　　미래에 완성될 것이다.

　⇒ 이는 고정되지 않은 야훼의 자유성과 개방성을 나타낸
　　다. 인간의 카테고리 속에 하나님 활동의 범위를 제한하
　　는 것이 아니라 때로는 심판자로, 때로는 구원자로, 때로
　　는 복을 주시는 분으로 나타날 수 있다. 이와 관련 십계
　　명의 제2계명 "우상을 만들지 말며 절하지 말라"의 형상
　　제조 금지명령은 가장 오래된 계명이고 야훼종교의 독특
　　성을 나타낸다.

④ Lxx는 יהוה를 κύριος (主)로, 개역은 여호와, 공동은 야훼, 표준 새 번역은 主(아도나이)로 사용

⑤ יהוה → 이름의 거룩함 때문에 이스라엘 사람들은 אֲדֹנָי (나의 주님)이라 읽었다.

   - 1518년 교황 레오 10세의 고백사제인 Peter Galatin(갈라틴)이 YHWH에 Adonay의 모음을 집어넣어 YaHoWaH로 만들었고, 곧 발음상 첫 a를 e로 고쳐 YeHoWaH(יהוה)로 만들었다.

   - 16세기에 Mecerus는 יְהוָה 가 아닌 יַהְוֶה (야훼 / 훼)로 만들었다.

⑥ יַהְוֶה 는 전도서, 에스더, 아가, 욥기(3~37)에 한번도 등장하지 않았고 그 대신 יְהוָה 나 יַהְוֶה 로 사용했다. 왜냐하면 이방 사람들이 야훼 이름을 사용하는 것을 기피했기 때문이다.

   - 이방인들의 대화 또는 회의적인 문장 불신앙적인 본문에는 사용하지 않았다.

   예) 시편 14편과 53편의 비교: 시14편 2, 4, 6, 7,절에는 야훼(여호와)라는 이름을 사용했지만 시53편(2, 4, 5, 6절)에서는 두 본문이 거의 일치하나 야훼 이름 대신 엘로힘(하나님)으로 대처 사용하였다. 즉 시편42~83편은 "엘로힘 시편"이다.

   ⇒ 이는 야훼가 전쟁에서 패배한 신이라는 이름으로 사용치 않기 위해 야훼를 엘로힘으로 바꿔 사용한 것이다. 야훼 이름을 오용되지 않도록 새롭게 바꿔 쓴 것이다.

①-① 야훼 체바옷(יהוה צְבָאוֹת): 만군의 여호와, 278회 등장

  i) 야훼의 또 다른 이름이 아니라 고유명사 야훼 뒤에다 "만군"이란 단어를 결합시켜 만들었기에 첫 번째 이름의 별칭

이다. 즉 야훼의 속성을 나타내는 부가어일 뿐이다.

ii) 변화된 이름의 형태로 등장

    a. 만군의 여호와(יהוה צְבָאוֹת)

    b. 만군의 하나님 여호와(יהוה אֱלֹהֵי צְבָאוֹת)

    c. 그의 이름은 만군의 (Θ)여호와 צְבָא (군대)의 여성 복수 צְבָאוֹת 사용은 "군대들"이 의미하는 바가 있음. "수많은 군대를 거느린 여호와", 즉 여성복수 사용은 전쟁에 대한 잔인함을 없애기 위함이다.

iii) 통계적 사용

    - 모세 5경, 여호수아, 사사기, 제3이사야, 에스겔, 에스라, 느헤미야, 다니엘에는 전혀 등장하지 않고 학개(14회), 스가랴(44회), 말라기, 시편의 찬양시, 제1이사야(56회), 예레미야(82회)등 편향적으로 등장한다.

    - 즉 예루살렘 성전을 중심으로 사용하였고 이는 시온신학과 밀접히 관련된 칭호이다. 집중적 등장하는 부분들은 예루살렘 성전이 건재했던 남왕국에서의 사용 가능성이 많다.

iv) "야훼 체바옷"의 의미

    a. 야훼는 "이스라엘 지상 군대의 하나님": 거룩한 전쟁과 연관시켜 해석한다. 즉 하나님이 전쟁을 이끄시는 분(삼상15:2, 17:45, 삼하5:10)이며, 또한 "법궤와 밀접히 관련"하여 전쟁 수호신으로 생각하였다. 예루살렘 성전이 지어지면서 법궤가 들어가고 법궤 앞에서 하나님을 찬양할 때 사용하였다.

    b. 야훼는 "하늘 군대의 主"라는 뜻: 하늘의 만군(체바옷). 즉 달, 별, 천상의 세력들을 지배(통치)하시는 분으로 사용(왕하22:19, 시148:2)하여 초월적 세력들을 지배하시는

분으로 사용.

c. 가나안의 신화적 배경 속에서 이해: "가나안의 신화적인
자연 세력들을 이기시는 분"으로 해석하였다. צְבָא(군대)
를 명사로 해석 않고 형용사 "힘 있는"으로 해석하여
명사 수식어로 (암4:13, 5:8, 9:5 – 지배하는 전능자) בָאוֹת
צְ (수식) →יְהוָה

파. 셈족의 일반적인 하나님의 이름들

가) 엘로힘(אֱלֹהִים)

① 2600회 등장하며 אֵל의 복수형

② 복수로 쓰일 때 의미는 "우상들", "신들"이며, 동사도 복수
로 등장해야 한다.

  –특별히 법조문에 많이 등장한다. 십계명의 제1계명에서
  "나 외에 다른 신을 섬기지 말라"의 "다른 신" (אֲחֵרִים → ם
  אֱלֹה)은 이방신들을 의미한다.

③ 단수로 사용할 때는 "신"으로 "신들 중에 대표자"라는 뜻으로 사
  용한다.

  –이를 "추상적 복수", "강조형 복수"라 하며 모든 신들을
  거느리는 대표신의 역할로 사용한다. 이때 동사도 단수로
  쓰인다.

  –종교사적으로 고대근동 사람들이 많이 활용했던 어법으로
  바벨론, 가나안, 시리아에서의 신관을 보면 여러 신들을
  통합해서 하나의 개념 속에 집어넣는 관습이 있었다.

  예) 달의 신 Sin (메소포타미아 최고신) ⇒ilani sa ilani (신들
  of 신들)신들 중의 최고신 →이때 ilani 는 복수이지만 하
  나의 신을 칭한다. 가나안의 봉신들이 애굽의 왕을 칭할

때 ilania(나의 신들)를 사용했다. 애급의 왕이 1명임에도 그 정신은 모든 신들을 대표하는 분으로 사용했다.

④ O.T
  - 엘로힘은 "모든 신들을 대표하는 야훼"란 뜻으로 사용되어 복수형으로 사용했다. אֵל이 하나의 최고신을 지칭하는 명사라면 엘로힘은 모든 신들을 포함한 대표신(신들 중의 신, 최고신)으로 사용했다.
  - E기자는 Elohim을 "단 한분의 최고신"으로서 독점적으로 사용했다. 이는 신적 권능의 유일성을 나타내기 위해 사용한 것이다.
  - 포로기 때는 야훼신의 이름을 잘 사용하지 않았다. 이유는 이방인들의 입으로 불려지는 것을 반대하여 오히려 엘로힘 단어 사용이 급증했다.

나) 엘 (אֵל)
① 고대 근동에서 널리 활용되던 개별적인 최고신의 이름이다. 아카드어로 ilum, 우가릿트어로 'l, 히브 리어는 אֵל, 아랍어는 'Allah이다.
② 238회 등장하며 특별히 산문체(역사서)에서는 드물게 나오고 운문체(시문)에서 많이 등장한다.
  운문체: 욥기 55회, 시편 77회, 산문체: 삼상·하, 왕상·하, 대상·하에서는 등장 안함.
③ 고대 인명에 경건의 표시로 자주 등장하였다.
  - 창16:11 이스마엘(יִשְׁמָעֵאל) 「엘이 들으신다.」
  - 민1:10 가말리엘(גַּמְלִיאֵל) 「엘이 키워주신다」
  - 민1:14 드우엘 (דְּעוּאֵל) 「엘이 알고계시다」

⇒엘은 히브리어 איל에서 왔다. "강하다", "앞에 서다"의 의미
로 인도자, 강한 능력의 소유자란 뜻 가짐.

④ 인명 → 지명 / 국가명과도 연결되어 등장

　ⅰ) 베델(בֵּית-אֵל) 창28:19 → "엘의 집"이나 이곳은 거룩한 야훼
　　성소

　ⅱ) 브니엘(פְּנִיאֵל) 창32:30 → "하나님의 얼굴", 동사 פָּנָה

　ⅲ) 이스르엘(יִשְׂרְאֵל) 수15:56 → "엘이 씨를 뿌리는 곳", 비옥
　　한 곡창지대

　ⅳ) 이스라엘(יִשְׂרָאֵל) 창32:28 → "엘이 싸우신다, 다스린다, 통치
　　하신다."

⇒이스라엘이 태동될 즈음에 엘 종교 숭배보다 야훼종교 숭배
의 힘이 컸음을 보여준다. 그리하여 출애굽(야훼)그룹이 사회
의 중추적 역할을 했을 것이다

다) 엘 엘르욘(אֵל עֶלְיוֹן)

【엘(אֵל) = Jahwe】

☞ 종교사적 발전단계
○ 유목민들은 야훼종교를 숭배했고, 농경민(거주)은 엘신을 섬겼는데 후에 한 국가
　가 형성되면서 종교가 혼합되었다.
○ 족장신 → 족장신이 엘신과 동일시 → 족장신과 엘신과 야훼의 동일시
○ 엘신이 갖고 있던 신의 속성을 야훼에게 넘김
　ⅰ) 출34:6 "야훼께서······자비, 은혜······진실하신 엘신
　ⅱ) 시29:3 (19:2), 영광의 엘(거룩)
　ⅲ) 시82:1, 신들(El)의 모임 가운데 대장으로서의 야훼 모습(신들의 모습 속에
　　야훼 본성 가리려 함)
　ⅳ) 시48:2 "북방에 있는 시온산"은 예루살렘의 한 산으로 신의 거주지, 즉 엘신의
　　거주지를 야훼가 차지하며 동일신으로 간주한다. 시내산은 거리상 너무 멀다.

- 창14:18f(창14:19,22) 살렘왕 멜기세덱은 "지극히 높으신 하나님"
  의 제사장으로 야훼종교와의 속성과 대립되지 않고 엘신을 다른
  명칭으로 뚜렷이 나타내 준다. 예루살렘에 살고 있는 가나안 사
  람들이 섬겼다. 즉 예루살렘을 중심으로 숭배되었던 신의 이름
  이다.
- 다니엘, 외경(에스드라1서, 희년서, 벤시락서, 에녹서, 에스드라2
  서)에 많이 등장.

b-2) 엘 로이 (אֵל רֳאִי)
- רָאָה(보다)에서 나왔다. "보고 계시는 하나님", "감찰하시는
  하나님"
- 창16:13 하갈과 이스마엘 관련 브엘라헤로이(가데스~베렛 사
  이:샘이 있는 광야 지역)에서 이스마엘 후손들이 정착했을 가
  능성 많다.

b-3) 엘 올람 (אֵל עוֹלָם)
- 창21:33 "영원하신 하나님", 이삭과 관련 브엘세바에서 불리
  던 하나님 이름이다. 브엘세바는 남쪽 지방의 성지로 8세기
  까지 순례 객이 찾았던 성소이다.(암5:5, 8:14, 호1:15)
- 엘 올람은 신의 영속성을 강조하는 특징을 갖고 있다. 즉
  "시간의 주관자"이다.
ⅰ) 시간적 유한성에 제한받지 않는 하나님으로 신을 자연현상의
   변화차원으로 끌어내리려는 것을 거부
ⅱ) 고대 근동에 널리 퍼져 있던 시간 신비주의와 관련되어 있다.
   페니키아: "결코 흐르지 않는 시간"의 뜻을 가진 신을 섬김
   애굽: 태양찬가에 "그대(태양)는 모든 만물의 시간이니"로 신을 표
   현함

페르시아: 최고신인 Zrvan는 "무한한 시간"이란 뜻임

⇒이러한 영향으로 야훼 하나님을 고백할 때, 엘신을 관련 않고 시간과 관련(초월)시켜 사40:28 "영원하신 여호와 하나님", 렘10:10 "영원한 왕", 사26:4 "영원한 반석(단4:31, 6:27)

b-4) 엘 베델 (אֵל בֵּית-אֵל)

–창35:7 야곱과 관련 베델에서 베델의 "수호신", "지키시는 자" 로 사용.

b-5) 엘 베리트 (אֵל בְּרִית)

–삿9:46 "언약의 하나님", 아비멜렉 시대 세겜에서 숭배되던 신

b-6) 엘 샤다이 (אֵל שַׁדַּי)

–창17:1~출6:3, "전능하신 하나님", P문서에 많이 나오며 특정 지명과 관련되지 않고 산과 관련 사용

–샤두(sadu)는 "산"의 의미

b-7) 엘 엘로이 이스라엘(אֱלֹהֵי יִשְׂרָאֵל)

–창33:20 "이스라엘의 하나님 엘", 야곱이 세겜 성 앞에서 제 단 쌓고 부름.

–엘과 이스라엘의 관계를 가장 잘 보여주는 신의 이름이다.

라) 엘로아(אֱלוֹהַּ)

–구약 57회 등장하며 특히 욥기의 대화 부분으로 욥기의 서론과 결론은 설화체이고 본론은 운문체로서 본론의 대화부분에 41회 등장한다. 그 외 구약의 운문체(신32:15,17, 시18:32등)에 주로

등장하는 데 중요 역할을 하지 않는다.

하. 야훼의 별칭들

가) 멜렉(王)

동사 מָלַךְ로 13회, 명사 מֶלֶךְ로 41회 등장

① 이는 지혜문헌이나 법조문에는 한번도 등장 않고 주로 시온전
   승, 성전 관련 등장

② 언제부터 야훼를 왕으로 불렀는가?(이스라엘 역사 p.35~40)
   - 왕국시대 이전부터, 왕국시대 이후부터의 두 가지 견해가 있
     다. 결론적으로 왕으로서의 하나님이름은 매우 오래된 셈족
     의 전통이다. 왕국시대 이전부터 야훼를 왕으로 고백한 증거
     는 삿8:22~23에 "기드온이 말하기를 야훼께서 너희를 다스리
     리라" 말했으며, 삼상8:7, 12:12에도 등장한다. 즉 왕국시대
     이전부터 멜렉을 야훼에 적용시켰다. 이를 초기 야훼종교의
     독특성으로 본다.
   - 왕국이 도입된 후부터는 야훼를 왕으로 부르는 관습이 활발
     해지기 시작했다.
 ⅰ) 사울의 아들 말기수아(מְכִי-שׁוּעַ "나의 왕은 도움(구원)이시다")
 ⅱ) 삼상21:2 아히멜렉 "나의 형제가 왕이다."
 ⅲ) 시24:7~10 왕국 초기에 나타난 것으로 야훼를 왕으로 부름
    - 야훼를 왕으로 고백하는 선언은 이스라엘 역사 초기(왕국 탄
      생 이전)이다. 후에 왕국시대의 시온신학(하나님께서 시온만
      은 반드시 지키신다)과 연결되었다. 이러한 이유로 이스라엘
      은 인간을 왕으로 추대하는 것이 늦어진 것이다.

③ 포로기(제2이사야)
- 야훼를 왕으로 부르는 것에 대한 완전한 새로운 이해가 시작
됨, 즉 야훼는 한 민족 한 국가의 왕이 아니라 영방의 왕, 세
계의 왕, 모든 신들 중의 왕이다. 그래서 야훼의 왕권은 온 우
주에 미치며, 모든 열방들이 그에게 복종할 것이라고 선언함.
- "전 세계의 왕으로서의 야훼", 즉 포로기 때부터 국수주의적
신관 아닌 보편주의적 신관을 갖게 되었다.
- 제2이사야 영향으로 포로 후 새롭게 세어진 제2성전 예배에
서 하나님이 열방의 왕으로서 야훼의 권능 역설한다.(야훼 등
극 시: 93, 95, 96, 97편 등등 주요 단어는 מָלַךְ יהוה "야훼께서
통치하신다." - 열방통치)
- 열방들에 대한 야훼의 주권사상을 고취: 전 세계적 왕국사상

④ 열방들에 대한 왕으로 부르는 것에 대한 2가지 결과
ⅰ) 야훼라는 옛 개념은 완전히 새로운 것이 되었다: 국수적이
고 지역적인 한계를 뛰어넘었다. 즉 내재적 결함을 제거하
고 보편적 종교성을 띠게 되었다.
ⅱ) 신학적이고 내면적인 해방을 경험하게 되었다: 이스라엘 지
상의 왕이 무너지면서 신학적 위기를 맞게 되었는데 제2이
사야의 신학적 해석 통해 이를 뛰어 넘을 수 있었다.
- "이스라엘을 무너뜨린 왕 / 열방의 신들은 더 큰 왕 야훼
에게 복종할(도구일) 뿐이다"라 하여 암울한 시대적 위기
를 극복할 수 있는 무기가 되었다. 따라서 지상의 권력
을 섭리하고 움직이는 더 큰 세력이 있음을 인식하게 되
었다.
- "야훼의 왕국사상"은 탄생되었고 후기 유대교에 와서
발전되었는데 신약에 이르러 "하나님 나라"로

통한다.(제3마카비2:2, 5:35, 에녹서9:4, 81:3, 84:2) 단4:3,
4:34, 대상29:11 → 하나님의 왕국은 창조 때부터 이미
존재했었고 하나님의 유일한 주권은 영원히 계속될
것임을 고백함. 포로 후기 유일신론 사상은 야훼가 왕이
되심과 동일한 맥락으로 발전한다.

나) 바알(בַעַל)

- "주인", "주", "소유자"의 뜻. 셈족 명칭 중 하나로 가나안인 숭
  배 신으로 농경민들에게 다산의 신으로 불린다. 땅의 소유자이
  며 땅의 결실을 풍성히 맺게 하는 지신(地神)이다.
- 속성은 자연주의적 성격으로 천둥, 번개, 폭풍을 가져오는 신으로
  숭배되며, 바알의 짝꿍 신은 아세라, 아스다롯, 바알라 등이다.
- 출애굽 그룹이 가나안에 입주하게 되면서 바알 종교의 유혹에
  빠지게 된다: 삿8:33, 9:6,46 세겜에 살던 이스라엘 사람들이 섬
  기던 바알브릿(בַעַל בְרִית, 언약의 바알), 엘브릿(אֵל בְרִית 언약의 하
  나님)
- 인명: 사울 아들 이스바알(삼하2:4, אִישׁ בַּעַל 바알의 남자), 요나단
  의 아들 므립바알(대상8:34 מְרִיב בַּעַל), 다윗의 아들 브엘야다(대상
  14:7 בְּעֶלְיָדָע) ⇒ 사울과 다윗 가족의 이름 통해 이스라엘 사람들
  사이 넓게 퍼져있었음을 알 수 있다
- 엘과 야훼의 혼합은 이루어졌으나 바알과 야훼의 혼합은 이루어
  지지 않았다. 바알 이름이 이스라엘 백성들의 이름에 축약형으
  로 널리 사용되었고 야훼종교가 이스라엘의 국가종교로 나타나
  게 된 것은 다윗 이후부터이다.
- 이스라엘 초기에는 바알종교와 야훼종교가 혼합되어 사용되었으
  나 분리되는 결정적 공헌은 9세기 엘리야와 엘리사였고, 후에 8

세기 호세아에 이르러 완전해졌다. 이들은 바알 종교와의 혼합을 배격하고 순수한 야훼종교 회복을 위해 투쟁했다. 즉 야훼종교의 정통 골수분자로서 농경민의 바알종교에 휩쓸리지 않았다

다) 아돈(אֲדוֹן)

-"주인", "주" (소유주는 아님)
① 가나안과 이스라엘 사람들에게만 통용되었던 단어로 가나안 사람들이 먼저 사용했고, 후에 이스라엘 사람들에게 전수되었을 것이다.(가나안 사람들도 셈족으로 셈어 사용)
② 신에게 적용되었던 종교언어가 아니고 사회적인 용어이다. 즉 인간관계에서 자기보다 연배, 상급자, 신분이 높은 자에게 붙여주던 경칭이다.
   -아내가 남편에게, 자녀가 아버지에게(창31:35), 신하가 왕에게 (창44:18, 삼상24:8, 렘22:18)
③ 용어가 하나님에게 사용될 때 고유한 신명으로 사용되지 않고 별칭으로 존경의 의미로써 사용됨.
   -주 여호와(출23:17, 34:23), 주 만군의 여호와(사1:24, 3:1, 10:16)
④ 인간의 이름에 경건의 의미로 사용
   -아도니세덱(수10:3, אֲדֹנִי-צֶדֶק 내 주는 의로우시다), 아도니람 (왕상4:6, אֲדֹנִירָם 내 주는 높으신 분이다), 아도니야9삼하3:4)
⑤ 인간의 이름에 경건의 의미로 사용
   -아도니세덱(수10:3, אֲדֹנִי-צֶדֶק 내 주는 의로우시다), 아도니람 (왕상4:6, אֲדֹנִירָם 내 주는 높으신 분이다), 아도니야9삼하3:4)
⑥ 기도문에서는(시편+예언서) → "내 주여" אֲדֹנִי 1 인칭 소유격 접미사 넣어 호격으로 사용

⑦ 고유명사 יהוה 대신 사용할 때에는 아돈과 구분하기 위해 "아
  도나이"를 사용한다.
  - 이런 과정에서 아돈이 갖고 있던 원래적인 의미는 변질되었
    다. 따라서 단순히 경칭이었던 아돈에서 "아도나이" 신의 이
    름이 탄생되면서 "전능하신 주"로 뜻이 바뀌게 되었다. 즉 사
    회적 용어가 종교적 용어로 바뀌면서 전 세계를 통치하시는
    보편적이고 초월적인 신의 이름으로 되었다.(보편적 종교로의
    탈바꿈)

갸. 야훼 하나님의 본성들

- 구약은 야훼의 본성에 대하여 조직적이나 체계적으로 진술하지
  않았으며, 절대적 본질에 대해서 단정 짓지 않는다. 하나님의 본
  성 안에 상호 모순점인 모습들이 등장하기 때문이며, "야훼는
  (무엇무엇)을 행하시는 분이다"라고 할 뿐이다. 즉 "야훼는 사랑
  이시다" 등의 말로 표현하는데, 이는 야훼를 규정지을 수 없기
  때문이다.

가) 영원하신 하나님

① 고대 근동의 종교와 결정적으로 다른 점: 야훼는 출생, 탄생하
  신 분이 아니며 또한 신들의 투쟁을 통해 나타나신 분도 아니
  며, 부인이나 가족 등 신의 계보가 없는 것이 특징이다. 이유는
  영원하신 하나님이기 때문이다.
  - 시90:2 "영원부터 영원까지"(알파와 오메가): "야훼는 늙거나
    죽거나 먹는다" 등의 개념은 없다.
  - 단 7:9, 13 "옛적부터 항상 계신 분" 이라고 번역된 아람어 ▫

יֹומִ עַתִּיק는 문자적으로 "나이가 많은 자", "오래 사는 분"이며, 하나님을 노인으로 보는 것은 낯선 표현이다. 이것은 우가릿의 신의 모습과 일치된다. 뿐만 아니라 시리아의 만신전의 El 신을 "왕", "햇수의 아버지"라고 한다. 즉 神의 노쇠함 표현 아닌 神의 태고성, 영원성의 의미로 사용한다.

나) 거룩하신 하나님

- J.Hanel은 말하기를 "구약의 종교는 거룩함의 종교이다. 고대근동종교와 구약의 종교가 구분되는 결정적 증거는 이스라엘 역사 초기부터 신을 거룩한 분으로 섬겼다"라고 한다.
1) 하나님: "이스라엘의 거룩자"(사4:5;19,24……; 41:14,16, 60:14) →전적타자로서의 하나님의 모습이 구약의 수많은 부분에서 등장
2) 물건(성물): 야훼께 드리는 기름, 제사 향, 첫 이삭의 떡, 성막의 물, 제사장의 옷, 법궤(삼하6장), 모든 제물 등, 십일조 등등(민4:4 성물운반의 조심성) 전쟁 탈취 물까지 거룩히 여김
3) 날: 안식일, 유월절, 초막절, 속죄일, 칠칠절 등 야훼와 만나는 날은 거룩한 날
4) 장소: 장막(회막), 실로, 성전(지성소)
5) 사람: 제사장, 아론과 그의 아들들, 엘리아살(삼상7:1)
   - 시15, 24:3~6 성전 방문자의 의무로서 "거룩한 삶" 강조, 도덕적 정결 전제
   ⇒ 성(聖)과 속(俗)의 철저한 분리 요청
   - "루돌프 오토"가 말하기를, "종교가 되기 위해서는 거룩함이 있어야 한다."

냐. 야훼종교 내에서의 거룩함의 대상들

가) 거룩한 장소들

① 가나안의 종교: 바알이 관할하는 특정지역을 정해 놓고 그 지역을 찾아오는 자들에게 복을 준다는 개념을 갖는다. 바알 거주 특정지역의 돌, 나무, 샘, 건축물을 신성시 여겼고 숭배한다. 따라서 가나안의 종교에서는 성소에 확고히 고착된 신으로 인식되었고 특별히 돌은 영원성과 불변성의 상징이며 나아가 다산 (거석)의 상징으로 숭배함.

② 구약의 종교: 특정한 장소(예루살렘, 베델, 단 등을 성소로 여김)가 거룩하여 야훼가 내려오는 것으로 이해

가나안의 종교뿐 아니라 구약에서도 특정 장소 통한 신을 만나는 사상의 두 가지 의미로

 ⅰ) 신의 현현은 인간에 의해서 강제적으로 결정될 수 없다는 것
 ⅱ) 하나님과 인간의 만남의 주도권은 하나님에게 있다.

그러나 위 두 가지 사상의 위험성을 보면
 ⅰ) 특별장소가 신의 활동 대상일 경우 신의 활동영역이 제한되고 영향권도 제한받는다.
 ⅱ) 그러한 사상의 강조는 제의(예배)의 인격적 요소가 경시되고 형식과 절차에만 가치를 부여하게 된다.
 ⅲ) 종교가 국수주의적이고 지역주의적 종교로 전락할 수 있다. 즉 초월성과 보편성의 부재이다.
 ⅳ) 거룩한 장소 안에 있는 대상(돌, 나무 등) 숭배는 자연주의적 신관, 물신숭배사상, 정령신앙으로의 위험성을 갖는다.

야훼종교는 이러한 위험성을 어떻게 극복했는가?

—"하나님이 실제로 특정장소에 임재해 계시다"는 고백이 있었고 또한 이것을 극복하기 위해 신학적 저항 세력들로 "예언자", "P 문서 기자", 신명기 학파"가 있는데 이들은 하나님의 초월성을 강조한다.

나) 하나님의 초월성 강조 방법

i) רָאָה 동사의 수동태(Nipal) 형태 사용: "하나님이 계시다"의 "거주하다", "있다"라는 동사 יָשַׁב를 사용하지 않고 "나타나셨다", "현현하셨다"라는 말로 사용한다. 즉 רָאָה 동사의 수동태(Nipal) 형태로 바꿔 사용한다.(출3:2 "시내산에 나타나셨다")

ii) יָרַד "내려오셨다", "강림하셨다" 출19:11,18,20, 33:9~10은 거룩한 장소(시내산)로의 현현이다. 강림은 신의 특정지역 한정의 거주 개념이 아닌 위에서 아래(땅—거룩한 장소)로 내려오신 분으로 이해하는 것이다. 창12:7,26:23~24, 28:12에서 하나님의 거주 장소를 하늘로 묘사한다.

iii) 신명기 학파: 신12:5,11 "하나님의 이름"(성명신학)을 두시기 위해 거룩한 장소에 임재하신다. 즉 하나님의 본체는 하늘에 계시고 하나님의 이름은 이 땅에 두신다.

⇒"구약에서의 거룩한 장소들은 하나님이 거주하시는 곳이 아니라 자신을 계시하시는 곳이다"라는 神 개념을 바꾸는 신학적 발전을 가져와 가나안의 종교들과 구분하고 그 위험성을 뛰어 넘었다.

다) 거룩한 물건들

① 법궤: 이 땅에 임재하시는 하나님의 보좌(보이지 않게 임재하시는 분→신의 형상 제조금지 명령)

- 웃사(삼하6:6~7)가 아효와 함께 잘못 만져 즉사함. 이는 거룩
  함의 상징으로 법궤는 신의 임재의 한 방법에 대한 상징이다.
- 신10:1~5(법궤 제조) 지성소에 안치한 후, 법궤에 대한 내용
  을 알 수 없다. 신학자들은 586년 예루살렘 멸망 시 바벨론
  에 의거 불타버렸을 것으로 추측한다.

② 성막(회막): 모세 시대의 성소로서 유랑시대 움직이는 성소로
광야에서 하나님과 인간의 만남의 장소
- 성막에서 재판 열림은 "하나님 앞에서 맹세한다"의 의미이다.
  또한 기도도 하는데 하나님의 흔적을 담고 있다

③ 모세의 놋뱀 지팡이(민21:4~10): 능력의 지팡이 속에 임재해 계
시는 하나님의 권능의 상징이다.
- 물신숭배 사상과는 거리가 멀고 단지 광야의 뱀(원수)을 물리
  치고 승리(구원)를 가져다 준 능력의 통로로서 하나님의 임재
  의 상징이다.
- 고대 근동에서 뱀은 권위 / 지혜와 다산의 상징이다. 특히 애
  급의 왕들 머리에는 뱀 조각상을 썼다.(노프라예테 상)
- 애급 / 시리아에서도 지팡이에다 신의 모습을 장식하고 제의적
  으로 숭배하는 모습을 엿볼 수 있다. 한편 모세의 놋뱀 지팡
  이는 야훼의 권능의 임재 상징이었으나 근동과 같이 제의의
  권능 지팡이로 사용했을 것으로 본다. 즉 시간이 지나면서 놋
  뱀 지팡이는 숭배의 대상으로 바뀌게 되었고 그리하여 히스
  기야는 종교개혁(왕하18:4) 시 파괴한다.

④ 황소상(왕상12:8): 북왕국 왕 여로보암이 베델과 단에 세우는
결정적 실수(왕상12:30,14:7,15:34)
- 북쪽은 B.C.926~722로서 짧은 역사인데, 신명기 사가들은
  "왜 북쪽의 역사가 짧은 것인가"에 대하여 연구결과 여로보
  암이 황소를 설치한 것으로 원인을 삼았다. 그러나 여로보암

의 의도는 형상제조가 아니라 하나님의 임재의 상징으로 제
조한 것이다.

- 황소는 바벨론과 시리아에서 폭풍의 신의 상징이었고 신성한
동물로 인정하였다. 따라서 여로보암 1세의 의도도 남왕국이
법궤의 역할과 비슷하게 야훼가 눈에 보이지 않게 임재하시
·는 상징의 표현으로 만들었던 것이다. 그러나 의도와 달리 북
쪽 사람들이 황소상을 숭배의 대상으로 섬겼고 물질적인 하
나님, 즉 자연의 풍요를 제공해주는 신으로 보았기에 호세아
가 강하게 반박하고 있다.

라) 거룩한 절기들

- 무교절, 신년축제, 안식일, 칠칠절, 수장절, 월삭 등 이러한 절기
들은 유목민들의 축제가 아닌 농경민의 축제였고 자연절기와 관
련된 축제였다. 그러나 나중에 신학화되면서 야훼종교 안으로
흡수되었다. 즉 농경민족의 축제가 비슷한 시기에 지켜지던 야
훼종교의 절기들과 만나게 되었고 이러한 농경절기들이 이스라
엘의 역사와 결합된 것이다.

① 무교절: 시기는 3/4월로서 밀을 추수할 때 거행하던 축제이다.
발효되지 않은 빵을 먹는 전통으로서 이스라엘 백성의 출애굽
사건(유월절)과 관련되는데 이 절기가 하나님의 구속의 은총을
경험하는 절기로 바뀌게 되었다. 즉 무교절은 농경민과 관련된 축
제이고 유월절은 이스라엘 백성의 사건인데 후에 무교절을 신학화
하여 결합시킨 것이다.

② 칠칠절(맥추절): 49일이 지난 후 시작되는 절기로서 보리추수
끝날 때 즈음인 5/6월경이다. 신약의 오순절 사건과 결합되면
서 교회의 탄생을 기념하는 절기가 된다.

③ 수장절(장막절): 올리브 등 가을 추수로서 시기적으로 9/10월

경이다. 고대인들은 신년축제를 이때 시작한다. 광야생활을 기억하는 초막절로 연결되면서 전통적인 수장절의 개념이 완전히 바뀌게 되었다. 즉 수장절은 비슷한 시기에 지켜지던 이스라엘의 장막절과 결부되므로 역사적 동기가 부여된 것이다.

따라서 시간과 역사의 주인 되시는 하나님에 대한 고백을 할 수 있게 되었다. 이는 자연축제와 구원사가 밀접히 관련되면서 거룩한 절기로 받아들여지고 지켜지게 된 것이다.

④ 안식일: B.Stache는 "안식일은 원래 농경사회를 배경으로 하는 날로서 야훼종교의 원래적 요소는 아니었다."라고 말한다. 바벨론 사람들은 7, 14, 19, 21, 28……(19일은 미신적 경외감)을 지켰으며, 이들에게 안식일의 개념은 ⅰ) 흉일(unlucky day)로서 특별한 주의를 요하는 날 이었으며, ⅱ) 달의 움직임과 관련되고 있는 날이다. 고대 애굽에서는 13달로서 12달은 30일씩이고 13달은 5일로 지켰다. 그래서 7의 배수는 무조건 안식일(고정된 숫자)이었다.

－이스라엘 사람들에게는 광야 때 맛나 사건과 관련 처음 등장한다. 그러나 8세기 이사야 때까지 월삭＋안식일로서 달의 중요성이 더 강조되었다.

－안식일의 의미가 신학화되고 거룩한 것으로 간주된 결정적 계기는 포로기 때부터이다. 느헤미야가 포로 후기 성을 보수할 때 안식일에 잡상인은 출입 못하도록 성문 닫도록 지시한 것으로 보아 안식일은 이때까지 잘 지켜지지 않았음을 알 수 있다.

－이스라엘 민족에게 있어 안식일에 대한 개념이 바뀌게 되었는데

　ⅰ) unlucky day 개념이 "예배하는 날"(만나는 날)로 바뀌었으며,

ⅱ) 달의 움직임과의 관련이 무관하게 되었다. 달의 상태로부
터 분리되는 것으로 이는 천신숭배사상을 배격하는 것이다

⑤ 월삭(음력 초하루 날): 사1:13~14 월삭을 안식일보다 더 중히
여겼다. 달이 처음 떠오른 날 거행된 축제로서 풍요의 공급이 이루
어지는 날로 여긴다. 민28:11~15에서 월삭 축제 준비방법을 설명하
고 있다.

- 이날은 고대 근동 사람들에게 있어 달의 신(Jurich)에게 제사
드리는 날인데, 이스라엘 사람들은 이것을 받아들였고 역사가
흘러가면서 그 의미는 퇴색되었다. 단지 B.C.8세기까지는 이
스라엘 사람들에게 미신적인 요소로 남아있었다.(이사야 근
거) 후에 이날은 달과 관련 없는 것으로서 야훼께 자연의 시
간을 고백하는 축제의 날로 되었고 또한 안식일의 개념이 우
선시되었다.

구약의 거룩함에 대한 개념과 고대 근동의 거룩함에 대한 개념의
차이점

ⅰ) 고대 근동의 사람들에 있어서 거룩함의 기준은 제의적 기구들,
행위들, 장소, 절기와 관련되며, 신에게는 거룩함의 개념이 없
다.(신과 관련된 결혼, 출생, 싸움 등 때문에)

ⅱ) 반면 이스라엘 사람들에게 있어서는 야훼 하나님 자신이 거룩
하신 분이며, 거룩함의 근원이시다. 이는 하나님의 주권으로부
터 거룩함이 출발됨을 의미하며 하나님과 관련된 모든 것만이
거룩하게 된다는 것이다.

예언자 운동에서의 거룩함의 의미 ⇒ 먼 곳에 있는 거룩함이 아니
고 가까이 있는 거룩함의 중요성이 강조됨.

① 아모스

- 암 2:7 → 윤리적 타락과 경제적 수탈(사회 정의 차원)이 하나

님의 거룩함을 훼손하는 행위로 소개됨. 거룩함의 개념이 성
전 안에서 밖으로 나온 것이다. 이러한 신학적 발전이 예언자
에게서 나온 것임.

- 암 4:1,2 → 바산의 암소(사치한 여인)에 대한 책망으로서 사회
적 무책임, 사치, 향락 등이 하나님의 거룩함을 훼손하는 것
으로 나온다.

② 이사야

- 6:1이하 → 이사야는 소명받을 때 하나님의 절대적 거룩함을
체험한다. 하나님을 만날 때의 매개체는 "하나님의 거룩함"이
었다. 즉 이사야 자신의 죄를 강하게 인식하게 되는 경험을
한다. "화로다 나여 망하게 되었도다. 나는 입술이 부정한 사
람이요"라는 죄인으로서의 자의식으로 개인적인 행실 속에서
일어난 범죄의 자각이다. 이는 아모스의 사회정의 차원의 거
룩함에서 이사야의 개인적 차원의 거룩함으로의 발전이다.
"내가 아무리 의롭게 살아갈지라도 나는 하나님 앞에서 죄
인"이라는 자의식이 형성된 것이다.

- 10:17 → "사회적 차원의 죄"로서 이스라엘 사회의 죄는 어두
운 미래를 초래할 것이라고 경고한다. 이는 "심판자로서 다가
오시는 하나님"을 말하는 것으로 하나님의 거룩함이 윤리적,
도덕적, 사회적 차원에서 해석되고 있다. 즉 거룩함이라는 개
념을 단순히 성전 안에서 만의 종교적 개념으로 인식하는 것
이 아니라 사회적 개념으로 확대시켰다.

③ 호세아

- "새로운 차원의 거룩함 이해"로서 거룩함을 사랑(הֶסֶד)으로 본다.
- 하나님의 거룩함은 인간을 향한 절대적 사랑으로 나타난다.

그래서 아모스와 이사야가 고백하는 심판으로서의 하나님이
아닌 용서하시는 사랑의 하나님을 강조한다.

- 호11:8f → 죄인임에도 심판하시지 아니하시고 인간에게 다가
오시는 하나님의 한없는 사랑과 용서를 거룩함으로 선포한다.
따라서 인간의 이해를 초월한 사랑으로서의 거룩함이다. 한편
하나님은 거룩하시기 때문에 죄인은 용서하고 받아들이지만
죄는 거부하신다.

④ 제2이사야

- 사41:14 → "너희의 구속자는 이스라엘의 거룩한 자니라," 즉
거룩하신 하나님을 포로(억압)로부터 해방시키시는 분으로 인
식한다.

- 하나님의 거룩함의 신비는 호세아처럼 "이해를 초월한 사랑"
이 아니고 또한 아모스나 이사야처럼 "윤리적 타락에 대한
심판"도 아니다. 즉 "하나님의 창조적 역사행위를 통한 구속
의 사건"으로 본다. 창조적 역사의 주관자로서 하나님을 거룩
함으로 묘사하고 있다.

⇒ 예언자들은 거룩하신 하나님을 성전이나 제사에서의 하나님
만이 아닌 상전 밖, 삶의 현장 속에서 나타나시는 하나님을
외쳤던 것이다. 따라서 아모스는 "사회악", 이사야는 "개인의
죄", 호세아는 "그럼에도 불구하고 용서하시는 하나님의 사
랑으로서 거룩함"을 말하고 있다. 그리고 제2이사야는 "포로
기 경험 후 거룩하신 하나님을 역사의 주관자로서 해방의 하
나님"을 강조하고 있다.

마) 질투하시는 하나님

- 질투(קנא)라는 단어의 뜻은 "정열을 갖고 무엇인가를 관철시

키려는 의지"이다.

ⅰ) 십계명: 출20:5, 신5:9, 제2계명(신상제조금령)과 관련하여 하나님 자신을 소개하실 때 사용했다. 또한 출34:14(제2 계명 관련)에도 "질투의 하나님"(אֵל קַנָּא)을 말하고 있다.

ⅱ) 신명기 본문: 신4:24, 6:15, 32:16,21……에 반복해서 등장 한다.

-"질투"라는 단어를 쓰는 이유는 이스라엘과 하나님 사이의 독점적 관계성 내지 독점적 경배받기를 원함을 강조하기 위해서다. 즉 유일한 경배의 대상 또는 유일한 관계의 대상으로서 하나님과 이스라엘의 특별관계를 설명한다.

⇒ 포로기 전(왕국시대)까지는 독점적 관계가 이스라엘과만 맺어졌으나 포로 후기부터는 하나님의 질투의 대상이 모든 열방(민족)으로 확대되었다. 오직 야훼만이 유일신이라는 보편적 신관이 탄생하게 된 것이다.(유일신론으로 발전)

바) 인자하신 하나님(출34:6 자비, 지혜, 노하기를 더디, 인자, 진실)

-출34:6과 비슷한 구절로는 요엘2:13, 욘4:2, 시86:15, 103:8, 145:8, 느9:17이 있고, 스피커만(Spieckehmann)은 "은총의 공식문"으로 '기도문', '예배의 축복문'이었을 것임을 주장한다.

1) 자비롭다(רחם): "구체적인 행동을 동반한 돌봄의 모습"을 나타내며, 26회 나오는데 포로기전 본문들(호1:6, 2:4, 사9:17)에서는 부정적으로 사용한다. 즉 하나님은 은총을 베풀지 않으시고 무조건 심판하시는 인자하시지 아니한 하나님으로 묘사한다. 반면 포로 후기 본문들(출33:19, 왕상8:50, 신13:18 이하Dtr)의 입장에서는 하나님의 새로운 구원행동의 동기로써 사용된다.

2) 은혜로운(חנּון): "높은 자가 베푸는 호의와 친절"로서 높은

왕이 신하 / 백성에게 베푸는 친절을 의미한다.

3) 노하기를 더디 하고: 구약에서 하나님의 진노는 인간 세상의 재앙의 원인으로 본다. 그리고 고대근동의 종교에서도 대부분 인간의 재난이 신의 진노의 결과로 보고 있다. 길가메시 서사시의 대홍수도 Enril의 진노 때문이었다.

-구약과 고대근동 종교의 차이점을 보면

 ⅰ) 구약에서의 하나님의 진노는 인간의 죄와 밀접히 관련된다. 즉 신의 변덕스러움(야만적인 악마)의 결과가 아니다. 인간의 죄에 대한 불쾌감의 표현이다. 하나님의 진노는 인간의 불의에 대한 복수이다. 하나님의 진노는 예측 불가능한 현상이 아니라 하나님 본성의 불가침성에 대한 보호이다. 따라서 구약에서는 하나님 진노는 하나님의 정당한 행위임을 보여준다.

 ⅱ) 모든 재앙은 인간의 죄에 대한 징벌이라고 체계화시키지는 않는다. 구약은 무죄한 자의 죽음 / 고난을 예외적으로 인정한다.(욥기, 전도서, 시편의 탄식 시) 그러나 이해할 수 없는 원칙에 어긋난 재앙, 슬픔, 고난도 하나님의 역사 섭리의 범주 안에 들어있다. 인간의 사고를 뛰어넘는 더 높은 하나님의 법칙이 존재하고 있음을 인정한다. 따라서 의로운 자의 고난도 하나님의 계획에 포함된다.

 ⅲ) 하나님의 진노를 벗어나기 위해서 고대근동의 종교는 주문, 마술, 주술행위를 한다. 그러나 구약에선 '회개', '회개가 동반된 희생제사' 통해 하나님의 진노를 벗어난다. 즉 신과의 인격적 만남을 통해서 관계를 회복하려는 태도이고 또한 징벌 속에서 긍정적 의미를 찾아내려는 의미이다.

 ⇒구약은 하나님의 진노가 하나님의 영속적인 속성이라고 말

하지는 않는다. 하나님의 진노는 하나님의 자비로움에 의해서 제한을 받는다. 때로는 분노하시지만 은혜 베푸는 분으로서 영속하진 않고 역설적 표현일 뿐으로 설명하고 있다. 하나님의 진노는 인간의 죄 때문에 촉발된 하나님의 태도 변화일 뿐이다.

⇒ 세상질서의 극단적 모순은 후에 묵시문학을 탄생시킨다. 이스라엘 민족은 바벨론에서의 포로생활 해방을 처음에 하나님의 진노의 종결로 보았으나 헬라와 로마 등의 계속되는 압박 때문에 종말론적 묵시문학으로 발전하게 된 것이다.

4) 인자와 진실이 많은 하나님: 인자(חֶסֶד)는 "하나님과 이스라엘 사이의 특별한 관계"를 설명한다.

– '인자(חֶסֶד)'라는 단어의 쓰임에서 ⅰ)주어가 하나님일 경우 "인간을 향한 변함없는 사랑"을 의미하며, ⅱ)주어가 인간일 경우는 "인간 상호 간의 신뢰와 사랑"을 뜻한다. 하나님의 사랑에 대한 응답이 인간을 향한 사랑으로 서로 사랑을 나누는 것이며 하나님 사랑에 보답하는 것이다.

– 참된 야훼종교의 본질은 인간을 향한 사랑의 실천을 통해 하나님과의 내적 결합을 계속하는 것이다.

– '진실(אֱמֶת)'은 "상대방을 향한 무조건적 신뢰성"으로서 말과 행동에 대한 책임이다.

사) 살아계신 하나님

– 구약에서의 뜻은 "죽어 있는 하나님"의 반대개념이 아니다.

1) 강한 능력과 힘을 소유한 분(삼상17:26,36, 수3:10): 하나님의 존재와 관련된 표현이 아니라 하나님의 활동과 관련된다. 즉 하나님은 역사의 주관자이시며 전쟁에서의 승리를 가져오시는 분이다

2) 하나님은 공의의 심판자이시다: 하나님의 사심(살아계심)으로
   맹세한다(53회 등장). 즉 하나님은 증인이시다. 거짓, 부정적
   말일 경우 "하나님은 공의의 심판자로 다가 오신다."는 뜻으
   로 사용한다.

아) 인격체로서의 하나님

   ─구약은 하나님을 지성주의, 신비주의로서 파악한 것이 아니
    며 인격적으로 이해(경험)하려고 노력하였다.

   ① 하나님의 이름: 특별한 가치로서 하나님이름을 열심히 사용
      했다. 즉 기도, 서원, 축복, 저주, 전쟁, 맹세 시 하나님이름
      을 불렀다. 이는 하나님이름 존재 자체이며 하나님의 계시
      의 한 방법으로 사용한 것이다.

   ─또한 구약은 하나님의 이름을 은폐하지 않고 누구나 자유스
    럽게 이름을 부를 수 있는 자격을 주었다. 이는 고대근동에
    서 특정 계층에게만 하나님의 이름을 부를 수 있게 한 것과
    비교된다.

   ─그러나 하나님의 이름을 함부로 사용하거나 오용되는 것에
    대해 경고한다. 제3계명 "하나님의 이름을 망령되이 일컫지
    말라"에서 "망령되이(שָׁוְא)"는 i) "가치 없게", ii) "거짓되
    게"의 뜻이며 "일컫지 말라(נָשָׂא)"는 "높이 들어 올리다", "높
    이 세우다"로서 하나님이름의 도용, 남용에 대한 강한 경고
    이다. 이는 거짓 예언자들이 권위를 내세우기 위해 빠졌던
    함정들이다.

   ─하나님의 이름을 강조하고 신학화시킨 사람은 "신명기사가"
    들로서 "성명신학"(신12:5,11)을 말한다.

   ② 신인동형동성론(神人同形同性論, Anthropomorphismus), 신인동
      감론(神人同感論, Anthropopathismus)

- 하나님을 표현할 때 초월적 존재로 표현하기보다는 내재적 존재로 이해, 설명하려는 시도들로서 인간에게 가까이 계심을 나타내고자 하는 것이다.

  ⅰ) 인간 신체의 개별적 부위들: 하나님의 손, 발가락, 등, 귀, 얼굴, 눈, 심장 등

  ⅱ) 인간의 육체적 행위들: 웃다, 비웃다, 향기, 산책, 보다, 듣다 등

  ⅲ) 인간의 감정: 미워, 사랑, 후회, 한탄, 근심, 기뻐하다

  ⇒ 단순한 문학적 표현이나 시적 표현이 아니고 하나님을 인간의 육체적 형태의 삶이라는 테두리 안에서 인식하려고 노력했다는 증거이다. 즉 하나님의 현존을 인간의 외형이나 오감과 연결시켜서 이해하려는 신학적 노력들이다.

- 하나님의 활동을 신인동형동성론으로 표현하는 대표자는 예언자이다.

  ⅰ) 사42:14 "해산하는 여인"의 모습 → 헐떡거리시는 하나님

  ⅱ) 호5:14 "사자" → 짐승의 행위로 빗대어 설명

  ⇒ 1차원적으로 하나님의 활동과 현존을 눈으로 직접 목격하고 체험하는 것처럼 묘사한다.

- 구약에서는 하나님의 활동, 본성, 현존을 설명할 때 "영적인 본성"이라는 주제는 택하지 않았다. 요4:24 "하나님은 영이시니"는 헬라 철학적 사고의 관점이다. 즉 구약에서는 하나님의 현존을 가까이 할 수 있는 통전적인 모습으로 사용되었다.

- 그렇다면 구약은 why 하나님의 영적인 본성을 회피하고 신인동형론적인 본성을 언급하고 있는가? 이는 구약은 하나님을 정신화시키는 것을 거부하고 있고 오히려 살아 있는 현실 속에서 인격으로서 하나님을 만나려는 노력이다. 구약의 하나님은 고상한 사상의 산물이 아니고 인간으로부터 멀리 떨

어져 있는 개념도 아니다. 오히려 구약의 하나님은 진정으로 "인간과 가장 밀접한 존재", "인간의 인격적인 친구" 혹은 "인간의 적"으로 나타난다. 다시 말해 하나님은 스스로를 낮추어 인간의 형상과 감정을 옷 입고 인간에게 나타나시는 분이시며 인간에게 다가오시는 하나님이시다. 만약 '초월'을 무시하고 '내재'만 강조하면 물질화될 수 있다.

⇒ 구약의 신인동형동성론적 표현들은 종교의 직접성이 약화되는 것을 방지하고 있으며 하나님과의 직접적인 친교가 희미해지는 것을 막고 있다. 그러하면서 물질화될 수 있는 가능성인 "신상"도 없다.

– 구약은 하나님에게 인간의 한계성을 덮어씌우려는 시도는 하지 않고 있다.

– 고대근동과 달리 하나님과 인간이 동등한 차원(신과 인간의 결혼 및 자녀 출생)에서 사귐을 가질 수 있다는 사상을 보지 않는다. 창6장 "하나님의 아들들과 인간의 딸들"은 네피림의 기원을 설명할 뿐 신의 육체적 아들에 대한 설명은 아니다

– 구약은 하나님이 인간을 에워싸고 있는 한계에 구속받지 않는 분임을 강조하고 있다. 하나님의 본성은 무한하고 우월함을 나타낸다. 따라서 구약은 인간적인 모든 것에 대한 하나님의 우월성을 강조하는데, 이는 "하나님의 충만한 온전"(fullness of perfection)이다. 하나님을 제한하지 않고 온전한 존재로서의 인식에 대한 숙고들이 끊임없이 나타나고 있다. 즉 물질주의적 하나님의 개념에 대한 반대의 시도들로서 하나님이 극단적으로 물질화되는 것을 견제하려는 신학적 숙고이다. 결론적으로 하나님은 내재성을 가지면서 또 한편으로 초월적 본성을 가진다.

《하나님의 물질화되는 것에 대한 반대 시도들》

① 제2계명(형상제조금령)

  ⅰ) 다른 신의 상을 만들지 말라(우상금지)

  ⅱ) 야훼의 상을 만들지 말라(신상 없는 신앙)

   -하나님을 특정 형상으로 대표시키는 것을 거부하는 명령
    이다. 하나님은 인간과 가까이 계신 하나님, 인간에 의해
    고정화되거나 정형화시킬 수는 없다. 하나님의 본질은 자
    연(물질) 등으로 도출되는 형태를 반대하며 특정 형상을
    바라보면서 하나님의 본질을 느끼려는 시도를 거부한다.

   -구약에서 나타난 하나님과 감추어진 하나님 사상의 절묘한
    조화는 이방종교의 위협에서 야훼종교를 지키는 중요한 힘
    이었고 이 과정에서 종교적으로 심오한 깊이를 갖게 되었다.

   -제2계명은 하나님의 불가시성과 불 파악성이 강조된다.

② 제사장 학파의 신학사상: 하나님의 인간화에 대해 강력한 도전
  을 한다.

   -문서는 P문서로 포로기 때이다. 인간이 접근할 수 없는 하나
    님의 엄위하심을 집중적으로 강조하고 있다. 神적인 실재와
    이 땅의 속된 것과의 엄격한 구분을 강조한다. 따라서 거룩
    함, 영광이라는 단어로 초월성을 끊임없이 강조한다.

   -제사장들은 예언자들의 선포와 상반되는 것이 많다. 즉 예언
    자들은 신인동형동성론에 입각했다. 반면 제사장들은 정적인
    묵상의 대상으로 보았으며 하나님의 임재도 거룩한 장소(성
    막, 성전, 제사장 통한 예배나 제사 등)로 제한한다.

   -성과 속의 질적인 차이 때문에 하나님과 인간의 직접적 만남
    이 불가능하다. 단지 천사, 사자 등을 통해 만남이 가능하다.
    5경 중 P문서, 역대기, 에스라, 제의적 시편 등에 하나님의
    초월성이 끊임없이 강조되고 있다.

◑ 제사장 학파에 의한 하나님 이해의 결과

1) 개념적인 신학적 사고의 발달을 촉진시켰다: J+E는 이야기체이지만 P문서는 조직화·체계화 되어 있다. 영광, 거룩함, 계시 등 신학적 사고를 개념화시켰다.

2) 하나님을 초월적 존재로 강하게 주장하게 되면서 유일신론의 토대를 마련하게 되었다: 여타한 문서는 하나님을 이스라엘의 主로서 활동무대를 팔레스틴으로 제한하는 데 비해, P문서는 전 세계를 포함한 역사를 이끌어 가는 유일하신 분이라는 토대를 만들었다.

3) "낮아지시는 하나님, 인간과 가까이 계시는 하나님"과 같은 사상을 잃어버릴 위험성을 갖고 있다: 세속적 삶의 현장에서 하나님을 느낄 수 없기에 보통 사람들이 절망과 허무에 빠질 위험성을 간직하고 있다.

　-이에 이 땅에 남겨 놓은 하나님의 의지와 계획인 율법(하나님의 뜻의 총 집합체)을 접촉점으로 하여 하나님의 축복을 경험할 수 있도록 하므로 위의 위험성을 해소한다.

　⇒(총 결론) 우리는 구약 안에 존재하는 하나님의 상반적 이해를 잘 파악해야 한다.

　　i) 하나님의 자비와 하나님의 질투

　　ii) 하나님의 명령의 불변성과 하나님의 후회

　　iii) 하나님의 사랑과 하나님의 심판

　　iv) 하나님의 내재성과 하나님의 초월성

　　v) 악에 대한 하나님의 승리와 악의 현재적 존재

　-이러한 긴장관계가 나란히 구약 안에 병존하고 있다. 따라서 구약이 보이고 있는 하나님의 역동성(내재성과 초월성)을 알아야 한다.

자) 한 분이신 하나님(=유일신론)

- 절대적 유일신론(Monotheism)은 포로 후기 정립된 신관이다. 8세기 하나님에 대한 보편성은 다른 신들을 인정하지만 그 신들을 능가하시는 윤리적 신관인 윤리적 유일신론이다.

차) 전능자로서의 하나님

- 전쟁 통해 잔인한 하나님의 모습으로 생각하는 것, 그리고 무시무시하며 야만적이고 공포의 하나님으로서 악한 신으로 보지만 진정한 뜻은 하나님의 능력이 강함을 표현하고자 하는 것이다. 또한 파괴적 하나님으로 등장할 때는 하나님이 역사의 주관자이거나 이스라엘의 왕이심이 증명되어야 할 때 사용되었다.
- 광야이야기, 가나안 점령이야기, 초기 왕국시대에 집중적으로 나타난다. 이것은 우상숭배가 심한 가나안 사람들과 우월한 문화에 대해 유혹되지 않고자 하는 하나님의 배려로도 본다.

카) 의로우신 하나님

- 의로움(צדק)이란 뜻은 "상대방을 향한 올바른 행동"이다.

┌ 이스라엘 역사 초기: 외부의 적을 물리치는 하나님의 모습을 의로운 하나님으로 설명한다
├ 초기 왕국시대: 왕국의 수호자로서 나타난다.
├ 8세기 예언자: 하나님의 백성에게 강해지는 의의 심판
└ 포로기(신명기 사가들): 패망의 역사 속에서 하나님의 의로운 모습을 찾기를 원했다.

타) 하나님이 보내신 지도자들

(가) 나실인(נָזִיר)

"나실인"의 성격에 대한 두 가지 견해들
① 종교적 금욕주의를 실현: 부정한 음식, 포도주(포도를 인공적으로 숙성한 것) 등을 금지한다. 가나안 도시문명에 대한 신앙적 반발운동에 한 형태로 나실인 그룹이 형성되었다.
② 야훼종교의 카리스마적 지도자: 전쟁의 용사로서 거룩한 전쟁의 지도자들로 활동했다.(삼손 등)

"나실인(נָזִיר)"이라는 단어의 의미
- 히브리 동사נזר에서 파생된 동사로서, 레25:5,11에 보면 "인간의 손에 의해서 가지치기 되지 않은" 포도나무, 즉 자연 상태 그대로 놓아 둔 상태를 의미한다.
- 나실인들의 특징 중 하나는 머리를 기르는 것으로 이는 종교사적 배경에 "머리털에 신적인 생명력이 있다"는 원시적인 마나(Mana) 종교(인간의 신체의 힘의 근원은 머리카락)로서 이들은 초자연적인 힘을 숭배했으며 나실인들은 이들의 영향을 받았다.

(나) 나실인의 활동시대

- 가나안 정복시기~왕국 이전시기
- 왕국시대에 이르러 나실인의 의미 변화: 「민수기 6장」 제사장적 금욕법칙에 기초한 이스라엘 남자들이 지켜야 할 일정기간의 의무로 규정화시켰다. 즉 특정집단의 의무에서 모든 남자들에게로 보편화되었다.

(다) 나실인의 역사적 의의

① 카리스마적 성격: 대사사들에게 큰 영향을 주었다. 대사사들은 전쟁에서 하나님의 영의 임재를 통해 민족을 지키려는 용맹스러운 모습으로 재탄생되었다. 즉 신비주의적 경향보다는 민족의 운명을 위해 적극적으로 생활한 사람들이다.

② 야훼종교의 위대한 힘을 발견: 나실인이나 대사사들은 전쟁의 영웅들이다. 그러나 고대근동과 다른 점은 이들이 어느 누구도 신격화되지 않았다는 것이다. 야훼종교를 튼튼히 하는 신학적 깊이를 만들었다. 이들은 하나님의 심부름꾼이라는 자의식을 갖고 있었다. 즉 전쟁에서의 기적적인 승리는 독자적 의미를 지니지 못한다.

③ 나실인은 이스라엘의 야훼종교가 가나안의 종교와 타협하거나 혼합되는 일을 방어했다: 나실인은 문명화된 일체의 삶을 거부했다. 그래서 야훼종교의 가나안화의 속도를 늦추었다.(사사, 레갑자손, 예언자 등)현대적 의미의 나실인의 모습: 개방화된 현대적 삶 속에 던져져 사는 오늘 흔들리지 않는 지도자들의 목회철학이 중요하다.

(라) 사사(שֹׁפֵט)

－사사기 12명

　　대사사(6명 혹은 7명): 옷니엘, 에훗, 드보라, 기드온, 입다, 삼손 등(전쟁
「 의 영웅들) 카리스마적 지도자들로 종교적 역할보다는 정치지도자의 역할
　　소사사(6명 혹은 5명): 삼갈(소사사 or 대사사), 돌라, 야일, 입산, 엘론,
└ 압돈 등 사법적 책임자들로 재판, 판결 중심 활동.

- 사사들의 활동에 대한 보도의 특징: 사사들의 영웅관을 철저히 차단한다. 사사들의 인간적 영웅성이나 군사적 위대성이 철저하게 축소되고 있다. 왜냐하면 전쟁의 승리는 하나님의 임재의 결과이기 때문이다. 신인협력사상을 철저히 경계한다. 인간의 역사는 하나님이 인도하는 것이며 기적은 위로부터 아래로 내려오는 것이다.
- 예) 기드온 이야기에서 군사적 수의 현저히 감소됨으로 하나님의 능력의 극대화가 되며 인간은 심부름꾼이다. 구원은 하나님이 주시는 것으로 인간은 하나님의 주권이 행사되는 도구로 사용되었다.

(마) 예언자 / 선견자(נביא / חזה / ראה)

- 암2:11 선지자 / 나실인: 하나님이 그의 백성을 구원하기 위해 보낸 인물
- 나실인 / 선지자의 공통점은 상속직이 아니라는 것이다. 왕과 제사장은 상속직이었다.

가불러에서 벨하우젠까지(1787-1878)

가불러(Johann P. Gabler) 1787년 3월 30일에 독일 아돌프 대학교 강연할 때 성서신학이 그 기원과 목적에 있어서 교의학으로부터 분리되어야 한다고 선언했다(25). 그의 성서신학을 연구 방법은 첫째, 해석자들의 "신구약에 나타난 시기들, 저자들, 때와 장소를 암시해주는 화자의 화술 방식들"과 관련된 자료들을 수집해야만 한다. 둘째, 신학자들은 역사적 자료들을 수집함으로써 "신구약성서의 다양한 부분들을 주의를 기울여서 세심하게 비교"해 보아야 한다. 셋째, 보편적 사상이 어떻게 발생하는지를 결정하기 위해 일치와 불일치는

충분히 연구되고 분석되어야만 한다(26). 가블러의 방법론의 장점은 첫째, 성서신학의 가치를 강조, 둘째, 역사적 연구의 필요성을 요청 단점: 첫째, 합리주의를 강조하며 인간의 영역을 초원해 있는 것들에 대해 토론하기를 거절하고 성서의 많은 요소들을 세밀한 신학 작업으로부터 배제, 둘째, 신구약을 부정적으로 분리시켜 버리는 결과를 초래, 셋째, 학문적인 신학연구와 교회 교리의 가르침이 서로 분리됨

로지 로렌츠 바우어(George Lorenz Bauer)

그는 성서신학이 조직신학보다 우선되어야 하며 성서신학이 조식신학에 형식을 부여해 주어야만 한다고 확신(가블러 생각에 동감)(29). 역사적 방법론을 적용, 구약에 나타난 보편적인 사상을 찾으려고 노력, 그의 작품은 합리주의적이다. 또 구약의 이적들을 신화로 해석(29).

가불러와 바우어의 공헌을 요약, 첫째, 근본적으로 구약신학 분야를 개척, 둘째, 구약신학이 뚜렷한 역사적 요소를 지니고 있어야 한다고 믿음, 셋째, 구약이 모든 시대의 그리스도인들에게 적용될 수 있는 보편적 진리를 가르친다고 주장, 넷째, 가블러는 결코 구약신학을 저술하지 않았다. 바우어는 성서의 자료를 하나님, 인간 그리고 그리스도에 대한 연구로 구분

카이저(G. P. C. Kaiser)

1813년 『성경신학』(Die biblesche theologie)에서 가블러와 바우어의 합리주의적 이론들을 더욱 강화시킴. 구약종교는 단지 여러 종교 가운데 한 종교에 불과하다고 주장. 그리고 구약을 계시사(啓示史)가 아닌 종교사(宗敎史)로 이해, 역사적으로 탐구.

윌헴름 드 베테(Wilhelm M. L. de Wette)

『기독교 교의학』(Lehebuch der christlichen Dogmatik)에서 전통주의와 합리주의가 서로 연결될 수 있는 하나의 길을 모색. 합지루의자들의 지나친 해석이 잘못된 것이라고 지적. 그리고 신학을 위한 철학적 접근방식을 매우 선호. 그의 접근방식은 과거의 구약신학과 임박한 미래의 구약신학을 연결해 주는 가교역할, 또 합리주의적 원리들에 근거한 역사적 방법론을 사용하였다. 결론적으로 그는 구약종교의 발전사를 강조하고 마침내 성서본문을 하나는 종교사로 연구하도록 촉진.

윌헴름 바트케(Wilhelm Vatke)

『성서신학: 구약성서의 종교』(Theologie, wissenschartlich dargestellt, Die Religion des Alten Testments〈1835〉)에서 철학적 방법을 추구하는 순수한 합리주의로부터 떠나 구약신학 자체에 가까이 다가서게 되었다. 그는 역사가 사상과 행동의 낮은 단계에서 더 낮은 단계로 발전해 가는 연속과정이라고 보았던 헤겔의 신념에 동의(34). 순수한 역사와 구약의 보편적 원리를 서로 분리하려는 합리주의자들의 견해를 거절. 오경 중 네 권이 모세시대의 작품이 아니라고, 진화된 종교를 지닌 한 민족에 의해 만들어진 문서들이라고 주장. 많은 성서본문들이 성서기자가 본문 속에 알려주는 그 시대와 시기에 쓰인 것이 아니며, 성서가 묘사하는 사건들은 성서가 말하는 것처럼 그대로 발생한 것이 아니라고 믿음. 또 이스라엘 종교는 자연종교에서 진화의 과정을 거쳐 유일신 종교로 발전했다고 주장. 이 사상을 더 진전시킨 사람이 벨하우젠(Wellhausen)이다.

헹스텐버그(E. W. Hengstenberg)

『구약의 기록론』(Christologie des Alten Testaments)은 자유주의적

해석에 대한 보수주의의 반대로 나온 책이다. 성서신학과 조직신학과의 차이점도 거절. 『구약에 나타난 하나님 나라의 역사』(History of the Kingdom of God in the Old Testment 〈ET 1871〉)에서 자유주의 역사가들에 의해 이루어졌던 역사적 방법론을 비평 또는 그의 해석들은 변증적 의미보다 더 많은 의미를 함축하고 있다. 구약 메시아 예언의 중요성을 강조한 그의 주장은 구약언약에 기초한 언약들과 이 언약들의 성취 사이에 밀접한 연관성이 있음을 설명. 또 약속과 성취를 강조.

헤이버닉(H. A. C. Habernick)

헹스턴버그의 제자. 역사가 예수 그리스도 안에서 그 절정에 도달할 때까지 점차적으로 드러나게 되었고 역사는 수세기에 걸쳐 이루어진 하나님의 구원수단

호프만

헤이버닉의 역사관과 구원관에 동의, 『예언과 성취』(Wessagung und Erfullung 〈1841-1844〉)에서 구약이 인류를 구원하시려는 하나님의 노력들을 기록하고 있다고 주장

구스타브 윌러(Gustav Oeheler)

구속사를 주창, 히베르닉과 호프만과 같이 역사와 신학이 서로 신중하게 연결되어야만 한다고 믿음, 성문서는 조식신학으로 해석. 그래서 성문서가 "구속사" 구조 속에 통합될 수 없다고 믿음).

보수주의 구약신학자들의 장점과 약점

장점: 첫째, 성서의 영감에 대한 해석. 둘째, 구약역사의 정확성에 대한 강조. 셋째, 지상에서 발생한 초자연적인 사건과 이적에 대한

가능성을 믿음. 넷째, 역사와 신학을 서로 연결시키려 했다.

단점: 첫째, 그들은 그들의 적대자들만큼이나 헤겔의 사상을 지나치게 강조. 둘째, 항상 이해하기 쉬운 방식으로 그들의 자료들을 소개하지 못했다는 것이다.

댜. 역사주의적 지배: 1878-1920

벨하우젠(Julius Wellhausen)

『고대 이스라엘 역사서론』(Prolegomena to the History of Ancient Istael 〈1873; ET 1885〉)에서 한 권의 책만으로 성서와 관련된 모든 연구들을 교대로 소개. 초기 학자들의 연구들을 알기 쉽게 하나로 통일시킴. 신명기가 모세시대가 아닌 7세기 쓰인 작품으로 인정(본 드 베테)(44). 이스라엘 역사가 시간을 거쳐 진화된 이론을 동의(본 바트케)(44). 그에 따르면 레위기에서 발견되는 복잡한 제사장 자료는 이스라엘 역사 말기에 기록되었고 오경은 선지서가 쓰인 이후에 완성되었다. 또한 그는 그라프(Karl F. Graf), 쿠에넨(Abraham Kuenen) 그리고 그 외 다른 학자의 해석을 인정(44). 바트가 추구한 헤겔의 역사관을 인정, 드 베테의 신화관을 옳다고 긍정

슐츠(Hermann Schultz)

구약이 하나님의 계시의 결과로 단언. 구약과 신학 사이에 통일성 있다고 믿으면서 "지상의 하나님 나라"라는 단일 주제에 초점을 맞춤(47). 구약신학의 지식을 거치지 않으면 아무도 신약신학을 설명할 수 없다고 주장.

딜 만

슐츠가 이스라엘 종교를 진화과정으로 해석할 벨하우젠의 해석을

받아들인 것에 대해서는 동의하지 않는다. 하지만 구약의 계시적 성격과 신학자들이 자신의 작업에 충실해야 함과 조직신학을 만들어 내는 데 필요한 구약신학의 가치를 강조한 슐츠의 해석에 동의.

칼 바르트(Karl Barth)

신학이 반드시 성서에 나타난 하나님의 계시를 거듭 강조해야만 하며 역사주의적 관점과 돌이킬 수 없는 인류의 과정으로부터 되돌아서야만 한다고 믿었다. 오경 저작권에 대한 칼빈과 루터의 견해를 따르지 않았고 다른 보수적인 해석들을 옹호하지도 않았다.

아이스펠트(Orro Eissfeldt)

성서의 역사적 혹은 신학적 해석은 반드시 계속 분리되어야만 한다고 주장

아이히로트

아이스펠트의 견해 동의하지 않음(역사와 신학 구별)(51). 그는 역사적인 해석이 성서의 주장과 일치할 수 없음을 인정했다. 또 그는 하나의 개념이 구약신학의 다양한 국면들을 통일시킬 수 있으며 그 개념은 바로 이스라엘과 맺은 하나님의 "언약"이라고 할 수 있다. 이스라엘, 온 세상 그리고 모든 인류를 향한 하나님의 간섭하심은 하나의 언약 관점으로부터 시작된다(53). 이 주제는 하나님 나라를 강조한 슐츠의 사상을 반영하고 주제적 관점에서 볼 때 "구속사" 주창자들의 사상과 연결된다.

쾰러(Ludgwig Kohler)

『구약신학』(Old Thestment Theology 〈1935〉)에서 "다스리는 주 하나님"이라는 단일주제를 선택. 그래서 그는 "하나님은 다스리는 주

이시다. 즉 이 주제는 구약신학에 나타난 하나의 근본 주제이다. 모든 구약신학이 이 주제로부터 파생된다. 모든 신학이 이 주제에 의존한다. 모든 신학은 또한 이 주제와 관련해서 이해될 뿐만 아니라 오직 그 주제와 관련되어 있다." 아이히로트와 같이 조직신학 범주를 "하나님, 인간과 심판 그리고 구원"으로 나누었다.

프리젠(T. C. Vriezen)

『구약신학』(An Outline of Old Testment Theology)에서 아이히로트와 쾰러의 방법론을 반영한다. 그른 단일주제로 인류와 함께 하시는 "하나님의 교통하심"으로 보았다. 이 주제는 하나님의 자기 계시, 언약 수립, 언약 백성창조 그리고 하나님의 예배의 기저(基底)가 되는 요소이다.

라이트

『그 환경과 대조를 이루는 구약』(The Old Testment Against Its Wnbironment)에서 이스라엘 종교의 유일성에 초점을 맞추고 있고 『역사하시는 하나님: 이야기로서의 성서신학』(God Who Acts: biblical Theology as Recital 〈1952〉)에서 "행동하시는 하나님"이라는 단일주제가 구약신학을 요약해 준다고 제안했다.

에드몽 야콥(Edmond Jacob)

『구약신학』(Theology of the Old Testment 〈1955; ET 1958〉)에서 그는 "하나님의 역사하심"을 지지. 그는 하나님의 현존과 하나님의 활동이 서로 밀접하게 연결되었다고 말함.

게하르드 폰라드(Gerhard von Rad)

『구약신학』(Old Testment Theology 〈1957, 1960; ET 1962, 1965〉)

은 구약신학을 새로운 방향으로 전환시키려 했다. 프록쉬와 라이트와 같이 구약이 역사 속에 나타난 하나님의 구원사역을 거듭 말해 준다고 분명히 믿음. 그는 이스라의 고백을 강조. 또 그는 본문의 통일성과 신구약의 연관성을 강조.

창조하시는 하나님: 창세기
구원하시고 지시하시는 한 분 하나님: 출애굽기
거룩하신 한 분 하나님: 레위기
신실함을 고대하시는 하나님: 민수기
언약을 갱신하시는 하나님: 신명기
약속의 땅에 안식을 주시는 하나님: 여호수아
연단시키시고 구원해 주시는 하나님: 사사기
보호하시고 축복하시며 평가하시는 하나님: 사무엘상해
그의 말씀으로 역사를 이루시는 하나님: 열왕기상하
구원하시는 하나님: 이사야서
언약을 시행하시는 하나님: 예레미야서
현존하시는 하나님: 에스겔서
약속을 준행하시는 하나님: 12선지서
다스리시는 하나님: 시편
섬김을 받으시기에 합당하신 하나님: 욥기
지혜를 계시하시는 하나님: 잠언
신실한 자에게 자비를 베푸시는 하나님: 룻기
남·여의 성을 감찰하시는 하나님: 솔로몬의 아가서
의미 있는 생을 규정하시는 하나님: 전도서
의로우시고 신실하신 하나님: 애가서
포로 된 백성들을 보호하시는 하나님: 에스더서
보호하시고 계시하시며 다스리시는 하나님: 다니엘서

남은 자들을 약속의 땅으로 회복시키시는 하나님: 에스라서-느헤미야서

택하시고 벌하시며 회복시키시는 하나님: 역대기

어디에서 구약신학 연구의 역사를 개관해야 하는가는 분명치 않지만 우리의 목적상 16세기의 프로테스탄트 전통의 종교개혁으로부터 시작하고자 한다. 그 이유는 첫째로 현대적 의미의 구약신학은 최근까지만 해도 거의 프로테스탄트 전통의 교회가 해온 일이다. 둘째로 종교개혁 그 자체는 성경의 복음적 실체를 교회 해석의 환원주의적인 성향의 주장들로부터 해방시키려는 노력의 일환으로 이해될 수 있으며 교회의 해석으로부터 다소 해방된 성경이 지금까지 구약신학의 주제가 되어 왔고 동시에 구약신약의 논쟁거리가 되어왔다. 셋째로 16세기 종교개혁을 통해 유럽 지성의 인식론적 내용은 엄청난 변화를 겪게 되었고 이러한 역사적 문맥에서 구약신학이 형성되었다. 종교개혁은 진실로 성경해석과 관련된 해방의 행위였다. 필연적으로 종교개혁 시의 루터와 그의 후예들은 성경을 읽는 데 있어서 타협할 수 없는 카테고리들과 기준들을 확립시켰다. 그러나 이들은 자신들의 복음적 형태의 성경읽기는 외부로부터 강요된 것이 아니라 사실상 성경 본문 그 자체로부터 생겨난 것이라고 강력하게 주장했다.

종교개혁 이후의 성경해석은 두 가지 측면에서 요약될 수 있다.

첫째로 트랜트 종교회의가 공식화한 권위에 따르면 기독교의 진리는 성경과 전통이라는 두 원천에 뿌리를 두고 있다. 여기서 "전통"이란 교회 가르침의 축적들을 의미하며 성경이 가톨릭교회 신앙의 카테고리들 내에서 읽혀지고 이해되어야 할 것임을 규정하고 있다. 이 카테고리들은 루터의 이해에 따르면 성경본문의 복음적 주장을 침묵시켰고 부정했으며 왜곡시킨 바 있는 로마-가톨릭교회의 여러 방식과 수단들이다.

둘째로 16세기 종교개혁과 트랜트 진영의 변증적 상황의 문맥 내에서 볼 때 프로테스탄트 성경해석이 경직되었다는 말을 통상적으로 할 수 있다.

성경해석을 교회의 통제로부터 자유롭게 했던 종교개혁은 어떤 점에서 모던이즘의 서막이었다. 모던이즘의 발흥은 유럽의 지식사회와 교회에서 하나의 진리개념을 제공했고 동시에 진리에 어떻게 도달하고 진리를 어떻게 평가하며 어떻게 전달하여야 하는가에 대한 방법론을 제공했는데 이러한 진리개념과 이에 대한 방법론은 진리에 대한 중세교회의 확신과 실천과 다른 개념이요 방법론이었다. 어디에도 구속되지 않는 복음적인 성격의 성경을 옹호하고 이를 증거로 하는 종교개혁의 결정은 즉시 모던이즘의 해석학적인 분위기에 휩싸이게 되었다. 더욱이 유럽을 지배했던 당시의 문학적-지적 분위기는 구약신학과 관련한 당대의 이슈들을 이해함에 있어서 대단히 중요한 요소이다.

18세기 말엽과 19세기에 들어서면서 역사는 이전과는 상당히 다른 국면을 띠게 되었다. 또한 이전과는 대단히 상이한 중요성을 점하게 되었다.

첫째로, 역사는 실증주의적 성격을 띠게 되었는데 이로써 사건들은 완전히 해독이 가능한 것으로 간주되게 되었고 이 사건들의 불가사의한 내밀성은 배제되게 되었다. 이러한 변화들에 따르면 사건들은 하나의 단순하고도 명료한 그리고 분명한 의미를 갖고 있으며 이 의미로부터 모든 신비들이 추출될 수 있다고 받아들여진다.

둘째, 19세기 들어서 발전적 개념의 역사관이 중시되게 되었는데, 이를 통해 사건들은 질서정연하게 점진적으로 배열된 것으로 보이게 되었다. 사건들은 측량할 수 없는 어떤 심연을 갖고 있는 것이 아니라 점진적인 연속적 사건의 배열이라고 생각하는 것은 신학으로 하여금 해야 할 일이 아무것도 없도록 만드는 것이다. 그러기에 역사는 어떠한 보다 커다란 혹은 내재된 중요성과는 아무런 관련이 없는 하나의 자율적인 존재가 되어버렸고 동시에 이러한 존재가 될 수 있는 가능성이 생겨났다.

이러한 역사의 진화론적 발전개념에 대한 이러한 강세는 성경에서 신앙의 절대적 주장들을 찾고자 하는 사람들에게 성경 해석과 관련해 크나큰 어려움을 가져다주었다.

20세기에 일어난 가설적 믿음에 대한 도전들 역시 특정한 문화적 상황을 반영하고 있다. 모든 어리석은 낙관론에 대해서 강력한 반증을 보여 주었다.

이후에 진보적인 학자로는 칼바르트, 알브레히트 알트와 마틴노트, 바르트의 뒤를 따르는 발터 아이히로트, 구약신학의 두 번째 위대한 모델 폰 라드가 나타났다.

그러나 이들의 얄팍한 실증주의는 성경본문 자체가 지닌 조밀한 성격을 다룰 수 없다.

포스트모던 시기에 해석이 지닌 커다란 새로운 사실은 우리는 다원론적 상황에서 살고 있으며 이 상황 속에서 수많은 다른 해석자들이 많은 다양한 관심들을 반영하는 서로 다른 특정한 문맥들 속에서 성경 본문해석에 관여하고 있다는 점이다. 해석의 한계와 가능성들에 대한 이전의 공통된 견해들이 이제는 더 이상 효력을 갖고 있지 않다.

구약본문의 삶과 그 하는 일이 기본적으로 경쟁관계의 주장들을 서술하는 것이기 때문에 주된 관심 역시 구약의 수사와 구약신앙에 대한 수사학적 성격에 주어져야 마땅하다. 우리의 지적 유산은 특별히 수사보다는 "존재"를 우선시해 왔기 때문에 형이상학이 스피치 혹은 말보다 훨씬 더 중요하다고 생각해왔다. 그러나 다원성이란 문맥 속에서 이루어지는 판결 선언은 스피치를 이스라엘의 신앙의 삶에 중심부에 위치시키며 형이상학을 수사가 지닌 잠정적 승리의 부산물로 자리매김한다.

최근 구약연구에 있어서의 변화는 아이콘적인 본문들과 반-아이콘적인 본문들에 대한 논쟁, 양극의 구조: 해방과 통합에 대한 등이 벌어지고 있다.

가) 종교개혁부터 계몽주의 시대까지

종교개혁주의자들의 구호인 "오직 성경으로"(sola scriptura)의 원리가 "성경이 성경을 해석한다."(sui ipsius interpres)는 원리와 함께 후대 성경신학의 발전의 원천이 되었다. 또한 성경으로 돌아가자는 운동을 일으킨 독일 경건주의는 성경신학에 새로운 방향을 제시했다.

나) 계몽주의 시대(1700-1800)

계몽주의(Aufklaerung) 시대에는 성경 연구에 대한 완전히 새로운 방법이 몇 가지 영향에 의해 발전되었는데 첫째는 그 어떤 형태의 초자연주의도 반대하는 합리주의의 반발을 들 수 있다. 인간 이성은 지식의 최종적인 기준이요 궁극적인 원천으로 하나님의 계시를 무오하게 기록한 것으로 보는 성경의 권위는 부인되었다. 둘째로 새로운 해석법인 역사 비평학이 발전해 오늘날 자유주의에까지 영향을 미쳤으며 셋째로 비터(J. B. Witter)와 아스트룩(J. Astruc)에 의해 과격한 문학비평이 성경에도 적용되었다. 넷째로 합리주의의 특성상 성경의 영감에 대한 정통적 입장을 부인하였고 이 시기에 들어서 성경신학이 교의학의 경쟁자로 대두되기 시작하였다.

다) 계몽주의로부터 변증법적 신학까지

약 40년간 구약신학은 종교사학적 접근에 의해 그 빛을 잃었다. 종교사학파의 만개된 역사지상주의(historicism)는 구약성경의 통일성

을 최종적으로 부수어 버렸고 구약은 서로 연결이 안 되는 시대의
자료들을 수집한 것으로서 이스라엘 사람들이 많은 다른 이방 종교
를 반영한 것으로 여겨지게 되었다. 이 방법은 구약신학과 구약을
이해하는 데 모든 점에서 파괴적인 영향을 미쳤다. 따라서 구약신학
을 재발견하며 회복하는 데는 큰 용기가 필요하게 되었다.

⑦ 구약신학의 부흥

제1차 세계대전이 끝난 후 약 10년 동안 변하는 시대정신(Zeitgeist)
과 함께 구약(신약)신학이 부흥하게 된 몇 가지 요인이 생겼다. 덴탄
(R. C. Dentan)은 "구약신학이 르네상스"에 기여한 세 가지 요인을 제
시하였는데

(1) 진화론적인 자연주의에 대한 믿음의 상실
(2) 역사적 진리는 순수한 과학적 "객관성"으로 얻을 수 있다는
    확신에 대한 거부감 혹은 그런 객관성을 정말 얻을 수 있
    는지에 대한 의구심
(3) 변증법적(신정통주의) 신학에서 계시 사상으로 되돌아가는
    경향.

이런 것들이다. 자유주의의 역사실증주의는 전적으로 옳지 않으므
로 새로운 방법이 개발되어야 한다고 사람들은 생각하였다.

가) 계약은 약정이다.

하나님 계약에 있어서 서약(oath)이나 표적(sign)의 특징은 계약이
본질상 약정이라는 사실을 강조하고 있다. 계약은 사람과 또 다른
사람을 결속시키는 것이다. 계약에 있어서 서약은 다양한 형태를 취

하는데 구두 서약(verbal oath), 선물을 증여하는 것, 피를 뿌리는 일, 기념비를 세우는 일, 제물을 바치는 일, 막대기 아래로 지나게 하는 일, 동물을 잘라 쪼개는 일 등이 있다.

나) 계약은 피로 맺은 약정이다.

"피로 맺은 약정"(bond-in-blood) 또는 삶과 죽음의 약정이라는 구절은 계약 관계에 있어서 하나님과 인간과의 결속(commitment)의 궁극성을 표현한다. 계약을 체결하실 때 하나님은 결코 인간과 우연한 혹은 비공식적인 관계를 맺지 않으신다. 대신 그가 세우신 약정의 의미는 삶과 죽음의 궁극적인 문제까지 포함된다. 기본적으로 세 가지 기본 계약 형태를 취하는데 인간에 의해 이루어지는 인간과의 계약, 하나님에 의해 이루어지는 인간과의 계약, 인간에 의해 주도되는 하나님과 맺은 계약이 그것이다.

다) 계약은 주권적으로 사역되는 피로 맺은 약정이다.

성경의 잇따른 계약들은 약속이나 법적인 면을 강조할 수 있다. 그러나 이런 점이 계약 행정의 기본적인 성격을 변화시키지는 않는다. 특정한 계약의 내용이 어떻든 간에 계약이 이루어지는 형태는 마찬가지이다. 계약은 주권적으로 사역되는 피의 약정이다.

노아에서 예수 그리스도까지 하나님이 인간을 대하는 데 있어 계약이 큰 역할을 담당해 왔다는 데에는 충분한 성경적 근거가 있다. 노아에서 그리스도까지의 구속 역사에서 그의 백성에 대한 하나님의 계약 관계의 영역 밖에 있는 기간은 없다. 계약의 범위에 대한 한 가지 문제는 노아 이전의 하나님과 인간과의 관계에 대한 것이다. "계약"이란 단어는 성경에서 노아와 하나님의 약속 수립과 관계하여 처음을 나타낸다. 그러나 노아에게 "계약"에 관하여 하나님이 말씀하시기 이전에도 인간은 창조주 하나님과 여러 방식으로 관계를 유지해 왔다는 사실이 명백하다. 문제는 노아 이전에 인간과 하나님 사이에 유지되어 온 다양한 관계가 계약적이라고 말할 수 있나 하는 것이다.

창세기 6:18 이전에 "계약"이란 용어가 없는 것에 중점을 두어야 한다고 말할 수 있겠지만 노아 이전의 상황을 표현하는데 "계약"이라는 명칭이 사용된 것을 뒷받침하고 있다.

첫째로 '계약'이란 단어가 없이도 계약의 관계를 의심할 여지없이 분명히 표현한 성경적 전례가 있다. 다윗에 대한 하나님의 언약을 원초적으로 취급하는 기사에 '계약' 용어가 나타나는 곳은 없다(삼하 7장, 대상 17장). 그럼에도 불구하고 이 관계는 분명히 계약적이다. 다윗에 대한 하나님의 언약은 관계 수립의 최초 상황에서 볼 때 '계약'이란 용어의 형식적 사용 없이도 본질상 계약적이었다. 성경은 뒷부분에서 다윗과 하나님의 "계약"에 대해서 구체적으로 말하고 있다(삼하23:5, 시89:3). '계약'이라는 형식적 용어는 다윗에 대한 하나님의 언약 수립과 관련하여 사용되지는 않았다. 그런 상황이 다윗의 관계에서 존재하므로 노아 이전의 인간에 대한 하나님의 관계에서도 같은 경우가 존재한다고 볼 수 있다.

둘째로 성경의 두 구절이 창조의 질서를 계약적으로 보고 있다. 그 하나인 예레미야 33장은 '낮에 대한 나의 약정과 밤에 대한 나의 약정'에 대해 말하는 주의 말씀이다. 이 구절은 하나님의 창조의 법이나 노아와의 계약의 법을 말하고 있다. 어느 경우든지 낮과 밤과 규칙성은 특이한 역할을 하고 있다. 예레미야 31장에 의하면 하나님은 낮의 빛으로 해를 주시고 밤의 빛으로 달과 별의 규례를 주신다. 특히 흥미 있는 것으로 밤과 낮에 빛을 발하는 것으로서 해와 달의 언급은 창조 기사에는 있지만 노아와의 하나님 계약 이야기에는 없다는 것이다. 게다가 셋째 날의 창조 기사는 예레미야 31장처럼 달뿐 아니라 별에 대해서도 언급하고 있다. 노아와의 하나님 계약 기록에는 별에 대한 언급이 없다. 이런 이유로 창조의 기사를 언급하고 있는 것 같다. 다음은 호세아 6:7의 말씀인데 창조 질서에 '계약' 용어가 사용되는 두 번째 구절은 이스라엘 백성이 '아담처럼' 계약을 어겼다고 선언한 말이다. 이 말은 기본적으로 세 가지 방법으로 이해될 수 있는데 첫째로, '아담'이 장소를 지칭하는 말로 생각되어 왔다는 것과 '아담처럼'이란 구절을 최초 인간의 범죄에 대한 명백한 언급으로 보고 있다는 것, 그리고 이스라엘이 '인간처럼', '인류처럼' 계약을 어겼다는 것이다. 그러나 어느 경우에서든지 창조주 하나님에 대한 이방 인간의 관계를 내포하고 있다.

창세기 처음 몇 장에 실제로 '계약'이란 용어가 사용되지 않았지만 노아 이전의 인간과 하나님과의 관계를 계약적으로 보는 것에 대해 세 가지로 고찰해 본다면 첫째로, 다윗과 하나님과의 관계가 처음에 '계약적'으로 지칭되지 않았음에도 불구하고 내용에 있어서는 계약적이었다는 점이고, 둘째로 예레미야 33장과 호세아 6:7은 계약 용어로서 하나님의 최초의 창조 관계에 대해 분명히 언급하고 있다는 점이다. 세 번째로는 창세기 처음 몇 장에 '계약'이란 용어가 없음에도 불구하고 계약이 존재하는 데 필요한 요소들이 노아 이전의 인간과 하나님과의 관계에서 나타난다는 것이다. 노아 이전의 인간에 대한 하나님의 관계에서 계약의 존재에 필요한 요소들이 나타난 것은 이런 방법을 '계약적'이라고 부를 수 있는 충분한 근거를 제공한다. 비록 '계약' 용어가 나타나지 않는다 해도 계약 관계의 핵심은 존재하고 있다.

관계성을 말하면 분명히 계약이란 단어가 나타나지 않았다 할지라도 계약의 조건이나 상관관계가 될 것이다. 또한 창조의 기사부터 시작한 저자의 이러한 관점은 성경적인 예를 들어서 말한 것이기에

나 또한 동의하는 부분이다. 하지만 계약이라 하는 부분은 상호 간의 이해 속에서 이루어지는 것이기에 계약이라기보다는 약속이란 말이 더 어울리지 않을까 하는 것이다.

성경은 살아있는 하나님에 의해 제정된 일련의 계약관계를 제시하고 있다. 성경에 나타난 주요 계약들을 보면 노아, 아브라함, 모세, 다윗과 맺어진 것과 새 계약 등이 있다. 하나님은 그의 백성과 독특한 관계를 수립할 때마다 새롭고 참신한 요소가 분명히 나타난다. 그러나 인간 역사에 퍼져 있는 다양한 계약 사역(Covenantal Administration)을 한데 묶는 어떤 통일성이 나타나고 있으며 특정한 내용은 다를 수 있지만 하나님의 계약은 하나라고 보고 있다. 이런 통일성은 두 가지 면에서 찾을 수 있는데 첫째는 구조적인 통일성이며 둘째로는 주제의 통일성이다.

라) 하나님의 계약의 구조적 통일성

아브라함, 모세, 다윗의 계약들은 각각 독립적인 개체로 나타나지 않는다. 오히려 각 잇따른 계약은 먼저 세워진 계약 관계에 기초를 두고 그 기본 중심을 이어받고 있다. 이런 통일성은 특히 이스라엘 역사 경험과 성경이 강조하는 연대기에 잘 나타난다.

각 계약의 배경 역사는 이들의 통일성과 계속성을 강조하고 있는데 인간을 자신에게로 이끌기 위해서 하나님은 아브라함과 계약을 세우셨고 모세와 다윗의 계약 아래에서도 살게 하셨다. 그리고 이 언약을 출2:24에서 '언약을 기억하사' 그들을 구원하시는 것으로 이루어 가시는 것을 보게 된다. 이로써 아브라함과의 계약을 이루신 하나님은 시내산에서 모세와의 계약을 통해서 더욱더 이스라엘 백성들과 긴밀하게 지내기를 원하시면서 그 증거로 십계명을 주시게 된다. 또한 다윗의 계약을 통해서 다윗이 임종 시 그 아들 솔로몬에게

명한 것을 보면 모세 계약에 기초하고 있음을 인정하게 된다.

또 다른 요소가 아브라함, 모세, 다윗의 계약의 통일성을 강조하고 있는데 계약의 혈통적 지배라는 점이다. 이는 각 계약에 앞서 수립한 계약과 긴밀하게 연결되어 있다는 것을 강조한다. 이것은 하나님이 인간과 계약적으로 관계를 맺으실 때 '후손' 개념을 언급함으로 특히 명시한다. 이 원리는 새 계약에까지 이르게 되는데 두 가지 원칙을 기억해야 한다. 첫째로 '접붙임'의 원리이다. 아브라함 시대부터 이스라엘 태생이 아닌 사람들의 '접붙임'이 가능했다. 둘째로 '가지치기'의 원리이다. 새 가지가 아브라함의 혈통 관계에 접붙여지는 것만이 가능한 것은 아니다. 본래의 아브라함 후손이 이 특권의 자리에서 제거될 수도 있다는 것이다.

마) 새 계약을 연합시키는 통일성

예레미야의 예언은 새 계약을 모세 계약과 연관시키고 있으며(렘 31:31) 새 계약의 중심은 시내산에서 세워진 율법과 직접적으로 관계되어서 아브라함 계약과 새 계약을 한데 묶고 있다. 이 두 가지 계약은 하나님이 백성들의 한 가지 기대를 이루기 위해 서로 연합한다. 예언자 에스겔 또한 새 계약과 하나님과 이전 계약들을 연관시키고 있다. 겔34:20 이해는 하나님이 이스라엘과 세울 '평화의 계약'에 대해 언급한다. 하나님은 그들 위에 한 목자 곧 그의 '종 다윗'을 세워 그들 위에 왕이 되게 하실 것이다(겔 34:23, 24). 이렇게 새 계약에 대한 전망이나 이미 주어진 다윗 계약과 함께 주어진다.

바) 아담 그리고 노아의 계약까지 연장되는 통일성

노아와의 계약은 백성을 구원할 하나님의 목적이 실현될 수 있도록 보존적인 구성을 제공한다. 노아의 계약에 '땅이 있을 동안에는'이라고 서술된 것처럼 죄로 물든 인간에 대한 하나님의 인내하심이 계속될 것이다(창 8:22). 노아와의 계약 때문에 오늘날까지 정규적인 계절이 계속 남아있는 것이다. 비슷한 방법으로 아담의 타락 이후에 저주가 선포됨과 동시에 인간을 구원할 전능하신 하나님에 의한 약속도 있다. 타락한 아담에게 주어진 이 약속은 중요한 의미를 갖는다. 끝으로 창조 당시 세워진 계약과 하나님의 구속 계약(Redemptive covenant)과의 관계가 문제시된다. 타락 이전의 인간과 맺은 하나님의 약속에 있어 중요한 어떤 요소들은 이 세상에 죄악이 들어옴과 동시에 함께 끝이 났다는 것을 인정해야 한다.

성경의 계약적인 구성은 놀라운 통일성을 나타낸다. 백성을 자신과 결속시키는 데에 있어 하나님은 변함이 없으시다. 이런 이유 때문에 하나님의 계약들은 조직적으로 서로 연관되어 있다. 아담부터 그리스도까지 계약적 사역의 통일성은 하나님과 그의 백성과의 관계에 대한 역사를 나타내준다.

사) 하나님의 계약의 주제적 통일성

성경에서 이 주제의 통일성은 하나님이 그의 백성과 관계할 때 계약의 중심을 이루고 있다. 하나님의 계약 시행에 대한 성경의 기록을 통해 볼 때 계약 관계의 최종 결론으로서 한 구절이 되풀이된다. 즉 "나는 너의 하나님이 되고 너희는 나의 백성이 된다."라는 것이다. 이 구절이나 또는 이와 비슷한 구절의 끊임없는 반복은 하나님 계약의 통일성을 나타낸다. 이 구절은 계약의 '임마누엘 원리'라고 부를 수 있다. 계약의 핵심은 '하나님이 우리와 함께 계신다.'라는 것이다. 이 주제는 아브라함, 모세, 다윗 그리고 새 계약과의 관계에서 명확히 나타나게 된다. 또한 하나님이 그들 가운데 실제적으로 거하신다는 사실과 연관되어 전개되며 한 사람에 의해 실현됨으로써 절정에 이르게 되는데 그리스도 안에서 이 주제는 완전한 성취를 보게 된다. 예수 그리스도 안에서 하나님의 계약들은 구체적인 통일을 이루게 된다. 하나님의 아들과 계약의 중개자로서의 그리스도는 나눌 수 없기 때문에 계약들 또한 나눌 수 없다. 그리스도 자신은 계약의 통일성을 보증한다. 왜냐하면 그 자신이 다양한 계약 사역들의 핵심이 되기 때문이다.

'행위의 계약'이라는 말은 타락 이전 하나님과 인간과의 관계에 사용되었다. 이 관계는 아담의 시험 기간을 강조하는 데서 '행위'의 계약이라고 특징져졌다. 만약 아담이 옳게 '행동'했다면 하나님의 약속된 축복을 받았을 것이다. '은혜의 계약'이라는 말은 타락 이후 하나님과 그의 백성의 관계를 표현하는 데 사용되었다. 인간이 구원받을 만한 행동을 할 수 없게 되었기 때문에 이 기간은 주로 하나님의 은혜에 의해 움직여지는 것으로 이해된다. '은혜'의 계약과 대조해서 '행위'의 계약이라고 말하면 행위의 계약 안에서는 은혜가 작용하지 않는 것처럼 나타난다. 사실상 인간과 하나님과의 관계 전체는 은혜의 관계인 것이다. 비록 '은혜'가 자비의 의미에서는 죄 때문에 작용하지 않았다 해도 하나님과 인간과의 창조 질서 안에서의 결속은 은혜로운 것이었다. 이런 제한점 때문에 '행위의 계약', '은혜의 계약'이란 용어는 다른 명칭으로 바뀌는 것이 바람직하다. 대신 '창조의 계약', '구속의 계약'은 타락 이전과 이후의 하나님과 인간의 유대를 적절히 분류하고 있다. '창조의 계약'은 창조에 의해 하나님이 인간과 세운 유대를 뜻한다. '구속의 계약'은 타락 이후 하나님이 자신과 인간을 결합시키는 다양한 사역을 포함한다.

하나님과 인간 사이에 세우신 최초의 약정은 창조의 계약이라고 부를 수 있다. 하나님과 인간의 창조 약정은 일반적인 면과 구체적인 면에서 검토될 수 있다. 창조 계약의 일반적인 면은 창조주에 대한 인간의 넓은 책임과 연관되어 있고 구체적인 면은 하나님에 의해 주어진 금지 또는 시험에서 제기된 인간의 특수 책임과 연관되어 있다. 창조의 부분으로서 인간은 창조 구조 속에 포함된 규례를 순종해야 할 책임이 있다. 하나님은 창조 질서 속에 들어있는 세 가지 규례를 정하셨는데 그것은 안식일, 결혼, 노동이다. 이들 창조 규례는 하나님이 정한 것으로서 세계 구조의 변할 수 없는 내재된 원칙이다. 창조의 특수적인 면에 있어서는 아담이 행한 모든 것은 하나님의 창조 계약과 직접적인 관계가 있는 것이기에 결혼, 노동, 안식의 창조 규례는 선악과를 먹어서는 안 되는 아담의 책임과 동떨어진 구별된 것이 아닌 피조물로서 통일된 전체로 보아야 함을 말하고 있다. 즉 선악과를 먹지 않는 것을 말하면서 이 금지명령과 피조물로서의 전 책임과의 유기적 통일성을 이해하는 것이 중요함을 강조하였다. 절대 순종만이 절대 불순종의 죄를 지은 인간을 구원하는 기초가 될 수 있다. 따라서 두 번째 아담인 그리스도는 절대 순종하심으로 이 문제를 해결하였다. 창조 계약의 최종 양자택일은 명확히 설명된다. 분명 창조주와 인간의 이 관계는 '주권적으로 맺어진 삶과 죽음의 약정'으로써 설명될 수 있다. 창조 계약에 있는 죽음까지의 서약으로 인해 바로 그러한 피의 강조는 필수적인 것이 된다. 일단 이 처음 계약을 어기면 피로 대신하는 것 외에는 죽음의 저주로부터 받을 길이 없게 된다. 오직 하나님의 어린 양 예수 그리스도가 창조의 궁극적인 저주를 스스로 지게 됨으로써 구원이 이루어지게 되는 것이다.

아) 예수 그리스도의 묵시적인 승리

신, 구약은 각기 독립적으로 그러면서 일제히 협력하여 분명히 들리도록 예수 그리스도를 제각기 증언한다. 기독교의 관점에서 구약에서 신약으로 이르는 길은 여러 갈래인데 그중 두 가지는 토라에서 지혜로, 예언에서 묵시로의 길을 제시하였다.

지혜의 우주적인 영역은 결국 요한복음 서두에서 발견되는 로고스 신학에서 강조된다. 유대인 전승이 신약으로 부드럽게 유입되지만

이 관계는 단순히 연속이 아니다. 연속과 불연속의 관계가 있다. 기독교의 선언이 유대인 묵시와 공유하고 있음을 보게 된다. 그러나 하나님께서는 그리스도의 삶, 죽음, 부활을 통하여 그리고 근본적으로 새로운 것을 행하셨다는 선언으로 묵시적 견해를 변형시켰다.

자) 예언자, 제사장, 그리고 왕으로서의 예수 그리스도

기독교 공동체는 예수 그리스도 안에서 하나님의 "묵시적 승리"에 비추어서 이스라엘 성서인 율법서, 예언서, 성문서를 다시 읽는다. 신약 기자들은 대개 구약을 자주 인용하여 성서 유산의 새로운 의미를 발견하였다. 구약이 나름대로의 독자적인 목소리를 발하면서 단독으로 서있는 반면, 신약은 구약 없이는 이해될 수 없다.

옛것과 새것 간의 관계는 서로 배타적인 두 개의 부분으로 나누어지는 이분법이 아니라 연속성과 불연속성의 변증법이다. 이러한 관계에서 하나님이 이스라엘과 맺은 계약은 폐기되거나 대체되기보다는 그리스도에 의해서 변형되고 확인되었다.(529) 마치 구약에서 다양한 계약들이 서로 상호 작용하여 하나님과 백성과의 관계와 그들 중에 거하시는 하나님의 임재를 표현하는 상징화의 유형들을 제시하는 것 같이, 그리스도이신 예수를 믿는 신앙을 고백하기 사용하였다. 예수는 모세전승에선 예언자의 계통에서의 더 큰 예언자로, 제사장문서에서 나타난 제사장으로써, 하나님의 아들로 불리고 임마누엘이라는 보좌의 이름을 지닌 다윗과 같은 통치자인 왕이시지만 그보다 뛰어난 왕으로써 표현한다. 즉 성서신학의 관점에서 그리스도의 사역은 3중의 직분 예언자, 제사장, 왕의 직무를 지닌 분으로 묘사하고 있다.

버나드 W. 앤더슨은 성경의 주된 흐름을 계약이라는 큰 테마로 보게 된다. 계약이라는 큰 관점하게 세 가지의 중요한 계약인 아브라함의 계약, 시내산에서의 계약, 다윗왕조의 계약을 언급한다. 이

세 가지의 계약을 통해서 구약전체의 맥을 본다. 그리고 특이한 점은 이러한 계약을 통해서 예언자들이 이러한 계약의 관점을 통해서 시대적으로 맞게 예언을 했다고 말을 하는 부분이다. 그리고 결론적으로 이러한 세 가지의 관점을 통해서 예수 그리스도의 삼중직을 연결시키고 있다. 그리고 서로 보완적임을 말한다. 일방적으로 아브라함과의 계약을 통해서 이스라엘에게 땅과 백성에 대한 약속을 주셨고 시내산 계약을 통해서 조건적으로 그 땅 위에서 사는 방법들을 제시하였다. 그러나 이스라엘 백성들이 이를 거역함으로 어려운 일을 당하지만 하나님께서 다윗을 통한 영원한 계약을 통해서 회복하시고 이것이 이스라엘만 국한된 것이 아니라 전 세계적으로 확산된 영원한 시온의 언약임을 말하고 있다. 이는 바로 예수 그리스도로 연결된다고 말한다. 그리고 나름대로 계약 신학이 지혜문학의 설명되지 못한 부분들을 신약과의 연관성을 지어가고 있다.

히브리인들에게 있었던 메시야관은 다른 이방민족들과 달랐다. 이방민족은 그저 행복한 미래에 대한 모호하고도 왜곡된 기대 이상의 것을 기대할 수가 없었다. 그 소망들은 불확실하고 그저 일반적인 수준이었다. 그리고 시간이 흐름에 따라 크게 부패할 수밖에 없었다. 이방인들은 스스로 버려둔 처지에 있었기 때문에 위로부터 계시를 받지 못했기 때문이다. 그러나 히브리인들에게 있어서 이 소망들이 신정정치의 전 체계와 가장 밀접한 관련 속에서 나타나게 되었다. 처음의 예언들이 기록됨으로써 온갖 부패의 과정에서 보호를 받을 수 있었다. 또한 자주 새로운 계시들이 주어짐으로써 백성들의 기대가 계속해서 살아있게 되었으며 더욱더 확실하게 되었다. 그래서 장차 오실 구속주에 대한 교의가 부분적으로 오해가 있을 때에라도 모든 신정적 기대의 핵심을 이루었다. 또한 그것이 성취되는 시기가 아주 멀리 있다 하더라도 그들의 소망은 약화되지 않았다. 히브리 사람들에게 내린 구속주의 강림에 대한 예언들은 신적 권위를 가졌고 오직 그들만이 우리에게 인간적이 첨삭이 개입되지 않은 순수한 예언을 전수해 주었기 때문에 그 예언들만을 가리켜 메시야 예언들이라고 부르는 것이 너무나 적절한 것이다.

1) 만일 그들의 메시야에 대한 생각이 당시에 대해서만 한정되어 있었다면 언약백성들은 지극히 편협하고 이기적으로 되어버릴 위험이 있었을 것이다. 하나님이 이방인들보다 자기들은 선호하신 것이 마치 영원한 하나님의 경륜으로 생각하여 오로지 자기들이 본성적으로 우월한 자격을 갖추었으므로 다른 백성들보다 하나님의 사랑을 받을 만한 가치가 있었기 때문이라고 생각했기 때문이다. 이러한 오류를 방지하기 위해서 그들을 택하신 예비적인 역사를 넘어서 장차 이루어야 할 그 위대한 목적에 모든 생각을 집중시켜야 하는 것이었다.

2) 메시야에 대한 약속은 그 백성들로 하여금 재난의 때에 주를 향하여 충성을 다하도록 하는 하나의 수단이었다. 선지자들의 위로의 선포들은 바로 위대하신 회복주요 신정왕국을 번영케 하시는 주이신 하나님께로 말미암은 것이었다.

3) 메시야의 예언은 순전한 경건과 하나님을 향한 참된 헌신을 증진시키는 수단이었다. 선지자들은 경건한 자들과 불경건한 자들을 구분하고 있다. 그들은 메시야께서 경건한 자들에게는 풍성한 축복을 내리시지만 불경건한 자들은 의의 형벌로 멸망케 하실 것이라고 선포한다.

4) 구약성경에는 하나님의 긍휼하심으로 말미암은 용서를 선포하는 복음이 율법과 함께 나타난다. 우리의 죄를 지셨듯이 스스로 그 백성의 죄를 지셨던 주님께서 이사야 53장에 기록된 것과 같은 그런 예언을 통해서 구원의 조건을 제시하셨을 때 이미 그들 가운데 율법이 그 목적을 성취했었다.

5) 예언의 주된 목적은 그리스도를 위하여 길을 예비함으로써 그가 오실 때에 그 예언을 성취된 것과 비교함으로써 그를 알아보도록

하기 위함이었다. 이것이 얼마나 필요했느냐 하는 것은 이처럼 예비하였음에도 불구하고 그 백성들의 큰 부분이 메시야를 알아보지 못했다는 사실에서 잘 나타난다.

히브리인들 사이의 메시야 예언이 진전되어 간 발자취를 추적해 보면 다윗의 치세가 그 역사에서 매우 중요한 시기라는 것을 보게 된다. 이 예언은 사람이 만들어 낸 것이 아니라 구약시대에 장차 올 구속주를 영화롭게 하신 성령의 영감으로 된 것이다. 그러나 그 예언을 제시하는 방법은 비유적이었다. 그러므로 선지자들의 자료에 역사가 첨가되어 그들의 비유적인 예언들의 의미가 드러나기 전에는 메시야가 완전히 깨달을 수 없었다. 초기의 신정정치는 메시야를 안전히 파악할 수 있을 만큼 충분한 기초를 제공하지 못했다. 그러므로 메시야의 성격과 직분들은 다윗의 시대에 처음으로 완전히 드러났다. 메시야가 그의 자손 가운데 나올 것이 약속된 것이다. 곧 다윗은 메시야의 모델로서의 역할을 한 것이었다.

다양화, 다원화로 대변되는 세계교회는 연대와 일치의 과제를 안고 있다. 이제 세계교회는 분열과 대립을 끝내고 일치와 연대로 나갈 수 있는 구체적인 프로그램을 통해 세계교회와 한국 교회가 에큐메니칼 공동체로 나아가야 하는 시대적 사명을 떠안고 있다. 교회는 한 주님에게 연결되어 있는 한 지체임을 고백해야 한다. 예수님이 성만찬에서 보여 주는 것처럼 교회는 말씀선포와 함께 자신을 세상을 위하여 내어주는 희생과 봉사의 실천력에서 교회가 교회되게 하는 근거를 가진다. 이런 점에서 세상을 구원하고 하나님 나라로 변화시키기 위하여 교회에 부여하신 하나님의 뜻이 얼마나 중대한가를 새삼 깨달아야 한다. 그러나 교회는 지상에서 예수님의 대행자로서 중요한 사명을 위임받았지만 현실적으로 보이는 교회는 여러 문제와 연약한 모습을 내부에 안고 있다. 현실적으로 교회는 항상 변질과 타락에 직면해 왔다. 그중 하나가 바로 교회의 분열의 모습이다.

요한복음 17장의 예수 기도의 중심은 제자들의 일치 즉 "하나 됨"을 향하여 초점이 맞추어져 있다. 예수는 아버지와 아들이 하나인 것처럼 제자들이 하나가 될 것을 간구하신다. 이처럼 예수께서 제자들의 일치를 위한 기도를 드린 것의 의미는 예수님을 따르는 사람들의 갈등과 대립은 당신이 하나님의 아들인 것을 믿게 하는 데 큰 장애가 된다는 것이다. 실제로 오늘날 신앙을 갖고 싶지만 수많은 교회 중에서 어느 교회에 가야 하는지 망설이거나 또한 교회 간의 분열에 식상하여 교회에 가는 것을 포기하는 사람들을 만나볼 수 있다.

오늘날 갈등과 대립 그리고 분열의 모습은 예수의 제자들처럼 누가 더 크냐? 누가 더 중요한 위치에 있느냐? 하는 문제로 나타나 있다. 하나님께서 교회에 은혜를 베풀어 축복해 주셨지만 교회 분열의 모습은 교회 성장을 무색하게 만들 만큼 해악으로 지적되고 있다.

교단과 교파의 분열은 교회가 그 관심을 밖으로 세상을 향하고 있기보다는 내부적 일에 힘을 소모하는 자기중심적인 성격에 기인한다고 볼 수 있다. 갈수록 분열을 거듭하는 교회의 모습이 넘어가야 할 큰 과제가 아닐 수 없다. 교회는 엄청난 잠재된 가능성을 가지고 있으면서도 그 힘이 분산되어 사회에 미치는 영향력은 미미한 상태이다. 교회는 편협한 교회 이기주의를 극복해야 한다. 그래서 민족과 사회를 위한 교회의 선교와 봉사를 통하여 교회에 허락하신 은사와 자원을 발휘해야 한다.

하나님은 그리스도 안에서 막힌 담을 허시고 둘을 하나 되게 하시려는 역사를 이루셨다. 우리에게 주신 비전과 능력으로 특별히 교회는 먼저 고질병인 분열과 개교회 중심성을 극복하고 교회의 머리 되신 그리스도를 중심으로 힘을 모아야 한다.

에큐메니칼 운동의 태동기라고 말하는 20세기 초에 각 교파 교회들은 분열의 고통스러운 상황을 더 이상 자연스러운 상황으로 받아들일 수가 없었다. 그래서 각 교파 교회들은 전 교회에서 분열의 악을 제거하는 노력을 기울이기 시작했다. 그 후 몇십 년 동안 교회일치를 향한 노력이 끊임없이 성장되었고 독특한 방법으로 다변화되어왔다. 현재 우리는 교회 일치에 대한 관심의 재생 그 한가운데 있다. 그리고 W.C.C가 그 핵심적인 역할을 감당하고 있다.

W.C.C역사를 보면 여러 면에서 교회의 일치를 꾀하고 있는 것을 알 수 있다. 그중에서도 가시적인 일치의 측면에서 성례전의 일치를 위해 노력해 왔다. 그리하여 신앙과 직제위원회(the Commision on Faith and Order)가 탄생되었고 이 위원회에서는 수십 년간 신앙과 직제의 일치를 위하여 노력해 왔다. 신앙과 직제위원회는 1927년의 제1차 대회 이후 50년간의 연구과정의 소산으로 1982년 리마문서(BEM)를 채택하였다.

리마문서 곧 리마예전은 그리스도교 예배예전에 있어서 세계교회가 일치를 이룬 일치운동의 결정체라고 할 수 있다. 그러므로 이것이 갖는 의미와 가치는 서로 중대하다고 하겠다.

동, 서양교회가 정치적, 종교적인 복합적인 이유로 분립된 이후 기독교의 역사를 주도해 간 서양교회는 타락하고 부패되어 개혁의 필연성이 대두되게 되었다. 예배의 타락과 예배와 관련된 여러 교리들의 타락으로 종교개혁은 시대적 요청이었음에 틀림없다.

종교개혁은 예배의 진정한 의미와 형식을 찾고 예배정신을 회복하기 위한 '하나의 예배 복고운동'이요 '예배 개혁'이었다. 그러나 종교개혁에는 역기능적인 것이 조성되게 되었다. 루터가 95개 조항을 내걸고 개혁을 부르짖었을 때 그것이 수없이 많은 교회 분열의 시발이 되리라고 생각하지는 못했을 것이다.

'믿음만으로', '은총만으로', '말씀만으로'라는 개혁자들의 주장은 그들 본래의 뜻과는 달리 그것으로 인하여 교회가 분열된 것도 사실이었다. 교회분열의 역사는 금세기 초까지도 계속되어 왔으며 그 분열의 틈은 너무 커서 연합의 가능성은 찾아보기가 힘들었다. 모든 기독교 교회들이 자기중심주의에 의해 고립되고 자기 교회의 전통과 예배의식 및 교파의 이권만을 생각하는 개교회 중심주의 및 교파 중심주의에 빠져들고 말았다.

에큐메니칼 운동은 세계 교회연합운동이라고 번역할 수 있다. 이 것은 세계의 많은 그리스도교 교파들을 하나로 종합한다는 뜻으로서 세계 교회운동을 말하는 것이 아니고 오직 그동안 오랫동안 갈라지고 흩어져서 따로따로 지내던 수많은 교회들이 같이 모여서 하나님의 한 백성으로서 친교를 나누고 함께 예배드리며 함께 연구하고 힘을 합해서 선교하고 봉사하는 운동을 말하는 것이다.

이러한 움직임은 근래에 있었던 일은 아니며 A.D 49년의 예루살렘 회의에서부터 시작해 계속된 것으로 A.D 325년 제1차 니케아 에큐메니칼 회의로부터 그 효시를 찾을 수 있다.

근대 에큐메니칼 운동은 20세기 초부터 시작된 것으로서 이 운동은 처음부터 선교와 교회의 통일을 위한 운동으로 전개된 것이다. 16~18세기에 들어와 세계 각지에 선교 사업을 벌여서 자기교파 교회를 확장시켜 갔던 교회들이 선교지역에서 자연히 가까워지고 협력할 수밖에 없었으므로 선교사업을 위한 논의와 협력을 위하여 함께 모이고 같이 연구하고 협력하게 되었다. 이것이 근대 에큐메니칼 운동의 시작이 되었다. 바로 에큐메니칼 운동의 근본정신은 선교를 위한 일치였으며 '일치를 통한 보다 효과적인 선교를 위한 것'이었다.

이종성은 교회는 20세기에 들어서면서 교회확산운동(선교운동)을 계속하였고 하나의 복음, 하나의 예수, 하나의 천국을 가르쳐야 되겠다는 판단과 함께 하나의 교회를 만드는 작업을 선교사들의 모임과 여러 가지 범교단적인 모임을 통하여 계속해 왔는데 이것이 에큐메니칼 운동의 발단이 되었다고 한다.

이러한 선교기관들과 교회 대표들이 1910년 에든버러에 모여 선교대회를 가졌는데 이것이 IMC(International Missionary Conference)의 준비대회가 된다.

함께 모인 교회들은 신학과 교리와 신조문제까지도 같이 토론하고 연구할 수 있을 만큼 가까워지고 서로 믿게 되었는데 1927년에 로잔에서는 '신앙과 직제'(Faith and order)회의가 열리게 되었고 처음으로 신앙과 교회의 제도를 솔직하게 토론하고 서로 비교하게 되었다. 이것은 1925년에 스톡홀름에서 37개 국가에 흩어진 교회들의 대표 600명이 모여서 현대사회를 위한 교회의 봉사와 활동문제를 같이 토론하는 계기를 주었다. 나눠진 교회들은 단독으로 오늘의 복잡하고 어려운 사회문제의 해결에 도움을 줄 수 없었다. 그리하여 교리는 우리를 나누지만 사업은 우리를 연합시킨다는 표어를 걸고 시작된 조직이 '생활과 사업'(Life and Work) 운동이었다. 이 운동은 19세기 이후 모든 사회문제에 대하여 기독교적 시각에서 해답을 주려고 하는 운동이었으며 W.C.C의 골격을 결정적으로 형성하여 준 운동이었다. 이 회의의 주요 지도자는 스웨덴의 신학자 죄더블롬(Natham Soderblom)이었다.

'신앙과 직제운동'과 '생활과 사업운동'이 행해지는 가운데 각각의 관심사들이 너무 밀접하게 관련되어 있기 때문에 이 두 운동은 하나의 회의로 뭉쳐질 필요가 있다는 인식이 대두되었다. 이어 1935년 윌리엄 탬플이 미국을 방문한 기회에 두 운동의 실행위원회가 각각 차기 회의의 회기를 위하여 교섭위원회를 만들도록 제안하여 결정되었고 1937년 7월에는 두 운동의 위원들이 런던에서 모여 '신앙과 직제', '생활과 사업'의 두 단체를 완전 통합하여 에큐메니칼 운동의 핵심체를 만들자는 계획안이 채택되었고 그 이름을 W.C.C(The World Council of Churches), 즉 세계교회협의회로 할 것이 제안되어

만장일치로 채택되었다. 같은 해 7월 옥스퍼드 회의와 에든버러 회의는 두 운동을 하나의 세계교회협의회로 통합할 것을 권장하는 결의안을 통과시켰다. 1938년 5월에는 네덜란드 위트레흐트 회의(Utrecht conference)준비에 착수하였으며 W.C.C의 성격과 헌장을 비롯한 구체적인 것들을 토론하여 결정을 보게 되었다. 우리 주 예수 그리스도를 하나님이며 또 구주로 믿는 모든 교회들은 회원이 될 수 있으며 W.C.C의 대표 수는 450명, 회기는 5년마다 모이며 W.C.C의 기능은 신앙과 직제, 생활과 사업 운동의 활동을 계속 추진하며 회원교회들의 공동 활동의 편의 도모, 연구의 협력, 에큐메니칼 의식의 성장도모, 교파 연맹들과의 관계수립 등이 사업내용으로 채택되었다. 10 준비위원회는 1941년 8월로 창립총회 날짜를 잡았으나 2차세계대전이 발발하여 순조롭게 진행되던 에큐메니칼 운동은 일시적으로 답보상태에 빠졌으나 준비위원들의 계속된 노력에 의해 1948년 네덜란드 암스테르담에서 W.C.C 제1차 대회가 소집되었다. 44국의 147개 교파 351명의 대표들이 모였으며 로마 가톨릭교회는 옵서버를 파송하였다.

W.C.C의 헌장은 위트레흐트 회의에서 결정된 것을 채택하였으며 8개 부서를 조직하였는데 교회 간의 원조, 피난민 구제사업, 연구사업, 청년사업, 에큐메니칼 보도, 신앙과 직제, 바젤의 에큐메니칼 기관 및 국제문제 부서였다. 이때의 주제는 "인간의 무질서와 하나님의 계획"이었다. 암스테르담 1차대회 이후, 1954년에 에반스톤회의, 1961년 뉴델리대회, 1968년 웁사라대회, 1975년 나이로비대회, 1983년 밴쿠버대회 등으로 이어져 왔다. 제3차 총회인 1961년 뉴델리대회 때에는 횡적으로만 관계해 오던 국제선교협의회(International Missionary Council, 약칭 IMC)가 W.C.C와 통합되었으며 러시아 정교회가 회원교회로 가입을 했고 로마 가톨릭교회가 정식 옵서버를 파송했으며 이때부터 로마 가톨릭교회와 프로테스탄트 교회가 세계 속에서의 교

회의 선교를 위해 함께 일하기 시작했다.

W.C.C의 기본적인 확신은 곧 "그리스도는 몸 된 교회의 머리이며 그리스도의 교회는 하나이다. 각 교회는 이 하나 됨에서 교회를 최대한으로 현시해야 한다."는 것이다. 그래서 W.C.C의 헌장의 전문에는 "세계교회협의회는 성경대로 예수 그리스도를 하나님과 구주로 고백하는 교회들의 친교단체이며 성부, 성자, 성신의 영광을 위하여 교회의 사명을 함께 다하기에 힘쓰는 친교"라고 밝히고 있다. 그래서 W.C.C는 회의 성격을 이렇게 밝히고 있는데 정리해 보면 다음과 같다.

서로 유대를 가지고 있고 그리고 서로를 필요에 따라 도와주며 형제로"W.C.C는 일종의 초교회(super-church)가 되어서는 안 된다. 즉 세계 교회(world church)가 아니며 사도신경의 하나의 거룩한 교회(Una Sancta)를 대표하는 것도 아니다. 또한 W.C.C는 어느 특정한 교회만을 토대로 삼을 수 없고 또 삼아서도 안 된다. W.C.C 회원 교회들은 다른 회원 교회들도 참된 교회의 요소를 가지고 있음을 인정하여서는 안 될 일들을 회피한다.

⑧ 환원운동과 성만찬 중심 예배의 회복

위와 같은 환원의 정신으로 전개되고 있는 운동의 하나가 성만찬 중심의 예배이다. 성만찬의 성서적인 원형과 그 참된 의미가 회복되어야 한다. 성만찬의 중요성과 그 의미를 재발견하여 실천하는 일은 곧 하나님과의 관계를 올바르게 형성할 수 있는 참된 예배의 핵심이 되는 요건이다. 성만찬을 통해서 하나님의 나라의 공동식사를 미리 앞당겨 맛보아 체험함으로써 하나님과의 진정한 교제를 나눌 수 있고 교회 공동체 구성원 사이에도 결속과 연대의식을 쌓을 수 있다.

이러한 이유 때문에 세계교회협의회(WCC)는 최근에 이러한 운동을 구체적으로 전개하고 있다. 이 운동이 {리마문서}에 의한 교회일치 운동이다. 1982년 1월 페루의 수도 리마에서 천주교회, 동방정교회, 성공회, 개신교회의 대표들이 모여서 교파 간에 이해를 달리하는 침례, 성만찬, 그리고 교역에 대해서 조정된 합의를 이루어 냈다. 이는 이들 침례, 성만찬, 그리고 교역에 대해서 교파 간에 상호이해와 일치를 촉구하기 위한 것으로서 이 내용을 담고 있는 책이 바로 {리마문서}이다. 이 책을 {BEM 문서}라고 칭하기도 하는데 이 문서가 채택된 이후 침례 성만찬에 대한 성례전의 인식은 그 어느 때보다도 새로워지고 있고 그 의미도 선명해지고 있다. 또 이 문서에 의한 교회일치 운동으로 인해서 매주 성만찬의 중요성과 침례의 원형회복에 대한 인식은 그 어느 때보다도 신학계에서 활발하게 강조되고 있다. 타 교단에서 이제야 서서히 일고 있는 이러한 운동이 그리스도의 교회에서는 환원운동이라는 이름 아래 이미 200여 년 전부터 전개되어 왔던 것이다.

사도행전 2장 42절의 말씀에 "저희가 사도의 가르침을 받아 서로 교제하며, 떡을 떼며, 기도하기를 전혀 힘쓰리라"고 하였다. 이 말씀 속에 예배의 기본적인 요소가 담겨져 있다. 말씀과 교제와 성만찬과 기도(찬양)가 이들이다. 한때 천주교회는 말씀이 빠진 성만찬 중심의 미사를 드려왔고 이에 대한 반동으로 개신교회는 성만찬이 없는 말씀 중심의 예배를 드림으로써 절름발이 예배를 드려왔던 것이 사실이다. 특히 개신교회는 하나님께서 말씀으로 천지만물을 만드셨고 말씀으로 이 세상에 오셨으며 이 말씀 위에 교회를 세웠다는 고백 때문에 기독교 예배를 말씀중심의 예배 즉 유대인의 회당예배로 퇴행했던 것이다. 그러나 최근에 와서 천주교회가 강론을 시작하면서 말씀과 성만찬이 함께 있는 예배로 회복되어 가고 있고 개신교회에서도 몹시 느린 속도이긴 하지만 매주 성만찬 운동이 점차 확산되어 가고 있다. 이는 그리스도의 교회가 지난 200여 년 동안 주장해 왔고 실천

해 왔던 말씀과 성만찬 중심의 균형 있는 예배가 참예배의 모습이었
다는 점을 단적으로 입증해 주는 한 좋은 예라고 볼 수 있다.

종교 개혁가들이 성서에서 멀리 벗어난 중세 천주교회로부터 성서
로 돌아가는 개혁을 시도했다고 한다면 환원운동의 기수인 알렉산더
캠벨은 개신교회의 분열로부터의 일치와 천주교회에 대한 과잉반응
에서 비롯된 잘못된 성례전의 원형을 회복하는 일에 심혈을 쏟았다
고 말할 수 있다. 종교개혁 이전까지 전혀 교회의 분열이 없었던 것
은 아니지만 지리적, 언어적, 문화적 요인으로 인해서 갈라진 동서방
교회와 이단들을 제외하고는 오늘날의 양상과 같은 정통교회들의 심
각한 분열의 양상은 찾아 볼 수가 없었다. 이토록 분열된 교회의 상
황을 극복하기 위해서 알렉산더 캠벨은 긍정적인 면에서 종교 개혁
가들이 추구했던 성서의 권위회복의 정신을 계승했고 '성서가 말하
는 곳에서 우리도 말하고 성서가 침묵하는 곳에서 우리도 침묵한다.'
는 칼빈의 성서중심주의를 환원운동의 정신으로 삼았던 것이다. 또
그는 종교개혁의 부정적인 측면에서 배타주의적인 독소로 야기되는
개신교회들의 분열주의를 지양하여 교회일치 운동을 전개하였다. 이
런 점에서 보면 종교 개혁가들이 중세기 천주교회로부터 탈퇴함으로
써 회복하고자 했던 성서의 권위문제를 캠벨은 역으로 성서의 권위
를 회복함으로써 분열된 교회의 연합을 시도했다고 말할 수 있다.

그리고 마르틴 루터와 알렉산더 캠벨은 각각 다른 시기에 다른 문
제들로 개혁을 추구하고 노력했지만 개혁되어야 할 문제점으로 침례
와 성만찬을 중요하게 거론한 점에 있어서는 공통점을 가지고 있다.
마르틴 루터는 16세기 중엽 천주교회의 잘못된 성례전을 성서적으로
회복하는 데에 그 뜻이 있었고 알렉산더 캠벨은 19세기 초 개신교회
들의 잘못된 성례전을 성서적으로 회복할 뿐만 아니라 성서적인 매
주 성만찬과 침례를 통해서 교회일치를 시도했다고 볼 수 있다.

가. 성만찬의 신학적 의미

이와 같이 그리스도의 교회는 성만찬 중심 예배가 반드시 회복되어야 할 성서적 예배의 원형임을 인식하고 전개해 나가야 할 운동의 과제로 삼고 있다. 많은 개신교회들이 이 운동에 동참하고 있고 매주 예배 중에 성만찬을 해야 하는 번거로움, 형식성, 예배 시간의 조정 등 개선의 필요성과 함께 자주해야 한다는 인식이 점차 확산되어 가고 있다. 그러나 성만찬에 대한 신학적인 이해는 각 교회의 전통에 따라 크게 차이가 있고 또 쉽게 해결될 성질의 것이 못되기 때문에 교회가 하나 되는 일에 가장 큰 장애물로 남는다. 이러한 이유 때문에 {리마문서}는 성만찬의 신학적 의미를 설명함에 있어서 성만찬 때의 그리스도의 임재문제를 다루지 않고 있다.

나. 그리스도의 임재설에 관한 고찰

성만찬 때의 그리스도의 임재설과 관련해서 중세 천주교회와 루터는 그리스도의 육체적인 임재를 주장했고 칼빈과 쯔빙글리는 이를 부정하였다.

로마 천주교회는 그리스도의 신체가 빵과 포도주 안에 실제로 진실로 현존한다고 트렌트 종교회의(Council of Trent) 이후에 믿어 왔다. 이를 '화체설'(transubstantiation)이라고 부른다. 화체설은 사제의 축사 후 빵과 포도주의 본질(essence / substance / invisible inner nature)이 그리스도의 살과 피로 바뀐다(be transformed)고 믿는 설이다. 물론 사제의 축사 후에도 빵과 포도주의 겉모습은 바뀌지 않는다.

루터교회는 루터의 전통을 따라서 그리스도의 신체가 빵과 포도주 안에 함께 공존한다고 믿어 왔다. 이를 '공존설'(consubstantiation)이라고 부른다. 루터는 그리스도의 살과 피가 빵과 포도주의 물질적 요소 안에(in) 혹은 함께(con / with) 혹은 아래(under)에 있다고 믿었

다. 루터는 성만찬 때에 그리스도께서 실제로 임재하신다고 믿으면
서도 화체설을 부인하였다.

일부 장로교회와 개혁교회는 칼빈의 전통을 따라 우리의 영혼을
먹이시기 위해서 그리스도께서 성만찬에 영적(spiritually)으로 임재하
신다고 믿어 왔다. 칼빈은 성만찬의 목적을 영적 삶의 영양공급으로
보았기 때문이다. 그의 견해를 '역동설'(dynamism)이라고 부를 수 있
다. 그는 그리스도의 영화로운 몸의 살과 피의 역동적인 힘 혹은 생
명을 부여하는 에너지가 빵을 먹고 포도주를 마시는 경건한 행위 속
에서 신자들에게 전달된다고 믿었다. 이 하늘로부터 오는 예수 그리
스도의 효능(virtue)이 영혼을 살찌운다고 믿는다.

그리스도의 교회는 쯔빙글리의 전통을 따라 상징설(symbolism) 혹
은 기념설(anamnesis)을 성서적인 것으로 믿고 있다. 그리스도는 우
리 안에 언제나 영적으로 임재해 계심으로 성만찬 때에도 영적으로
임재하심을 믿는다. 그러나 빵과 포도주 그 자체에 임재하심을 믿지
는 않는다. 그리스도께서 주신 성만찬 제정의 말씀은 "주의 죽으심
을 오실 때까지 전하기"(고전 11:26) 위한 것으로서 "이것을 행하여
나를 기념하라"(고전 11:23-25)하신 말씀에 초점을 둔다.

다. 성만찬의 신학적인 의미

성만찬의 신학적인 의미는 무엇인가? 성만찬은 그리스도께서 친히
제정하시고 제자들에게 부탁하신 성례이다(고전11:23-25; 마26:26-29;
막14:22-25; 눅22:14-15). 성만찬의 뿌리는 최후의 만찬에서 뿐만 아니
라 예수의 공생애와 부활 후에 민중들과 함께 나누신 나눔의 식사에
서도 찾을 수 있다. {리마문서}에 나타난 바와 같이 성만찬은 인류의
구속을 이루신 하나님께 드리는 감사와 찬양의 예배이며(Eucharistia),

그리스도의 화목제물 되심과 십자가의 정신을 기억하고 기념하는 예식이며(Anamnesis), 성령의 임재를 비는 제사이며(Epiklesis), 예배를 통해서 수직적으로 하나님과 연대하고 수평적으로 이웃과 연대하며 더 나아가서는 모든 피조물들과 연대하는 교제의 시간이다(Koinonia). 성만찬은 대신(對神), 대인(對人), 대물(對物)관계에서 교제와 친교를 통해 서로 연대하고 인간에게 필요한 신뢰를 쌓기 위해 마련된 화해와 나눔의 시간이다. 또한 성만찬은 하나님의 나라의 축복과 은총을 미리 맛보고 누리는 종말론적 식사이다(Anticipation). 이렇게 중요한 신학적인 의미에서 볼 때, 하나님의 나라의 운동으로써 전개되는 환원운동이 성만찬 중심의 예배를 회복하고자 하는 노력은 매우 값진 일이라 아니 할 수 없다.

"리마문서의 신학적 의미"를 설명하는 {기독교사상} 1991년 11월 호에 실린 글에서 한신대의 박종화 교수는 성만찬을 통해서 하나님께 드리는 감사와 고백적 행위의 중심은 그리스도의 십자가의 수난과 부활의 몸에 동참하는 기념행위라고 말하고 있다. 그러나 이러한 기념행위는 십자가를 통해서 이루어진 구원의 사건을 현재화하는 경험임과 동시에 종말에 이루어질 궁극적 구원의 축복을 미리 맛보는 선취의 경험이라고 말한다. 그리고 이러한 선취와 현재화는 정치, 경제, 사회적 삶을 포괄하는 구원의 체험인 동시에 온갖 불의, 인종차별, 분열, 부자유 등으로부터 참 해방을 선포함으로써 맛볼 수 있는 축복이라고 말한다. 그러므로 성만찬은 장차 올 하나님의 나라의 식탁을 오늘의 우리의 삶 속에 현재화시키는 일이며 예수께서 세리와 죄인들과 식탁을 함께 하시면서 이들과 연대하는 밥상공동체를 세우심으로써 종말론적 식탁공동체를 선취하신 것처럼 지극히 작은 자와 연대하고 동일화시키는 일이기도 하다.

그리스도의 교회가 성만찬을 중요시하는 것은 바로 이러한 이유가 있기 때문이다. 환원운동은 하나님의 나라의 운동이기 때문에 침례를 통해서 하나님의 나라의 구성원이 된 성도들은 하나님의 나라의 식탁에 동참하여 지속적으로 하나님의 나라의 축복을 미리 맛보고 누리게 된다.

이 축복된 잔치를 통해서 성도들은 그리스도께서 친히 보여주신 참삶의 방법인 십자가의 정신을 배우게 되고 또 이 십자가의 정신을 통해서 인간의 행복한 삶과 인간이 인간답게 사는 길과 참삶의 가치와 의미를 찾게 된다. 또 인간 구원의 문제는 관계성의 회복과 밀접한 관련이 있으므로 하나님과의 관계회복, 인간끼리의 관계회복, 자연과의 관계회복은 오직 십자가의 자기부정과 희생의 정신을 통해서만 가능하다는 점을 인식하게 된다. 그리고 이러한 삶은 침례 안에서 성령의 능력을 통해서 우리 안에서 이미 시작되었고 성만찬에 참여함으로써 성령의 능력을 통해서 계속되고 있다는 점을 인식하게 된다.

성만찬에 동참함으로써 하나님의 나라에 필수조건인 공동체의식과 연대의식의 중요성을 터득하게 된다. 이 연대의식 속에서 하나님과 인간 사이에 있어야 할 평화, 사람과 사람 사이에 있어야 할 평화, 그리고 자연과 더불어 사는 평화를 얻게 되는 것이다. 하나님은 스스로 자신의 신분을 버리고 성육신하심으로써 자기를 포기(renunciation)하셨고 인간들과 동일화(identification) 혹은 연대하셨을 뿐 아니라 자기의 목숨까지도 아끼지 아니 하시고 인류를 위해서 십자가에서 희생당하셨다. 그는 또한 사회적으로나 경제적으로 그 시대에 소외당하고 손가락질 받던 죄인과 세리 또는 창녀들과도 함께 밥상공동체를 이루시며 가난한 사람, 억압당하는 사람들과 연대하셨고 나눔의 기적을 일으키셨다. 그리고 그분은 마지막 유월절 식사 때에 친히 제자들의 발을 닦아주시면서 본을 보여 성만찬을 제정하셨고 그 정신을 본받도록 성만찬을 행하여 지킬 것을 부탁하셨다. 그러므로 침례를 수직적인 면에서 "그리스도의 몸과 연대하는 결속관계 속으로 들어가는 행위" 또 하나님과 화목(연대)하는 일회적 의식으로 본다면 성만찬은 그리스도의 십자가의 정신 즉 화해와 나눔과 섬김과 희생을 통해서 수평적으로 인간끼리의 공동체의식 또는 연대의식을 넓혀 가며 자연과도 연대하는 행위로 볼 수 있다.

14) 식음문화와 공동체의식

연대의식 또는 공동체의식은 인간들의 식음문화와 관련해서 중요한 의미를 갖는다. 성만찬은 먹고 마시는 예배행위이기 때문에 인간들의 먹을거리 문화, 특별히 고대 근동지방, 유대교, 쿰란 공동체, 그리스-로마, 그리고 우리 민족의 식음문화 속에서 성만찬과 관련된 의미를 찾는 일은 매우 중요하다고 본다. 특히 예수 그리스도의 희생과 성만찬 의식과는 매우 깊은 관련성을 갖고 있기 때문에 조상들의 희생제사와 관련된 공동식사의 의미를 살피는 것은 매우 중요하다고 본다.

① 고대근동지방의 식음문화와 공동체의식

모든 종교에 있어서 제사와 음식은 긴밀하게 관련되어 있다. 신에게 바치는 모든 제물이 인간들의 먹을거리라는 점이 그렇고 제물을 바치고 난 후에 사람들이 신의가 깃든 제사음식을 공동으로 나누어 먹음으로써 그들이 신의 백성임을 확인하고 공동체의 연대의식을 다지는 것을 보아서 알 수 있다. 특히 이 연대의식은 쌍방 간의 계약의 성립 속에서 이루어지는 것이며 대부분 제사와 그 제사상의 음식의 분배와 관련되고 있다.

음식을 함께 먹고 마시는 행위는 쌍방 간에 계약이 형성되었음을 나타내는 표현방법이었다. 고대 근동지방에서는 공동식사를 통해서 협정이나 협약 또는 계약체결을 인준하는 규정관습이 있었다. 이삭과 아비멜렉(창 26:30), 야곱과 라반이(창 31:54) 그러했고 다윗과 아브넬이 그러했다(삼후 3:20).

창세기 31장에 의하면 라반과 야곱이 상호불가침 협정을 맺고 언약의 음식을 나누고 있다. 야곱은 라반을 위해서 20년간 종살이를 하지만 하나님께서 야곱을 축복하심으로 야곱은 거부가 된다. 이를 본 라반이 시기하므로 야곱은 두려워 두 아내와 재산을 이끌고 라반 몰래 고향을 향해 떠난다. 삼일 후 야곱의 도주를 알게 된 라반이 그의 형제들을 거느리고 추격하여 일주일 만에 야곱에게 도달하지만 하나님의 도우심으로 라반은 야곱을 해할 이유를 찾지 못하고 오히려 야곱에게 계약의 증거로 돌무더기를 쌓고 협정을 맺을 것을 요청한다. 그리고 그들은 돌을 모아 경계의 표시로써 돌무더기를 만들고 기둥을 세운 후 상호불가침 협정을 조인하는 언약의 음식을 함께 먹는다. 또 야곱은 산에서 하나님께 제사를 드린 후, 그 음식을 대접하고 그날 밤을 지낸 후에 라반을 떠나보낸다. 여기서 제사와 음식의 나눔은 언약을 체결하는 일에 있어서 매우 중요한 절차임을 알 수 있다. 당시 음식을 먹는 행위는 상호 쌍방 간의 합의를 뜻하였기 때문이다.

출애굽 후 이스라엘 백성들이 시내산에서 야훼 한 분만을 섬길 것과 야훼는 이스라엘 민족의 하나님이 될 것을 약속한 후에 모세와 제사장들과 장로들이 하나님 앞에서 먹고 마셨다(출 18:12; 24:9f.). 이같이 쌍방 간에 의견이 교환되고, 그것이 수용되고, 계약이 체결되면 그것이 백성들에게 공포되고 "그들은 하나님을 보고 먹고 마셨던" 것이다(출 24:11).

가나안 정착 후에도 이스라엘 백성들은 하나님 앞에 제사한 후에 하나님 앞에서 함께 먹고 마셨으며 하나님께 찬송과 영광을 돌렸다. 신명기 12장 6-7절의 말씀에 의하면 "너희 번제와 너희 희생과 너희의 십일조와 너희 손의 거제(擧祭)와 너희 서원제(誓願祭)와 낙헌(樂獻) 예물과 너희 우양(牛羊)의 처음 낳은 것들을 너희는 그리로 가져다가 드리고 거기 곧 너희 하나님 여호와 앞에서 먹고 너희 하나님 여호와께서 너희 손으로 수고한 일에 복 주심을 인하여 너희와 너희 가족이 즐거워할지니라." 하였고 역대상 29장 21-22절에 의하면 "이튿날 여호와께 제사를 드리고 또 번제를 드리니 수송아지가 일천이요, 수양이 일천이요, 어린양이 일천이요, 또 그 전제라 온 이스라엘을 위하여 풍성한 제물을 드리고 이날에 무리가 크게 기뻐하여 여호와 앞에서 먹으며 마셨더라."고 적고 있다.

또 음식을 함께 먹고 마시는 행위는 친교와 연대감에 대한 표현이 되고 있다. 고대 근동지방에서는 식탁에 불청객을 받아 드리는 것은 언제나 친교의 표시였다고 한다. 시편 23:5에 "주께서 내 원수의 목전에서 내게 상을 베푸신다."는 말이 있다. 다윗이 사울의 추적을 피해 광야로 도주하다가 식탁에 모여 식사를 하고 있는 한 천막에 도착했다고 하자 그가 문이 열린 천막 앞에 서서 머뭇거리며 무언의 애원을 보낼 때 만약에 천막 안에 있던 사람이 손을 내밀어 그에게 음식과 빵과 소금을 제공하면 그는 무사하다. 왜냐하면 그는 천막 안으로 영접될 것이며 필요하다면 끝까지 보호를 받을 것이기 때문이다. 만일 천막 안에 있는 사람이 돌아서 그를 거절하면 그는 홀로 적을 맞이해야 한다. 따라서 음식을 주고받는 행위는 주인과 손님이 마음을 서로 주고받는 친교의 표시이며 음식상에 함께 앉는다는 것은 곧 연대성을 표시하는 것이다.

구약시대에 하나님께 바치는 제사의 종류는 여러 가지가 있었다. 제물을 전부 화제(火祭)로 드리는 번제(燔祭)가 있었지만 화제라고 해서 반드시 제물을 모두 불 태워 버리는 것이 아니었다. 곡식이나 가루를 통해서 드리는 소제(素祭)의 경우는 기념될 만한 것만 화제로 드리고 나머지는 아론과 그 자손이 먹었고 속죄제(贖罪祭)의 경우는 피를 가지고 성소에서 속하게 한 고기를 제외하고는(이 경우는 모두 불사름) 내장과 기름만을 불살라 화제로 드리고 나머지는 제사장들이 먹었으며 속건제(贖愆祭) 역시 속죄제와 마찬가지로 제육은 제사장들이 먹었다. 그러나 화목제(和睦祭)만은 내장과 기름만을 불사르고 제육은 제사 후에 제사를 드린 자와 그의 가족과 친지들이 함께 나누어 먹었다(레 1-7장). 하나님과의 화목은 곧 인간 공동체의 화목으로 연결되어야 하기 때문이다.

그리스도께서는 화목제물이 되셨다. 화목제물이란 말은 일반적으로 신의 진노를 풀기 위해서 인간이 마련한 희생제물을 뜻하지만 성서가 말하는 화목제물은 진노하신 하나님께서 스스로 화목제물이 되셨음을 의미한다. 따라서 그리스도의 십자가의 정신은 피해자가 가해자를 벌하기보다는 오히려 먼저 화해의 길을 모색하는 자기부정과 희생의 정신을 말한다. 이런 그리스도의 십자가의 정신을 통해서 우리는 자신의 평화, 가정의 평화, 지역사회의 평화, 더 나아가서는 국제사회의 평화를 도모할 수가 있고 하나님의 나라를 앞당겨 실현할 수가 있다. 이 일을 위해서 하나님께서는 모든 그리스도인들에게 화목하게 하는 직책을 주셨고(고후 5:17-20) 성만찬 예식을 통해서 이 십자가의 정신을 언제나 다시 상기토록 하셨다.

우리는 고대 근동 지방의 제사와 제사상의 음식의 공유는 계약 성립의 의미와 친교 또는 연대성의 의미를 갖는다는 점을 살펴보았다. 여기서 우리는 성만찬이 하나님과 인간 사이 또 인간과 인간 사이에 가로놓인 불편한 관계를 회복하기 위해서 구원의 계약 성립의 매개물로서 희생된 어린양의 살과 피를 기념하는 예전이라는 사실을 상기해야 한다. 상징적인 의미이긴 하지만 하나님과 인간과의 화목, 인간과 인간과의 화목 또는 연대를 위해서 십자가에 제물 되신 그리스도의 살과 피를 나누는 예식이 성만찬이기 때문이다.

② 유대인의 식음문화와 공동체의식

유대인의 식음문화는 종교적인 특성을 많이 띠고 있다. 특히 유대인의 공식식사와 유월절 식사 그리고 쿰란 공동체의 식사는 많은 종교적인 성격을 담고 있다.

가. 유대인 식사의 종교적인 측면

평상시 유대인들의 공식식사는 종교적인 색채를 띠게 된다. 특히 손님이 초대된 경우에는 포도주와 하나님께 대한 감사기도가 필수적이다. 감사기도는 식전과 식후로 나누어 하나님께 드린다. 가장(家長)이 빵 조각을 들고 다음과 같은 식전 감사기도를 드린다. "복 받으시옵소서, 우리 주 하나님, 세상의 왕이시여, 당신은 세상에 빵을 가져오시나이다." 그리고 나서 빵을 떼어 배석자들 사이에 나누어준다. 이와 같이 식후에도 주인은 소위 '축복의 잔'이라고 불리는 포도주 컵을 들고 하나님께 감사하며 배석자들은 이를 마신다. 이는 **빵**이나 포도주 자체에 신의가 깃들어 있다기보다는 식사에 참여한 모든 이들의 나눔의 표시로서 의의가 있다고 보아야 한다.

유대인의 종교적인 식사 가운데 키두쉬(kiddush)라는 식사가 있다. 이것은 안식일을 거룩하게 하는 특별한 유대인의 의식이다. 가장이 포도주 잔을 들고 "안식일을 거룩하게 한 자는 복이 있을지어다"라고 말한다. 만약 식사가 안식일로 이어진다면 해가 져서 안식일이나 축일이 되기 전에 이 축사가 행하여진다. 또 만약 식사가 이미 끝났다면 특별한 의식 때 행해진다. 그리고 이 축사는 가족 구성원들에 의해서 한 잔의 포도주를 마시는 일이 수반되는 단순한 축복이며 혹은 식사 순서의 일부분일 뿐이다. 따라서 이 키두쉬 식사도 다른 유대인의 공동식사와 다를 것이 없다는 것이 일반적인 견해이다.

나. 유월절 식사

기독교의 성만찬은 유대교의 유월절 식사와 무관하지 않다. 특히 예수 그리스도의 죽음을 유월절 어린양의 희생과 관련시키고 있기 때문에 유대인들의 유월절 식사와 기독교의 성만찬과의 관련성은 무관하지 않은 것이다. 유대인들이 그들의 유월절 식사를 통해서 조상들이 이집트에서 긴 노예생활로 고난과 역경을 겪었던 일들을 상기하고 또 해방의 기쁨을 주신 하나님께 감사하며 가족공동체의 연대는 물론 민족공동체의 연대의식을 고취하였다는 점은 잘 알려진 사실이다. 기독교의 성만찬 예식도 그리스도의 희생을 통한 구원의 기쁨을 주신 하나님께 감사하며 신앙공동체의 연대의식을 높인다는 점에서 유월절 식사와 관련하는 것이다.

유월절 식사는 양력으로 3월 혹은 4월 중에 해당되는 히브리력의 니산월 15일부터 21일까지 계속되는 무교절 첫 날 저녁에 먹게 된다. 무교절이 시작되기 직전에 먹는 이 유월절 식사는 유월절 축제에 있어서 가장 중요한 행사가 된다. 축제가 시작되기 전에 먼저 준비기간을 갖는다. 14일 정오까지는 집안에서 모든 누룩을 제거한다. 그리고 같은 날 정오부터 오후 여섯 시까지 준비된 양을 잡고 유월절 식사를 준비한다. 일단 양이 준비되면 그 양을 성전으로 가져간다. 성전에서는 제사장들이 양을 잡고 그 피를 하나님께 바친다. 왜냐하면 양의 피는 생명을 상징하며 하나님께 속한 것이기 때문이다. 그리고 준비된 식사는 오후 여섯 시부터 자정사이에 먹는다. 그러나 오후 여섯 시 이후는 유대인들에게 15일 금요일의 시작이 된다. 따라서 유월절 어린양은 14일 목요일 오후에 제사장에 의해서 성전에서 도살되고 유월절 식사는 15일 금요일 저녁 오후 여섯 시부터 자정사이에 끝내게 된다.[유대인의 하루는 오후 해질 때부터 시작된다. 그리고 오후 세 시경에는 성전에서 희생제물을 드리는 시간으로 알려져 있다.] 그리고 같은 날 아침 즉 15일 금요일 아침부터 무교절이 시작된다.

유월절 식사에는 여섯 가지 음식 즉 어린양, 무교병, 소금물, 쓴 나물, 반죽 떡, 그리고 네 잔씩 마실 수 있는 포도주가 반드시 준비되어야 한다.

(1) 어린양(출 12:21-23) – 유월절 식사에서 가장 중요한 음식은 양고기이다. 이것은 이집트에서 그들의 조상들이 좌우 문설주와 인방에 뿌린 양의 피를 보고 죽음의 사자가 넘어감으로써 모든 처음 난 소생들이 죽음을 모면한(passover) 일을 이스라엘 백성들에게 생각나게 하는 것이다. 어린양은 하나님의 구원을 웅변적으로 묘사한다.

양은 특별한 방법으로 조리되었다. 날로 먹거나 삶아 먹을 수 없었다. 물이나 요리 냄비조차도 만질 수 없었다. 반드시 꼬챙이로 양의 입에서 항문으로 찔러 모닥불 위에서 구어 먹어야 했다. 심지어 그 머리와 정강이와 내장을 다 불에 구워 먹어야 했다. 아침까지 남겨 두어서도 안 되었고 먹고 남은 것은 곧 소화(燒火)시켜야 했다. 이를 위해서 유월절 식사 때는 최소한 12명 이상이 모여서 먹어야만 했다. 만일에 식구가 부족하면 다른 가족들과 합류해야 한다.

(2) 무교병(출12:15-20; 신16:3-4; 민9:11)) – 무교병은 효소로 부풀리지 아니한 빵을 말한다. 이것은 출애굽 당시에 이스라엘 백성들이 가루를 효소로 부풀러 빵을 만들어 먹을 시간적 여유가 없이 급히 먹고 떠나야 했기 때문이다.

(3) 소금물 – 성서에 나타나지는 않지만 후대의 유대인들은 그릇에 소금물을 준비하였다. 이것은 이집트에서의 이스라엘 백성들의 눈물과 홍해도하를 상기케 하기 위함이다.

(4) 쓴 나물(출 12:8; 민 9:11) – 이것도 역시 이집트에서의 이스라엘 백성들의 노예생활의 슬픔과 비애를 상기케 하기 위함이다. 유월절 식사 중에는 신명기 15장 15절의 말씀이 기억되었다. "너는 애급 땅에서 종 되었던 것과 네 하나님 여호와께서 너를 속하셨음을 기억하리라."

(5) 당과(糖菓 / Charosheth 혹은 sweet paste) – 이것 역시 성서에 언급이 없다. 이것은 샤로셋(charosheth)이라고 불리는 달콤한 반죽을 말한다. 이것은 사과, 대추야자, 석류, 밤 등을 섞어 만든 것으로서 꼬챙이를 꽂아 만든 일종의 과자이다. 이것은 이집트에서 이스라엘

백성들이 집(straw)과 진흙으로 벽돌을 만들던 노예생활을 상기케 하기 위함이다.

(6) 네 잔의 포도주 - 이것 역시도 성서에 나타나지 않은 부분이다. 각 잔에는 포도주와 물이 3대 2정도로 희석된 포도주가 반 컵 정도씩 담겨져 있다. 이 포도주는 이 의식에서 대단히 중요한 것이기 때문에 만일 가난해서 포도주를 구할 수 없다면 성전에서 품을 팔게 하든지 겉옷을 저당 잡혀서라도 포도주를 준비케 하였다. 이 네 잔의 포도주는 출애굽기 6장 6-7절에서 나타나는 네 가지 약속을 상징한다. "나는 여호와라. 내가 애급 사람의 무거운 짐 밑에서 너희를 빼어 내며 그 고역에서 너희를 건지며 편 팔과 큰 재앙으로 너희를 구속하여 너희로 내 백성을 삼고 나는 너희 하나님이 되리라."

이 여섯 가지 음식에서 볼 수 있는 것은 유월절 식사가 기념의 축제인 것을 알 수 있다. 그것은 이스라엘 백성들이 이집트의 노예로부터 구원과 해방을 얻고 자유를 찾게 된 것을 기억하는 의식이다. 그리고 이 식사에는 18가지 단계를 거쳐 진행된다. 그 내용은 다음과 같다.

(1) 성별의 잔 즉 키두쉬 컵(kiddush / consecration cup)을 마신다. 이스라엘에게 구원을 주신 하나님께 드리는 감사의 기도로 시작한다.

(2) 사회자가 자기 손을 세 번 씻는다.

(3) 예배자들은 쓴 나물을 소금물에 찍어 먹는다.

(4) 빵을 뗀다. 세 덩어리의 네모진 모양의 빵이 차곡차곡 포개져

서 사회자 앞 테이블 위에 차려져 있다. 이 빵들은 누룩을 넣지 아
니한 것들이다. 사회자는 가운데 놓인 빵을 집어 들고 여러 조각으
로 나눈다. 이들 빵 조각들은 이집트에서의 고난과 가난을 상징한다.
그들은 결코 온 덩어리의 빵을 소유해 본적이 없었기 때문이다. 사
회자는 빵 조각을 건네주면서 다음과 같이 말한다. "이것은 우리 조
상들이 이집트에서 먹었던 고난의 빵입니다. 누구든지 굶주린 사람
은 와서 먹게 하십시오. 누구든지 필요하다면 와서 우리와 함께 유
월절을 먹도록 하십시오." 디아스포라의 유대인들은 이 지점에서 다
음과 말한다. "금년에는 우리가 여기서 이것을 먹지만 내년에는 예
루살렘에서 먹게 되기를 희망합니다."

(5) 유월절 식사의 유래와 그 의미를 설명하는 말씀 선포가 따른
다(출 12:26-27; 13:8). 이것은 아버지가 식사에 참여한 사람들 앞에
서 그 아들에게 해야 할 중요한 의무이다. "이 후에 너희 자녀가 묻
기를 이 예식이 무슨 뜻이냐 하거든 너희는 이르기를 이는 여호와의
유월절 제사라. 여호와께서 애급 사람을 치실 때에 애급에 있는 이
스라엘 자손의 집을 넘으셔 우리의 집을 구원하셨느니라 하라"(출
12:26-27)고 명령되어 있다. 이 명령에 따라서 이 시점에서 아들이
먼저 아버지에게 다음과 같이 묻는다.

왜 오늘밤은 다른 날들의 밤과 다릅니까? 다른 날 밤들에는 우리
가 누룩으로 부풀린 빵을 먹기도 하고 누룩 없는 빵을 먹기도 하는
데 오늘밤에는 오직 누룩 없는 빵만 먹지 않습니까? 다른 날들 밤에
는 우리가 아무 종류의 나물이라도 먹는데 오늘밤에는 오직 쓴 나물
만 먹지 않습니까? 다른 날들 밤에는 구운 고기도 먹고, 찐 고기도
먹고, 삶은 고기도 먹는데 오늘밤에는 오직 구운 고기만 먹지 않습
니까?

그러면 아버지는 "내 조상은 유리하는 아람인으로서"(신 26:5)라는 말로 시작해서 이스라엘 나라의 형성과 이집트에서의 노예생활로부터 하나님께서 구원하신 역사를 설명한다.

(6) 참석자들은 시편 113-114편을 노래한다. 이를 '할렐'(Hallel)이라고 한다. 이 말의 뜻은 '하나님을 찬양하라'이다. 그리고 이 할렐은 시편 113부터 118편까지 7장으로 되어 있다. 모든 이스라엘 사람들은 이 7개의 시편을 모두 암기하고 잊어 버려서는 안 된다.

(7) 두 번째 잔을 받는다. 이 잔을 '선포의 잔'이라고 부른다. 말씀의 선포 후에 마시는 잔이기 때문이다.

(8) 유월절 식사에 참여하고자 하는 모든 사람들은 손을 씻는다. 식사가 정식으로 시작된다.

(9) 사회자는 다음과 같은 감사의 기도를 올린다. "복 받으시옵소서, 우리 주 하나님, 지상에서 열매를 맺게 하시고 당신의 명령으로 우리를 거룩하게 하셨고 우리들로 누룩을 넣지 아니한 작은 빵 조각들을 먹게 하셨습니다." 그리고 그들은 빵 조각들을 먹는다.

(10) 좀 더 쓴 나물을 먹는다.

(11) 두 조각의 빵 사이에 약간의 쓴 나물을 넣고 당과(charosheth)에 찍어서 먹는다(요13:26절 이하, 마26:23; 막14:20 참고).

(12) 유월절 양을 먹는다. 이 식사를 굶주린 사람들의 축제라 부른다. 왜냐하면 성전에서 유월절 양을 잡을 때부터 즉 정오부터 이

때까지 아무 것도 먹을 수 없기 때문이다. 고기는 모두 먹어 치워야한다. 아침까지 남겨 두어서도 안 되고 다른 목적으로 먹어서도 안된다. 그리고 먹고 남은 것은 곧 소화(燒火)시켜야 한다.

(13) 식사 후에 다시 손을 씻는다.

(14) 나머지 빵들을 쪼개어 나누어 먹는다.

(15) 사회자가 전체 식사에 대해서 하나님께 감사의 기도를 올린다. 유대인들은 오늘날까지 메시아의 전령으로서 엘리야의 오심을간청한다.

(16) 세 번째 잔인 '감사의 잔'을 다음과 같은 기도와 함께 마신다. "복 받으시옵소서, 우리 주 하나님. 우주의 왕이시여 포도나무의열매를 만드신 분이십니다."

(17) 마지막 네 번째 잔이 채워진다. 그리고 나머지 할렐, 시편115-118편이 찬송되고 "……이에게 감사하라. 그 인자하심이 영원함이로다."라는 후렴으로 된 큰 할렐인 116편이 찬송된다. 그리고 포도주 잔을 마신다.

(18) 두 번의 기도를 올린다. 그리고 유월절 식사는 하나님에 대한 큰 외침과 찬양의 기도로 끝을 맺는다. 두 번째 기도는 다음과같다.

살아 있는 모든 자의 호흡은 주의 이름, 우리 주 하나님을 찬양할지어다. 모든 육체의 영혼은 당신의 기념물, 우리의 하나님, 우리의 왕께 계속해서 영광을 돌리며 높일 것입니다. 영원부터 영원까지 당신은 하나님이시며, 당신이외에 우리는 왕도, 구원자도, 구세주도 없습니다.

이 유월절 식사의 특징은 기념과 찬양과 희망으로 축약될 수 있다. 이 식사에서 기독교의 성만찬이 유래되었을 것이라는 점을 충분히 짐작해 볼 수 있다. 물론 헬라의 신비교에서 채택된 것이라고 주장하는 학자도 있지만 기독교 자체가 유대인들에 의해서 시작된 종교라는 점을 감안한다면 예배의식 자체가 회당예배에 영향을 받고 있는 만큼이나 성만찬의 기원을 이 유월절 식사에 두어도 좋을 것이다. 유월절 식사를 통해서 유대인들은 하나님께 대한 신앙 속에서 민족의 결속과 연대를 다져 왔다. 쓰라린 과거를 되풀이하지 않기 위해서 무교병을 먹고 쓴 나물을 먹는다. 먹음으로써 그들은 민족의 공동체의식을 진작시키고 미래에 대한 밝은 희망을 바라보는 것이다. 기독교인들도 성만찬을 통해서 상호 간에 결속을 다지며 성령의 임재를 통하여 미래의 희망인 종말론적인 식사를 현재적인 삶 속에서 미리 맛보고 누리게 된다.

다. 쿰란 공동체(엣센파)의 식사

수도원 형태의 공동생활을 했던 쿰란 단체에는 공동체의 연대의식을 진작시킬 만한 식사문화가 있었다는 점이 밝혀지고 있다. 그 당시 유대교에 환멸을 느낀 이들은 광야의 수도원에서 공동생활을 했고 율법을 연구하고 지킴으로써 다른 유대인들과는 분리된 거룩한 삶을 살고자 하였다. 그들 가운데는 제사장들도 있었지만 희생 제사를 드린 흔적은 없는 것으로 알려져 있다.[요세푸스는 엣센파의 교리를 소개하는 자리에서 말하기를 "그들이 하나님께 바치는 헌물을 성전에 보낼 때에도 희생 제사를 드리지 않는다. 왜냐하면 그들에게는 더 순수한 정결의식(more pure lustrations of their own)을 가지고 있기 때문이다"라고 적고 있다. 또 엣센파 가운데 제사장들은 다른 훌륭한 사람들과 함께 이들 공동체의 수입을 맡아 관리하거나 타 지역에서 찾아오는 교인들을 돌보는 청지기로 임명되었다고 적고 있다. 그들은 또 태양력을 사용하였기 때문에 음력을 사용하는 유대교의 절기와는 다른 양상을 보이기도 하였다. 더욱 흥미 있는 것은 그들이 공동식사를 했다는 점이다. 발견된 자료들에 의하면 이들이 종교적인 단체였다는 점을 알 수 있는데 이들이 만일 엣센파였다면 이들이 모이고 함께한 공동식사가 쿰란에서 만은 아닐 것이다. 엣센파의 공동식사에 관한 기록은 요세푸스의 기록에 나타나 있고 쿰란 공동체의 공동식사에 관한 기록은 사해사본에 설명되어 있다. 이들의 공동식사는 일종의 성례와 같은 친교식사로서 그들 공동체의 삶의 중심적인 것이었다.

엣센파의 회원이 되기 위해서는 상당히 엄격한 과정을 거치게 된다. 일 년간 지원자는 엣센인들의 절제와 불굴의 생활방식을 따라 흠 없이 살 수 있다는 증거를 보여야 한다. 이 수습과정을 거친 다음에야 비로소 조그만 손도끼와 흰옷과 띠를 받게 되고 정결수의 참여자(a partaker of the waters of purification)가 될 수 있다. 그러나 아직 정식회원은 아니다. 정식회원이 되어 공동식사에 참여자가 되기 위해서는 2년간의 기질시험에 합격해야 한다. 그리고 자격이 있다고 판명이 되면 대단한 서약을 해야 한다. 서약의 내용으로는 하나님께 대한 경건과 윗사람과 모든 사람에 대한 신실함과 정의와 진리를 사랑함과 엣센 소유의 책과 천사의 이름들을 보존하고 절도와 강도와 교리누설과 회원들에게 숨기는 일은 생명의 위협이 있더라도 절대 해서는 안 된다는 내용이 포함된다.[Wars of the Jews, 2.8.7.] 만일 이들을 어기게 될 때에는 공동체에서 추방됨은 물론이고 엄격한 처벌을 받게 되는데 심지어는 비참하게 목숨을 잃게 되는 경우도 있다고 한다.

　회원이라고 해서 반드시 수도원 같은 곳에서 공동생활을 해야 하는 것은 아니다. 일정한 거처 없이 어느 도시에서나 살 수 있다. 그들은 힘써 일하여 생계를 이어 가지만 그들의 삶에는 자기 것이라는 소유개념이 없다. 언제나 검소한 생활 속에서 회원 상호 간에 함께 나누어 쓰고 함께 나누어 먹기 때문에 여행 중이라 할지라도 도적에 대비한 무기를 지니는 것 이외에 아무 것도 지니는 일이 없었다.

　그들은 해뜨기 전에 일어나 불경건한 언사를 행함이 없이 경건하게 기도를 올린 후에 상사의 지시에 따라서 제5시가 될 때까지 대단한 결심으로 맡은 일에 열중한다. 그리고 그들은 다시 한자리에 모인다. 흰 천으로 몸을 감싼 후에 그들은 냉수로 목욕을 한다. 그들이 몸을 정결케 한 후에는 성전에 들어가듯 경건한 모양으로 식당으로 들어간다. 회원이 아닌 사람은 이곳에 들어 갈 수 없다. 자리를 잡고 조용히 앉아 있으면 빵 굽는 사람이 순서대로 빵을 놓아준다. 그리고 요리사가 각 사람 앞에 한 접시에 한 종류의 음식을 가져온다. 그리고 나면 한 제사장이 식전의 기도를 올린다. 기도 전에 음식에 손을 댈 수 없다. 식후에 같은 제사장이 다시 기도를 올린다. 그들은 식전과 식후에 음식을 주신 하나님께 감사하였던 것이다. 식후에 그들은 그들의 옷을 벗어놓고 저녁까지 다시 일터에서 열심히 일한다. 일터에서 돌아온 그들은 같은 방법으로 저녁을 먹는다.

　사해사본에 나타난 쿰란 공동체의 공동식사도 엣센파의 그것과 전혀 다르지 않다. 사해사본에는 식사 때에 먹고 마시는 빵과 포도주에 대한 언급이 첨가되어 있다. 그리고 제사장에 의해서 식전 기도가 드려지는 것을 볼 때 쿰란 공동체는 제사장적 공동체임을 알 수 있다. 쿰란 공동체의 식사기도도 평상시 유대인들의 식사기도처럼 빵과 포도주에 대한 각각의 축사가 있었을 것으로 추측된다.

쿰란 공동체의 식사가 이집트의 테라퓨태(Therapeutae)라 불리는 유대인 종파의 성스런 식사 관습에서 유래된 것이라는 주장도 있다. 이 공동체의 식사는 성전에서 제사장들이 진설병을 먹는 것과 유사성을 가진 것으로 간주된다. 그러나 성전에서 제사장들이 진설병을 먹는 의식은 포도주를 마셔야 할 의무를 갖지 않는다. 그렇기 때문에 쿰란 공동체의 식사가 테라퓨태의 그것과 같다고 볼 수는 없다. 쿰란 공동체와 엣센파가 행한 식사 예전은 같은 것으로 볼 수 있다. 이들은 열심히 일하고 성서를 연구할 뿐만 아니라 소유를 공동으로 관리하였고 절대로 필요 이상의 것을 소유하지 않았다. 옷이나 신발은 반드시 완전히 닳아 떨어질 때까지 입고 신어야 했다. 따라서 이들이 함께 참여한 공동식사는 절대적인 결속과 연대감 속에서 진행된 친교를 위한 예전이나 다름이 없었다.

③ 고대 그리스-로마의 제의적인 식음문화와 공동체의식

고대 그리스-로마 종교들 가운데 특히 헬라의 신비종교들 가운데는 제례(祭禮)음식을 먹었다는 것을 알 수 있다. 사도 바울이 고린도전서 8장 10절에서 그리스도인들이 우상 신의 식탁에 참여해도 좋겠는가라는 질문에 대답을 주고 있는 것만 보아도 알 수 있다. 노크(A. D. Nock)는 그와 같은 중요한 세 가지 형태의 음식문화를 소개하고 있다. 첫째 단순한 친교모임으로써 특정 종파의 구성원들이 모이는 모임이 있었다. 이때 함께 하는 식탁은 특정 집단의 창설자의 죽음을 기념하기 위한 식사이다. 성만찬이 예수 그리스도의 죽음을 기념하기 위한 것임과 다를 바 없다. 둘째 신이 주인 노릇을 하는 것으로 생각되었던 식사가 있었다. 2세기경의 파피루스에는 다음과 같은 말로 식사에 초청하는 말이 포함되어 있다. "체어레몬(Chairemon) 주 사라피스(Lord Sarapis)의 식탁에 당신을 초대합니다." 이 말은 사도 바울이 '주의 식탁'이라든지 '귀신의 식탁'이라고 한 말과 유사성을 갖고 있다(고전 10:21). 셋째 형태의 식사는 디오니수스(Dionysus)의 종파에서 황소의 생육을 먹는 것이라고 노크(Nock)는 말한다. 여기서 황소는 신의 대표로써 간주되었다. 그래서 제사에 참여한 자들이 그 자신의 신을 먹는 것으로 나타났다.

여기서 주목할 것은 어느 민족이나 어느 시대를 막론하고 신에게 드려진 제물은 그 구성원 공동체가 그 제물을 함께 나누어 먹고 마셨다는 점이다. 앞에서 살펴본 바와 같이 이스라엘 민족들은 화목제를 드린 제물을 여러 사람들이 함께 나누어 먹었다. 그리스-로마의 식음문화도 예외는 아니었다. 희생제물 전체를 화제로 바치는 일은 좀처럼 드물었다. 제물의 일부분 즉 머리카락 몇 개 정도만 상징적으로 태우는 일도 있었다. 살코기는 제사장이 일부 가져가고 일부는 예배자가 가져간다. 예배자는 성전구내에서 친지들을 위해서 그 고기로 잔치를 배설하기도 한다.[William Barclay, p.98.] 이 점은 우리 민족의 제사의식도 마찬가지이다. 이렇게 제사상의 음식을 그 구성원 공동체가 함께 나누어 먹고 마시는 것은 공동체의 연대의식을 결속시키는 종교적인 의미가 크다고 볼 수 있다.

④ 한국인의 식음문화와 공동체의식

성만찬과 비슷한 형태의 종교의식은 원시종교에서도 발견되고 있다고 한다. 고고학적으로 20만 년 전 제3빙하기의 유물이라고 할 수 있는 해발 3,000여 미터에 위치한 알프스의 동굴에서도 발견되고 있고 비슷한 내용의 벽화는 선사시대의 것으로 추정되는 우리나라의 동굴에서도 확인된다고 한다. 어느 문화에나 비슷한 종교의식이 있었음을 말해 준다. 우리 민족은 제의적인 민족으로서 언제나 하느님께 제사를 드려 온 민족이다. 그리고 우리 민족의 제의적 표현을 통해서 기독교적인 요소들을 발견할 수 있다고 본다. 이러한 예로서 부여의 영고, 고구려의 동맹, 예의 무천 등이 있었고 특히 우리 민족의 유산으로서 오늘날까지 명맥을 유지하고 있는 것으로서는 마을 공동체의 축제인 '당굿'이나 '도당굿'이 남아 있다.

특히 성만찬에 비교될 만한 우리 민족의 먹을거리에는 해원 떡(解怨餠)과 대폿잔이 있다. 해원 떡은 화목의 개념인 관계회복의 뜻이 담겨있고 대폿잔은 연대의식이나 강한 공동체의식과 관련된다. 이런 우리 민족의 습속으로 보아 성만찬의 토착화의 가능성도 있다고 보아진다.

우리 민족의 세시민속(歲時民俗) 가운데 대보름 민속으로 원을 푸는 떡(解怨餠)이라는 게 있다. 한 해를 살다보면 이해(利害)에 얽히건 오해에 얽히건 간에 누군가와의 사이에 원망이 생기게 마련이다. 한 마을에 살면서 불편한 관계를 갖는다면 피차에 괴로운 일이 아닐 수 없다. 따라서 대보름 명절에 그 불편한 관계를 말끔히 씻기 위해서 해원 떡을 만들어 산사(山寺)의 스님을 통해서 주고받음으로써 지난해의 불편했던 관계를 깨끗이 씻고 새로운 출발을 했던 것이다. 우리 민족은 떡을 통해서 원수 된 관계를 풀고 서로 화목한 길을(解怨相生) 모색했던 것이다.

최후의 만찬 때에 예수께서 떡을 들어 축복하시고 떼어 제자들에게 나누어주시며 "받아먹어라. 이것은 내 몸이다"라고 하셨고 또 "내가 곧 생명의 떡이로다."고 말씀하셨다. 예수께서는 우리 인간이 하나님과 이웃과 또 자연과 불편했던 관계를 바로 잡기 위해서 친히 해원떡이 되셨고 이 떡으로 인해서 우리는 하나님과 화목하게 되었다.

또 우리 민족이 한솥밥을 먹고 정리(情理)를 다지듯이 한 잔 술을 나누어 마시고 의리(義理)를 다졌으며 그 공동체 운명을 확인하는 의식용(儀式用) 술잔이 대포요, 대포에 담는 의식용 술은 막걸리이기 마련이다. 옛날 육조(六曹) 삼관(三館)을 비롯한 각 관아나 향촌에서 한 말들이 큰 대폿잔에 술을 담아 차례로 돌려 마시는 공음례(共飮禮)가 의식화되어 있었다. 같은 공동체의 구성원끼리 한 잔 술을 나누어 마심으로써 동심일체와 공생공사를 다지는 인화문화를 발전시켰다. 사헌부(司憲府)의 대포는 아란배(鵝卵杯), 교서관(校書館)의 대포는 홍도배(紅桃杯), 예문관(藝文館)의 대포는 벽송배(碧松杯)란 대폿잔 이름이 붙어 있었다 한다. 그리하여 생사고락을 같이 하기로 약속한 사이를 대포지교(大匏之交)라 불렀다. 이러한 우리 민족의 대포문화는 인화(人和)민속 가운데 하나이다.

예수께서 마지막 잡히시던 밤에 잔을 들어 축복하시고 제자들에게 주시며 "너희가 다 이것을 마시라. 이것은 죄 사함을 얻게 하려고 많은 사람을 위하여 흘리는바 나의 피 곧 언약의 피니라"고 말씀 하셨다. 그리고 그들은 다 함께 잔을 들어 마시며 운명을 같이 할 수밖에 없는 그리스도께서 피 흘려 사신 공동체임을 확인하였다. 이와 같이 성만찬은 공동체의 운명을 확인하는 의식이요 동심일체를 다지는 예식이다. "몸은 하나이지만 많은 지체를 가지고 있고 몸에 딸린 지체는 많지만 그 모두가 한몸을 이루는 것처럼 그리스도의 몸도 그러합니다. 우리는 모두 한 성령으로 세례를 받아 한 몸이 되었고 같은 성령을 받아 마셨습니다."(고전 12:2-13)라고 바울은 말하고 있다.

역사적으로 연대감 속에 단결을 과시했던 단체로 보부상(褓負商)이 유명하다. 일사불란한 단결력과 조직력이 국가 대사가 있을 때마다 활용되었음은 알려진 사실이다. 임진왜란 때 의주에 피난 간 임금과 일선과의 통신 및 군수품 수송을 맡은 것이 바로 보부상이라고 한다. 생판 낯이 선 보부상이라도 오다가다 만나면 반드시 입었던 바지를 바꿔 입고 갈 길을 간다. 같은 옷을 더불어 입음으로써 동포의 정을 돋우는 결속의 습속인 것이다. 음주 습속인 대포라는 것도 보부상들의 결속의식 가운데 하나였다. 보부상들은 모였다 하면 술을 마시는 데 반드시 큰 바가지에 술을 가득 담아 돌려 마셨던 것이다. 한 잔 술에 더불어 입을 대어 돌려 마시는 것은 원시적인 결의 습속으로서 일심동체를 다지는 의식인 것이다.

어느 집안에나 제사를 지내면 음복(飲福)이라 하여 제주(祭酒)와 제사음식을 나눠 먹는 습속이 기필 수반되는데 각종 공동제사 때도 소나 돼지 등 신에게 바친 희생물을 제사 후에 반드시 한 점씩이라도 나눠먹는 습속이 있었다. 음복과 희생음식을 나눠먹는 것은 제사가 끝났으니 나눠먹자는 뜻에서가 아니라 그 제사음식에 신의(神意)가 깃들어 있으니 그 신의를 자기 속에 나눠 갖자는 상징적 주술(呪術)행위인 것이다. 그러기에 제사가 끝나면 분량의 크고 작음이나 질의 좋고 나쁨에 관계없이 떡 한 조각, 밤 한 톨이라도 나눠 먹어야 했으며 그것을 먹으면 병에 안 걸리고 액(厄)도 사라진다고 믿었던 것이다. 따라서 마을의 당제(堂祭)는 공동체의 평안을 비는 것이기에 신(神)의 평안의 뜻이 담긴 제사음식은 그 공동체의 구성원들이 나눠먹을 의무와 권리가 주어졌던 것이다. 뿐만 아니라 제사음식을 나누어 먹음으로써 공동적 운명을 다짐하였고 그 주술의 분배적

인 공유로 집단의 운명을 같이하는 한편 공동체의식의 정도를 높여
온 것이다.

하나님께서는 인류의 행복과 평화를 위해서 그리스도를 인류의 대
속 제물로 삼으셨다. 그가 우리를 위해 죽으셨고 우리를 구원하셨으
므로 그의 살과 피를 상징하는 떡과 잔을 먹고 마시는 것은 이제 우
리 모두의 의무요 권리인 것이다.

우리말의 '선물'(膳物)이란 말 자체가 제사상에 올린 음식이란 뜻
이라고 한다. 이 음식은 곧 어떤 공동체의 공동의식을 결속시키는
신통력을 가진 음식이며 그것은 그 공동체의 구성원들에게 나누어줘
야 한다는 필연성 때문에 요즈음 우리가 사용하는 선물로 전환한 것
이라고 한다. 요즈음 우리가 사용하고 있는 복덕방(福德房)이란 바
로 이 선물을 나누어주던 제물 분배소를 의미하였다고 한다. 요즈음
은 이 말이 토지나 가옥 소개업소란 뜻으로 변해 버렸지만 옛날의
복덕방은 각종 부락제 때 제사상에 차린 음식이나 희생되었던 짐승
의 살코기를 마을로 옮겨와 한 곳에 차려 놓고 그것을 나눠먹던 장
소가 바로 복덕방이란 것이다. 곧 음복(飮福)과 음덕(飮德)의 신성한
장소가 복덕방이었던 것이다. 이 신성한 어휘가 소개업으로 전락된
것은 사람이 모이고 모이면 거래와 흥정이 이루어지기 때문이라고
한다. 바로 신성인간의 집합소가 경제인간의 집회소로 전락한 것이
다. 선물이란 바로 신의의 분배행위요 그 분배행위로 어느 한 집단
의 공동체의식을 신명(神命)으로 보장받는 행위였던 것이다. 바로 어
느 공동사회를 또는 어느 집단을 강하게 결속시키고 공동 운명체임
을 자각시키는 그 접착제 노릇을 선물이 대행했던 것이다.

여기서도 우리가 생각해 볼 수 있는 것은 기독교 예배에 있어서

의 성만찬의 중요성이 바로 우리 민족의 음복, 음덕의 습속에서 찾아 볼 수 있는 공동체의식인 것이다.

또한 농경정착 민족의 특성인 가족과 촌락의 공동체의식은 우리 민족의 특성이기도 하다. 한 가족이 운명체로서 그 공동운명에 자기 개성이나 욕심이나 기호를 희생하면서 순응하는 것이 이상적인 인간 상이었다. 한국의 밥상은 이 가족이란 집단의 공동체의식을 유대시 키는 근본이요 기틀이었다. 따라서 한국인의 밥상은 그 가족이란 공동체를 대상으로 차려진다. 개인상이 아니라 공동상인 것이다. 한국인의 식사문화는 이와 같이 가족 공동체의식에의 자기소멸로 이루어진다.

이와 같이 그리스도의 상에 동참하는 한 가족으로서의 신앙공동체 는 먼저 자기소멸의 희생정신을 보이신 그리스도의 본을 받고 또한 공동체 운명의 충실한 일원이 되기를 다짐한다. 우리는 한 가족이다. 한 피를 나눈 한 형제자매이다.

지금까지 간략하게나마 환원운동에 대한 정의와 환원운동과 성만찬 중심 예배의 회복, 성만찬의 신학적인 의미, 그리고 식음문화와 공동체의식에 대해서 살펴보았다. 특히 식음문화와 공동체의식에서는 성서 시대의 여러 나라는 물론 우리 민족의 먹을거리 문화 속에서도 화해와 일치를 경험할 수 있는 공동체의식과 일체감을 결속시키는 음복 음덕의 습속이 있어 왔다는 사실을 살펴보았다. 이런 문화가 기독교의 성만찬 예식을 통해서 나눔의 차원으로 승화되고 발전되어야 할 것이다. 한 장소에서 한 덩어리의 빵과 한 잔의 포도주를 나눈다는 것은 구성원들 간에 일치와 연대를 나타내는 중요한 의식인 것이다. 성만찬의 나눔과 실천의 예식이 안으로는 그리스도의 몸에로 연대할 뿐만 아니라 밖으로는 이웃과 자연과 연대하게 되어야 한다. 즉 기독교 공동체의 성만찬의 나눔은 형식적인 예식으로 그치는 것이 아니라 사회, 경제, 정치 모든 영역에서의 삶, 즉 구체적인 삶의 현장에서 불편했던 관계를 회복시키고 참하나님의 나라를 앞당겨 실현시키는 실천의 삶으로 연결된다. 하나님과 나 사이의 연대, 남편과 부인 사이의 연대, 부모와 자녀 사이의 연대, 고용주와 고용인과의 연대, 동료와 동료 사이의 연대, 이웃과 나 사이의 연대, 인간과 자연과의 연대를 통한 신뢰의 회복과 정치, 경제적 불의의 척결과 불평등 해소, 분배정의의 실현, 지역적, 인종적, 성적 차별 등이 이 공동체의 의식과 연대 속에서 척결되고 생태계를 위협하는 모든 요소들이 사라지는 진정한 하나님의 나라가 실현되는 선취적인 역할로서의 성만찬이 강조되어야 할 것이다.

환원운동은 궁극적으로 하나님의 나라의 운동이라고 믿는다. 그리고 이 운동을 구체화시켜 나가는 한 가지 방법이 성만찬 중심의 예배라고 믿는다. 성만찬은 장차 올 하나님의 나라의 식탁을 오늘의 우리의 삶 속에 현재화시키는 힘이며 예수께서 세리와 죄인들과 식탁을 함께 하시면서 이들과 연대하는 밥상 공동체를 세우심으로써 종말론적 식탁공동체를 선취하신 것처럼 지극히 작은 자와 연대하고 동일화 시켜 나가는 원동력이 되기 때문이다. 따라서 우리는 성만찬의 진정한 의미를 회복하고 예배에 환원시키는 사명을 감당하는 선구자적 지도자들이 되어야 할 것이다.

[참고도서]

김용복. "민중과 연대하는 교회." (신학사상) 68집. 1990 봄호. 한국 신학연구소.

박근원. "그리스도교 예배의 한국문화적 표현." (기독교사상) 1991년 11월호.

박재순. "예수의 밥상공동체 운동과 교회." (신약성서는 오늘 우리에게 이렇게 증언한다.)

박종화. "리마문서의 신학적 의미". (기독교사상) 1991년 11월호.

안선희. "성만찬에 관한 신학적 이해 연구." (기독교사상) 1991년 11월호.

이규태. (막걸리의 한국학) 서울: 기린원, 1990.

이규태. (한국인의 의식구조: 한국인은 누구인가?) 제 상권. 서울: 문리사, 1977.

Baptism, Eucharist and Ministry, Faith and Order Paper No.111, World Council of Churches, Geneva, 1982.

Barclay, William. The Lord's Supper. Phil.: The Westminster Press, 1982.

Marshall, I. Howard. Last Supper and Lord's Supper. Grand Rapids: William B. Eerdmans Publishing Co., 1980.

Paris, Andrew. What the Bible Says About the Lord's Supper. Joplin: College Press, 1986.

Whiston, William, trans. The Works of Josephus. Lynn, Massachusetts: Hendrickson Publishers, 1984.

2. 성찬식의 의미

초대교회부터 매주 주의 날에 지켜졌던 성만찬은 기독교 예배의 중심이었다. 주 후 2C경에 초대 교회교부 저스틴의 증언에 의하며 주의 날에 예루살렘을 중심으로 모였던 그리스도인들은 모일 때마다 성만찬을 가졌다고 한다. 그래서 이 성만찬은 초기 기독교와 마찬가지로 16C 종교개혁자들에 의해서도 지대한 관심의 대상이었다. 칼빈은 참다운 교회는 말씀이 바로 선포되고 성례전이 올바르게 집행되어야 한다고 했다. 이렇게 성만찬은 기독교가 탄생할 때부터 오늘에 이르기까지 기독교 예배의 중심적 행위로서 이것은 하나님의 백성이 그리스도를 다시 뵙고 경험하며 주님과의 계약을 새롭게 다짐하는 예전이다. 그런데 보이는 말씀인 성만찬은 말씀과 뗄래야 뗄 수 없는 불가분리의 관계에 있다. 그래서 칼빈은 말씀이 없으면 성찬은 바르게 집행될 수 없다고 하였다. 말씀이 진실하게 선포되고 마음으로부터 그것이 받아들여지는 공동체가 아니라면 거기에 참된 그리스도의 성례전은 있을 수 없다는 것을 의미한다. 따라서 기독교 예배는 초기부터 두 가지의 핵심적 부분 즉 "말씀의 예전"과 "다락방의 예전"으로 이루어져 왔던 것이다. 그러나 역사적인 과정을 거치면서 기독교 예전은 성만찬 중심(미사)의 예배전통과 복음 선포(설교) 중심의 예배전통으로 나뉘게 되었다. 서로의 전통을 절대화하는 과정에서 초대교회예배 본질에서 어느 한쪽을 등한시하는 잘못을 범하게 되고 말았다. 그런데 20세기에 이르러 예배의 갱신운동이 일어나면서 종교개혁자들의 외침에 눈을 돌리게 되었고 그들이 성서와 초대교회의 원형을 회복하고자 하였음을 알게 되었다. 그 결과 초대교회의 예배가 설교와 성만찬으로 이루어져 있음을 확인케 되었고 오늘의 현대 교회는 이 둘의 조화와 균형에 많은 관심과 노력을 기울이고 있다. 그러므로 오늘의 예배에 있어서 설교와 성만찬은 별개의 것이 아니고 하나님의 복음 선포로서 이해되고 실천되어야 한다. 그런데 불행히도 성만찬의 교류에 있어서는 지나치게 과격한 계획을 시도하였던 쯔 빙글리의 영향을 받아 한국 교회는 그동안 성례전 없는 예배를 시도해 왔고 오직 말씀만을 강조하는 모습으로 남게 되었다. 그리하여 그토록 소중한 성례전을 일년에 일, 이회로 그쳐 한국 개신교회는 어느 나라의 개신교회보다 성례전과의 접촉을 가장 멀리한 채 오늘에 이르고 있다. 그러다 보니 오늘의 한국 성결교회 예배 현장에서도 성만찬이 집례되는 때에도 설교는 설교대로 하고 성만찬 예식은 별개의 예전으로 진행되어 말씀과 성찬이 전혀 연결되지 않고 있는 형편이다. 또한 심한 경우에는 일 년에 단 두 번 행해지는 성찬 예배 때에도 설교의 주제가 성찬과는 전혀 상관이 없는 것으로 진행되어 도무지 회중들이 성찬을 왜 하는지 그 이유도 모른 채 형식적으로 앉아 있는 경우도 있는 형편이다. 그래서 회중들에게 있어서 성만찬이 곁들여진 예배의 경우는 지루하기만 하고 어색한 예배가 되어버리고 마는 현상이 일어나고 있는 것이다. 그러나 이제 새 천년을 맞이하여 더욱 성숙한 모습으로 성장해 나가야 할 한국 교회는 기독교인들의 모든 생활에 가장 중심이라고 할 수 있는 예배에 있어서 적어도 주일 예배는 설교와 성만찬이 동시에 선포되는 것이 바른 모습임을 깨닫고 이를 실천해 나가야 할 것이다. 이런 의미에서 먼저 성만찬의 바른 의미에 대해서 알아보고 기독교 대한 성결교회의 성찬식 예전 순서와 갱신된 새로 만든 성만찬 예배순서를 제시하고자 한다.

성만찬은 본질적으로 하나님께서 성령의 능력을 통하여 그리스도 안에서 우리에게 베풀어주시는 은사의 성례전이다. 그래서 모든 기독교인들은 성만찬에서 그리스도의 몸과 피에 참여함으로 이 구원의 은사를 받게 되는 것이다. 성만찬에서 그리스도께서는 자기 자신과의 영작 교류를 베푸시며 그리스도의 약속에 따라서 그리스도의 몸의 지체가 된 모든 세례받은 자들은 성만찬 가운데서 죄 사함을 보증받으며(마26:28), 영원한 생명을 약속받는 것이다(요6:51-58).

이 성만찬의 신학적 의미에 대해서는 그동안에 다양한 전동과 교리의 차이로 인하여 많은 논란이 있었으나 지난 1982년에 세계교회협의회의 '신앙과 직제 위원회'에서 50년간의 교회 일치를 위한 연구 끝에 [세례, 성만찬, 교역]이라는 소책자를 내어놓음으로써 성례전의 신학적 의미를 공동으로 고백할 수 있는 기초를 마련하였다.

1) 성부께 대한 감사로서의 성만찬

항상 말씀과 성찬(떡과 포도주)을 포함하는 성만찬은 하나님의 역사하심을 선포하는 것이며 또한 찬양하는 것이다. 즉 성만찬은 창조와 구원과 성화에서 완성된 모든 것에 대하여 인간들의 죄악에도 불구하고 이제 교회와 세계 속에서 하나님께서 완성하신 모든 것에 대하여 또 하나님께서 장차 하나님 나라를 완성시킴으로써 이룩하실 모든 것에 대하여 성부께 드리는 큰 감사인 것이다. 성만찬을 보통 '유카리스트'(Eucharist)라고도 하는데 이 말은 '감사'를 뜻하는 것으로서 성찬을 받는 성도들에게 있어서 무엇보다 먼저 있어야 하는 것은 우리를 위해 베푸신 하나님 아버지의 모든 일에 대하여 진정한 감사를 드리는 것임을 가리킨다. 그래서 초대교인들은 늘 성만찬을 통하여 창조주 하나님을 찬양하고 그 은혜에 감사하였던 것이다. 우리는 저 유명한 2세기의 순교자 저스틴의 [제1변증 서]에서 처음으로 초대교회 성만찬의 개요를 발견하게 되는데 그 일부를 소개하면 이렇다.

"기도를 마치면 곧 우리는 서로 입맞춤으로 인사한다. 그러고 나서 빵과 포도주 섞인 물 한 잔을 형제들의 인도자에게 가져간다. 그는 이것을 취하여 성자와 성령의 이름으로 우주의 아버지에게 찬양과 영광을 돌리며 우리가 그로부터 이것들을 받기에 합당하도록 기도드린다. 인도자가 감사를 드리고 전 회중이 아멘으로 응답할 때 부제로 불리는 자들이 참석한 사람들 각자에게 신성한 빵과 포도주 섞인 물을 나눠주고 또 그들은 불참자에게 그것을 가지고 간다."

이렇게 초대교회들은 주님의 만찬을 대할 때마다 하나님의 은총 앞에 감사와 찬양을 드렸다. 그래서 칼빈은 "주님의 만찬은 감사함으로 받아야 할 하나님의 은사"라고 표현을 하였던 것이다. 결국 성만찬의 첫 번째 중요한 의미는 하나님께서 우리에게 주신 모든 선물에 대하여 감사하는 감사의 예전인 것이다.

2) 그리스도에 대한 기념으로의 성만찬

성만찬은 십자가에 달리시고 부활하신 그리스도께 대한 기념, 즉 십자가에서 단번에 완전히 완성되었으며 아직도 온 인류를 위하여 작용하고 있는 그리스도의 희생의 생황과 그 희생에 대한 실제의 표징인 것이다.

여기서 '아남네시스'란 말은 과거의 어떤 일을 회상하는 것 이상의 의미를 가지고 있다. 즉 이 말은 "과거의 한 사건을 하나님 앞에서 재현함으로써 그 사건으로 하여금 지금 여기에서 효력을 발하게 하는 것"을 의미한다. 그러므로 이것은 개신교에 의해서 가장 보편적으로 받아들여졌던 단순한 기념설로서의 성만찬을 의미하는 것이 아니다. 성만찬에 적용된바 성서에서 말하는 기념이라는 관념은 그것이 전례 가운데서 하나님의 백성에 의해서 의식으로 거행될 때 하나님의 역사하심이 현재적으로 효용을 가진다는 것을 말하는 것이다. 그런데 한국 교회에서는 이와 관련하여 하나의 커다란 문제점을 안고 있다. 그것은 바로 오늘 교회가 성만찬을 가질 때에 항상 그의 죽으심과 희생만을 강조하고 기념하고 있다는 사실이다. 그래서 성만찬 예배는 항상 무겁고 장례식 같은 어두운 분위기로 일관되고 있다는 사실이다. 그러나 우리가 분명히 확인해야 할 것은 우리가 단지 살았다가 죽어서 기억을 남겨준 분을 기억하고 있는 것이 아니라는 사실이다. 우리는 단지 과거 안에 자리 잡고 있는 분을 기억하고 있는 것이 아니라는 말이다.

우리는 십자가에 못 박혀 죽어 장사한 지 사흘 만에 부활하신 예수가 우리를 초대해 주시고 당신을 따르는 모든 제자들을 위하여 기꺼이 당신의 식탁을 열어주시는 메시아적 하나님 나라의 향연의 약속을 선포하는 하나님 백성들의 즐거운 축제로서 성만찬을 행해야 할 것이다.

3) 성령 임재로서의 성만찬

성령은 성만찬에서 십자가에서 죽으시고 부활하신 그리스도를 우리에게 참으로 임재하게 하시므로 성찬재정의 말씀 가운데 포함된 약속을 성취시킨다. 성만찬에 있어서 그리스도의 임재는 분명히 그 중심이며 이것을 가능케 하는 것이 바로 성령의 능력인 것이다. 즉 성령께서는 성만찬에서 하나님의 사랑을 깨닫게 하시고 십자가에 죽으시고 다시 사신 그리스도를 신앙공동체에 임하게 하시고 성찬재정의 말씀 안에 포함된 모든 약속을 성취시키는 것이다. 또한 성령은 빵과 포도주가 그리스도의 몸과 피의 성례전적 상징이 되도록 하시며 그래서 하나님의 백성들로 하여금 하나님 나라를 미리 맛보게 하는 것이다. 이를 통하여 교회는 새로운 창조의 생명과 주님이 다시 오신다는 확증을 얻게 되는 것이다. 그러므로 성만찬의 전체 행위는 하나의 성령 임재의 기도의 성격을 지닌다. 왜냐하면 이렇게 성만찬은 성령의 역사하심에 의존하고 있기 때문이다. 그래서 사도시대 이후 성만찬 예전에서 성령초대의 기도는 중요한 위치를 차지하여 왔고 이 기도는 빵과 포도주와 공동체의 성령이 임재하기를 기원하는 기도였다. 그러므로 집례자는 성만찬 예배 시에 성령의 역할에 대한 설교를 함으로써 성만찬의 의미를 더욱 강화시킬 수 있을 것이다.

4) 성도의 교제로서의 성만찬

교회의 생명을 양육시키는 그리스도의 성만찬 때의 교제는 곧 교회가 되는 그리스도의 몸 안에서의 교제를 의미한다. 한 장소에서 하나의 빵과 공동의 잔을 나눈다는 것을 어느 때 어느 곳에라도 거기에 참여하는 자들이 그리스도와 그들의 동참자들과 하나 됨을 말해주며 그러한 효험을 가지는 것이다. 즉 성만찬의 본질 중 한 가지 중요한 것은 그리스도의 살과 피를 받아 지체를 이룬 무리들이 동일한 신앙 속에서 삶의 내용과 방향을 같이 한다는 점이다. 다시 말해서 그리스도를 중심하여 하나의 결정체를 이룩하는 특수한 공동체가 형성된다는 것이 바로 성만찬의 독특한 면인 것이다. 성만찬의 또 하나의 명칭인 '커뮤니온 서비스'는 바로 이런 성도의 교제를 나타 내주는 단어로서 그리스도 안에서 한몸임을 강조하고 있는 바울의 서신(고전10:16-17, 11:17-22) 등에서 그 신학적 의미를 찾아 볼 수 있다. 그러므로 하나님의 백성의 공동체는 바로 이 성만찬 가운데서 완전히 나타난다. 사도행전 2장에 나타난 초대교회의 발생과 계속적 인 성만찬의 거행은 바로 이런 깊은 뜻의 실현이 가져 온 결과적 현 상인 것이다. 이런 의미에서 성만찬 의식은 항상 전 교회와 관계되 면 전 교회는 각 지역의 성만찬 의식과 연관된다. 즉 성만찬 예전은 개교회를 중심한 개체적 행사로 끝나는 것이 아니라 세계 어디서나 성만찬을 거행하는 무리들은 동일한 그리스도의 지체인 것이다. 그 래서 성만찬의식은 하나님의 한 가족 안에서 형제들과 자매들로 간 주되는 모든 사람들 간의 화해와 참여를 요청하며 사회적, 경제적, 정치적 삶에 있어서 적절한 관계를 추구하기 위한 하나의 계속적인 도전인 것이다. 그리하여 결국 성만찬은 삶의 모든 양상을 포괄하게 되는 것이다.

5) 하나님 나라의 식사로서의 성만찬

성만찬은 창조의 종국적인 갱신으로서 약속된 하나님의 통치를 대 망하도록 해주며 또한 그것을 미리 맛보는 것이다. 즉 성만찬은 하 나님께 감사드리는 축제로서 그리스도 안에서 하나님 나라가 도래함 을 축하하고 예상하는 축제이다.(고전11:26, 마26:29) 그러므로 성만 찬은 이미 현현된 하나님 나라와 장차 올 하나님 나라에 대한 비전을 열어주고 하나님이 통치하는 종국적 왕국의 잔치를 미리 경험케 하는 식사인 것이다. 한스 큉은 성만찬은 그리스도의 과거와 현재와 미래를 현현해 주는 귀한 예전임을 이렇게 표현 하고 있다. "과거의 관점에서 주의 만찬은 회상과 감사의 식사이다. 현재의 관점에서 주의 만찬은 교제의 식사요 언약의 식사이다. 미래의 관점에서 주의 만찬은 메시아의 종말적 식사에 대한 예견이다."

우리는 복음서에서도 성만찬을 하나님 나라에서 이루어질 메시아의 향연의 예견으로 보고 있다는 사실(막14:25, 눅22:16-18)을 알게 되는데 진실로 성만찬은 종말의 기쁨과 영광 중에서 함께 나누는 하나님 나라의 식사의 예표인 것이다. 이상에서 살펴본 바와 같이 기독교 성만찬이 갖는 의미는 그것이 창조와 구속의 하나님께 대한 감사와 찬양의 제사요 그리스도의 희생을 기념하며 또한 부활의 기쁨을 나누는 제사요 성령을 초대하는 것이요 그리스도 안에서 한 몸인 성도들의 교제임을 또한 하나님 나라의 메시아적 향연이다.

God-given unity의 신학적인 근거를 다음과 같이 주장한다.
"우리를 하나로 모으는 것은 바로 그 교회에 대한 우리의 공통된 관심이요 또한 바로 그 관심 속에서 우리는 교회의 주님이시오, 머리 되신 분과의 관계에 대한 우리의 하나 됨을 발견하는 것이다."

6) 신약 정경의 형성

① 정경화 작업의 시작

가. 정 경

- 갈대, 척도, 표준, 규칙, 규범을 의미하는 것으로 4C 이후에야 고대교회에서 정경으로서의 가치를 인정하는 성서 목록을 기술하는 것이 의미를 갖게 됨
- 라틴교회는 그리스교회로부터 개념을 전해 받고 표준과 척도라는 의미에서 이해

나. 구약의 정경화

- 원시 그리스도교는 구약성서를 정경으로 간주했고 정경으로서 구약성서의 종국적 완성은 1세기말경 회당으로부터 계획
- 토라에 대해 정경으로 받아들였을 때에도 아가서, 솔로몬의 설교, 예언서인 에스겔서는 여전히 논쟁 중
- 예수시대와 원시공동체의 신앙인들에게는 이미 구약성서 범위 확정
1) 쿰란 공동체에서 구약성서 사용
2) 원시 그리스도교에서 구약이 사용되었다는 사실 통해 증명
   - 유대교와 달리 그리스도교 공동체는 구약성서를 율법으로 읽지 않고 율법의 마지막이신 그리스도에 대한 증언으로 읽었다. 왜냐하면 약속의 성취 통해 율법의 진정한 의미가 발견되고 세움을 받았기 때문(롬3:31)

다. 복음, 주(Kyrios), 사도

- 그리스도에 관한 복음은 "하나님이 이전에 성서에서 예언자들을 통해서 약속하셨다는 사실을 내용으로 한다."(롬 1:2), 성서의 모든 부분들은 복음의 빛을 통하여 조명된다. 그리스도교 공동체 위한 해결책 제공

- 성서의 이해는 예수를 주(Kyrios)님으로 인정함으로 시작된다. 결혼과 이혼문제(고전 7:10), 복음 전파자들의 생활을 책임지는 공동체의 의무(고전 9:14), 성찬식의 실행(고전 11:23-25) 등 모든 문제들이 주님의 말씀을 통해 결정된다. 주님의 말씀이 전승되지 않은 곳에서 바울은 "이것은 나의 말이요, 주님의 말씀이 아닙니다."(고전 7:12)라고 한다.

- 사도는 주님으로부터 전권을 부여받은 자로서 공동체 내에서 인정받는다. 그래서 사도의 편지들은 보전되며 예배 때 낭독되고 다른 사람들에게 전파된다. 구약의 율법과 예언서처럼 주님과 사도가 나란히 병행한다.

라. 그리스도교의 문헌 모음집 형성

- 수집 문헌들은 바울의 선교 중심지였던 고린도나 에베소에서 나타났다. 안디옥의 이그나티오스나 약간 후대 사람인 서머나 주교 폴리갑 역시 바울 서신들 이용

- 파피루스 단편 52(P52)는 요한복음이 이미 125년에 이집트에 알려졌다는 사실 증거

- 마가복음의 편집 결어문의 저자는 이미 2세기 중엽에 네 복음서를 알았으며 복음서와 사도들의 서신들은 이미 율법과 예언서와 동일한 권위를 갖는다.

마. 마르시온(Marcion)(?~160)
- 구약의 하나님은 악한 물질적 세계의 창조자인 '데미우르고스' 라 하여 구약성서 거부(2세기말)
- 구약성서 대신 공동체를 위하여 유대적 본문들로 정화된 누가복음과 바울서신 10개(목회서선 뺌)를 새로운 경전으로 인정
- 그리스도교의 경전인 성서의 실제와 관념이 마르시온부터 시작되었으며 때문에 당시 교회적으로 지속적인 발전을 야기하였고 이로 인해 2세기말경 신약 정경 거의 확정

② 기원 후 200년경의 신약성서의 정경화

가. 이레니우스 (130-202)
- 소아시아 출생으로 후에 남프랑스 리용에서 일했으며 모든 네 복음서를 알며 그것을 이용
- 4라는 수를 철학화하며 에스겔 1:10과 요계 4:7의 네 동물의 형상들과 네 복음서 깊이 관련시킴
- 4복음서, 바울서신, 벧전, 요한 1, 2서 사용, 행, 몬, 벧후, 요한 3서, 유, 약, 히 제외, 계시록 알고 있음. 가톨릭 서간 미결정

나. 터툴리안(160-220) - 카르타고
- 서방 그리스도교 사용 22권 인정: 네 복음서, 사도행전, 바울서신 13권, 벧전, 요한 1서, 유다서, 요한계시록
- 히브리서는 바나바서의 답장이므로 정경 간주 안 됨. 헤르마스를 외경으로 보며 언급 없음

다. 알렉산드리아의 클레멘스(150-215)
- 포괄적 문헌에서 네 복음서 모두 인용하고 또한 바울의 14서신

(히브리서 포함), 벧전, 요1서, 유다서 인용

-정경 제한이 엄격하지 않아 모순적 영감 기록인 이방 출신 저자
들 승인 및 외경인 히브리복음서, 이집트 복음서까지 다룸

라. 무라토리 정경

-1740년 마일랜더 도서관 직원 의해 발견되어 그의 이름 따라
명시된 것으로 기원 후 2세기경의 신약 정경을 위한 가장 중요
한 증언이며 로마교회의 정경목록을 제시한다.

-문헌들이 어떻게 배열되고 있는지 열거뿐만 아니라 문헌의 생성
과 의미에 관해서도 짤막하게 다룸

-마태복음 담고 있는 처음 부분 손실, 요한복음의 기원은 사도요
한, 마가복음과 누가복음은 사도의 제자들로 소급

-사도행전에 이어 바울서신 13권과 여러 개의 가톨릭 서간들은
신약성서 문헌들로 인정

⇒사도가 직접 기록한 문헌이 가치를 지니게 됨, 단 복음서가 사
도의 제자들에 의해 기록 인정으로 기준이 엄격하게 적용되지
않음

※ 안디옥 주교 제라피온의 평가에서 고대 교회는 내용적인 기준
을 알고 있었다. 즉 문헌이 사도에게 소급될 수 있다는 주장만
으로 경전 포함보다는 내용적 검토 거쳐 비로소 문헌가치 인정
될 수 있음 시사

-서방 그리스도교에서는 히브리서가, 동방 그리스도교에서는 요
한계시록이 논쟁됨

7) 신약 정경화 작업의 마무리

① 그리스교회

가. 오리게네스(185~254)

-정경과 정경 아닌 문헌 사이의 결정적인 제한을 알지 못했으나 그룹별로 나누어 차이 둠

1) 교회에서 논란 없이 사용되는 아난티레타 또는 호모로구메나: 네 복음서, 사도행전, 바울서신 13권, 베드로전서, 요한 1서, 요한계시록
2) 교회에서 논란이 되고 있는 암피발로메나: 베드로후서, 요한 2서와 3서, 히브리서, 야고보서, 유다서
3) 위서들로서 이단적인 작품 간주 문헌인 포소이데: 이집트복음서, 도마복음서, 바실리데 복음서, 맛디아 복음서

나. 유세비우스(260~339): 기원 후 4세기에 분류 새롭게 시도

1) 호모 로구메나(성서 인정 일치 문헌): 네 복음서, 사도행전, 히브리서 포함 바울서신 14권, 요한 1서, 베드로전서, 요한계시록
2) 안티레고메나(의견이 갈라지는 문헌): 첫 번째 그룹은 대부분 그리스도인들에게 인정받는 안티레고메나로서 야고보서, 유다서, 베드로후서, 요한2서와 3서, 두 번째 그룹은 크게 인정받지 못하는 문헌들로 바울행전, 헤르마의 목자서, 베드로의 묵시, 디다케, 때때로 요한계시록
3) 이단문헌으로 외경에 편성된 복음서
   -정경이 최종적으로 결론지어지지 않고 결국 고대교회의 주교들과 종교회의를 통해서 결정

-기원 후 367년 알렉산드리아 주교였던 아타나시우스가 그의
부활절 편지에서 신약성서 27권을 열거하면서 마지막에 "이
문헌들은 갈급한 자들이 성서 안에 내포되어 있는 말씀을 충
분히 경험할 수 있는 구원의 자료이고 삽입, 삭제할 수 없다
고 기록

② 라틴교회

-정경의 제한으로 인해 강하게 동방교회와 접촉, 동방교회로부터
히브리서와 가톨릭 서신의 제한이 전수됨
-기원 후 4C말에 헬라교회와 함께 27권의 신약성서 인정 완전
동의하였고 히포 레기우스(393)와 카르 타고종교회의(397) 통해
승인

③ 시리아 교회

-예배 시 사용되던 타티안의 복음서 조화가 5C들어서 라불라에 의해
배제
-사도행전, 14권의 바울서신, 3권의 가톨릭서간(약, 벧전, 요1서), 네
복음서 등 22권 알았으나 점차 베드로후서, 요한 2서와 3서, 요
한계시록이 주목받았음

④ 종교개혁자

가. 루 터
-가톨릭 서간들의 사도적 저술성이 의심받고 난후 내용적 기준들
에 따른 차이들을 밝히고자 하여 1522.9월 야고보서 서두에서

성서문헌을 평가할 수 있는 시금석으로 "그리스도에 대한 증언
의 여부" 말함
- 비록 유다, 한나, 빌라도, 헤롯이 "그리스도에 대한 증언 여부
말한다면 사도적이다." 따라서 야고보서는 행위 강조, 히브리서
는 두 번째 회개 가능성 거절, 유다서는 벧후와 상충, 요한계시
록은 사도적 특성 아닌 환상 다루므로 비평적 평가
루터 曰: 따라서 당신이 그리스도를 모세로 만들지 않도록, 또
복음을 율법이나 교훈서로 만들지 않도록 주의하시오.

나. 트리엔트 종교회의(1546)
- 신약성서 27권은 그 가치의 차이 없이 모두 정경이라고 주장하
며 차이 있다면 히브리서가 바울의 편지로 열거되는 것뿐

8) 공관복음서의 문제

공관복음서의 문제: 세 공관복음서들 간의 문학적인 유사성에도
불구하고 그들 간의 중요한 차이 인식

① 밀접한 유사성

가. 구조적
- 예수의 활동: 세례요한에게 세례 받은 후 시작되며 이어서 갈릴
리 활동 후 마지막으로 예루살렘 입성하시고 십자가와 부활로서
공관복음서에 따르면 1년의 공생애이며 요한복음에서는 3년의
공생애로서 예수활동무대인 갈릴리와 예루살렘이 여러 번 바뀜
옛날 사본에는 막 16:8의 빈 무덤 이야기로 끝남

나. 순 서

- 마태복음 2~3장 예수탄생과 세례사건이 막 1장의 세례, 눅 1~3장의 탄생과 세례로서 역사적 예수의 순서가 일부 다르나 같을 때는 너무 유사하다.
- 중풍병자 치유, 세리 부르심, 세리와 공동식사, 금식에 관한 대화의 순서가 막 2:1-22, 마 9:1-17, 눅 5:17-39로서 일치하고 곧이어서 안식일에 관한 두 논쟁 이야기가 막 2:23-3:6, 눅 6:1-11로 마태복음에서도 역시 12:1-14에 나온다.

다. 각 단락내용

- 중풍병자에게 하신 말씀(죄 사하는 권세)
- 아리마대 요셉이 예수의 시신을 거두게 허락해 달라고 청원하는 이야기(막15:43, 마27:58, 눅23:52)
- "누구든지 자신의 목숨을 구하고자 하는 자는 잃을 것이요, 누구든지 예수(복음)를 위해 제 목숨을 잃는 사람은 구할 것이다"의 격언(막8:35, 마16:25, 눅9:24)
- ⇒ 각 단락의 내용이 거의 같다. 그중 이사야 40:3의 여호와, 하나님을 막 1:2-3에서 주(예수)로 바꿔놓고 공관복음을 모두 같게 했다.

② 차이점

가. 구조적(윤곽)

- 예수의 유년시절: 마태복음과 누가복음은 서로 일치 안하지만 다루는데 마가복음은 없다.
- 예수의 족보: 마태복음은 족보와 함께 시작하는데 여기서 아브라함부터 예수까지 세 번 반복되는 14대에 이르나(마 1:1-17) 누

가복음은 뒤늦게 기술되어 요셉부터 아담까지 77대로 계산(눅 3:23-38)

- 산상설교: 마 5-7장이 마가복음에는 없고 누가복음에서는 현저 하게 요약되어 나타남.
- 중요한 예수의 비유들: 마가복음과 마태복음에서 병행 찾을 수 없고 단지 누가복음에서 발견
- 텅 빈 무덤: 빈 무덤까지는 같으나 마태, 누가복음에서는 예수님 이 제자 앞에 나타남

나. 순 서

- 예수님은 마가복음 1장부터 활동하시다 6장에서야 고향에 와 배 척받으시는 것에 비해 누가복음에서는 이미 나사렛에서의 예수 의 공적 활동의 초기가 보고된다.
- 예수님과 제자 관계: 마가에는 많은 무리들의 치료사역 후 열두제자 초청(막 3:7~19)하나 누가복음에서는 순서가 뒤바뀌었고(눅 6:12~19), 마태복음에는 단지 개별적으로 제자들 부르신다.(마 4:18~)
- 산상설교: 마 5-7장 격언들이 마가복음에는 병행문을 발견할 수 없으며 누가복음에는 6-16장으로 산재

다. 각 단락내용

- 잔치의 비유: 성만찬의 비유에서 누가복음은 큰 잔치로(눅14:15-24), 마태복음에서는 왕의 아들 혼인잔치(마22:1-14)로 나온다.
- 선한 선생 호칭: 마가복음 10:18에서 청년에 대한 답변으로 "어 찌하여 나를 선하다고 하느냐?"이며, 마태복음 19:17에서는 "어 찌하여 너는 나에게 선한 일을 묻느냐?"로 표현
- 수난 이야기: 수난 이야기의 과정이 모든 복음서에서 매우 흡사 하다 할지라도 십자가상의 마지막 말씀은 서로 다름

③ 문제점 해결 모색

▶ 공관복음의 문제해결 위해 유사점과 차이점을 나름대로 설명하려 시도되어 18C 계몽주의시대까지는 마태가 예수님의 제자이므로 맨 먼저이고 마가복음은 마태복음의 축소판이라는 어거스틴 견해 유효

▶ 중세와 종교개혁시대: 세 복음서 잘 조화했으며 정통주의는 복음서 간의 모순들을 조정하려 했으나 불충분하여 문제해결 위한 길들을 찾았다.

가. 원복음서가설(레씽)

- 신약이 원래 아람어로 쓰인 후 다양하게 번역되고 발췌되었다. "인자"는 '사람의 아들'이란 뜻으로 헬라어에서는 사용 않는 용어다. 즉 예수님은 아람어를 사용했기에 이는 발췌이다.
  이것은 너무 인위적이어서 받아들여질 수 없었다.

나. 단편가설 또는 디에게젠가설

- 전적으로 원복음서를 전제 않고 예수활동의 개별적 사건들에 대한 제자들과 사도를 기록 전제
- 슐라이에르마허는 그런 짧은 언행록들이 발전하여 개별적 복음서가 되었다고 주장
- ☞ 개별적 이야기들뿐만 아니라 특별히 전체의 구성에서 발견되는 공통점은 설명 안 됨

다. 전승가설(헤르더)

- 원 복음서와 관련해서 그것이 구전의 형태를 지니고 있으며 개별적인 단편들로 이루어졌다고 본다.

☞ 구전전승이 결정적 역할을 했다는 사실은 의심할 여지없으나 복음서간 복잡한 일치들과 차이들은 문학적 관계를 수용 않고는 해결될 수 없다.

라. 상호의존 가설

－공관복음이 서로 직접적으로 의존되어 있다고 본다. 막 1:32 "병자와 귀신 치유사건"은 마태복음 8:16과 누가복음 4:40의 결합으로 설명한다. 따라서 마태복음이 가장 오래되었고 존재하는 복음서들을 사용하여 누가복음과 마가복음 씌어졌다 함

라흐만은 마가복음이 가장 오래된 복음서라는 견해 제시하며 공관복음서 기자들의 관계는 단지 서로가 상호 간에 이용되었다는 점만으로 설명될 수 없다. 왜냐하면 마태와 누가복음 사이에는 마가복음으로 규정될 수 없는 부분들이 있기 때문이다. 유사성과 차이들은 '두 출처설'로서 설명 만족할 수 있다 함.

④ 두 출처설

① 마가복음이 가장 오래 된 것이며 마태복음과 누가복음의 자료로 사용되었다.

▶ 구조적 증명

－마가는 탄생이야기 없으며 빈 무덤으로 끝나지만 마태와 누가는 약간의 차이가 있는 내용으로 탄생과 부활이 나온다. 이렇듯 마가가 뼈대이며 마태, 누가로는 기준 삼을 수 없다.

－언어나 문체상으로도 마가는 단순하고 민속적 문체(καὶ로 연결)로서 "~지방으로 가시다"는 희랍어로서 역사적 현재형으로 과거를 나타냄.

－마가복음의 거의 모든 자료들은 마태복음에서 다시 나타나는

데 마가복음 전체 666절은 마태복음에서 600절이나 나오고 누가
복음은 약 350절 받아들였음.

▶ 순서적 증명
  - 마태와 누가가 일치할 때만 마가와 일치하지 서로 다르면서
    마가와 같을 수 없다.
  - 마태복음의 5-7장의 산상수훈의 경우 중요한 말씀으로 누가
    복음에서는 소위 평지설교(눅6:20~49)로 다루어지나 마가복음
    에는 없다.

▶ 용비교를 통해서 마가복음이 마태복음과 누가복음의 자료로 사
  용되었다는 결론
  ex) 베드로의 고백이 막 8:29에서는 "당신은 그리스도이십니다."가
      마태 16:16에서 "살아계신 하나님의 아들 그리스도"로, 눅
      9:20에서는 "하나님의 그리스도"로 표현되어 마가의 짧은 표
      현이 추가되어 확대 되었다.

② Q 어록－홀쯔만(1863)과 베른레(1899)가 이론 위한 기본적 증명제시
   - Q란 독일어 Logien-Quelle의 약자로서 마태복음서와 누가복
     음서에서 마가복음을 제외하고 약 200절의 서로 공통된 부분
     에 붙인 이름으로 주로 예수 말씀으로 이루어져 「예수어록」
     이라 부른다.
   - 마가복음에서 유래되는 마태복음과 누가복음 사이에 일치되
     는 본문들은 두 복음서 기자들이 서로 다른 자료들에 의존
     않고 하나의 자료에 의존하고 있다는 사실을 보여준다.
   - 어형은 마태복음 기자가 잘 보존하나 누가의 6장, 7장, 9장에서 집
     중적으로 Q자료를 사용하여 Q의 원래 순서를 잘 보존해 주고 있다.

가. 데살로니가 전서

가) [배경]
- 바울이 가장 먼저 기록한 최초서신으로 봄
- 자주 장사 빌립보 루디아 의해 바울 영접 후 유럽선교 시작되며 그 후 데살로니가로 가서 유대인 회당에서 설교하였으며 백성들의 소동으로 뵈뢰아에서 전도하고 다시 아덴을 거쳐 고린도에 머물러(행17장) A.D 50년 고린도에서 편지를 기록
- 바울은 한두 번 데살로니가에 가고자 하였으나 사단이 막았다(살전 2:18)하며 그래서 아덴에 머물며(살전3:1), 디모데를 보냈는데(딤전 3:2), 디모데로부터 좋은 소식을 듣게 된다.(살전 3:6)
※ 디모데 소식은 살전 1:7~로서 1) 우상숭배 안 함 2) 주의 강림 기다림이다.
- 데살로니가 사람들은 처음에 바울로부터 배웠는데 본래 바울의 가르침의 핵심은 "이신칭의", 즉 "「믿음」으로 의롭게 된 후 구원받음"인바 "살전"에는 "칭의론" 가능성 이야기가 없어 보인다. 즉 바울의 칭의론은 처음부터 있었던 것이 아님을 추측할 수 있다.

나) [기록동기]
- 단순히 신앙 때문에 박해당하는 성도들에게 특히 그리스도의 재림과 관련된 주제를 통하여 위로와 확신을 주고자 함.
- 데살로니가 사람들의 질문은 4, 5장의 내용을 통해 알 수 있듯이 「죽은 자들의 부활문제」인바, 살전 4:13 "자는 자들에 관하여는" 문구처럼 질문에 대한 바울의 답변이 시작된다. 즉 「구원받지 못하고 죽은 사람 문제와 종말은 언제 오나(5:1)」 등에 대한 걱정스런 고민에 대한 답변이다.
- 살전 4:15 「주의 말씀」: 계시록의 상황(예언자)과 같은 부활하신

주님 말씀 전하는 자이다. 공관 복음서 기자들은 실제 예수의
말과 예언자들의 말을 분별하지 못했다.

다) [내용개관]

－죽은 자 부활관계로서 묵시문학에 대한 관심이 많았으며 이는
유대교의 묵시문학 조류가 많았다. 중요한 유대교의 묵시문학적
저서로는 4 Esra, 다니엘서, 요엘, 에녹서(1,2 Enoch), 바울묵시록
(Syr Baruch) 등이 있고 이와 같은 사상을 Q에서도 엿볼 수 있
다. Q의 앞부분은 역사적 내용이며 하반부는 종말부분으로 진정
한 예수의 말 아닌 예언자의 말일 수 있다.

※ 에녹서: 외경, 성경에는 없지만 당시 상당히 중요하였으며 아랍어,
히브리어의 원본은 사라지고 에디어피아역(athrlenoch)이 남아
있다.

－부활사상은 B.C.2C경 기록된 다니엘서(12:1-3)에 처음 나온다.
B.C.3C까지는 부활사상이 없었으나 B.C.2C 조로아스터교의 2원
론 영향 받아 다니엘서를 기록하였고 에스겔서의 죽은 자 부활사상은
은유적 표현일 뿐이다.

－부활에 대한 여러 견해로는

1) 눅 14:14: 의인들 부활 후 영생(당시 유대인 생각)

2) 계시록: 다 깨어난 후 갈림

3) 4 Esra: 모든 사람 부활

4) 제1에녹서: 창세전에 부활사건 기록했다고 함.

5) 다 12:2: 자는 자 중 많이 깨어남, 또한 세 종류 영혼 부활
   못함

   첫째, 악독한 일하며 불행하게 산 사람: 이미 세상에서 심판
   받음

   둘째, 의롭게 살았으나 불행하게 산 사람: 의롭게 살고 복

　　　받는 자는 빛난 곳

　　셋째, 악한일 다 했으나 복 받고 잘산 사람

　⇒유대교의 묵시문학 영향 받은 부활사상에 대해 데살로니가
　사람들은 잘 알지 못해 질문하였음

나. 고린도 전서

가) [배 경]

－행17장에서 보듯이 바울은 아덴에서 성공을 거두지 못하고 고린
　도에 가서 1년 6개월을 머물고(행 18:11), 제3차 여행을 시작한다.

－고린도의 구성원들은 고전 1:26~, "육체 따라 지혜 있는 자, 능
　한 자, 문벌 좋은 자 많지 않다"로 알 수 있다.

나) [기록연대]

－고전 16:3 이후 바울은 오순절까지 에베소에 있다가 마게도냐
　거쳐 고린도에 가겠다는 내용을 말한 것으로 보아 오순절 직전
　에 기록하였다. 고전 16:6절의 "과동"으로 보아 에베소에서 55년
　봄으로 추측함(최근은 54년 봄으로 기록했다는 주장 나옴)

다) [기록동기]

1) 파벌형성(고전1:10~)문제: 글로에의 집편(속한 종 일수 있음)으
　로 분쟁 소식 들음, 그러나 고전 4:1-4의 바울 비판을 '글로에'
　의 집에서 들었는지 다른 소문 들었는지 문제되어 있음.

2) 고린도 교회의 물음에 대한 바울의 답변: "너희의 쓴 말에 대
　하여" (고전 7:1)

라) [내　용]

-1:10-4:21은 분파문제에 대한 충고

-5장, 행음 사건(소수상황 전제), 5:9의 "내가 너희에게 쓴 것에……"에 의하면 먼저 쓴 서신이 있었음 시사

-6장, 성도 간의 송사문제, 음행문제(6:13의 "식물은 배를 위하고……"는 성에 대한 은유적 표현임)

-7장부터 결혼문제

-8장, 우상 제물문제

-9장, 바울의 사도권 주장, 약자 배려

-10장, 우상 제물에 대한 결론적 권면(양심 위해 먹지 말고 남의 유익을 구하라)

-11장 여성의 예배포 착용 명령과 성만찬에 대한 권면

-12장 "세례 통해 모두 하나(11장에서 여성 예배포 착용 주장 이유로 여자 직위 빼버림)

-13장 최고의 은사 사랑

-12:1~14:40 교회를 세우는 데 기여될 수 있는 은사들

-15장 부활을 부인하는 자들과 논쟁

-16장 예루살렘 기독교인 핍박 때문에 가난하여 연보 계획과 마지막 인사와 권면

1) 파벌 형성

-고전 1:12의 4파 형성은 "밀의 종교" 영향, 다신론적 영향이다. 밀의 종교는 미스터리여서 행사 시 신의 운명을 연극화하는데 정확히는 알 수는 없다. 즉 관습적인 파벌형성이다.

-고전 1:13 근거 세례문제 때문에 분파 생겼음에 대하여 바울은 반론을 제시한다. 즉 바울이 세례 준 사람은 3명 소수이므로 성립이 잘 안 된다. 그리고 우상 제물 문제는 베드로파로 추측.

2) 약한 자들

- 고전 8:9의 "약한 자들"은 유대인이나 사회적 약자를 말한다. 왕의 탄신 및 국경일 때 우상 제물로 고기가 나오면 거절하기 쉽지 않다. 당시 시장에서 파는 것은 대부분 우상 제물인 경우이다.(18:25)
- 우상 제물에 대해 반드시 유대인이 아닐지라도 죄의식을 가질 수 있다. 우상 제물에 대한 나쁜 인식이 약한 자들에게 거침 되지 않도록 조심해야 하며 10:29에서 내 양심 깨끗하나 남의 양심 때문에 먹지 말 것, 즉 남을 위해 자기 권리를 유보하라 함.

3) 여성의 예배포 착용(고전 11:2~)

- 동방으로 갈수록 보수적이다. 예배 시간에만 써달라는 이유는 당시 회당예배 때에는 유대인들이 주가 되고 이방인이 극소수이므로 예배 때만 착용을 부탁한다. 길리기아는 다 쓰고 다녔고 유대는 더 보수적이었다.
- ※ 머리 쓰는 것 변론(갈 3:28): 그리스도 안에서 모두 하나이다. 즉 세례 받음으로 평등한 존재가 되었다는 획기적 메시지 "세례공식론"으로서 바울의 인용구임(위내용과 상반됨)
- 고전 12:13에서도 세례 통한 모두 하나라는 세례 공식문을 인용하는데 여자 직위를 빼버렸다. 이유는 11장에서 예배포 착용을 주장하여서이다.

4) 공적 예배 시 여자가 말하는 것

- 고전 14:34~35에서 여자가 말하는 것은 부끄러운 것으로 여기는데 고전 11:5에서는 여자가 교회에서 예언, 기도할 때 머리에 쓰고 하게끔 되어 있어 서로 상반된다. 그래서 고전 14:34~35는 어떤 필사가 집어넣을 수 있음을 시사한다.

5) 부활사상

－헬라문화권 사람들이므로 어떤 자는 부활이 없다고 주장한다.(15:12)
영혼 불멸 사상은 믿으나 죽은 자 부활사상은 안 믿는 자에게 바
울은 15:1~3에서 반복 증거하며 15:3절 이후는 전승기록이다.(성
만찬 전승과 마찬가지임)

● 15:6~ "열두제자" 표현은 원래 잘 사용 안하나 쓴 것을 보면
이는 인용구이며 "살아났다"라는 단어도 헬라어 "αναστασι"를
타동사로 "resurrection, rising"(3인칭) 쓴다. 단순과거 수동태인
데 본문에서는 현재 완료 수동태로 쓴다. 또한 "죄"를 "죄들"
로 복수 표현하는 등 보통 바울이 사용 안하는 문구 사용했다.
－15:3~8까지 중 3~5절은 당시 신앙 전승을 기록하고 있다. 즉
부활승천 이후 바울이 책 기록 당시(A.D 54)까지 약 20년간
원시 기독교의 전승이 있었으리라 추측함

－바울은 죽은 자의 부활을 예수 그리스도의 부활과 관련하여 입
증하려 노력함

－15:24 "정사와 권세와 능력"에서 "정사"는 정치적이 아니라 점
성술과 천사들을 관련시켜 우주(별)를 보면서 천사들이 땅을 지
배한다는 의식 아래 있었다.

－15:38 "씨가 땅 속에 들어감"을 죽은 것으로 표현함은 옛날식
표현이며 15;41의 별의 모양 다르듯 부활 후 모양도 각각 다름
을 비유한다.

－15:42~ "육의 몸, 신령한 몸"으로 구분: "살전"에는 나누지 않고
직접 부활만 생각했다. 즉 헬라인에게는 납득이 안 되자 바울의
표현력으로 육의 몸, 신령한 몸으로 구분한 것이다. 히브리인은 육
체 없는 혼만의 인격체를 생각할 수 없었으므로 "몸"이란 단어를
창조적으로 붙였다. 이처럼 새로운 상황에 부딪힐 때 만들어 내
는 바울의 논증은 대단하다.

다. 고린도 후서

가) [배 경]

- 고후12:14(13;1)에 3번째 고린도 방문 계획이 나오는데 49~51년 1년 반 동안 고린도 머물렀다가 고린도전서 쓰기까지 고린도에 안 갔으나 고후12:14에 고린도 후서 쓰며 3번째라는 것은 두 번째 방문한 흔적 있음. 즉 "고전" 쓴 후 1번 더 고린도에 머묾 (중간 방문)

나) [내용 요약]

- 크게 세 부분으로 1-7장, 8-9장, 10-13장으로 나뉜다.
- 1-7장: 사도직에 대한 질문에 답변하면서 교회에 대한 사도의 관계 설명
- 8-9장: 이방계 그리스도인들의 모교회인 예루살렘 교회를 돕기 위해 모은 헌금에 대한 권고
- 10-13장: 바울을 대적하는 새로운 대적자들과의 대결로서 사도직 변론

다) [단락내용]

1) 고후2:5-8 근심하게 한 자, 7:12의 불의 행한 자는 중간 방문 때 바울에게 합당치 못하게 한 적 있음을 알 수 있게 한다.

2) 고후2:4의 눈물의 편지
   - 고린도전서는 아니며 7:8-12 눈물의 편지가 걱정을 일으켜 바울이 후회했으나 그것이 너희로 잠시 근심하게 한 후 회개가 되어 후회 안함
   - 고후7:5-7 디도가 눈물의 편지를 가지고 고린도에 갔고 그 결

과를 디도가 바울에게 전해주자 고린도 후서를 기록하게 된 것임

3) 고후 10-13장 눈물의 편지를 쓴 배경
   - 우상 제물을 근본적으로 먹어도 되나 다른 사람 양심 위해 먹지 말라고 하자 바울을 육체대로 행하는 자로 여겼음. 이와 같이 바울이 자유스런 복음을 전하므로 경건주의자들이 따랐지만 유대교인이 비판하였다. 이러한 분쟁 후 눈물의 편지 씀

4) 화해의 편지
   - 1장~2:13, 7:5-16, 8(+9)장, 13:11~13(마지막 인사부문)

〈구성된 편지의 순서〉
   편지 A: 소실되어 없는 편지
   편지 B: 고린도 편지(54년 봄 오순절전 기록 추정)
   편지 C: 고후2:14-7:4(54년 여름경 기록) ※중간방문: 54년 가을
   편지 D: 눈물의 편지(54년 늦가을, 고후10-13장)
   편지 E: 화해의 편지(55~56년 마케도니아에서 겨울 나면서 기록)
   ※ 고후2:13에서 고후7:5-7로 연결된다. 즉 편지 C가 화해의 편지 사이에 끼었다.

5) 고후1:8 "아시아에서 당한 환란"
   - 행19:23~, 은장색 데메드리오와의 충돌했을 때 체포되지는 않으나 많은 고난을 받고 후에 에베소에 감금되었을 것으로 추측한다.
   ※ 빌립보서, 빌레몬서는 로마나 예루살렘 감옥에서 쓴 것으로 추측하고 있으나 에베소에서 썼을 확률이 높다.

6) 편지 C(고후2:14-7:4)

  - 편지 C중 6:14-7:1 부분을 상당수 학자들은 진정한 바울서신
    이 아닌 것으로 추측하는데 이유는 바울의 사상과 대치되고
    또한 바울의 문체가 아니다. "믿지 않는 자와 멍에를 같이 하
    지 마라", "우리가 성전이다"는 약간 바리새파적인 면을 보인
    다. 그리고 "벨리알"과 같은 표현은 유대교에서 쓰고 대신 바
    울은 "사단"이란 용어를 사용한다.
    벨리알: 쿰란문서에서 "사악하다"로 자주 쓰임

7) 적대자들

  - 고후11:22의 히브리인, 아브라함 등으로 거론하는 것으로 보
    아 외부로부터 유입해 들어온 팔레스틴 유대 출신으로 추측
    된다. 바울이 전했던 것과 다른 복음(11:4)을 전하며 여러 이유
    로 바울이 사도가 아니라고 말했다.
  - 바울은 사도성을 주장하는데 12:1에 무익하나마……하며 바울
    이 자신을 자랑한다. 아마도 바울이 환상 경험도 없고 사도성이
    없다고 하자 반박하는 내용이다. 그러나 곧 12:11에 이러한 자
    랑은 억지로 하는 것이라 한다.
  - 유대계 그리스도인으로 헬레니즘 영향 받아 환상이나 기적 중
    시하는 자들로 보고 있으나 이들은 교회에서 파송 온 사람들로
    유대적인 면에서 바울의 자유주의적 신앙에 제동 걸려 했던 사
    람이 아닌가 추측한다.

라. 갈라디아서

가) [배 경]

  - 갈 1:8 "다른 복음을 전하면 저주를 받을지어다"는 바울이 분기

충천해서 편지 씀
- 갈 4:13-14에서 바울이 병으로 잠깐 있을 때 전파한 사실과
- 갈 4:8에서 갈라디아인은 주로 이방인으로 하나님 몰라 하나님 아닌 자들에게 종노릇하였음
- 행 13:13은 2차 여행 전 1차 여행 기록으로 밤빌리아, 비시디아 지방을 갈라디아로 구분한 것과 또 하나는 북갈라디아로 행 18:23 제3차 여행 시작도 이곳을 거쳤다. 행16:6은 부르기아, 갈라디아 거론되었다. 즉 행15장부터 2차 선교여행 시작하면서 부르기아와 갈라디아로 여행하는데 이곳은 갈라디아 종족이 살던 곳으로 갈라디아(원래 켈트족)라 불렀다.

나) [기록동기]
- 갈라디아에 다른 복음을 전하는 자들이 나타나서(갈1:8) 이들에 대한 왜곡된 주장을 반박하기 위하여 기록되었는데 율법을 행해야 된다(갈3:1). 할례 준수, 절기 지킬 것 등을 적대자들이 요구했다.

다) [기록연대]
- 데살로니가 기록 후 갈라디아서 기록(51년경)했다는 주장(로제)이 있고 최근 학자들은 갈라디아서가 상당한 신학적 발전이 보이므로 고린도서의 내용보다 고차원적이라 평한다. 즉 "믿음 통해 구원받는다"는 내용은 로마서 쓰인 시기와 아주 밀접하다. 즉 55년으로 고린도후서의 "눈물의 편지" 다음, "화해의 편지" 전후에 쓰였을 것이다. 즉 마게도냐에서 고린도후서 쓸 때쯤 썼을 것으로 추측한다(55-56년 중).

라) [내용 분석]

1) 적대자들의 할례 중시 이유

- 갈3:6 바울이 아브라함 이야기를 처음으로 거론한 이유를 K.Berger은 말하기를 적대자들이 아브라함 이야기하므로 반론하되 아브라함을 부인할 수 없어서 이야기하였는데 할례로서가 아니라 믿음으로써 구원이 가능함을 주장한다.

※ 바울의 칭의론 사상이 처음으로 나타났고 다음에 빌립보서에 조금 나타나고 그리고 로마서에 나타난다. 갈라디아에서 칭의론 주장 이유는 율법주장 적대자들에 대한 반박으로 직접적 연결되기 때문이다.

- 적대자들의 주장: 아브라함의 자손 되어야 약속의 후손 되어 구원 이룬다. 메시야도 아브라함 자손으로 유대 민족의 구원자이므로 할례 통한 아브라함 자손 되는 구원의 공동체에 속해야 한다.

- 바울 주장: 할례 받지 않아도 그리고 율법 행치 않아도 그리스도를 믿기만 하면 아브라함의 자손이 될 수 있다. 즉 아브라함은 믿음 때문에 칭의를 받았다.(창12:1-3) 결론으로 그리스도께 속한 자면 아브라함의 자손이다.(갈3:29)

2) 초대기독교의 신앙공식문 인용

- 갈3:28은 "유대인이나 헬라인"은 전체내용과 맞는다. 그러나 "종이나 남자나 여자 없이"의 평등내용은 갈라디아서 전체 테마와 맞지 않는다. 이유(가능성)는 첫째, 후대 기록자 삽입, 둘째, 신앙 고백문 형태 문구(공식문)라서 인용했다. 즉 이미 초대기독교에 형성되었던(바울 이전) 신앙공식문을 인용했다는 것을 알 수 있다.

- 고전 12:13에는 "유대인, 헬라인, 종, 자유자"는 거론되나 "남

자, 여자"를 **뺀** 이유는 고전 11장에서 여자를 낮추었기 때문 (예배포 착용 등)이다. 세례 받을 때 여자도 평등하다는 이유를 알므로 즉 세례 공식문 선포를 통해 깨달으므로 갈라디아에서는 "남자, 여자"도 평등이 거론되었다.

※ 유대인의 기도문에는 하루 3번 기도하는데 "찬송 받을지어다. 그분은 나를 (1.이방인, 2.무식자, 3.여자)로 만들지 아니하였다."로 남자의 우월성을 나타내며 페르시아의 기도문도 거의 같다. 또한 주후 3C경 Laertius의 주장이나 플르타르크 영웅전에서의 플라톤의 말에도 유사 내용이 기록되어 있다.

교회에서 젊은이들이 줄어들고 있다. 오늘의 젊은이는 내일의 교회 중심인물이다. 모두 다 21세기를 말하는 요즘에 한국 교회의 성장 정체 내지 쇠퇴에 더 심각성을 더한다. 우리가 그동안 수없이 지적했던 유럽교회의 쇠퇴와 미국교회의 문제점들이 어느새 우리 문전에 다가온 것이다. 필자가 속한 교단에서 청년대학생 선교대회를 하기 위해 교단 산하 교회들을 대상으로 청년대학부의 실태를 조사한 결과 대학부가 있는 교회가 극히 적었다. 최근에 대학부와 청년부를 다시 통합한 경우도 여럿 되었다. 따라서 교회의 인구구조도 다이아몬드형이나 피라미드형이 아닌 원추형으로 변해가고 있다.

이 같은 증거는 캠퍼스 사역자들에게서도 찾을 수 있다. 전보다 사역의 활기가 많이 줄어들고 실질적인 결실인 전도의 열매도 줄어든다고 한다. 교회에서 만족할 만한 훈련이나 돌봄을 받지 못하는 기존 그리스도인들의 공동체 역할을 한다고 한다.

늘 신세대는 있었다. 보수적이고 전통적인 세대에 비해 보다 진보적이고 파격적인 새로운 세대는 계속되어 왔다. 그러나 오늘의 신세대는 생활 형태나 사고방식이 과거의 어느 때보다도 빠르게 변하고 있다. 첨단 물질문명의 발달과 세기말적인 정신적 공허, 기성세대에 대한 반발로 독특한 문화를 창조해내고 있다. 기성세대는 그들을 부정적 시각으로 보는 경우가 많다. 권위적이고 보수성향을 강하게 나타내는 기성세대는 이해와 용납보다는 비판적 시각으로 판단한다. 분명한 것은 신세대는 기성세대의 사고와 가치관, 삶의 철학이 낳은 산물이다. 교회도 기성세대의 가치 기준으로 신세대를 대하고 있다. 그리고 신세대와 교회와의 간격은 멀어지고 복음의 영향력은 쇠퇴하고 있다.

그렇다고 교회의 미래인 신세대를 포기할 수는 없다. 신세대도 전도대상이며 하나님의 피조물이다. 그들을 이해하고 효과적인 복음전도의 방법을 모색해야 한다. 선교의 대상으로 신세대를 이해하는 것은 이런 면에서 필수적이다.

미국의 소설가 더글러스 커플랜드의 소설에서 유래된 X세대(X generation)는 포스트부머, 베이비부스터 등 다양한 이름으로 불린다. 1965년부터 1980년 사이에 태어난 이들은 포스트크리스천 아메리카시대에서 성장한 최초의 세대로, 기성세대와는 본질적으로 다른 정신세계를 가지고 있기에 신세대(a new generation)로 불린다. 70년대 후반 신소비와 정보화시대로 진입하면서 생겨난 독특한 이 세대를 미국은 'X세대', 일본은 '신인류', 독일은 '키취세대', 프랑스는 '레 드부솔'(불평불만주의자)이라 한다. 우리나라에도 신세대의 독특한 문화가 형성돼 신세대 혹은 X세대라는 용어는 일상적인 언어가 되었다. 그러나 이런 정의와 누가 진정한 신세대인가에 대한 견해는 차이가 많아 정확하고 분명한 정의는 아니라고 생각한다.

오늘의 신세대를 사회학자들은 철저한 상품주의와 젊은이들의 자유의식이 만나 형성된 것이라고 분석한다. 포스트모더니즘의 사회이 탈현상이 또 다른 용어로 우리 사회 속에 뿌리박고 있는 것으로 판단한다. 신세대의 전형적인 특징은 인스턴트음식에 길들여져 있고 집단보다는 자신을 위한 직업관과 상사관 선호하며 자유로운 공동체를 갈망하고 '나' 중심의 언어를 즐겨 사용한다. 미용을 위해선 자신의 몸을 변형시키는 데 적극적이며 자기의 취향이 분명하고 이를 적극적으로 표출한다. 또 사랑과 결혼은 별개로 연애는 철저한 자유주의를 지향하며 도전의식으로 쾌락과 물질을 추구하는 과감한 의식의 변화를 보이고 있다. 게다가 변화의 속도가 빨라 신세대는 1년 차이에도 큰 세대차를 느낀다며 세대차의 가속화도 리드하고 있다.

신세대는 컴퓨터와 영상매체에 익숙하며 취미는 다양하고 개성과 논리 면에서 기성세대가 생각하지 못한 번뜩이는 면을 보여주곤 한다. 이런 특징들은 자기개발로 나타나는 긍정적인 면이 있지만 자기의식이 부정적으로 발전하면 이기주의나 무책임·가치관부재 등으로 나타난다. 다른 사람이 받은 상처·소외·미움에 반응하지 않는다. 종교도 선택할 뿐이지 헌신하지 않는다.

성공과 출세 지향적이다. 신세대는 인기스타를 모방하고 갈망한다. 돈과 성공을 위해선 도덕이나 윤리는 부차적인 것으로 이해한다. 기성세대 영향으로 황금만능주의를 맹목적으로 추구한다. 기성세대를 모방하면서 스스로를 파괴해 가고 있다. 부모의 과잉기대와 대리만족에 희생이 되고 유학을 통해 현실을 도피하거나 성공 출세의 발판으로 삼으려는 신세대가 적지 않은데 이는 기성세대의 총체적 사회산물이다. 쉽고 편하게 빠른 방법으로 돈을 번다면 여러 가지 사회악도 가능할 수 있다는 잘못된 기성세대의 삶이 스릴까지 있다고 인정하는 극단적인 신세대도 있다.

신세대는 영상세대로 인기스타 추종한다. 그들의 말과 행동, 옷차림 등을 그대로 모방하고 심지어 연예인 될 수 있다면 성형수술도 마다하지 않는다. 과거 기성세대가 상상 속에서만 대중스타를 꿈꾸던 것과는 달리 이들은 적극적으로 표현하고 이 목적을 달성하기 위해 현실을 뛰어넘는데 주저하지 않는다.

신세대를 바라보는 시각은 여러 가지일 것이다. 기성세대나 보수적인 교회에서의 시각은 다분히 비판적이다. 실제 비판적인 요소도 상당하다고 본다. 그러나 일방적인 기준으로 매도하기보다는 이해하고 받아들일 수 있는 자세가 요구된다. 선교적 관점에서 그들과 접촉할 수 있는 가장 효과적인 접촉점을 찾아내야 접근이 가능하다. 오늘의 신세대의 사고의 중심은 무엇이며 상황과 문화가 어떠한지를 알아야 한다.

세계관은 신념을 신념은 가치관을 만들어 내고 가치관은 행동을 낳는다. 오늘의 신세대를 정확히 이해하기 위해서는 겉으로 드러난 행동을 분석하되 껍질을 벗겨내듯 그 안에 내재된 가치와 신념과 세계관을 분석해 보아야 한다.

신세대의 물질주의에 깊이 사로잡혀 있다. 황금 숭배적인 직업관과 성공관을 갖는다. 이는 철저히 기성세대에게서 학습된 것이다. 아무런 내적인 방어 장치나 예방 없이 무분별하게 수용하고 누리고 있다. 물질주의적 가치관은 지나친 이기주의와 만나 비인간화와 비도덕적 행동의 근거가 되고 있다.

신세대는 진리를 상대화한다. 포스트 모던식 사고방식으로 모든 것이 상대적이며 진리이다. 삶의 양식이 다양해지고 절대적 가치보다 다원주의 상황 하에서의 상대주의에 매료되어 있다. 이율배반적이며 모순되는 두 가지를 동시에 인정할 수 있다. 신세대는 이를 돌발적으로 표현한다. 그들이 생각하는 것을 행동으로 옮기는데 지나치다고 여길 만큼 저돌적이다. 가끔 전혀 그럴 것 같지 않은 젊은이들의 충격적인 행동이 여기에 연유된다. 그리고 자기가 선택한 것이 절대적인 것이 된다. 개인주의 방식으로 나의 가치를 강요하지도 않지만 다른 사람의 강요도 거절한다. 이는 인본주의의 표현이다. 신세대도 초월적 실재를 믿는다. 그리고 새로운 가치를 추구한다. 그러나 이는 신비적 종교체험을 추구하고 뉴에이지나 동양사상에 대한 몰입의 경향이 될 수 있다. 테크노 문화에 익숙한 신세대가 이에 실망하고 좌절하면 기성종교체제에 반하는 신흥종교나 신비주의에서 그 이상을 실현하려고 하기도 한다.

오늘의 신세대는 혼돈과 갈등 속에 있다. 너무나 빠른 변화속도에 숨 가쁘게 적응하고 있다. 첨단과 고루함, 풍부와 절대빈곤, 자유와 억압의 극과 극에서 살아가고 있다.

마) 역기능 가정 출신이 많다

물질적인 풍요를 이룩하면서 한꺼번에 도덕적인 기준이 붕괴되고 서구와 동양적인 가치관이 섞여 혼란을 겪고 이율배반적인 적용을 거듭하면서 많은 가정이 파괴되었다. 실제로 정상적인 가정에서 반듯하게 자란 젊은이보다 비정상적인 가정환경에서 자란 젊은이가 많다. 파괴된 가정은 인생에 대한 모범을 보여주지 못하고 적절한 샘플이 없는 상태로 자라 자기 스스로의 삶도 제대로 추스를 줄 모르는 젊은이를 양산했다. 갈등과 문제해결 양식을 모르고 꾸준하게 인내하며 결과를 기다리는 일에 익숙하지 않다. 아픔과 상처와 응어리를 안고 살며 깊은 열등감에 사로잡혀 자신조차도 스스로 인정하지 못하는 자신을 힘겹게 지탱한다. 미래를 계획하고 준비하는 일에 대해 막연한 두려움을 가지고 회피하고 오락과 자기 안일의 틀에서 인생을 소비하고 있다. 그들은 빨리 가정을 떠나 독립된 공간에서 자기만의 삶을 살기를 원한다.

바) 사회불안, 미래 불안이다.

IMF 이후에 한국사회의 실업문제가 큰 이슈가 되고 있다. 몇 번 언론에서 지적되기도 했지만 실질적 실업상태 혹은 잠재적 실업으로 통계에도 들지 못하는 대학생들이 많다. 그들에게 미래는 비상구 없는 긴 터널처럼 여겨진다. 학교를 졸업하기를 기피하고 휴학하거나 학력인플레 현상을 부추기고 고시열풍에 휩쓸리거나 좌절한다. 경제뿐 아니라 삶의 전 영역에서 불안감을 느낀다. 삶의 희망이 보이지 않는 듯하다.

준비되지 못한 미래에 대한 불안도 가중된다. 시간이 흐를수록 어느 것 하나 완전하게 해 놓지 못한 것에 대한 자책만 커간다. 고민도 쉽게 내색하지 않아 고민이 없는 세대처럼 여겨지지만 내적인 갈등은 여전하다. 대부분의 신세대의 고민이 전공과 진로, 이성문제라는 통계결과도 있다.

마. 신세대의 문화를 이해하라

신세대의 문화는 새로운 문화이다. 문화가 개방되고 통합되는 현상이 나타나고 있다. 세계 어디서나 서구화되고 상업화된 문화적 산물이 발견되고 모방이 이루어지고 있다. 이 같은 양상은 문화에 대한 자유적 관점과 다원적 사고로 개인주의와 이기주의를 낳았는데 이것이 신세대 문화의 바탕을 이룬다.

신세대는 개성이 중요하다. 획일화된 것을 지양하고 개성을 존중하는 게 구세대와 다른 점이다. 이는 의식주에서 분명하게 드러난다. 신세대는 패션과 유행엔 즉각적으로 반응하는 민감 세대로 구분된다. 이들은 개성과 선정성을 동시에 갖고 있는 나만의 멋을 추구하고 자기만족에 치중한 치장을 하거나 멋과 분위기를 느낄 수 있는 왜색뿐 음식점이나 패스트푸드점을 애용하며 개인주택보다는 아파트나 원룸 등의 오피스텔을 선호하는데 이것이 신세대 문화의 한 패턴이라고 대체적으로 인정하고 있다. 소비에 있어서도 철학과 놀이성 재미가 있어야 한다고 주장한다. 신세대의 인스턴트 패스트푸드화는 즉흥적이고 참을성 없는 극단적 성격을 신세대에게 심어주고 있다.

신세대 문화는 컴퓨터 문화이다. 컴퓨터에 중독되어 '익명성'이 보장된 곳에서 자기만의 세계를 구축한다. 신세대에게는 집단내의 개인의 책임이나 사명감이 강조되었던 시대와는 달리 중심이 개인적인 구도로 형성되고 있다. 따라서 컴퓨터를 생활문화로 반드시 있어야 할 필수적인 것으로 간주하고 있다. 컴퓨터는 인생의 동반자라고 생각하며 컴퓨터의 능력이 곧 자신의 능력이라고 착각하기도 한다. 조직보다는 자신이 홀로 감당할 수 있는 일을 하는 프리랜서 스타일을 선호한다. 신세대는 어느 시대보다 정보매체에 익숙하고 강력한 여론형성의 매체가 되기도 한다. 컴퓨터세대의 부정적인 모습은 실재와 가상세계를 혼동하며 파괴본능을 자극하여 극단적 사고를 하게하며 자만심을 증폭시킨다. 또 통신 중독과 악성프로그램 노출 위험이 커서 인간관계의 파괴와 대화의 단절이 초래된다.

신세대는 철저히 감각적이다. 요즘 신세대는 광고를 절대적으로 신봉한다. 이들은 광고에서 상품정보를 얻을 뿐만 아니라 그릇된 언어와 묘한 유행어를 습득하곤 한다. 이들은 섹스암시광고와 에로틱광고를 특히 좋아한다. 또한 광고에 대해 이들은 기성세대의 눈으로는 이해할 수 없는 뚜렷한 주관을 가지고 있다. 물질적 풍요 속에서 성장했고 영상문화를 통해 개방적이고 감각적 특성을 키워왔기 때문에 원초적이고 선정적인 광고에 호감을 갖게 되는 것은 당연한 것이다.

신세대는 철저히 TV세대이다. 세칭 영상세대로 불리기도 하는 신세대는 영상매체를 철저하게 이용한다. 바보상자로 불리던 TV가 '요술 상자' '세계를 향한 창'으로 자리매김되어 있다. 문자매체에 익숙한 기성세대와는 달리 신세대는 영상에서 얻는 정보를 신봉하며 실생활에 적용하는 데 주저하지 않는다.

신세대는 호기심에 쉽게 빠져든다. 신세대의 약물 남용, 오용은 나날이 늘어간다. 대부분의 약물들이 가져오는 증상은 피해의식으로 감정이 격해지면 폭력을 쓰고 있으면서도 폭력이라고 인식하지 못할 뿐만 아니라 환시, 환청, 환촉, 의심증, 망상 등의 정신병이 발생하기 쉽다.

신세대라는 현상 또는 집단은 우리의 문화적 풍토, 대중문화산업, 역사상황 등 여러 가지 것들과 밀접하게 연관된다. 결국 신세대는 우리 사회 문화가 만들어낸 복합적 산물이고 기독인의 입장에서 보면 그것은 한국의 타락한 대중문화와 그것을 갈구하는 인간 군상들의 총체적인 작품이다. 따라서 이런 신세대문화에 대해 균형적인 고찰을 통해 긍정적인 면을 부각하고 그들에 맞는 선교전략 및 문화공간 설립, 타 세대와의 조화를 위한 커뮤니케이션 설치가 중요하다. 신세대에게 효과적으로 복음을 증거하고 교회 안으로 인도하기 위해서는 우리 자체의 정비가 있어야 한다. 또 우리가 가지고 있는 자원과 전략을 효과적으로 사용해야 한다.

가) 교회의 체질이 바뀌어야 한다.

교회가 새로워지지 않으면 안 된다. 최근의 경제위기와 사회불안 현상을 겪으면서 영적인 지도자들이 교회의 변화와 갱신을 촉구하는 이유와 같다. 서구교회의 쇠퇴는 신학이 자유주의 노선으로 치닫고 탈 복음적이 되고, 복음이 없는 사회운동이 기독교의 영향력을 감퇴시키며 시대의 변화에 무감각했기 때문이다. 오늘의 한국 교회가 신세대에 대해 올바른 복음과 갱신된 교회를 제시하지 못하면 결과는 같을 것이다. 교회가 영적인 각성과 변화를 추구하여 시대적 사명을 다해야 한다. 사회에 거룩한 영향력을 행사할 때에 변화를 갈망하는 신세대를 포용할 수 있다. 그러나 작금의 교회는 비민주적인 요소와 세속화된 가치관이 팽배하고 스스로 개혁의 대상이라고 고백할 수밖에 없는 안타까운 지경에 있다. 교회를 떠나거나 기피하는 젊은이들의 목소리에 귀를 기울여야 한다. 교회의 여러 가지 부정적인 모습이 제거되어야 한다. 교회가 세상과 구별된 거룩한 영적 공동체의 모습을 상실할 때에 젊은이들은 교회를 떠나게 된다. 선포되는 복음의 진리만큼이나 민감하게 보이는 말씀에 관심을 기울이고 있다.

나) 교회문화가 바뀌어야 한다.

복음이 새로운 지역에 들어갈 때에 반드시 현지의 문화와 충돌하게 된다. 일치하지 않는 가치관과 신념, 표현양식과 행동이 갈등을 만들어 낸다. 선교사는 이때에 절대 타협할 수 없는 복음의 진리와 수용할 수 있는 교회의 전통이나 문화적 상황을 구별하게 된다. 마찬가지로 오늘의 교회가 신세대를 받아들이기 위해 보수적인 전통에만 얽매일 것이 아니라 변화를 시도해야 한다. 신세대의 문화를 수용하지 못하는 목회자와 교회의 고리타분한 사고 역시 교회를 떠나는 주요 원인이다. 교회는 시대에 맞는 패러다임으로 오늘날의 신세대가 경험하는 세계가 바로 기독 젊은이들이 경험하는 세계임을 인식해야 한다. 이는 교회 안으로 들어오는 젊은이들에게 그들의 이상을 실현할 수 있는 장이 마련되어야 함을 의미한다. 시대의 조류를 부정하는 것으로 교회와 세상, 교회와 신세대를 단절시키는 것이 아니라 이에 대한 적극적인 대처가 요구된다.

신세대는 구세대와는 달리 이성이 아니라 감성으로 하나님의 존재와 거룩함의 정서를 느끼기를 원한다. 이들은 경배와 찬양, 연극이나 영상을 통한 메시지의 시각화를 선호한다. 따라서 신세대에겐 복음을 설명하는 방식보다는 정서적 공유를 확보하는 방식이 더 유효하다. 신세대 문화에 대해 구세대 그리스도인들은 신세대의 삶의 발생적 뿌리가 자신들의 물신주의, 성장주의, 과소비에 있었음을 겸허하게 회개해야 한다. 젊은이들이 필요로 하는 메시지는 실천적인 설교이다. 젊은이들이 언제나 재미만을 추구하는 것은 아니다. 그들의 삶의 변화를 바라고 있다. 그들의 내면을 건강하게 가꾸어줘야 한다. 비판과 판단으로 정죄감만 심어주는 태도를 버리고 그들을 품어주어야 한다. 마음속의 상처와 거절, 억압된 분노와 좌절, 불안감을 치유해 주어야 한다. 그들을 끌어안는 목회가 요구된다.

예배에 있어서는 참여의 예배를, 공동체 안에서는 열린 공동체를 조성해야 한다. 신세대를 위한 창조적인 예배의식을 기획하는 것도 좋은 방안의 하나다. 다양한 젊은이들의 욕구를 수용하기 위해 열린 예배 형태를 지향해야 한다. 열린 예배는 지적되는 문제점에도 불구하고 효과적인 전도의 수단이 된다. 한 사람의 불신자가 믿기까지는 모임에 와서 부담 없이 기독교신앙의 가르침, 문화, 사람들 등을 검토해 볼 수 있어야 한다. 열린 예배는 불신자들을 쉽게 초청해 올 수 있고 일회성의 초청 전도 집회와는 다르게 불신자들이 매주 정기적으로 참석하지는 못하더라도 꾸준히 참석할 수 있다. 또 열린 예배는 공동체의 지체들에게 다양한 은사를 개발할 수 있는 기회를 제공하고 예배자가 참여하는 예배가 된다. 감각적 체험을 중시하는 신세대들이 열린 예배를 통해 하나님을 느낄 수 있다. 영상세대인 신세대문화의 패턴을 하나의 특성으로 인정하고 이들에게 맞는 문화를 형성, 교회 안으로 끌어들일 수 있는 대책이 요구된다.

신세대를 중심으로 한 예배의식을 준비해야 한다. 이성보다 감성으로 하나님 존재를 느끼기에 딱딱한 설교보다 메시지 시각화가 필요하다. 이를 위해 젊은이를 대상으로 하는 주일예배를 만들어야 한다. 이는 실제적인 성과가 나타난 것이다. 이는 동질집단원리에서처럼 서로 공감하고 동일시가 가능한 집단에서 가장 효과적인 사역의 열매가 맺게 된다. 상호 간에 문화와 언어, 배경과 상황이 같을 때에 보다 효과적인 사역이 가능하다. 그들의 장을 열어주고 그들의 방식대로 주님께 나아가도록 도와야 한다. 신세대를 이해하고 부정적인 시각을 버려야 한다. 사랑으로 격려하고 지원해야 한다. 기성세대와 다른 것을 배타적으로 보지 말고 적극적인 이해를 하며 도와야 한다. 젊은이들의 공간을 만들어 주어 그들의 창의력과 독창성이 하나님을 경외하는 주요한 도구가 되게 해야 한다.

다) 신세대를 위한 목회자를 키워라

예수님의 전도방식인 동일시의 원칙으로 신세대를 포용, 이해하지 않으면 머지않아 우리는 집단으로 교회를 빠져나가는 신세대를 보게 될지도 모른다는 지적도 간과해선 안 된다. 신세대를 그리스도께 이끌기 위해서는 그들의 특성인 감성으로 하나님의 존재와 거룩한 정서를 느끼도록 해야 한다.

청년대학부를 활성화하기 위해서는 담임목회자나 담당교역자가 먼저 말씀과 생활이 일치하는 생활을 보여줘야 한다. 무엇보다 담임목회자가 청년사역에 최대한의 관심을 표명하고 공감할 수 있어야 한다. 영적 권위가 있으면서도 청년들과 자유롭게 교제할 수 있고 동시에 신세대의 사고를 포용해주는 목회자가 요구된다. 교회 안에서 젊은이들이 적절하게 돌봄과 훈련을 받을 수 있도록 해야 한다. 목회적 배려를 통해 젊은이가 교회의 소모적인 일군이 아닌 미래가 되게 해야 한다. 젊은이들이 느끼는 문제는 오늘의 교회가 요구는 많이 하나 필요는 무시한다는 데 있다. 오늘 젊은 세대에게 투자하지 않으면 언젠가 투자할 젊은이가 없는 교회가 될 것이다.

신세대는 그들과 함께 많은 시간을 보내는 지도자를 원한다. 너무나 바쁜 나머지 예배 시간에 만나는 것이 전부인 사역자로는 곤란하다. 그들과 공감대를 형성하고 있는 그대로 받아들여주고 그들의 세계에서 그들의 언어로 복음을 전하는 사역자가 필요하다. 신세대처럼 행동하는 것이 아니라 신세대를 포용할 줄 아는 목회자여야 한다. 이는 목회의 전문화를 의미하기도 한다. 대부분의 경우 청년대학부 담당사역자는 장년 사역을 위한 전초단계정도로 인식한다. 이는 젊은이사역의 부실을 초래하게 된다. 일방적인 커뮤니케이션 보다 쌍방향에서 할 수 있는 대화 채널이 있어야 한다. 지도자와 감독자의 입장이 아니라 동역자, 친구로서 함께 할 수 있어야 한다.

라) 성장사례에서 배워라

모든 교회의 청년 대학부가 부진한 것은 아니다. 비록 상황의 차이는 있다 하더라도 청년대학부가 부흥하는 교회의 모범적인 예에서 배울 수 있다. 중심이 되는 것은 젊은이들을 신앙으로 돌아오게 하기 위한 확고한 의지와 전략이 겸비되어야 한다는 것이다. 청년대학부가 성장하는 교회는 담임목회자가 청년사역에 대해 관심이 높고 청년들의 취향에 맞는 특화된 선교프로그램이 있으며 체계적인 제자

훈련이 실시되고 있다는 점이 공통적인 특징이다. 젊은이들의 고민과 아픔을 같이 하면서 적절한 메시지를 선포해야 한다. 또 과감한 재정지원이 뒤따라야 한다. 청년들은 교회의 중심으로 많은 봉사사역과 교사, 성가대 등으로 활동하지만 실질적인 지원은 부족한 경우가 태반이다. 젊은이들에 대해 열린 구조를 갖고 현장 중심의 기도와 전도, 성경연구를 통해 성장하고 있는 교회의 예를 눈여겨보아야 한다. 특화된 선교프로그램을 개발하여 병원전도, 사회복지시설사역, 국내외 선교, 영상문화 사역, 캠퍼스 입양사역 등도 시도해 볼 수 있겠다. 신세대의 생각을 정확히 파악하고 때로 그들의 실수를 용납하며 팀으로서 함께하며 피교육생이 아니라 사역자의 일원으로 여기는 제자훈련이 필요하다. 이미 성장을 경험한 교회의 모범과 사역정신에서 배우고 가능하면 그들과의 교류를 시도해 보는 것도 좋겠다. 나아가서는 젊은이들이 고립되지 않도록 연합의 장에 나서도록 밀어주어야 한다.

신세대는 결국 우리가 복음으로 정복해야 할 선교의 대상이다. 그들에 대한 판단보다는 효과적인 복음전도를 위한 노력이 우선되어야 한다. 이는 신세대에 대한 이해에서 비롯되고 사랑과 관심으로 열매 맺게 될 것이다. 신세대가 가지고 있는 장점과 우수성을 오늘의 교회가 내일을 위한 터전이 되도록 해야 하는 중대한 사명을 안고 있다. 여전히 어려운 문제지만 '우리'가 아니면 누가 할 수 있겠는가? 하나님의 성령을 의지하고 끊임없이 전진해야 한다.

바. 초대교회 사도 활동

가) 야고보의 죽음

- "의로운 사람"으로 불렸으며 예수님 승천 후 사도들에 의해 예루살렘 교회의 지도권 맡은 영적 지도자

- 종종 팔레스틴 밖 교회 감독이나 선거 때문에 예루살렘을 떠나
곤 했지만 전혀 예루살렘 안 떠남
- 자주 성전에서 백성 죄 위해 기도했으며 바울의 처형 실패한 유
대인들의 분노로 공격당함
- 유대인들과 서기관, 바리새인들이 야고보로 하여금 성전에서 그
리스도에 대한 신앙 부인 요구했으나 그리스도가 하나님의 아
들, 구세주 고백하자 유대 총독 베스도가 사망하여 무정부적인
행정공백 상태에서 살해
- 성전의 요철부분 난간에서 서기관들, 바리새인들, 제사장들에 의
해 밀려 땅에 떨어지자 돌을 던지기 시작하나 무릎 꿇고 기도함
- 레갑 자손의 한 제사장이 만류했지만 어떤 사람이 피륙을 두드
릴 때 쓰는 방망이로 때려죽임

나) 바울의 마지막 활동
- 사도행전에는 바울의 죽음에 대한 언급이 없고 바울 자신이 썼
다고 기록된 목회서신(딤전·후서 딛)에서 알 수 있다.
- 딤전 1:3, 딛1:5에서 바울은 서방으로 가려 했음을 알 수 있고 딤
후에 근거 투옥된 상태로 로마에서 공공연히 방문객을 맞이했으
며(딤후 1:17), 순교의 날이 가까이 왔음(딤후4:6-8)을 보도해 줌
- 클레멘트 1서에서 바울은 첫 번째 구금에서 풀려나 제4차 전도
여행으로 추정되는 것으로 동방으로 갔고, 그리고 다시 서방의
끝(지부랄타해협-스페인)까지 갔다가 두 번째 로마에서 투옥되
어 순교: 롬 15:23, 28절에서 바울은 풀려난 후 스페인으로 가려
고 계획한 것과 일치함
- 로마 시민권을 가졌던 바울은 네로 황제 박해 때 참수형에 처해
졌다고 전해짐
다) 베드로의 최후

- 마술사 시몬의 마술을 바울과 베드로가 방해해서 보지 못한 것
  과 또한 가족의 몇 사람을 기독교로 개종시켜서 매우 노한 네로
  황제는 9개월간 바울과 베드로 투옥시킴
- 성담에 의하면 베드로는 죽음의 박해 피해 로마 밖으로 도망가
  려다 측은하게 보시는 예수님을 보자 묻기를 "주여 어디로 가시나이
  까?" 하자 "너를 대신하여 두 번째 십자가를 지기 위해 로마로 간
  다."라고 하였다.
- 베드로는 곧 자진 체포당하고 A·D 64년 네로 황제 박해 시 거
  꾸로 십자가에 달려 순교함

사. 초대교회의 예배와 영성
- 초대교회의 예배는 예루살렘과 이산된(Diaspora) 유대인의 회당
  이나 개인집에서 드리기도 함(행12:12-17, 15:1-4)
- 예루살렘 교회는 예수님의 형제인 야고보가 순교(A·D62)하기까
  지 지도(갈1:19)
- 유대전쟁(A·D66~70) 영향으로 예루살렘에서 시작한 교회가 이
  집트, 시리아, 소아시아로 이동
- 그리스도인들은 초기에 안식일과 주일 오전에 모였고 후에는 주
  일 예배로 통일
- 예배일은 일요일에 부활한 그리스도를 기억함과 세상의 빛이심
  을 나타내는 태양의 날 의미
- 예배순서는 구약, 주님의 교훈, 사도들의 서신에서 뽑은 말씀 낭
  독하였고 권고의 말씀이나 설교가 있은 후 회중기도, 찬송(시편
  이나 성경 어느 부분에서 택), 성찬예식

〈초대교회 예배 형태에서 여섯 가지 중요사항(행2:42)〉

1. 가르침 (Lehre)

   −사도들의 가르침은 설교와 말씀으로 낭독으로

   ▶ 초대교회의 설교는 예수 그리스도의 구원사건 선포이며 사
      도들의 설교는 그 시대의 상황에 따라 자신들의 사명자적 메시
      지를 선포하는 것으로 그 내용은 유대인들이 십자가에 죽인 예
      수 그리스도가 구약의 예언된 메시야라는 것(베드로의 오순절 설
      교, 행 2:14-36)

   ▶ 말씀 낭독은 회중에게 구약의 말씀과 사도들의 편지를 읽는 것
      (골4:16)으로 초기에는 회당에서 행한 형식으로 본문 읽고
      쉽게 해석하는 방법 사용

2. 교제(Gemeinschft)

   −긴밀한 모임이 비그리스도인들에게 눈에 띄었고 초대공동체
    는 자주 정기적으로 드러나게 모였음

   −예배가 중심적인 역할을 했으며 예루살렘의 유대인 출신 그
    리스도인들에게서 공동소유 모임이 이루어짐. 즉 재산과 소유
    를 팔아 모든 사람에게 필요한 대로 나누어 가졌음(행 2: 45)

   −다른 지역에서는 그리스도인 공동체가 형제의 복지를 책임짐

3. 떡을 뗌(Brotherechen, 행 2:46)

   −처음부터 예수께서 행한 「주의 만찬」 실행했고 이것이 후에
    일반식사(애찬)와 관련됨

   −「떡을 뗌」이란 말은 추측하기는 「주의 만찬」의 성례적 성격을
    비밀히 나타냈던 말이었다고 본다.

4. 기도(Gebet)

　-사도들의 서신에 의하면 기도의 내용은

　1) 이교의 당국을 위한 중보기도(딤전 2:2), 2) 개인적인 기도 (고후 12:8), 3) 예수 그리스도의 명령에 따른 "하나님나라와 그 의(義)"를 위한 기도(마 6:33) 등으로 하나님 나라가 이 땅에서도 이루어지기를 바라는 기도를 드렸다.

　-기도의 형태는 다양하지만 오늘날처럼 예수의 이름으로 하는 기도에 특별히 시행한다는 약속(요 14:13-14) 근거하여 예수 그리스도 이름으로 마치고 회중은 '아멘'으로 화답

　-세 가지 기도 형태로

　1) 서서 하는 경우 손을 높이 벌림: 위로부터 채워지게 되는 성령의 잔 상징(막 11:25), 2) 무릎 꿇고 하는 경우: 개인적인 자기포기(엡 3:14, 빌 2:10), 3) 바닥에 완전히 엎드리는 형태: 자신을 낮게 함으로 주께 굴복 나타냄

5. 신앙고백(Bekenntnis)

　-유대인들이 예수 그리스도를 메시야로 인정치 않는 등의 잘못된 신앙을 염려하여 신앙고백을 하게 함

　ex) 베드로의 고백(마16:16), 이방인 기독교 공동체에 예수가 메시야, 하나님의 아들임을 고백하게 함, 덧붙여 나사렛의 예수가 주(Kyrios)이심을 첨가하여 고백(행 2:36, 롬 10:9)

　-2C에 들어와서 소아시아에서는 예수의 신성 인정, 인성 부인 등 잘못된 교리에 대항하여 예수의 참된 인성을 인정하는 고백문 채택(요 1서 4:2 이 후대에 니케아 신조, 칼케돈 신조로 확정함)

6. 찬송(Lied)

　-처음부터 하나의 찬양하는 공동체로서 구체적인 종류나 내용을 정확히 알 수 없으나 성경에 의하면 세 가지 형태의 노래 시와 찬미와 신령한 노래(골 3:16, 엡 5:19)

　　1) 시: 교회가 시작한 이래로 주로 구약의 시편 사용

　　2) 찬양: 마리아 찬가(눅 1:46-55), 사가랴의 송축(눅 1: 68-79), 시므온의 찬양(눅 2:29-32), 짤막한 형태의 찬미(눅 2:14, 엡 5:14, 계 15:3-4)

〈후대의 속사도 시대와 초기 가톨릭교회시대(100-300년)의 예배 형태〉

　1) 확고한 예배규정 중요시

　2) 매일 가정 예배 벗어나 주일 오전 예배 큰 무게 가짐

　3) 감독이 예배의 중요위치

　4) 주의 만찬은 식사 성격 버리고 주일 예배 성격 지님

　5) 십자가 희생 개념이 점차 미사희생 개념으로 잘못 사용됨

아. 로마 제국의 기독교 박해와 그리스도인들의 영성

가) 기독교 박해 원인

1) 로마 당국과 로마인들의 기독교의 정체에 대한 오해

　-로마 종교정책은 로마 신을 섬길 것과 황제를 신으로 숭배할 것을 인정하면 피정복지의 어떤 종교도 허용되어 수차례의 박해를 통한 유대인 유일신 사상은 이해되었음

　-로마는 기독교를 유대교의 한 분파로 보았으나 차츰 회당(유대교)과 교회(기독교)의 차이를 구별하면서 점차 기독교 모임을 미지의 위험단체로 규정 및 황제 숭배거부는 무정부주의자 의심

2) 그리스도인의 배타적 신앙생활
 - 배타적 유일신론을 믿어 지역사회 이교적 축제와 우상숭배 종교행사 불참 및 그리스도인은 신앙중심의 신본주의로서 로마의 국가지상주의 사상과 불일치

3) 기독교 교리에 대한 오해에서 온 편견
 - 비공인 상태라 비밀집회, 지하 동굴 묘지 등 성찬식 및 예배에 대한 억측과 가상: 동굴 속에서 음행, 음모, 사람고기 먹고 피를 마심 등

4) 로마인들의 미신적 영향
 - 티베르강 홍수 범람, 나일강 마름, 가뭄, 유행병 돌 때마다 로마신께 예배드리지 않아 로마신 진노함. 그때마다 "그리스도인들을 사자에게로" 외침

5) 유대인과 이교도들의 증오
 - 예루살렘 함락은 유대인들이 예수 죽임에 대한 하나님의 심판으로 여겨 유대인들에게 적개심 유발
 - 유일신 숭배의 기독교는 흥왕하는데 모든 종교는 생명력을 잃자 이교도들 증오함

나) 네로 황제의 박해
 - A.D 64년 로마 대화재 발생, 그해 7.18전차 원형경기장 부근 불길 번져 6일 동안 로마시의 14개 구역 중 3개 구역 완전 타고 7개 구역 대부분 불탐
 - 네로의 소행으로 알고 황궁으로 몰려간 시민 때문에 위태로워 네로는 군병들을 돈으로 매수하여 화재의 원인을 그리스도인들

에게 돌림

- 칼리쿨라 정원에서 네로가 직접 전차주자로서 전차를 모는 동안 그리스도인들은 기둥에 묶여 '횃불'로 태워졌고 또한 잔인하게 죽이며 이때 바울과 베드로도 죽음

〈네로 박해의 특징〉

1) 유대인 대상 아닌 확실히 구분되었던 그리스도인들 대상으로 행해졌음

2) 그리스도인의 비통속성(일반 대중과 잘 어울리지 못하는 것) 때문에 기독교를 비밀스런 종파로 오인했고 로마시의 방화 책임을 돌림

3) 밀고된 많은 수의 사람들(그리스도인)은 정당 재판 아닌 불충분한 증거로 처형되었고 그 이면에는 "이 세상의 종말과 하나님 나라를 희망하는" 그리스도인들의 신앙 때문에 로마인들의 증오, 삶

4) 유대인들이 그리스도인들에게 의심과 증오를 가져 박해에 일조 (一助)

   - 네로의 기독교 박해로 인해 하나님의 나라(신앙)와 세상 나라 (우상숭배) 사이의 반대의식을 날카롭게 했을 뿐 아니라 메시야 도래에 대한 강한 희망 고조, 즉 로마제국이 적그리스도적인 나라로 보임

   - 박해 후 4년에 네로 자살했다. 그러나 네로가 죽지 않고 파터른으로 도망했고 다시 올 것이라 소문 퍼지며 이는 계시록 근거 적그리스도(네로)가 다시 살아 활동할 것이라는 불안 나타냄(계 13:3)

   - 유대인 그리스도인들은 유대전쟁의 참혹함을 메시야 재림 전 재난으로 보았고 마24:15-16에서 예수께서 "멸망의 가증한 것

이 거룩한 곳에 선 것을 보거든"의 말씀을 믿고 예루살렘 공동체는 요단강 건너 베레아의 펠라로 도망함

다) 그리스도인들의 지하 묘지 생활
- 로마시대 사람들은 장사되지 않으면 부끄러운 일로 여겨 일찍이 그들의 매장지 준비
- 부자들은 주로 도시 밖의 지상에다 예술적 장식된 가족묘지 소유하고 가난한 자는 장의사협회 회원가입 회비 지불하여 매장 보장
- 2C부터 그리스도인들 공동묘지 마련, 250년 이집트 알렉산드리아에 흑사병이 퍼졌을 때 그리스도인들은 환자 보호 및 죽은 자 매장
- 카타콤은 소아시아와 북아프리카에도 있었지만 로마에 가장 많은데 주로 로마의 「아피아 가도」 주변 위치: 로마 주변 5㎞ 지역 내에 40여 개의 카타콤이 남아 있으며 그중 칼리스투스, 세바 스티아, 도미틸라 등이 크고 유명
- 카타콤은 서로 연결통로를 갖추고 있는 지하 회랑들의 미궁과 같으며, 시신은 바위로 된 양쪽 벽을 깎아 낸 속에 안치되었고 그 다음에 대리석이나 타일로 봉해짐
- 약 1800년대 발굴됨으로써 많은 비문, 그림, 석관 발견, 그림의 주제는 비둘기, 공작새, 물고기, 목자, 악사 등 그리스도인들에게 특별 의미
※ 비둘기: 구원받은 영혼 의미, 공작: 부활을 믿는 불사성을 상징, 물고기: 성찬의 음식, 목자: 그리스도인을 보살피는 예수 그리스도, 악사: 평화의 주 그리스도, 물고기(IXΘυς)는 "예수 그리스도 하나님의 아들 구원자"의 희랍어 머리글자 합성
- 그리스도인들은 '물고기'그림 비밀표시로 서로가 그리스도인 형

제임을 확인

−그림들은 아름다움 아닌 찬양과 감사와 영광 드러내기 위함이었고 투철한 신앙고백과 부활에 대한 희망과 의지와 간구를 담고 있음

−예배 처소의 장식은 십자가와 성찬식의 빵과 포도주를 올려놓는 나무탁자 하나뿐

−로마제국의 박해 피하기 위해 모였으며 천장이 높은 곳도 있어서 방을 형성, 어느 방이나 망명자 휴식처

−낮에는 격려와 위로의 말을 나누고 순교자 죽음애도 및 성찬집회 가졌고 밤에는 지상생활 형편 알아 오도록 파견, 야간에 양식 공급 받음

−식수는 제일 하층 통로 밑에 파 놓은 우물 이용

−야수에 찢겨 죽었거나 화형, 십자가 시체 찾으러 가는 비참한 모험으로 시체를 지하 묘소 운반하여 장례식을 올린 다음 시체를 작은 묘혈에 넣고 이름이 새겨진 대리석 판자로 뚜껑을 닫음

−언젠가 최후의 나팔소리와 함께 일어날 것을 확신하는 부활의 신앙 가짐.

−참기 어려운 고통은 찬 습기, 습기로 인한 침전물, 탁한 공기, 횃불의 짙은 연기는 눈과 목을 상하게 함

9) 수도원 제도

① 수도원의 시작

−수도사가 가장 중요시했던 것은 홀로 사는 것이다. 가정에서, 직

업에서, 국가에서, 민족 가운데서 정상적인 삶을 포기하여 하나님만을 위한 생활, 예배만을 위한 삶으로 자신들 구별하고자 하였다.

- 기독교 수도원의 시초는 기독교 금욕주의에서다. 신약은 기독교적인 삶이 묘사되어 있다. 곧 이 세상의 덧없음 표현이다.(고전 7:31)

- 초기 서방교회의 수도사들은 직업을 가지고 세상 안에서 구별되었다.

1) 초대교회에서는 크리스천들이 주의 재림 준비가 가장 중요하다(임박한 종말론): 눅 12:35-36의 말씀처럼 신랑의 도래에 깨어 있는 자로 발견되기 위해 가능한 세상으로부터 분리가 필요하다고 생각하였다.

2) 그들의 삶이 하나님 인식과 구원에 있어서 세상의 보통 삶보다 우선시한다고 보았다. 중세신학은 성직자들이 (사제, 수도사) 평신도보다 구원이 우선시된다고 믿었다.

3) 수도사로서의 삶의 전환은 세속화된 교회에 항의하는 하나의 표시이다: 교회의 은둔 운동 중의 하나로 증가하는 교회의 세속화에 대항하는 것이어서 교회에서는 배척, '이단적'이라 하여 핍박하였다.

- 수도사의 길이 오직 축복받는 길이라 주장하지 않았기에 수도원과 교회 사이의 충돌은 적었다.

ex) 예수와 부자청년에서처럼 시민적 삶에서 구원을 인정하였다.

- 수도원 운동 이면에는 초대교회의 윤리적 이상이 비현실적인 것으로 간주되었다. 새로운 상황 속에서 세상과 타협 않고 초대교회의 윤리적 이상을 실천하려는 동기가 깊이 내재되어 있다.

- 상이한 생각 속에서 가지고 있는 공통된 질문은 "어떻게 내가 구원받을 수 있는가"이며, 이를 위해 확고한 규칙, 즉 청빈, 순

결, 순종의 세 가지 서약과 소유, 결혼, 자기의지의 세 가지 희생으로 "완전의 길"을 얻을 수 있다고 보았다.

〈수도원 제도는 로마 가톨릭의 세 가지 기둥〉
1) 동방에서는 수도원으로부터 고위 성직자 보충, 서방에서는 교회의 성직 계급제도 영향이다.
2) 로마의 전체 성직자는 수도원 생활에 강한 자극 받았다: 성직자는 독신으로, 규칙적 기도, 상층부의 무조건 복종을 하여야 한다.
3) 세상의 탐욕, 권력이 의미 없다는 하나의 감명 깊은 설교를 제공한다.

② 수도원 제도의 긍정적·부정적인 요소

〈긍정적인 요소〉
1) 철저한 자기 부정과 자기정화 그리고 이타적인 삶은 그 시대의 참신한 생명력을 불어 넣었다.
2) 기독교가 이성 종교 아닌 영적 종교가 되게 하는 역할과 내면적, 신비주의적, 경건주의적 신앙유산을 남겼다.
3) 교회 세속화 방지 및 새롭게 개혁하는 정신을 이어주었다.(교회 갱신, 안토니우스, 베네틱트, 버나드, 프란시스, 루터 등)
4) 말없이 수행했던 일은 서방세계의 정치와 사회에 큰 영향을 주었고 기독교문화를 결정적으로 형성하게 하였다.
   a. 이교도 침입으로부터 기독교 고전문화를 보존하는 동시에 개종하게 하였고 전도사업을 전개하게 하였다.
   b. 아일랜드 출신 수도사 보니피스(680-755) 등의 활약으로 대부분의 게르만족이 최초 기독교 세계 편입 및 갈리아 지방

에서 교회와 국가 간의 사이를 중재하였다.

c. 기독교 역사서술의 근거 마련했으며 지식 축적과 중세 대학교의 모태가 되었다.

d. 병원 및 사회사업의 효시

e. 농경지 경작, 원예, 포도원 건설, 과수단지건설, 가축 사육 등 무인지역 문화를 발전시켰다.

f. 수많은 종교적 지도자 또는 사상가 배출(교황, 수상 등)

〈부정적인 요소〉

-개신교에서 수도원제도를 받아들이지 않은 이유가 되고 있다.

1) 수도원 운동은 현실 도피적인 은둔적 정신운동으로 보기 때문

2) 개인 영혼 정화를 목적하기 때문에 전체 사회적인 면이 부족하다. 개인적인 구원과 변화만을 주장하게 되는 단점이 있다.

3) 극단적 금욕주의와 고행주의(인간 행위로 구원 얻으려는 것이 비 복음적으로 만든다.)

③ 수도원 운동의 발생과 부흥 이유

1) 사회 정치적 요인

-수도원은 사회 정치적 불안정 시기에 발생했다: 로마제국의 기독교 박해, 계속적인 북방야민족의 침략과 로마제국의 몰락, 그에 따른 사회 질서 붕괴, 중세 십자군전쟁 전·후 사회 혼란 등을 들 수 있다.

⇒ 외부세계의 덧없는 혼란과 변화에 맞서 영원불변한 것 추구, 자신의 생명 완전 의탁할 수 있는 대상 찾게 된다.

-이러한 정치, 사회적 혼란은 수도원 지향적인 사회 풍조를 만들었고, 노예 이탈자, 관리와 군인 이탈자들이 수도사 되기로

작정하였다.

⇒ 우리나라도 1950년대 전쟁, 60년대 4·19, 5·16 혁명 시대 거쳐
사회 정치 혼란 때 기도원 신도 증가하였다. 사회변화와 긴밀한
관계를 갖는다.

2) 사회 경제적 요인

- 로마 쇠퇴기와 북방 이민족 침략과 십자군 전쟁 등 고대 및
중세사회 생활 토대인 토지의 효과적 경작과 관리, 세금징수
가 불가능하며 걸인, 유랑자 생겨나는 반면 교회 토지 점차
증가함에 따라 수도원 운동은 교회와 함께 토지관리, 농업기
술개발, 소작료징수 등 책임과 권한 증대되고 있다.

- 수도원 규칙은 육체노동 통한 영혼의 자기정화이므로 수도사
들은 토지의 경작과 원예, 목축 등에 힘써 경제적 자급자족
(중세에는 부요함이 타락의 한 원인 되었다)

3) 사회 도덕적 요인

- 사회 전반적인 도덕적 타락과 가치전도, 특히 교회의 타락과
부패, 영적능력 상실에 대한 정화운동

- 사회 전반의 기풍은 부와 쾌락 추구, 끝없는 소유욕과 탐심
가득 교회조차도 임박한 종말론 후퇴되고 세속주의 빠짐(대
부분 수도원 규율이 절대금욕과 절대 청빈 강조)

4) 사회 종교적 요인

- 중세 초기, 기독교는 스콜라 철학적인 이성종교의 틀을 벗어
나기 힘들었고 정통 가톨릭교회가 신앙을 교리화(敎理化)하
고 제도를 조직화함으로 교회가 논리와 체계 속에 갇힌 형태

⇒ 가슴에 뜨거운 신앙의 열정과 체험은 교회에서 무시되고 형
식적인 예배 의식과 권위주의만 남게 되자 이에 대한 반작

용으로 개인의 내면적이고 신비적이고 영감적인 종교적 체험을 중요시하며 동경하는 운동이 전개된 것이다.

10) 베네딕트(480~547)

- "서방 수도원 제도의 아버지"인 그는 480년 이탈리아 아페닌 산기슭 조그만 마을 누루시아 출생
- 출생 당시 로마제국은 정치, 사회, 도덕 및 종교 부패와 더불어 붕괴 무렵이었고 테오도시우스 황제 사망 후 이민족의 침입으로 쇠퇴
- 베네딕트는 귀족 집안에서 태어나 로마에서 공부하게 되며 이집트 수도사들이 행한 것처럼 로마에서 40마일 떨어진 황량한 곳, 수비아코에 있는 동굴에 은둔하여 3년간 금욕적 수도생활
- 불순한 육체적 정욕 없어질 때까지 알몸으로 가시덤불에서 뒹굴었고 목자들은 그를 야생동물로 보았으나 그가 하나님의 일꾼인 줄 알고 경건 원하는 많은 사람이 몰려와 음식을 제공받고 그는 생명의 양식을 주었다.
- 가까운 곳의 수도원장이 죽자 베네딕트를 초빙하고 그는 엄격하고 일정한 규율을 세우며 계속해서 12개의 동굴식의 수도원을 세우고 12명의 원장을 세웠다.
- 수비아코를 떠나 수행원들과 529년 아폴로 신전 터에 수도원을 세우고 이교도들을 기독교로 개종하는 등 14년 동안 죽을 때까지 머물렀다.
- 수도사들에게 육체노동과 더불어 성서독경 강조했으며, 수도원 생활의 표어는 "기도하고 일하라"이다. 전도, 농사, 구제, 치료,

젊은 수도사 지도, 훈련하였고 도서관이며 학문연구가 이곳에서 시작하여 서방 수도원의 효시가 되었다.

- -534년 통용어로 된 규칙 세웠고 547년 죽을 때까지 규칙을 여러 번 보완했으며 기본적인 자료는 자신의 19개 실천 강령과 파코미우스, 바질에 의하여 시도된 초기 수도원 규칙을 참조하면 더 자세히 알 수 있다.
- -베네딕트 수도원 규칙은 전부 13개 조항의 73개장으로 되어 있다

〈규칙내용〉

1) 종신적인 원장을 그리스도의 대행자로 여길 것(2장, 64장)

원장의 명령은 신적인 명령으로, 원당에게 순종하는 것은 하나님께 순종하는 것이다.(5장)

원장은 한편으로 방종한 자, 수도에 점진하지 못하는 자에게는 엄격 경고해야 하고 한편으로는 순종하는 자, 온순한 자, 인내하는 자에게는 자애롭게 더욱 격려한다.

2) 수도원 입단은 규정에 따라 지킨다.(요일 4:1, 영들이 하나님께 속하였나 시험하라)
   - -신입 원하는 자 들어오면 3-4일 적응훈련: 건강 등 어려운 일들 참을 수 있는지 조사
   - -2개월 동안 :정식 수도사와 숙식을 같이하며 영혼이 수도사로서 적응할 수 있는지 살피고 특히 이 기간에 수도단 규칙 교육(지킬 수 없으면 자유롭게 나갈 수 있다)
   - -여러 가지 인내훈련 후 6개월 후 다시 규칙 읽어주고 다시 4개월 후 최종결정하는데 필기시험과 구술시험이 따른다. 1년의 예비수련기 지난 후 전체 수도사가 기도실에 모여 공동체로 받아들이게 되는데 입단하면 결코 환속할 수 없다 환기

시킴(58장)

- 베네딕트의 수도원 규칙은 입단자의 전 생애의 의무이며 특이한 것은 서약 때 일평생 몸담아 수도할 수도원이 정해진다는 것이 다른 수도원과 차이점이다.

- 세 가지 서약(순결, 청빈, 순종)이 필수 조건이며 성자의 이름 중에서 하나의 이름을 받는다.

3) 공동의 영창(합창기도)

- 시편 기도가 기본, 후대는 신부의 미사기도 첨가. 수도사들은 하루 7번 기도(시 119:164) 3, 6, 9, 12, 15, 18, 21시의 영창 의무적(8-16장)

- 육체적 노등과 절도 있는 식사와 수면이 적절히 배치된 상태에서 7차례 기도의 리듬은 오늘날까지 서방에 기준이 되고 있다

- 매 시간마다 침묵으로 밤 시간(명상)보내야 하며 명상 중 대화금지 어길 때는 중벌(42항)을 한다.

4) 필수적인 작업

- 부활절 이후~9. 14일 까지 온화한 날씨 기간 6-7시 이른 아침에 4시간 필수적 작업: 나태한 것은 영혼의 적으로 일정한 시간을 정해놓고 의무적으로 노동을 한다.

베네딕트 역시 매일 4시간씩 성서와 고전 읽을 것을 규정했고 수도사들은 성서와 초기 기독교 작품 읽고 조용히 혹은 일하면서 묵상, 노동은 하루 6시간 했으며 침묵은 덕(德)이라 여겨 칭송했고 겸비(겸손)를 수도사의 최고의 덕 중 하나로 여겼다.

〈베네딕트 수도원의 외적 특징〉

1) 수도사들이 일정한 수도원에 정주

2) 성대한 예전을 거행: 베네딕트는 아무것도 성무(聖務)보다 중히
   여기지 말 것 권고(규칙 43장)

3) 수도원의 가족 같은 분위기

   베네딕트의 영향은 약 600년간(550-1150년) 지속되는데 이 기간
   에 유럽 여러 국가들에게서 베네딕트 수도원 규칙 채택한 수도
   원들 유행하는데 지적으로나 정신적으로 교회 및 성도들의 생
   활에 큰 영향을 주었다: 이 시기를 「베네딕트 세기」라 부른다.

   ① 걸식(탁발) 수도단

가. 배 경

-13세기는 기독교 영성과 신학에 있어서 중요 발달 이룬 시기이
   며 교회악에 대한 비판과 개혁의 시기이다. 인노센트 3세
   (1198-1219) 치하에서 종교계 전반 걸쳐 번영 가져온 "황금시대"
   이며 걸식 수도단(도미니크 수도단과 프란시스 수도단)들의 설
   립도 사건 중 하나이다.

-수도원운동의 역사에 있어서 새로운 발전으로서 특히 단체 자체
   가 '청빈'을 지켰다.

나. 걸식 수도단과 12세기 일반 수도원과의 차이

1) 초대교회의 이상을 지향하였다.

   -12세기까지 수도원 운동은 수도원과 세속 사회를 이원론적으
    로 구별하여 거룩하고 높은 삶으로 보았다.

   -걸식 수도단은 수도원 소유의 부를 포기하고 초대교회의 삶
    을 따르려 하고 수도사의 핵심정신인 청빈을 철저히 내세우

되 개인적 청빈보다 수도단 자체의 청빈을 강조하여 수도원
의 상류계급에 화난 세속화 방지 노력하였다.

2) 일반 수도원 운동보다 더 민주주의적이고 평민적이다.
   -수도이라는 공간 벗어나 대중과 친숙한 관계 유지하는 평민
   적이어서 세속사회에 개방적이다.
   -개인 영혼 정화만이 아닌 세상에 복음 선포하고 교회를 위해
   일하였다.
   -당시 라틴어 예배를 드렸는데 모국어로 설교함으로 시민들의
   경건 생활에 도움이 되었다.

3) 제3의 평신도 수도회 창설
   -일상생활 속에서 금욕과 경건 생활을 이상적 목표로 삼고 프
   란시스의주의(主義)대로 살려는 시민들의 단체로서 여자 평
   신도와 남자 평신도 수도회가 있으며 직업소유, 결혼도 하며
   교회와 사회봉사를 하였다.

4) 도시 빈민구제에 힘썼다.
   -당시 교구제도와 수도원운동은 구제 손길 못 미쳤으나 성 밖
   버려진 도시 빈민층 도와주었다.

5) 13C 본질적으로 자격 있는 자들로 구성된 수도원 운동이다.
   -그동안 농민, 군인, 노예계층도 있었지만 13C 이르러 학식과
   유능한 수도사들 입단하여 후에 대학 진출도 대학의 주도권
   장악 및 학자를 배출하였다.
   -교황 호노리스 3세 의해 합법적 설교권 인정받았다.

다. 도미니크(1170-1221)와 그의 수도단

- 1170년 스페인 카라로가 출생, 팔렌시아 대학공부 후 마드리드 동북 위치한 오스마의 사제 되었다.
- 임무 맡아 남부지방 여행할 때 성을 죄악시하고 결혼 반대하는 엄격한 금욕주의인 이단 '카타리를 느끼고 그들을 가톨릭교회로 인도하려면 더 청빈하고 금욕적이고자 하여 1215년 친구가 기증한 집에서 기초 닦았다.
- 1215년 로마 '라테란 회의'에서 수도단 설립 청원 안 되어 1220년 교황 호노리스 3세가 허가하였다.
- 수도단 세운 지 4년 못되어 스페인, 이탈리아, 프랑스, 폴란드 등 퍼졌고 단원들을 일류대학이 있는 파리, 로마, 볼로냐 등지 파송하여 단원 급속도 증가하는 결과를 초래했다.
- 프란시스 수도단과 같이 걸식주의와 설교주의를 교단의 2대 원칙으로 삼았다. 보통 "설교자들의 교단"이라 부름
- 남 수도원은 주로 전도와 도시민 설교를 하여 수도원은 교육 힘씀
- 평신도 구성 제3의 수도회 조직 운영 및 이교 땅까지 확대 선교 사업 실시
- 대학 내에 침투하여 세력을 잡고 또한 교황에게 충성 맹세하여 그 후원을 얻음. 그리하여 인노센트 4세는 도미니크 교단과 프란시스 교단 출신의 대학교수 취임을 허락하여 13세기 이후 대 스콜라 학자는 대개 걸식 수도단 속한 사람이었다.
- 프란시스는 다정다감한 이탈리아 사람에 비해 도미니크는 굳은 의지력으로 다른 사람의 의지를 지배하는 힘을 가진 스페인 사람이었다. 프란시스는 무식 표방: 도미니크는 처음부터 학문 중요시하였다.

1274년 교황 그레고리 10세는 리용회의에서 걸식수도단의 수를 4개로 한정: 도미니크, 프란시스, 갈멜산, 어거스틴 수도단

라. 성 프란시스(1182-1226)와 그의 수도단

- 돈 많은 포목장사인 아버지가 거래 관계로 프랑스 여행 중이어 서 프랑스 이름 따서 아들 이름 지었다.
- 성장기에 유행의 앞장 되어 놀다가 페르시아 전쟁에 참전하여 1 년 동안 포로로 감옥에 갇혔다가 돌아오지만 성격이 우수에 쌓 이고 얼마 후 열병 걸렸다가 종교적 회심과 열정 갖게 되었다.
- 성 다미엔 교회에서 기도 중 "프란시스야! 내 집을 세워라"는 지시 받아 교회 수리 시작하였으나 경비가 없어서 아버지의 옷 감 팔아 교회 수리하였고 아버지의 고소로 결별하게 되었다.
- 걸식하면서 성 베드로 교회와 성 마리아교회를 수리하였다.
- 11명의 "작은 형제단"은 「전도」, 「청빈」, 「봉사」의 생활에 들어 가 침식 같이하며 "그리스도를 모방"하는 일이 목표가 되었다.
- 빈농 도와주고 문둥이 싸매주는 등 쾌활한 정신 때문에 회개자 가 속출 하였다.
- 1209년 로마로 가서 인노센트 3세에게 규율을 인정받아 가난한 자와 병자 도우면서 수도단 활동을 시작하였다.
- 정주하는 집 없고, 돌아다니며 손닿는 대로 도와주며 나병환자 치료 등 밤새 기도하여 "하나님의 익살꾼이란" 별명을 얻었다.
- "완전한 가난은 쾌락을 가지게 해 준다"고 가르치며 하나님 믿 기에 의식주 걱정 안했다.
- 규칙 만들어 교황 호로리우스 3세 승인 받고, 클라라와 「그의 자매들」을 위해서도 규칙을 만들었다.
- 모든 사람에게 그리스도의 사랑에 대하여 절대적 청빈의 계율을 지키고 걸식의 의미를 배우기를 요구하고 가르쳤다.
- "가난이란 아무것도 가지지 않고 아무것도 원치 않는 거기에 있 으나 무엇보다도 자유의 정신이 거기에 있다"의 가르침으로 무 장한 그의 형제들은 "천지에 아무것도 없다 할지라도 내 정신은

자유하다"는 각오로 수도생활 함으로 모두에게 자극을 주었다.

- 십자군을 따라 그 진영에서 전도하고 1219년에는 애급 술탕에게
  도 전도하였다.
- 1224. 8월 어느 날 베르나 산에서 밤새 기도하고 난 후 새벽되
  어 동녘 밝아올 무렵 예수님을 만난다.

11) 독일 신비주의자들의 특색

① 마이스터 에크하르트(Meister Eckhart, 1260-1327)

1) 에크하르트 신비주의는 사색적 - 철학적이다.
  - 철학적 신학적 사상의 배경은 아리스토텔레스의 철학과 토마
    스 아퀴나스의 신학이다. 신인식에서 이들의 전통을 따른다.
  - 신인식론은 모든 존재에서 신을 인식하려는 범신론의 경향으
    로 이 세상 만물에 하나님이 내재하심
    신은 만물의 원동자요 원인자이다. 만물은 신으로부터 나온
    것으로 만물을 통해 신인식 가능. 만일 모든 존재가 신으로
    부터가 아니라면 신은 존재하지 않거나 그는 신이 아니다.
    즉 사물은 신 없이도 존재할 수 있으므로 신이 첫 번째 원
    인이 아니며 모든 사물의 존재원인도 아니다. 그러므로 신은
    존재이고 존재는 신으로서 동일하다.

2) 신비적 직관과 「영혼 안에서의 하나님의 탄생」을 통한 신비적
  일치를 가져오는 내적 경험을 추구한다.
  - 인간의 개체 속에는 육과 영이란 두 가지 본성 있다. 외적인

육의 사람과 영의 사람으로 육의 사람은 피조물에 향해 있고 영의 사람은 외계(外界)를 돌파하고 자신을 하나님과 일치도 모한다.

인간의 영혼 안에는 하나님의 혼의 불꽃이 있어 철학적-사색적 사고 통해 하나님을 인식하고 가능하다고 본다.

-인간의 영혼은 하나님의 형상이며 하나님과 같은 것이다. 인간 영혼 안에는 하나님의 거주지가 있어서 거기서 하나님 탄생, 즉 인간 "영혼 안에서 신의 탄생"이란 영원한 하나님의 말씀 또는 하나님의 아들의 탄생으로 인간이 피조 세계로부터 이탈과 하나님께 대한 위임이 따른다고 본다.

3) 에크하르트 신비주의는 신과의 합일을 추구

-합일 추구 기본전제는 하나님의 인간 되심, 즉 신의 인간화로 인해 「인간의 신격화」 또는 인간의 하나님과의 신비적 일치 가능하다고 본다.(성만찬의 빵이 그리스도의 몸으로 변하듯)

4) 하나님과의 합일의 세길(버나드, 보나벤투라와 같다)

-첫째 단계, 정화의 길: 참회가 핵심이고 자기 자신을 깨끗하게 하고 마음을 비우는 것, 죄에 대한 깊은 회개와 고백 통해 완전한 참회 이루고 자신을 무(無)나, 공(空)으로 여겨 내적 평안 누리고 자신을 하나님께 위임한다.

-둘째 단계, 조명의 길: 성령의 가르침과 깨우침의 단계로서 죄를 극복하고 덕과 선을 실천하며, 모든 유혹과 시련과 불행을 감수하고 극복

-셋째 단계, 합일의 길: 마음의 정화와 순결에서 그리고 신적 사랑 안에서 창조자 하나님을 바라봄으로 하나님과 영혼 일치된다.

② 하인리히 수소

- 수소의 신비주의는 스승인 에크하르트의 철학적 - 사색적 신비주의와는 달리 종교적 - 감정적 신비주의이다.
- 성 버나드와 보나벤투라의 "그리스도 중심의 신비주의"에 영향받은 서정 시인으로서 강한 서정적 표현을 나타내는 감상적 신비이다.
- 명상만이 아닌 가혹한 참회훈련 곧 금식, 육체학대, 채찍질에 의한 편타고행 등을 실시함으로 신비의 경지에 도달하기를 바랐다. 놋으로 된 150개 정도의 못을 끼어 넣어 만든 참회의 옷을 밤낮으로 입고서 고통스러워 신음했으나 참고 이런 식으로 그리스도가 십자가에 못 박혀 고난당한 것과 동일시, 즉 수소의 감정적 신비주의는 그의 종교적 고행에서 나온 것이다.
- 8년 동안 밤낮으로 십자가에 달리신 그리스도 찬미하기도 하며 그리스도에 대한 우아하고 진실된 사랑을 갈망하는 상상의 세계에서 살았다.
- 그리스도가 겪은 기쁨과 슬픔을 동감하며 그리스도와 같이 그 자신도 종교적
- 금욕적 싸움에서 오는 고난 감수, 그리하여 황홀의 경지에서 나오는 희열을 느끼며 내적 평안 느낌. 그런 다음 하나님께 대한 또는 고난당하시는 그리스도께 헌신하는 것이다.
- 개인의 영혼과 그리스도와 영적 결혼을 추구하는 「그리스도 신랑 - 신부」신비가 들어있다. 이것은 구약 아가서의 성애적 「사랑 신비주의」와 일맥상통한다.
  아가서의 거룩한 성애적 신비주의: 신랑은 그리스도, 신부는 집합적 교회, 개인의 영혼으로서 보았다.

③ 요한 타울러

- 에크하르트의 철학적-사색적 신비주의나 동료인 수소의 고행적
  -감상적 신비주의와는 달리 기독교 윤리적 요구에 부응하는 행
  동하고 실천적 신비주의였다.
- 하나님과의 일치의 길로서 그리스도의 뒤따름은 그의 신비의 길
  로 삼았으며 명상의 생활과 행동하는 삶을 조화시킨 것이다.
  1346년 페스트가 유럽에 번졌을 때 병자 구호에 전력 및 시체
  처리에 헌신적 참여하였다.
- "탁월한 신학자"요 "영적 지도자"이며, "훌륭한 설교자"인 동시
  에 "사랑의 실천가"였다.
- 1338년부터 「하나님의 친구들」이란 운동 이어나갔다. 주된 관심
  은 어떻게 내적이고 영적인 삶을 살 것인가 어떻게 하나님과 일
  치를 가져오는가이고 그 해답은 그리스도의 뒤따름 또는 그리스
  도의 모방의 삶을 통해 생활 속에 신비를 추구하는 것으로 여김
- 타울러의 매력은 하나님과 이웃을 향한 사랑 안에서 모든 사람
  을 격려하는데 조금도 지치지 않았다는 데 있다
- 1361년 두 번째 페스트가 창궐했을 때 성 니콜라스 수도원에서
  수녀인 여동생 옆에서 죽음.
- 설교에 나타난 신비주의 사상은
  1) 하나님은 끊임없이 우리 영혼 안에 태어나신다.
  2) 자신의 의지와 이기심과 세속적 욕망을 버리고 완전히 하나
     님께 자신을 위탁할 때 만날 수 있다.
  3) 하나님과의 신비적 일치는 자아를 없애는 것과 자아를 비우
     는 것, 곧 자기를 부인하는 것에서 출발한다.
  4) 외부세계와 감각적인 것으로부터 이탈하여 생활하고 행동과
     사고와 태도가 모두 내면화되어야 한다.

5) 명상은 하나님의 거룩한 탄생을 위한 비옥한 땅이다. 명상할 때 인간의 내면에서 하나님의 말씀이 들려온다.

6) 우리 스스로 내면의 가장 깊은 곳으로 몰입하여 거기서 하나님을 찾아야 한다.

7) 본성과 빛과 신성의 빛은 차이가 있다. 본성의 빛은 온갖 감각적이며 신적인 빛은 영혼으로 하여금 내면의 깊은 곳으로 향하게 하고 원래의 근원으로 향하게 한다.

8) 하나님과 영혼은 하나가 된다.

9) 그리스도와의 일치적 신비는 그리스도의 십자가의 고난을 본받아 인내하며 겸손히 그리스도의 삶을 뒤따르는 경이의 신학이다.

12) 루터의 독일 신학

① 「독일 신학」의 저자, 발생배경, 성격

[발생배경]

- 1350년경 쓰인 작자미상의 책으로 루터가 1516년 이 소책자의 축소판을 발견하여 그의 서문과 함께 비텐베르크에서 출판

- 「독일 신학」의 1516년판 서문에 루터는 "성경과 어거스틴을 제외하고 하나님, 그리스도, 인간 그리고 만물이 무엇인지에 대해 알 수 있게 해주었다고 극찬

- 2년 후에 한 수도원의 도서관에서 원본으로 여겨지는 사본 발견하여 상세한 서론과 함께 1518년 출판

[독일신학의 배경]

- 1300년대 초기에 있었던 교황과 왕권 사이의 싸움에 관한 것으로 심각한 결과는 "파문"이었다. 그리하여 14C중엽까지 유럽의 기독교는 파문의 그늘 아래 살았다. 황제는 성직자들에게 교황에게 지나친 도전과 반항 요구했고 반면 교황은 황제에게 대항하는 수단으로 황제 요구에 따르는 성직자들을 파문했다. 결국 황제와 교황에게 이중으로 추방당하여 유럽 대륙을 유랑

- 또 하나의 양상은 물리적인 유형의 재앙들이다. 강한 지진, 태풍, 흑사병의 피해 등으로 어려움을 겪던 때 인간의 삶의 불확실성은 분명해졌고 이러한 가운데 조용한 영적 부흥운동이 일어났다.

② 「독일신학」의 내용 분석

- 「독일신학」의 저자는 신비적 체험의 세 단계, 즉 정화, 조명, 합일에 대해 익숙할 뿐 아니라 "마음의 두길"이라고 부르는 것, 즉 죄에 대해 진정한 애통과 새로운 영적 삶을 경각시키는 지옥과 천국의 경험에 대해서도 잘 알고 있다.

- "나"와 "자기 자신"을 내세우는 "자기애"와 "자기주의" 또는 자기중심의 자아를 무가치한 것으로 감소시키라는 것

- 중요한 관심사는 인간을 하나님께 순종하는 상태로 회복시키고 자기를 섬기는 자기 본위주의를 극복하도록 하는 것

- 「인생의 두길」: 참된 빛과 거짓 빛, 참사랑과 거짓사랑은 성경에도 나오는바 첫 번째 아담은 두 번째 아담 그리스도의 생명과 비유된다. 두 가지 삶의 양상은 순종과 불순종, 참사랑과 거짓사랑의 대조로서 날카롭고 강경하게 묘사되었다.

- 하나님을 사랑한다는 것은 모든 것을 사랑하는 의미로 단순히 말이 아닌 예수 그리스도의 행위, 희생적 행위, 산상수훈적 행위

를 말한다.

- 로마 가톨릭교회는 제도적 내용 무시하고 신비적 내용 중시하므로 1621년 「독일신학」을 "금서"의 목록에 올렸다.

③ 루터에 있어서 신비와 신앙과의 관계

- 초기 종교개혁 사상에 신비주의의 영향을 받았지만 후에는 구원의 길을 추구하는 데 있어서 신비의 길을 버리고 신앙의 길을 택했다. 그 이유는 신비와 신앙은 각기 다른 길과 목표가 있기 때문

1) 첫째, 신비주의에서는 죄란 이기심, 자기애 등으로 보았는데 루터의 신앙 면에서는 죄란 하나님께 대한 불순종으로 보았다.

2) 둘째, 신비주의에서는 하나님과 영혼의 직접적인 접촉관계로 그리스도 안에 나타난 하나님의 현현 사건이 약화됨, 즉 그리스도의 중재적 사역이 약화되었다. 신비주의에서는 그리스도의 십자가는 신앙인이 따라야 할 하나의 모범이요 상징으로 변한 것이다.

루터에 있어서 "십자가 신학은 신앙의 신학이다" 신비주의에서는 인간의 행위적인 요소를 보았다. 루터 신학의 기반은 「오직 믿음으로」(Sola fide)이다. 은혜자체는 하나님의 것, 믿음 자체도 하나님이 주신 것

3) 셋째, 신비주의에서는 하나님과 인간의 질적 합일을 추구하는데 루터는 인간과 신의 질적 차이와 간격의 차이를 주장한다. 신비주의에서는 내면의 하나님을 강조하는데 루터는 초월적 하나님을 믿고 있다. 인간은 땅에 있고 하나님은 하늘에 계시며 우리와 만나시는 방법은 말씀을 통한 신앙 안에서이다.

루터는 신비주의에서 사람이 하나님의 혼을 소유하거나 하나님과 하나가 된다는 것을 불가능한 것으로 보았다. 연약하고 깨끗하지 못한 인간의 죄 된 성품이 어떻게 거룩한 하나님의 신비 속으로 들어

갈 수 있느냐는 것으로 오직 신앙 속에서 만날 수 있다는 것이다.

하나님이 인간이 되신 것은 신비주의에서 말하는 것처럼 인간을 하나님 되게 하기 위한 것이 아니라 성육신은 하나의 구원의 사건이다. 즉 신비주의적 용어인 '인격의 신격화'라는 표현을 결코 쓰지 않으며 신성 모독적인 것으로 보았다.

4) 넷째, 신비주의의 위험은 기독교 역사를 신화로 변질시켜 버리는 것이었다. 하나님과의 직접적 접촉으로 성서적 계시가 약화되고 그리스도의 수난의 사건이 하나의 상징으로 화(化)해 버린다.

성서 없이 신비가 일어난다. 곧 꿈과 환상과 자기 느낌과 신비적 체험이 성서를 대신하는 성서무익 사상은 「쯔빅카우의 예언자들」과 토마스 뮌쩌 등 신비적 성령주의자에게서 나타난다. 이에 로마 가톨릭이나, 신비적 성령주의자들에 대항하여 「오직 성서로만으로」라는 명제를 강조하였다.

5) 다섯째, 신비주의에서는 성례전적 은총과 교회의 역할과 교직제도가 과소평가 되는 경향이 있었다.

가시적인 성례전이나 교직제도의 도움 없이도 하나님과 직접 교통할 수 있다는 무교회적 신비신앙은 기존 가톨릭교회의 타락과 거짓된 교리로부터 분리하였다. 그러나 루터는 성례전이나 교회의 역할을 결코 과소평가하지 않았다. 루터는 교회의 사람이었다.

13) 뮌쩌의 신비주의

① 신비주의와 혁명과의 관계

－십자가 신비주의는 다만 내면의 세계, 개인적 종교의 삶에만 제

한되는 것이 아니라 인간 외부의 세계, 사회적 세속의 삶까지 포함한다. 즉 기독교의 갱신과 더불어 세계의 변혁도모

- 그리스도의 고난의 복음과 성령의 역사는 개인의 마음이나 교회 내에서만 국한되어서는 안 된다는 것이다. 그의 십자가 고난의 신학과 성령의 신학은 교회의 정화와 세계의 기독교화를 거쳐 지상의 그리스도 천년왕국을 지향하였다.

1) 뮌쩌의 주장은 마음속에서 신앙의 시련을 겪지 않으면 하나님이 주신 십자가를 질 수 없고 → 고난에 가득 찬 십자가를 지지 않으면 성령으로부터 영감받은 선민이 될 수 없고 → 선택된 선민의 무리, 곧 선택된 민중 없이는 타락된 교회와 분열된 기독교계를 갱신할 수 없으며 궁극적으로 이 땅에 그리스도의 천년왕국을 건설할 수 없다는 것이다.

2) 뮌쩌의 희망은 하나님과 신비적 일치의 경험을 가진 성령 받은 자들을 소집하여 새로운 사회, 새로운 질서, 새로운 정치체계를 건설하는 것이다. 반대하는 모든 사악한 자들과 하나님을 대적하는 자들은 칼과 무력에 의해 제거되어야 한다.

제거대상자는 무엇보다 성직자들과 당국의 관헌들이다. 이유는

① 수도사와 사제들은 신앙적인 면에서 문서로 전래된 성경만을 신봉하여 신비와 성령을 통한 하나님의 살아있는 말씀과 계시를 백성들에게 전하여 주지 못하는 자들이었기 때문(죽은 신앙, 곧 성서의 문자만 제공)

② 사회 윤리적인 면에서 수도사와 사제들은 사도적 청빈의 미명 아래 위선적 탁발과 수행을 행했고 소작료와 고리대금 수입 통해 교회의 부를 축적함으로 비판과 증오의 대상이 되었다.

▶ 여기서 사악한 세속 관헌들이 정치 - 경제적으로 불쌍한 민중들을 억압하고 착취하여 성직자들을 「뱀」으로, 세속 관헌들을 「독사」라 불렀고 하나님 나라의 질서를 파괴하여 악마

의 나라를 견고케 하는 자들이라 혹평하였다.

3) 선동적 구호는 「사악한 자들은 살 권리가 없다」
　　–사악한 자들은 종말론적 시대에 살아남을 수 없고 남겨 두어
　　서도 안 된다. 왜냐하면 그들은 신비적 성령 체험도 없고 하나
　　님이 종말에 계시하시고 임무를 부여하시는 것을 깨닫지 못하
　　는 역사의식이 전혀 없는 자들이기 때문이다. 이들은 제거되어
　　야 함을 주장하였다.

4) 선민(민중)은 종말론적 세계관과 신비주의적 신앙으로 무장한
투사들이다.
　　–신비를 하나의 하나님의 계시로 이해하며 하나님의 선민에게
　　역사하신다는 것으로 민중이 혁명의 주체들이었다.

　② 신비주의와 종말론과의 관계

–신비적 경건과 종말론적 기대가 밀접하게 연결되어 있다.
–하나님의 종말론적 참된 신앙공동체(교회)는 보이는 제도적 교
　회 밖에서 신비적 감화를 받은 자들의 모임인 선민의 모임, 곧
　「아래로부터의」민중의 비밀집회에서 이루어진다.
–처음에는 개인적으로 성령체험한자가, 다음으로 성령 체험한 개
　인들로 구성된 선민의 공동체가 하나님 나라 실현의 역군으로
　보았다. 그래서 이 비밀집회 모임의 회원인 하나님의 선민들을
　규합해 ‘그리스도 연맹’이라는 정치적 조직체 구성하고 이 땅에
　하나님 나라를 건설하는 혁명의 전위부대로 육성, 신정정치의
　하나님 나라 실현 이루는 역군들의 모임이다.
–방법론적으로 평민, 노동자, 농민에 국한시키지 않고 세력 있는

영주들의 도움 기대하여 영주들도 선민의 연맹에 가담하도록 경
고했다. 영주들 앞에서 다니엘 2장을 주제로 혁명노선 설교했다.
즉 마지막 때 영주들의 임무와 그 자신의 새로운 다니엘의 역할
을 역설하여 동참할 것 권고

- 루터의 「뮌쩌에 대한 경고」를 받은 영주들에 의해 거부당하자
  행동주의적 종교혁명은 농민들에 의해 가속화 되었고, 이미 「프
  라그 선언」에서 사악한 자들에 대항하여 종말론적 싸움을 촉구
  하였었다.
- 종말의 참된 종교개혁과 하나님 나라는 선민(알곡)과 저주받은
  자(쭉정이)의 분리로부터 시작된다고 보았으며 마지막 시대에
  하나님의 종으로서 잡초(사악한 자)를 제거하고 알곡을 모아 들
  이는 것이 자신의 임무라는 자아의식을 가졌다.
- 가톨릭교회와 중간 입장의 루터교회를 신학적으로 신랄하게 비
  판하였고 그들을 대항하여 무력으로 싸웠다. 그리하여 개인적 –
  신비적 경향에서 외부적 행동주의로, 그리고 정치적 투쟁으로,
  종국은 혁명의 농민전쟁으로 발전하였다.
⇒ 단순한 종교개혁을 넘어서 종교적, 신비주의적 공동사회를 통한 초대
  교회의 재건 도모로 방해되는 집단이나 교회, 정치세력은 제거
  되어야 했다.
- 뮌쩌의 확고한 신학적 입장은 개인구원과 사회구원은 서로를 떼
  놓고 생각할 수 없다는 것, 곧 개인(선민)이 내적 감화와 구원받
  으면 사회적 구원과 연결시켜야 한다는 것, 그래서 내적 – 신비
  주의적 「십자가」와 역동적인 「혁명」은 종말론적 그리스도 왕국
  의 희망에서 하나를 이룬다.

14) 스페너의 교회개혁

① 필립 야곱 스페너(1635-1705)

- 30년 종교전쟁의 폐해를 실감하고 신자 각자의 회개와 중생의 필요성을 역설
- 1675년 요한 아른트의 설교집에 붙이는 서문으로 자신의 「교회개혁의 프로그램」을 개진하였고, 이 서문은 「경건한 소원」 또는 「하나님께서 기뻐하시는 참된 복음적 교회의 개혁을 바라는 간절한 소망과 그 목표를 위한 몇 가지 간단한 제안들」이란 제목으로 다시 분리 출판
- 책에서 자신의 소망과 취지를 요약해 놓았으며 당시의 기독교의 도덕생활의 쇠퇴와 세 종류의 사람인 정치지도자, 목회자, 일반 성도들의 결점을 지적하고 그에 대처할 수 있는 개혁안 제시
- 신앙을 개선하기 위해
  1) 성경공부운동
  2) 기도모임의 시작, 자기를 억제하고 하나님께 순복
  3) 모든 신자들의 만인 제사장직 실천
  4) 이론보다 실천에의 강조
  5) 교파 간의 신학적 논쟁 제한
  6) 경건의 실천에 중점을 두는 신학 수업의 개혁
  7) 설교의 초점의 변화: 「내적 인간」을 겨냥한 경건
  ⇒ 대부분의 개혁안들은 요한 아른트로부터 출발된 경건운동 그리고 개혁운동에 기초하였다

- 교리를 부차적인 위치로 전락시키고 경험적인 신앙, 개인적 확

신, 도덕적이고 헌신적 생활을 구원의 은혜라는 지위로 끌어 올렸다.

－스페너의 경건운동 비방자들의 생각은

1) 루터의 주장 "의롭다 하심을 얻으나 역시 죄인이다"를 받아들이는 사람들은 스페너의 경건운동을 "행위 위에다 칭의를 기초한 것"이라 본다.

2) 소규모의 경건적 개인집회를 분리주의에 기초한 것이라 본다.

3) 개인집회는 제4의 종교로 간주(1648년 베스트팔렌 조약에 의하면 가톨릭, 루터파, 칼빈파만 자유로운 신앙 활동을 허락하였다.)

② 「경건한 소원」에서 제안한 교회개혁 여섯 가지

1) 첫 번째 제안: "하나님의 말씀을 보다 빈번히 우리 사이에 가져오자," 설교 듣는 것만으로 성경을 아는 것 부족하였다

① 필요한 유익을 얻기 위해 교인들이 성경을 빠짐없이 알아야 한다. 성도들에게 강해된 성경은 매우 적고 그 양은 설교 중에 인용된 한두 말씀 정도

② 성도들에게 자신들의 경건을 위해 요구하는 성경의 말씀이 너무 적다는 것이다.

－각자가 스스로 성경을 보되 특히 신약을 읽어야 한다. 매일 가장이 성경을 손에 들고서 읽거나 다른 사람이 낭독하게 하는 것은 어렵지 않다.

－성경공부 위한 교회 성도들의 모임으로 가능하면 성도가 정한 시간에 공식적인 교회 모임에서 순서에 따라 해설 없이 한 사람씩 성경을 낭독하였다

2) 두 번째 제안: 영적 제사장직 확립과 열심 있는 실행이 필요
　－로마 가톨릭은 영적 직분들을 성직자에게만 국한시켰으나 루터에 의하면 모든 신자들은 영적 제사장직을 수행하라고 소명받았으며, 신자로 되기 원하는 자는 마땅히 그 직분을 수행할 의무가 있다 하여 교황제도에 치명적인 해를 입혔다.
　－목회자는 보편적 제사장직(신자들)의 도움 받는 것이 중요하다. 영적 제사장들이 자신의 의무를 행한다면 감독이요, 맏형 되는 목회자는 공적·사적 일들에 훌륭한 도움을 받을 수 있을 것이다.

3) 세 번째 제안: 기독교의 존립은 앎에 있는 것이 아니라 행함에 있다.
　－신자들에게 기독교 신앙은 지식만으로 충분치 못함과 실천의 중요성을 가르쳐야 한다.
　－기독교는 실천의 종교이므로 신자들에게 열렬한 사랑을 일깨워 주어야 한다. 그 사랑을 실천할 수 있다면 바라는 모든 것을 이루는 것이다.
　－이웃에게 선을 행함을 주저하지 말아야 한다. 모든 계명은 사랑 안에 있기 때문이다. 루터교의 영향으로 "선행이란 하나님의 은혜요, 중생의 경건적 표시"라고 보았다.

4) 네 번째 제안: 우리는 종교논쟁에 어떻게 행동할 것인가
　－우리가 신중을 기해야 할 것은 전혀 불신앙의 사람들, 잘못 믿는 사람들과의 논쟁에서 어떻게 처신해야 할 것인가 하는 문제이다.
　－먼저 우리와 신앙의 동료들이 진리 안에서 확고히 서고 유혹으로부터 보호되도록 노력해야하며, 오류자들에 대한 우리의

의무는

첫　째, 그들을 위해기도,

둘　째, 선한 본보기를 보여주고,

셋　째, 그들의 잘못을 겸손과 지혜로 사려 깊고 분명하게
　　　　지적,

넷　째, 무엇보다도 진정한 사랑이 제시되어야 한다.

다섯째, 교회일치 위해 서로서로 논쟁 중단(논쟁 아닌 진정
　　　　한 회개와 거룩한 생활에 의해 교리와 하나님의 말
　　　　씀의 순수성 보존됨)

5) 다섯 번째 제안: 교회의 관점에서의 신학공부의 개혁

　－유능한 인물을 교회사업에 끌어들이기 위해선 먼저 인물들을
　　발굴 후 그들을 중·고교와 대학에서부터 교육해야 한다.

　－신학공부와 실천의 기독교는 함께 속한 것이다. 기독교는 말
　　에 있는 것이 아니라 행함에 있다. 신학은 하나의 신앙의 실
　　천이다.

6) 여섯 번째 제안: 설교의 방향이 신학적 지식의 화려함에 맞추어질 것
　이 아니라 선교적

　－목회적인 것에 맞추어져야 한다.

　－설교 시 너무 많은 원어를 사용하여 참석한 성도들 중 어느 누구
　　도 이해하지 못하는 식의 설교를 한다. 강단은 설교자의 화려한
　　수사학이 과시되는 곳이 아니라 순전한 주님의 말씀이 능력 있게
　　선포되는 곳이어야 한다. 성도들의 수준에 맞추어 그들을 북돋아
　　주어야 한다.

　－신앙교리 교육에 최선을 다해야 한다. 어린이 교리 교육을
　　위해서 보다 열심히 활용되어야 한다. 기회가 닿는 대로 자

신의 설교 가운데에서도 항상 반복 가르쳐야 함

※ 특별히 '회심'을 구원의 첫 단계로 보았다. 회심에 이르는 '참회의 고통'은 경건주의에서 중요 위치 차지함. 예수 그리스도에 대한 개개인의 생생한 체험적 신앙을 중요시 한 것이다.

- 한국 기독교 신비주의자 -

이용도 목사

① 생 애

그는 1901년 황해도 금천에서 태어나 그곳 서북교회의 신앙과 골
격을 형성하였고 1924년 서울 협성신학 영문과에 입학하여 4년의
신학수업을 필하고 강원도 통천구역을 담임하여 목회를 시작한다.

– 그의 아버지 이덕흥(李德興)은 '소거간꾼'이다. 즉 동사무소에서
   허가를 받고 우시장에서 거래를 조정하는 일을 했고, 빨간 띠를 왼
   쪽 소매에 매고 다녔다. 이용도의 어머니는 아버지가 시장에 간
   틈을 이용해 아이들을 데리고 교회로 예배를 드리러 가곤 했는
   데 교회가다 들통 나면 집안의 살림을 다 집어 던지는 등 어머니
   와 아이들은 깨진 접시를 피해 다니곤 한다.

– 그의 형제는 장남인 용채, 둘째 용웅, 셋째 용도, 넷째 용구, 다
   섯째 근완이와 막내인 외동딸 순례로 6명인데 어머니의 신앙을
   본받아 그들이 항상 교회에 갈 수 있도록 아버지를 기독교인으
   로 만들어 달라고 열심히 기도했다.

– 둘째 용웅은 10대 이전에 죽었고 나머지는 어머니의 정성어린
   신앙교육과 아버지의 협박을 받으며 성장했는데 셋째인 용도는
   어머니의 기쁨이었다. 학교 선생이 예수를 믿는 모든 아동은 자신
   의 제자가 될 수 없다고 하여 모든 아이들이 교회에 안나가기로

맹세했는데, 용도만 맹세하지 않아 퇴학당했다. 집에서 5-6일 보내자 무식한 선생은 그의 고집을 못 이겨 특별한 예외를 인정하였다.

- 집에서 멀리 떨어진 도시의 기독교계 고등학교에 입학하였고 학비를 스스로 보충하기 위해 아침에는 공부를 하고, 방과 후에는 학교 관련 제분소에서 일을 했다. 하지만 교회 일을 너무 많이 담당하고 있어서 일할 수 있는 시간이 적었고 급기야 열심히 일을 했지만 기숙사비를 낼 수 없어서 기숙사에서 쫓겨났다. 또한 식비가 없어 점심시간이면 기숙사 뒤에 있는 언덕에 올라 가족들을 생각하며 예수님과 시간을 보내곤 하였다.

- 3·1운동 이후 시골 학교에서 1년간 가르치고 난 후, 일과 공부를 교대로 하면서 결국 고등학교를 졸업하였으며 공산주의의 홍수에 압도당하고 육체적 시련의 물결이 한번 지나간 후에 어릴 적 형성된 신앙의 반석은 노도의 물결 속에서도 우뚝 서 있었다.

- 송봉애와 결혼한 후 복음 사역 감당을 위해 자신이 속한 교단의 협성신학교 영문과에 1924년 입학하여 우수한 성적을 거두었고 뿐만 아니라 교회활동도 왕성했으며 연극 프로그램 제작에도 심혈을 기울였다. 때로는 이러한 다양한 능력을 통한 사회활동 참여 때문에 오히려 신앙생활은 퇴보한 적도 있었다.

- 첫 목회는 통천이라고 불리는 금강산 근처에서 순회하는 것으로서 그곳에 갔을 때, 교회는 청년회 회장 유원복에 의해 주도된 한 파가 형성되어 있었고 교회 학교장이었던 김석호에 의한 파로 분열되어 있었다. 어느 날 밤 시무언은 교회로 가서 바닥에 얼굴을 대고 어둠 속에서 기도 하던 중 갑자기 사탄이 창문으로 들어와 다가오는 것을 느꼈고 마침내 사탄의 무시무시한 얼굴이 점점 가까이 와서 잡아 삼킬 것 같아 온 힘을 다해 "여기서 떠나가라, 사탄이여"라고 외치자 사탄은 발광을 하면서 다른 쪽

창문으로 사라져 갔다. 동일한 사탄이 밖으로 나가 유원복의 집으로 가서 잠자는 유원복 얼굴위에 떠돌자 악마가 물러날 때까지 땅 위에 무릎 꿇고 기도했으며 또한 멀리서 악마가 김석호의 집을 공격하는 것을 보고는 다시 가서 기도하고, 자기 교인 이 집 저집으로 옮겨가서 교인들의 잠자는 몸체와 가슴으로 이어지자 대적이 완전히 물러날 때까지 기도하고 집으로 돌아와 늦은 잠을 청했다.

- 1928. 11월 연회 준비 위해 금강산 온천에서의 기도 모임 때 친구 현 목사와 자정 무렵 캄캄한 교회 안에서 기도할 때 몸부림치는 기도 속에서 섬광과 같은 불빛이 시무언에게 나타났다. 조금 후에 마을의 학교선생이 기도하였고 곧 자기 아이가 죽게 될 것이라 고백했다. 현 목사가 그 사람과 함께 밖으로 나갈 때 시무언은 누군가가 자신의 팔을 들어 올리면서 그들과 함께 가라고 말하는 소리를 들었다. 그 집에 도착하여 교대로 기도할 때 "물을 따뜻하게 데워 그 아이를 씻어라"라는 한 목소리를 듣고 몸을 씻어 주었다. 거의 죽게 된 아이는 편안하게 잠자고 그 고통은 시무언과 다른 두 삶에게 옮겨 아무것도 먹을 수 없었다. 같이 기도하던 서씨가 말하기를 "아이의 병을 다른 사람에게 옮겨 그 사람들이 그 병을 이겨내게 했다는 것을 기도로 알게 되었습니다."라고 했다.

- 1929. 1월 간음도 했고 부정했던 28세쯤의 청년이 예수님을 믿고 회개하여 아내를 전도하려고 하자 마음대로 되지 않아 구타까지 한다. 결국 죽을 결심을 하고 긴 칼을 종이에 싸서 몸에 지니고 교회를 향하며 중얼거리기를 "만약 하나님께서 오늘 밤 나에게 은혜를 내리시지 않는다면 나는 죽을 수밖에 없어"라고 한다. 결국 시무언을 만나 교회 뒤 언덕의 달빛에서 회개하고 다음날 그의 아내까지 예수님을 영접하게 한 후 새로운 삶을 살

게 하는 인도자가 된 일도 있다.

- 1930. 10월 주일학교 연합회 서기로 일하기 위해 서울로 올라와서 발간한 대부분의 유익한 교재들은 시무언이 미리 준비한 원고에 의존하는 경우가 많았으며 일반 교회의 성도들이 그 교재를 펴면 그들의 불신앙적인 가슴이 열리곤 했다. 그래서 항상 이 단체들을 부흥회 단체로 바꿔놓는 큰일을 했으며 전국 각지에 있는 주일학교 단체들은 시무언을 사방팔방으로 몰아쳤다.

- 1930. 12월 크리스마스 며칠 전에 자정이 되었을 때 낮에 본 허름한 소년이 생각나서 그 소년을 찾아가 위문품을 주고, 그곳에서 무릎 꿇고 하늘을 향하여 기도하는 등 특별히 가난한 자, 소외된 자에 대한 안타까운 마음이 강했다. 그가 어렸을 때 궁핍하게 자랐기 때문에 그러한 처지에 있는 사람들을 예수님으로 생각하고 손길을 주었으며 또한 집에서 식사를 하려고 할 때 동냥하는 거지가 찾아오면 그의 밥을 먹게 했을 때 이전에 느껴보지 못한 환희를 느꼈다고 한다.

- 1931. 1월 영동에서 회의가 있어 참석하러 갔을 때 겨울 중 가장 추운 날이었고 온도계는 영하 23도를 가리켰다. 시무언은 교회 사람들이 안락하고 따뜻한 여관방과 충분한 양의 쌀밥을 마련해 주어서 지낼 수 있었지만 밤에 길거리에서 소년의 울음소리가 들려 밖으로 나갔다. 어머니는 독약 먹어 죽고 아버지는 미치광이가 되었으며 13살 된 누나는 다른 집에 살고 이 8세짜리 소년은 찬밥으로 이틀을 버티며 절망의 소리로 죽어가 연고를 발라 주었으며, 자기의 옷을 입히고, 따뜻한 죽을 먹게 했다. 그 동네에는 기독교인이 많은데 소년을 외면시하는 모습을 보면서 그리스도의 고난을 생각하게 되고, 그를 치료하면서 목자와 양의 관계를 느낄 수 있었다 한다.

- 며칠을 거지 소년과 지낸 후 아쉬운 작별을 하고 떠나게 되었

다. 2원을 맡기고 여관 종업원 경종(24세)에게 부탁하고, 시무언은 조만간에 돌아와 그 아이를 고아원에 넣기로 했다. 그런데 며칠 후 편지가 왔는데, 아이가 너무 아파 서울 고아원으로 갈 수 없는 상황이라 말했고, 또 두 번째 편지에서는 "존경하는 목사님, 주님의 은총이 함께 하시길 기원합니다.", "억성은 어제 숨을 거두었습니다. 그리고 저는 억성이를 도와주었다는 이유로 여관 주인에게 해고당했습니다."라고 했다. 이후로 시무언은 고백하기를 "하나님이 나에게 맡긴 양을 나는 버렸다. 나의 설교는 말뿐이다. 신학교를 졸업하고 조금 배운 사람이라면 누구나 그런 설교는 할 수 있다. 그러나 그것을 실천할 수 있는 사람은 누가 있겠는가? 주님이여, 사랑에 대한 진정한 설교는 제가 못했습니다." 그 후 시무언의 사랑에 대한 설교는 절정에 다다랐다.

- 1931. 2월 열흘 동안 학원 부흥회에 초대받아 중부지방의 어느 대도시로 갔다. 기차역에서 내린 후 가장 먼저 교회에 가서 기도를 드리고 거리로 나와 여관을 찾았다. 약간의 거지 차림의 누더기 옷이라 그런지 4-5군데의 여관을 들렀으나 쳐다보지도 않았고 마침내 어느 기독교인 소녀의 인도를 받아 한 여관으로 들어갔다. 기차역에서 성경교재 및 책자를 다시 가지고 나올 때, 비싼 옷을 입은 몇몇 교회목사와 지도자 같은 사람들이 시무언을 힐끗 보고는 지나쳐갔다. 소녀의 도움을 받아 교회에 들어가 맨 뒷자리에 앉아 기도를 드리고 사람들을 바라보았을 때, 그들은 시무언을 쳐다보지도 않고 제시간에 못 오는 불평과 불만만 늘어놓고 있었다. 시무언의 신분을 밝혔을 때 의아해했지만 그의 설교와 실천적 가르침에 수많은 사람들이 주님의 품으로 돌아왔으며 목회자들도 변화되었고 지방군수도 동원하지 못하는 수많은 사람을 집회에 참여하게 했다. 돌아 갈 때에 선물을 기필코 사양자하 떠나는 기차 창문으로 선물들을 던졌고 그것을

필요한 사람들에게 나누어 주었다.

- 1931년 부흥회 일에 전력을 다하기 위해 교회교사 협의회에서 탈퇴한 후 일년 동안 전국 방방곳곳에서 집회를 인도했다. 1932년 봄 주일 아침 서울의 한 교회에서 설교를 통한 감화는 그 누구도 흉내 못 낼 극적인 장면을 연출했다. 예수님의 예루살렘 입성 장면에서 호산나 외치는 모습을 상기하면서 그의 나라는 지상의 왕국이 아니었으며 시무언도 그렇게 했을 것이라 한다. 그러나 일제치하의 조국과 다른 나라들과 빗대어 하나님의 나라를 설교하자 모두가 일어나 찬송가 "주 예수 이름 높이어"를 불렀다.

- 사람들은 시무언이 공식석상에서 통렬하게 목사들을 비판하는 것에 대해 반발했다. 이것을 시작으로 하늘 높이 올라갔던 시무언의 명예는 떨어지기 시작했다. 특히 여러 유언비어가 돌기 시작했는데 첫째 예배 후 기도시간에 불을 켜놓지 못하게 하는 것, 둘째 여성들을 너무 가까이 하는 것, 셋째 사람들로 하여금 이상한 계시를 구하게 하고, 넷째 그들을 흥분시켜 울게 하면서 평화를 주지 않는다고 비난하였다. 이런 이유로 강단에서 추방되었다.

- 성령의 능력과 인도를 무제한적으로 믿었기 때문에 그 어떤 계시도 받아들일 준비가 되어 있었고 성령을 조절하거나 유도하려 하지 않았으며 성령은 스스로 역사해야 한다고 확신했다. 그래서 지나치게 조심하는 것도 성령의 일을 방해하는 일이라고 생각했고, 결과적으로 알 수 없는 방언과 거짓 은혜가 들어올 수 있는 길을 터 놨던 것이다. 즉 기도시간에 그들의 감정을 고조시켜 울게 했고 교인들은 몇 시간 동안 주저앉아 땅을 치면서 울며 소리 지르고 몸을 떨며 실신을 하곤 했는데, 이 모든 행위를 성령의 역사로 받아들였고 여기에 사탄의 함정이 있었다.

- 1932. 2월 신학교에서 공부하던 몇몇 젊은 여성들이 무아지경에 빠져 다른 사람들의 과거지사를 알게 되었다고 주장하고 얼마

후 미래 일도 계시 받는다고 주장하였다. 어느 날 시무언이 이런 모임에 참가하였는데 한 여성에게 성령이 임재하여 사무언을 꾸짖었으며 또 다른 계시에도 시무언과 이야기를 하였는데 이 일이 사탄의 일인지 하나님의 일인지 물었을 때 여자의 입을 통해 말하기를 "오 도마여, 네가 나의 옆구리를 만지지 않고 믿을 수 있었더라면……, 네가 시험해 본 후에야 믿겠다고 하니 네 믿음이 작구나"라는 대답이 나와 그 후 확고하게 믿게 되었다 한다.

- 전국에 이상한 소문이 돌고 이에 필연적으로 평생 동안 유지했던 연인들과 이별을 고하게 하였고 결국 새로운 집단을 형성하게 되었다. 이 집단은 신비스러웠으며 감정적이고 진지하며 고난을 추구하고 사도적이었다 한다. 마침내 1933. 3월 그가 속한 교회와의 인연을 단절하였는데 비슷한 시기에 새로운 모임이 조직화하는 정점에 이르렀다. 처음에는 발상 자체가 끔찍하게 생각되었으나 이 고통이 하나님께서 내린 것일지도 모른다고 생각하여 하나님의 뜻에 모든 것을 맡기기로 결심하고 새로운 교파는 「예수교회」의 선도감이 되는 일에 동의를 한 것이다. 동료들에게 외면을 당한 시무언에게 있어 이 새로운 집단의 열정적인 지지는 거부하기 어려운 것이었다.

- 「예수교회」 집단은 모든 것을 공유했고 서로 친밀한 가족적 분위기에서 형제와 자매였다. 예배를 드리면 부흥회를 여는 것 같았고 성찬식도 성스러움을 간직하면서도 가족의 식사와 유사했다. 방방곳곳에서 수많은 사람들이 이 집단을 찾아왔고 나약해진 시무언의 건강은 더욱더 하행선을 그리게 되었고 설교를 그만두어야 했으며 몸이 약하여 더 이상의 새벽은 없었다.

- 몇몇 온천을 찾아가 봤지만 그의 건강은 여전히 악화되었고 1933. 8월에 원산에 있는 따뜻한 집으로 돌아왔다. 1933. 10. 2일에 1928년의 아름다웠던 부흥회를 회상하면서 조용히 그의 생

을 마감하였다. 그의 새로운 친구들은 그의 임종을 같이 하였는
데 마지막 시무언의 기도는 인상적이었다. "주님 저에게 3년만
더 주소서, 그러면 저는 저의 모든 힘을 거지들에게 설교하는
데 쏟겠습니다. 저는 그들과 같이 굶고 잔치를 벌일 것입니다.
저는 그들과 함께 웃고 울 것입니다. 오 주님! 저 거지들을 위
해서 저에게 3년만 더 주소서!"
- 그의 어머니 양 마리아도 시무언의 임종을 지켜보았고 그의 형
제인 근완과 여동생 순례는 먼저 저 세상으로 갔고 용채와 용구
만 남아 지켜보았다. 그의 죽음으로 인해 그의 아버지도 예수를
믿는 가족이 되었다. 이것이 이용도가 걸어온 이야기이다.

② 사 상

시무언에게 있어서 그리스도는 말구유에 누워있는 초라한 아기 예
수였다. 그리고 그리스도는 가난한 사람들에게 복음을 전파했던 목
수의 아들이었다. 그는 또한 머리를 대고 편히 쉴 곳도 없었던 보잘
것 없는 나사렛 사람이었다. 그리고 하나님이 원하시는 일 외에는
아무 것도 할 수 없었던 사람이 예수였다. 예수는 산 속에서 밤을
새며 기도했던 중재자이셨으며 가족조차 미쳤다고 오해를 했던 만인
의 스승이었다. 그는 "내가 불을 땅에 던지러 왔느니 이 불이 이미
붙었으면 내가 무엇을 원하리오(누가복음 12: 49)?"라고 말씀하신
열정적인 분이었다. 예수는 제자의 발을 손수 씻겨준 겸허한 분이었
으며, 동시에 다른 사람들로부터 경멸받고 거부당했던 슬픈 운명의
특출한 분이었다. 마지막으로 예수는 최후의 순간에 "모든 것을 이
루었다"라고 외친 사역자였다. 시무언은 예수의 이런 사역을 위한
뛰어난 청지기였다. 많은 점에서 시무언은 누구보다도 뛰어난 주님
의 종이었다.

③ 사　랑

　그 첫 번째로 우리는 사랑을 언급할 수 있다. "우리에게는 사랑을 나눈다는 사명 외에는 다른 것이 없습니다," 그는 설교를 하면서 이렇게 말했다 한다. "주님의 사랑이 미치지 않는 곳은 이 세상에 없습니다. 그는 사람의 속 모습을 보십니다. 그리고 지위가 높은 사람이나 낮은 사람 그리고 외국인이나 내국인 또는 아동과 어른을 똑같이 사랑하십니다. 저는 심지어 원수까지 사랑하십니다. 창녀를 멸시하고 거지나 문맹인, 그리고 아동을 미워하는 것은 예수의 사랑을 모른척하는 것입니다." 아시시의 성 프란시스(Francis of Assisi)와 같이 시무언의 사랑은 새와 나무와 바위에까지 확대되었다. 그는 바위를 하나님의 제단이라고 부르고 차갑거나 딱딱하다고 불평하지 않았다. 낮의 새들은 그의 설교 동료였고, 밤벌레들은 그의 기도 동료라고 시무언은 말했다 한다. 이용도에 대한 평가와 사상을 현재 한국 교회는 새롭게 볼 필요가 있다. 물질 만능주의와, 기름진 옷과 큰 교회에서 부르주아처럼 생활하며, 구약시대의 부를 누리던 제사장과도 같은 대형교회 교역자들에게 새로운 가치관을 심어 줄 수 있기 때문이다. 한국 교회 모든 목회자들은 낮아지기 보다는 높아지려고 하고 대접해 주기보다는 대접 받으려 하고 있고, 세상 것과 같은 석사, 박사학위에 연연하여 때로는 정규코스가 아닌 비인가 외국대학 가짜박사까지 너도나도 없이 취득하려고하는 우스운 일들을 볼 때 한국 교회는 썩을 대로 썩은 집단이 되어 가고 있구나 하는 씁쓸함을 갖는다. 어떤 교회 담임 목회자는 박사학위 강의 받으러 가기 위해, 자기 교인이 운명했는데도 장례식을 전도사에게 맡기고 본인은 강의받으러 가는 웃지 못 할 일들을 행하고 있는 실정이다. 평범한 사람 누구나 알 수 있는 기본을 어기는 것이 한국 교회 지도자들이다. 이런 의미에서 이용도에 대한 새로운 접근은 필요하다. 단순히 신비주의

자, 비 성경적인 인물로 치부하기에는 너무 편협한 사고가 아닐까 하는 생각이다. 그렇다고 해서 필자는 이용도 맹신자는 아니다. 다만 학문적으로 실천신학적으로 연구의 가치가 있다는 것이다.

3. 세례, 성만찬, 세계관

WCC는 성서에 따라서 중 예수 그리스도를 하나님과 구세주로 고백하는 교회들의 협력단체이며 따라서 하나이신 하나님 성부, 성자, 성령의 영광을 위하여 그 교회들의 공통된 소명을 함께 완성하고자 노력한다고 정의한다. 이 기관은 통제하는 기관이 아니라 300여 개의 회원 교회들을 가진 공동체로 그리스도를 증명하는데 긴밀하게 봉사하는 협력단체이다. 이런 목표를 이루기 위해 신앙과 직제 위원회는 신학적 뒷받침을 한다. 하나 되는 교회를 이루기 위해서는 각 교회들이 세례와 성만찬과 사역에 대하여 기본적으로 일치해야 한다.

1) 세 례

① 세례의 제정

이는 나사렛 예수의 사역 그의 죽으심, 부활에 뿌리를 둔다. 세례는 십자가에 달리시고 부활하신 주 그리스도와 결합하는 것이요 하나님과 하나님의 백성이 새로운 계약을 맺는 것이다. 세례는 하나님의 은사요 성부와 성자와 성령의 이름으로 집례 된다. 이는 오늘날 자신의 백성들에게 은총을 베푸시는 주님께 대한 서약의 의식으로서 이 관행은 계속된다.

② 세례의 의미

그리스도로 말미암은 새로운 표징이다. 구약의 물의 상징적 용례들과 연관이 있다.

A. 그리스도의 죽음과 부활에의 동참.
세례로 말미암아 기독교인들은 그리스도의 죽음 가운데 몰입한다. 더 이상 그들은 죄의 노예가 아니다. 그리스도의 부활의 능력 가운데 새로운 생명으로의 부활이다.

B. 회개, 용서, 깨끗케 함.
세례는 죄의 고백과 마음의 회개를 의미한다. 동시에 새로운 윤리적 방향을 제시한다.

C. 성령의 은사
성령은 그들을 완전히 구원으로 들어가게 될 때 최종적인 구원에 이르기까지 하나님의 영광을 찬양하기까지 마음속에서 신앙의 생명을 키운다.

D. 그리스도의 몸 안으로의 결합
그리스도와 연합하는 것이며 동시에 모든 교회와 연합함을 의미한다. 그러므로 교회의 나누어짐을 극복하고 자신들의 형제애를 분명하게 표현하기 위해서 그리스도 안에서 하나의 세례를 베풀도록 소명을 받고 있는 것이다.

E. 그 나라의 표징
이는 하나님의 표징이며 장차 올 세계의 생명의 표징이다.

③ 세례와 신앙

세례는 하나님의 은사이자 은사에 대한 인간의 응답이다.

세례는 일순간의 경험일 뿐 아니라 전 생애에 걸친 그리스도를 향한 성장과 관련된다.

세례를 받는 자들은 기독교 신앙생활 가운데서 성장해 감으로 인간성이 새롭게 되고 자유롭게 될 수 있다는 것을 표현한다. 동시에 그리스도의 복음을 증명해야 할 공동적인 책임이 있다.

④ 세례의 실행

A. 신자와 어린아이의 세례
유아세례가 사도시대에 행해졌다는 가능성은 배제할 수 없다. 개인적인 신앙을 고백한 자에게 세례가 베풀어졌다는 것은 신약성서의 분명한 증거이다. 신자들의 세례와 어린아이의 세례는 모두 신앙공동체 안에서 행해진다. 개인적인 응답은 반드시 필요하다. 단 유아세례는 후일에 응답이 주어진다. 그러므로 기독교적인 양육을 해야 한다. 모든 세례에 있어서 전 회중은 하나님께 대한 신앙을 재확인한다.

세례는 반복될 수 없다. 재 세례는 어떤 형식으로든지 행해져서는 안 된다.

B. 세례 - 성유식 - 견신례
성령의 은사와 세례와의 관계는 분가분리이다. 성령을 받는 것과 세례는 동시에 이루어진다. 과거 기독교인들은 성령의 은사의 표징에 대해서 서로 다른 견해를 가져왔다. 물세례, 성유, 견신례라고 부른다.

C. 상호 간의 세례 인정을 지향하여
가능한 교회들은 서로의 세례를 인정해야 한다. 각기의 차이점을 극복하기 위해서 자신들의 관행을 재고해야 한다. 무분별한 세례와 성숙한 서약을 위해서 진지한 노력을 기울여야 한다.

⑤ 세례 의식

성부 성자 성려의 이름으로 집례 된다. 물의 상징적 중요성을 진지하게 받아들여야 한다. 그리스도의 죽음과 장례와 부활에 참여한다는 사실을 생생하게 표현해야 한다.

성령의 부수적인 방법들 곧 안수, 기름부음(성유식), 십자가 성호 긋는 일 등은 성령의 약속된 은사들을 상기시켜 준다. 이런 재발견은 전례를 풍요롭게 한다.

세례의 순서에는 세례를 언급하는 상경구절 선포, 성령약속 초대 기도, 악을 제거하는 것, 그리스도와 성삼위께 신앙고백, 물의 사용, 세례자의 새로운 본성을 회복했다는 것과 교회의 일원으로 복음을 증거하도록 부름받았다는 것을 선언하는 것이다. 그리스도의 죽으심, 부활에의 동참, 화개, 용서, 정결 함, 성령의 은사, 그리스도의 몸과의 결합, 하나님 나라의 표징들을 설명하는 것이 타당하다.

임명받은 성직자에 의해 베풀어져야 한다. 교회의 공동생활 그리고 예배와 긴밀히 관련된다. 시례는 통상 공중 예배 시에 시행된다. 자신들의 세례를 상기시키고 회중의 교우관계로 환영할 수 있기 때문이다. 초대교회에서 행했듯이 이 성례는 부활절, 오순절, 주현절과 같은 큰 절기에 베풀어지는 것이 적절하다.

2) 세계관이란?

첫째, 세계관은 안경과 같은 것입니다.

안경의 색깔에 따라 세상이 다르게 보이듯이 '세계관'이란 사람마다 가지고 있는 세상과 사물을 보는 관점이며 그것은 안경과 같은 것입니다. 같은 남산이지만 앞의 할아버지와 손자는 자기들이 끼고 있는 '보이지 않는 안경'이라고 하는 세계관에 따라 남산을 다르게 본 것입니다. 즉 할아버지는 남산을 환경적인 시각으로 바로 보았다면 손자는 같은 남산을 예술적인 관점으로 보았던 것입니다. 세계를 보는 안경, 그것이 세계관입니다.

역사적으로도 독일의 철학자 칸트(Emmanuel Kant, 1724-1804, 독일의 철학자)가 '세계(welt)'와 '관점(anschauung)'이란 말을 합성하여 '세계관(weltanschauung)'이란 말을 처음 사용했다고 알려져 있습니다. 그러나 지금은 '세계관'이란 말이 서로 다른 가치관을 총칭하는 말로 널리 사용되고 있으며 자본주의 국가뿐만 아니라 사회주의 국가에서도 '유산계급 세계관', '무산계급 세계관' 등으로 사용되고 있다고 합니다. 우리나라에서는 독일어를 한자말로 번역한 것을 그대로 사용하고 있는데, 나는 개인적으로 보다 쉽고 의미가 통하는 좋은 우리말을 찾고 있습니다. 이처럼 '세계관'이란 배운 사람이든 못배운 사람이든 그리고 나이가 든 사람이든 나이가 어린 사람이든 상관없이, 사람이라면 누구나 생각하고 판단하고 세계를 보는 관점입니다. 그런 의미에서 '세계관'이란 학문수준이나 연령 차이에 상관없이 그리고 신앙이나 종교와 상관없이, 사람이라면 누구나 가지고 있는 세상을 보는 관점입니다. 즉 배우고 지적이기 때문에 세계관을 가지는 것도 아니고 나이가 많이 들어야 세계관을 가지는 것도 아니며 종교를 가져야 세계관을 가지는 것도 아닙니다. 인간이기 때문에 세계관을 가지고 있습니다.

둘째, 세계관은 홍역과 같습니다.

요즘같이 독감이 기승을 부리는 때에 우리 스스로가 독감을 예방할 재주가 있으면 얼마나 좋겠습니까? 그러나 우리는 온갖 바이러스가 득실거리는 세상에 살고 있기 때문에 우리 자신도 모르게 유행성 독감에 걸리는 수가 많습니다. 걸린 후에야 알아차리게 된다는 점에서는 홍역도 마찬가지입니다. 이처럼 '세계관'이란 보이지 않는 독감이나 홍역 바이러스처럼 자신도 모르게 무의식적으로 전염되는 것이며 그것을 철학적으로는 '전제(presupposition)'라고 합니다. '전제'는 일반적으로 다음 단계의 판단으로 나아가기 전에 갖고 있는 선입관이라 할 수 있는데 전제는 사람에 따라 의식적으로 선택하는 경우도 있지만 그렇지 못한 경우가 대부분입니다. 가끔 자기 나름의 세상을 보는 전제를 가지고 있으면서도 자신이 세계관을 가지고 있다는 것을 모르고 있는 사람도 있지만 분명한 것은 전제가 없는 사람은 아무도 없다는 것입니다. 쉐퍼는 그것을 이렇게 설명했습니다. "대부분의 사람들은 그들의 전제를 가지고 있다. 그것은 마치 어린아이가 홍역에 걸리듯이 주위의 가족과 사회로부터 자기도 모르는 사이에 가지게 된다." 그러나 경험이 많고 생각이 있는 사람들은 가끔 홍역과 독감을 미리 예방하기도 하듯이 전제를 조심스럽게 선택하기도 합니다. 즉 '세계관'이란 무의식적으로만 취득되는 것이 아니라 의식적으로도 선택된다는 것입니다. 쉐퍼는 그것을 다음과 같이 설명했습니다. "보다 지적인 사람들은 그들의 전제가 어떤 세계관인가를 주의 깊게 생각한 후에 선택해야 한다는 것을 안다." 쉐퍼는 사람마다 갖고 있는 '전제'와 '세계관'을 동일시했으며 대부분의 사람들은 무의식적으로 세계관을 가지게 되지만 어떤 사람들은 자신이 선택하는 세계관이 어떤 성질의 것이며 그것이 어떤 결과를 낳을 것인가를 심사숙고한 후에 결정한다고 보았습니다. 무의식적으로든 의식적으로든 사람마다 갖고 있는 전제가 세계관입니다.

셋째, 세계관은 자(尺)나 저울과 같습니다.

자는 물건의 길이를 재고 저울은 물건의 무게를 재는 도구입니다. 특히 물건의 길이나 무게를 정확히 알아보고자 할 때 사용하는 계측 도구입니다. 이처럼 '세계관'이란 보이지 않는 마음속의 자와 저울과 같은 것인데 자신과 자신의 바깥 세계의 근본적인 문제를 정확하게 재어보고 달아보는 일련의 '지적인 사고 체계'를 말합니다. 그런 의미에서 '세계관'이란 한 개인이 세계에 대해 갖는 종합적인 '신념 체계'이며 자나 저울과 같이 인생의 근본적인 질문들에 대해 체계적이고 종합적이며 논리적인 대답을 가진다는 의미에서는 '철학'이라고도 할 수 있습니다. 20세기 실존주의 철학자 야스퍼스(Karl Jaspers)도 "철학에서 도피할 방법은 없다…… 어떤 사람은 철학을 부인하면서도 스스로는 무의식적으로 철학을 실천하고 있다"고 말한 적이 있답니다. 사람이라면 누구나 자기 나름의 사고 체계와 신념 체계를 갖고 있기 때문에 삼척동자까지도 '아마추어 철학자'가 될 수 있다는 말입니다. 그런 의미에서 세계관은 철학과 동일시하는 것도 가능하며 철학이 곧 세계관이라고 할 수도 있습니다. 그러나 우리가 흔히 말하는 '세계관'이란 엄밀한 논리체계를 갖추고 인간과 우주의 근본적인 질문에 대답하려고 했던 전통적인 철학과는 약간의 차이가 있습니다. 즉 세계관은 전래의 철학하는 정신을 존중하면서도 궤변이나 즐기는 탁상공론(卓上空論)이나 혹세무민(惑世誣民)의 철학보다는 실제적이고 일상적인 문제에 대한 합리적이고 현실적인 대답을 찾고 거기에 의미를 부여하는 지적 작업이므로 굳이 세계관을 철학이라 부른다면 그것은 '앎과 삶의 철학'이라 부를 수 있을 것입니다.

첫째, 기독교 세계관은 하나님의 뜻을 분별하는 영적 통찰력입니다.

기독교 세계관이란 한 마디로 하나님의 뜻을 분별하는 것이며 더 정확하게 말하면 하나님의 선하시고 온전하시고 기뻐하시는 뜻이 무엇인지를 아는 영적 통찰력이라 할 수 있습니다. 여기에 "분별한다"는 말은 주님의 뜻이 좋은지 나쁜지 '시험한다'는 말이 아니라 '알게 된다', '발견한다', '찾는다', '배운다'라는 뜻입니다. 그리고 "하나님의 뜻"은 그리스도의 마음이며 예수님의 생각입니다. 즉 하나님의 생각과 관점을 분별하는 능력이 세계관이며 그것은 마치 독수리처럼 높은 곳에서 세상을 보는 통찰력입니다. 그것은 또한 "그리스도의 마음"을 배우는 것입니다.(빌립보서 2:5, 고린도전서 2:16) 여기의 "그리스도의 마음"이란 예수님의 느낌이나 감정 혹은 정서를 말하는 것이 아니라 예수님의 생각(minds)이며 예수님의 전제(presupposition)이며 예수님의 사고체계(thought system)이며 예수님의 철학(philosophy)을 말합니다. 그 밖에도 "네 뜻을 다하여 하나님을 사랑하라"(누가복음 10:27), "마음의 허리를 동이라"(베드로전서 1:13)는 말씀도 예수님의 생각과 사고방식을 가지라는 말입니다. 특히 "오직 네 마음의 변화를 받아"라는 말씀의 "마음"이란 말은 '지성(mind)'을 의미하는데 영혼과 몸을 산제사로 드린 사람은(로마서3:20-12:1) 이제는 생각과 지성마저도 하나님의 뜻을 따르는 것이 마땅하기 때문에 예수님처럼 생각하고 예수님의 말씀처럼 사물을 판단하며 예수님의 마음으로 세상을 보라고 하는 것입니다. 영혼이 변화 받은 마음은 하나님의 뜻을 쫓는 영적 분별력을 가지는 것이며 우리는 그것을 여기에서 기독교 세계관이라 합니다. 그런 의미에서 기독교 세계관은 예수님과 예수님을 믿는 신앙에 의해 이미 결정되는 것입니다. 둘째, 기독교 세계관은 시대정신을 비판하는 능력입니다. 인간의 역사는 사상의 전시장입니다. 그런데 사상의 전시장에는 인본주의니 마르크스주의니 실존주의니 탈현대주의니 하는 것뿐만 아니라 요즈음은 '노장사상'이니 '몸 철학'이니 '사오정'이니 하는 괴담론들이 판을 치고 있으며 누구나 이런 시대정신에 영향을 받을 수 있습니다. 인류역사에 나타났다 사라진 수많은 사상의 변천 과정과 옳고 그름을 일일이 다 따져보지 않더라도 이런 시대정신의 속성은 바클레이(William Barclay)가 잘 지적한 것처럼, "주위환경에 따라 색깔을 바꾸는 카멜레온"과 같이 변화무쌍합니다.

비판력이 필요한 이유는 "이 세대(this age)"의 특징에도 있습니다. 여기의 "이 세대"는 지리적인 의미의 '세상'이 아니라 시간적이고 가치관 '시대'를 말하는 것인데 "하나님의 뜻(God's will)"을 받아들이지 않는 세대를 말합니다. 특히 "이 세대"는 영원하지 않으며 "올 세대(the age to come)" 혹은 "하나님의 뜻"과는 근본적으로 다른 무신론적이고 불 신앙적이며 비성경적인 특징을 가지고 있습니다. "하나님의 뜻"을 아는 마음이 필요한 이유가 여기에도 있는 것입니다. 그러므로 "이 세대를 본받지 말라"고 하신 이유는 1) "영과 몸"을 산제사로 드린 사람은 예수 그리스도처럼 생각하는 것이 순서이기 때문이며, 2) 시대정신이 "하나님의 뜻"을 따르지 않고 오히려 하나님을 대항하기 때문입니다.(비교: 고린도후서 10:5) 예수 믿지 않는다면 몰라도, 예수를 믿고도 계속 시대정신대로 생각하고 살아간다면 그것은 진정한 기독인의 삶이 아닙니다. 그것은 마치 유대인의 영혼에 바벨론 머리를 달고 다니는 것과 같으며 삼성컴퓨터 하드웨어에 MS 소프트웨어가 깔려 있는 것과 같은 이원론적인 삶입니다. 우리 시대의 유행하는 시대정신과는 다르게 생각하는 것 혹은 하나님을 대항하는 시대정신과 거꾸로 사는 것이 기독교 세계관입니다. 셋째, 기독교 세계관은 점진적으로 변화되는 삶의 가치관입니다. 예수님을 믿기로 작정하는 것은 한순간에 끝납니다. 그리고 그 단 한 번의 믿음은 영원한 효력을 가집니다. 그러나 삶의 체계와 가치관의 변화는 단 한번으로 되는 것이 아니라 계속적인 작업으로만 가능합니다. "옛 사람"을 벗어버리는 것도 단번에 가능합니다. 그러나 "새 사람"을 입는 것은 단 번에 되지 않습니다. 점진적인 변화입니다.(에베소서4:23-24) 나쁜 생각과 불신앙적사고방식도 한꺼번에 바꾸어지지 않고 점진적으로 장시간에 걸쳐 바뀌는 훈련입니다.

비록 10년이 걸리고 20년이 걸린다 하더라도 사고의 변화는 평생에 걸친 영적 변화의 핵심적인 목표 중에 하나이어야 합니다. 머레이가 그것을 잘 지적했습니다. "성화(그리스도인의 삶)는 인간의 의식의 중심, 즉 사고 속에서 일어나는 하나의 '혁명적인 변화'의 과정이다." 성경적 세계관은 하루아침에 생기는 것이 아니라 점진적으로 변화되는 것이라는 말입니다. 특히 그 변화는 하나님의 말씀인 성경을 기초한 '계시 의존적 사고방식(啓示依存的 思考方式)'을 가지려고 꾸준히 노력할 때 가능합니다. 성경이 없이도 하나님의 뜻을 알고 그리스도의 마음을 읽을 수 있는 길은 없습니다. 감사한 것은 비록 시간이 걸리고 서서히 바뀌기는 하지만 결국 바뀔 수 있다는 것입니다. '맹꽁이서당' 학생들의 예를 하나 들어보겠습니다. '내일 태양이 다시 떠오를 것이라는 것을 어떻게 알 수 있을까요?' 언제나 아는 것보다 말이 많은 맹꽁이는 "그건 너무 쉬운 문제입니다. 내가 태어나서 지금까지 태양이 떠오르지 않은 적이 한 번도 없기 때문에 내일 다시 떠오른다는 것은 너무나 뻔한 것입니다"고 용감하게 대답했습니다. 이것은 경험론적인 대답입니다. 아는 것만큼 평가를 잘 받지 못하는 마당쇠는 "자연공부시간에 졸았니? '지구는 24시간에 한 번씩 자전을 하며 365일마다 태양을 돈다'는 과학적 사실이 중요한 거야. 이 우주는 그런 자연법칙에 의해 질서대로 움직이기 때문에 내일 태양이 다시 떠오른다는 것도 당연한 거야"라고 큰 소리를 쳤습니다. 이것은 관념론적인 대답입니다.

두 친구의 대답을 가만히 듣고 있던 또순이가 입을 열었습니다. "너희 둘의 의견이 틀리지는 않았지만 충분하지는 않아. 맹꽁이 너는 얼마나 살았다고 경험을 내세우니? 네가 옛날 노아 할아버지 때 태양이 빛을 잃고 여호수아 할아버지 때는 반나절이나 태양이 하늘에 멈춘 것을 보기나 했니? 그리고 마당쇠 너는 우주에 대해 얼마나 안다고 떠드니? 지구가 자전하는 시간은 24시간이지만 태양을 도는 것은 정확하게 365일이 아니라 365.2422, 즉 5시간 48분 46초가 더 있단 말이야. 그래서 윤달이 있는 거야. 그리고 우주에는 질서뿐만 아니라 카오스가 있다는 소리도 못 들어봤니?" 그리고는 또순이가 계속했습니다. "나는 너희 둘의 생각이 충분하지 않다는 것은 유대 기독교에서 말하는 언약 사고방식에 숨어있는 태양에 대한 두 가지 비밀 때문이란다. 1) 태양은 자기 스스로 돌아가는 것이 아니라 노아와 여호수아 할아버지 때나 지금이나 하나님의 섭리 때문이라는 것과 2) 다시는 홍수로 세상이 망하지 않을 것이라는 약속처럼 '땅이 있을 동안에는 낮과 밤이 쉬지 아니하리라'는 말씀은 태양이 매일 떠오르고 질 것이라는 것을 약속하신 것이란다. 그래서 나는 내일 지구의 종말이 오지 않는다면 태양이 떠오를 것이라는 것을 확신할 수 있어." 우리는 또순이와 같은 사고방식을 '통합적 사고방식' 혹은 성경적 세계관이라고 부를 수 있습니다. 욥기의 하이라이트라 할 수 있는 지식 논쟁 장면에서 하나님은 욥과 그의 친구들에게 이런 질문을 하셨습니다. "무식한 말로 내 뜻을 흐리게 하는 자가 누구냐? 이제 너는 남자답게 일어나 내가 묻는 말에 대답하라…… 네가 지금까지 한번이라도 아침이 되라고 명령하여 동이 트게 한 적이 있느냐?"(욥기 38:1-15, 현대인의 성경) 우리의 모든 경험적이고 관념적인 지식은 하나님의 관점, 하나님의 약속, 하나님의 말씀의 기초 위에 서야 하고 그것과 하나가 되어야 합니다. 그것이 기독교 세계관입니다. 지금까지 살펴본 것처럼 세계관이 없는 사람은 아무도 없습니다. 그러나 어떤 세계관을 가지느냐에 따라 태양뿐만 아니라 세상 전체를 보는 눈이 달라지며 세상뿐만 아니라 우주와 인생 전체가 달라집니다. 어항 속의 금붕어 같은 관점에서 세상을 보는 사람과 창공을 나는 독수리같이 높은 곳에서 하나님처럼 세상을 보는 사람이 있습니다. 우리는 독수리처럼 세상을 볼 수 있는 눈이 생겨야 합니다. 우리는 그런 관점을 성경적 사고방식 혹은 성경적 세계관이라 부르며 그것은 이 세상에 하나 밖에 없는 절대적이고 객관적이며 실천적인 성경적 세계관입니다. 어느 동화나라에 아주 똑똑한 금붕어와 독수리 한 마리가 살고 있었습니다. 어느 날 금붕어가 독수리에게 호떡내기 장난을 걸었답니다. '누가 세상을 더 넓고 바르게 보느냐'는 것입니다. 금붕어는 독수리의 승낙을 듣자마자 꼬리를 힘껏 치며 커다란 어항 속에 들어갔다가 다시 깊은 강 속에도 뛰어 들어가고 그 다음에는 바다 속으로 뛰어 들어갔습니다. 반면에 독수리는 날개를 힘껏 치더니 높은 산꼭대기에도 올라가 보고 하늘의 구름 저 건너편에도 날아보는가 하면 손살같이 내려와서 논두렁 밑에서 졸고 있는 까투리도 낚아 채보기도 했습니다. 과연 누가 호떡을 얻어먹었을까요?

첫째, 어항 속의 금붕어처럼 세상을 보기 쉽기 때문입니다.

금붕어가 볼 수 있는 세상은 어떤 것일까요? 강이나 바다에 사는 금붕어는 조금은 다르겠지만 어항 속에 사는 금붕어의 세상은 자기 경험에만 메이게 됩니다. 어항이 응접실에 놓여있다면 좁은 응접실이 붕어의 우주일 것이고 어항이 사무실에 놓여있다면 닫힌 사무실이 붕어의 세상 전부일 것입니다. 만약 강이나 바다라고 해도 붕어가 볼 수 있는 것은 자기의 경험에 제한됩니다. 사람도 자기 내부에서만 세상을 보려고 한다면 어항 속의 붕어처럼 세상을 좁게 보게 됩니다. 자기 눈에 보이는 것만을 세상이라고 착각하게 되기 때문입니다. 일찍이 이 문제의 심각성을 간파한 사람은 사르트르(Jean-Paul Sartre, 1905-1980, 프랑스 철학자)였으며 그는 "자기 내부에서만 세상을 보면 무한한 준거점(reference point)을 발견할 수 없으므로 만사가 부조리하다"는 결론에 이르렀던 사람입니다. 인생과 우주를 자기 바깥에서 보지 못하고 자기 내부, 즉 자기 감정과 이성에만 의존하여 세상을 파악하려고 하다가 보면 결국 인간 스스로의 유한성과 죄악성 때문에 모든 것이 불가능하다는 논리적 결론에 직면하게 되기 때문입니다. 거시적이고 객관적이고 보편적인 통일된 지식에 이를 수 없기 때문입니다. 신(神)의 눈, 즉 무한하고 절대적이며 영원하고 불변하신 하나님의 관점으로 우주와 인생을 보지 못하기 때문입니다. 느끼는 대로 세상을 살려는 사람들이 바로 그들인데 고민하는 것도 싫고 심각한 것도 싫어하는 청년들이 그들입니다. 청년들뿐만 아니라 어른들도 마찬가지인데 "생각하는 것은 피곤한 것"이라고 믿기는 마찬가지입니다. 하기야 누구보다도 생각하는 것을 즐겨야 하는 철학자들, 이를테면 하이데거(Martin Heidegger, 1889-1978, 독일철학자)와 같은 사람도 "이성은 사고와 상상력의 적이다" 외치는 시대입니다. 예수 믿는 사람들 중에도 덩달아 '생각하는 것'을 비 영적이거나 반 신앙적인 것으로 믿는 사람이 많습니다. 거기에는 '느낌'과 '감정', 즉 '필(feel)'이 진리인식의 최고의 방법이라고 믿기 때문입니다. 요즘 청년들은 "필이 왔다" 혹은 "마음이 통한다"라는 말을 많이 합니다. 그들은 말만 할 뿐 아니라 옷 한 벌을 사 입거나 친구를 사귈 때뿐만 아니라 인생의 아주 중요한 문제를 두고 고민할 때, 예를 들어 결혼이나 장래 문제에도 '필'로 결정하는 것을 봅니다. 나는 결코 여기에서 "필은 중요하지 않다"고 말하는 것이 아닙니다. '필'을 최종적인 결정 근거로 삼는 것이 문제라는 것입니다. 합리적인 이성이 배제되기 때문입니다. 그런 의미에서 금붕어 같은 사고방식은 동양의 직관적 사고와도 관계가 있습니다. 그동안 일부 정치인들과 경영인들이 즐겨 사용하던 "감(感)의 정치," "감의 경영" 혹은 한국 사람이라면 삼척동자라도 즐기는 "감 잡았다"는 말 등에서 보이는 것처럼 뛰어난 직관력은 우리의 자랑거리 중에 하나였습니다. 그러나 직관력은 역동성과 순발력이 뛰어나기 때문에 가끔은 매우 유용한 판단 방식이지만 합리적 지성이 동반되지 않을 때는 그만큼 실수도 많은 위험하기 짝이 없는 능력입니다. 그러나 이성에 지나치게 의지하는 합리주의도 금붕어처럼 자기 내부에 집중하기는 마찬가지입니다. 17세기에 데카르트(Rene Descartes, 1596-1650, 프랑스 철학자)에 의해 토론된 "cogito ergo sum, 나는 생각한다. 그러므로 존재한다"라든가, 18세기의 흄(David Hume, 1711-1776, 영국의 철학자)의 "이성이 나타나서 하나님의 보좌를 찬탈했다. 그리고 법을 박탈했으며 절대적인 권한을 가졌다. 이제 보좌에는 더 이상 하나님은 없다. 하나님의 말씀도 계시도 없다. 단지 인간의 이성만이 있을 뿐이다"와 같은 이성주의적 사고는 합리성 자체에 함몰되어 느낌과 경험을 지나치게 무시했습니다. 그러므로 한국인의 직관이 제대로 힘을 발휘하려면 이성주의로 돌아갈 것이 아니라 무한하고 인격적이며 절대적이고 보편적인 준거점에 근거한 바른 세계관이 필요합니다. 둘째, 세상에 괴담론(怪談論)들이 판을 치고 있기 때문입니다. 한동안 밑도 끝도 없는 '사오정 시리즈'라는 것이 회자되었습니다. 예를 들면, 하루는 손오공과 저팔계 그리고 사오정이 내기를 했답니다. 내기 제목은 '심청이와 데이트를 하고 호랑이 수염을 먼저 뽑아오기'라는 것이었습니다. 예상외로 손오공과 저팔계는 금방 돌아왔습니다. 그러나 사오정은 한참이 지나서야 씩씩대면서 나타났습니다. 사오정이 하는 말인즉 "야! 너희가 심청이 수염을 다 뽑아 갔지?, 하나도 안 남았잖아"라고 말했답니다.

웬 "심청이 수염"이냐고요? 말장난에도 철학이 있기 때문입니다. 1) 이성적으로 이해시키려고 하지 말아야 한다. 2) 앞뒤가 전혀 맞지 않는 논리를 펴야 한다. 3) 교훈이 되는 소재보다는 한바탕 웃고 잊어버리는 이야기여야 한다. 4) 세상을 풍자하거나 현실을 자조하는 이야기면 더 좋다. 사오정 이야기는 거대담론을 잃어버린 현대인들의 시간 때우기 말장난이며 괴담론입니다. "언어의 설사" 같은 랩송도 그렇고 "쇼비지니스" 같은 정치도 그렇고 "거짓말"과 같은 영화도 같은 맥락입니다. 언어의 불가공약성이나 해학성이나 희화성을 뛰어넘어 기괴성이 점점 확대되고 있다는 증거입니다. 괴담론 중에서도 몸 철학 혹은 몸 담론은 가장 세련되어 있으면서도 가장 파괴적인 담론입니다. "몸 담론은", 김용옥은 이렇게 정의했습니다, "인간의 모든 진리는 인간의 신체라는 생물학적 조건에 구현되어 있는데 몸 철학은 우주의 모든 진리가 인간의 몸에 구현돼 있으며 우주의 궁극적 실체가 몸이라고 믿거나 몸으로부터 도출돼야 한다고 믿는 철학적 신념이나 체계이다." 알고 보면 그의 몸 담론은 이미 서양에서 벌써 전부터 니체와 푸코에 의해 제기된 신체론을 현대인의 성적 욕구에 부응하여 동양학적 관점에서 발전시키려는 시도입니다. 새삼스러운 일은 아니지만 몸 철학은 섹스, 페미니즘, 생명윤리, 노장철학 등과 함께 한동안 가장 인기 있는 담론이 될 가능성이 많고, 아닌 게 아니라 하나님이 주신 몸에 대한 보다 과학적이고 철학적인 탐구가 이루어질 수도 있을 것 같아서 기대도 됩니다. 그러나 몸 담론은 이미 여러 가지 문제를 내포하고 있다는 지적이 있습니다. 1) 이성주의에 대한 반작용이며, 2) 유물론적 인간이해에 근거하며, 3) 동양적 기철학의 발전 형태이며, 4) 쾌락과 젊음 숭배를 조장하며, 5) 몸의 상품화 혹은 자본화를 부추깁니다. 우리는 괴담론들을 미워만 할 것이 아니라 건강하고 성경적인 몸에 대한 담론을 제시할 필요가 있는 시점입니다. 이런 괴담론들이 독버섯처럼 퍼지는 근본원인은 절대적인 진리가 사라졌기 때문입니다. 사실 지난 세기의 최대 사건은 과학의 혁명이 아니라 진리관의 혁명이었습니다. 진리는 절대적이라는 개념에서 상대적으로 바뀐 것입니다. 그것이 사회적으로는 '다원주의'로, 개인적으로는 '관용'이란 이름으로, 철학적으로는 상대주의란 유령으로 전 문화 영역에 침투하고 있습니다. 상아탑에서부터 청와대와 법원과 시장바닥에까지 상대주의가 판을 치지 않는 곳이 없을 정도입니다. 이것은 진리관이 서서히 허물어져 온 결과입니다. 그리스 로마인들은 형이상학적 체계가 '균형(balance)'이 잘 잡힌 합리적 진리를 논했다면, 동양인들은 음과 양이 잘 '조화(harmony)'가 된 중용적 진리를 논했고, 유대인들은 시공간적 역사위에서 '체험(experience)'되는 실존적 진리를 찾았다면, 근대인들은 변증법적 사고에서 '종합'(synthesis)이라는 상대적 진리를 찾았고, 현대인들은 오감으로 '느낄 수 있는(feeling)' 감각적 진리를 구하고 있습니다. 모두가 진리의 파편을 붙잡고 있거나 혼합되어 있지만 근본적인 틀은 조금씩 허약해져왔던 것입니다. 잘못된 진리관과 괴담론들은 결국 사람들의 가치관을 허약하게 만들고 말 것입니다. 좋은 예는 몇 년 전에 무너진 성수대교입니다. 성수대교는 5-10톤짜리 가벼운 짐을 실은 차가 지나다닐 때는 그런 대로 잘 버텨냈지만 오늘날과 같이 20-30톤짜리 무거운 짐을 실은 차들이 밤낮으로 왕래할 때는 버텨내지 못하고 무너졌습니다. 마찬가지로 우리 사회가 복잡하지 않을 때는 비록 형편없는 가치관이라고 하더라도 예를 들어 "잘 살아보자"와 같은 경제논리위에서라도 세상은 돌아가지만 오늘날과 같이 갈등도 많고 이익집단의 이해관계가 상충되는 복잡한 세상은 더 이상 경제논리만으로는 사회가 유지되기 힘듭니다.

멀쩡하던 청소년들이 갑자기 도덕적으로나 신앙적으로 무너져 내리는 이유도 알고 보면 같은 이유 때문입니다. 청소년들이 도덕적으로나 정신적으로 붕괴되는 대표적인 시기는 입시경쟁에서 낙오되었을 때나, 사랑하는 연인과 헤어졌을 때나, 결혼을 앞두었을 때나 혹은 직장과 세상에서 가치관의 충돌에 직면했을 때 등입니다. 우리의 삶을 정초 할 충분히 튼튼하고 절대적인 세계관이 시급한 이유가 여기에 있습니다. 셋째, 신앙과 선교의 열매가 별로 맺히지 않기 때문입니다.

우리나라는 종교성도 깊고 종교인의 숫자도 많습니다. 그러나 종교적 영향력은 그에 미치지 못합니다. 불교나 유도도 마찬가지이지만 한국 교회도 "인구의 20%가 기독교인"이라는 말에 비해서는 그 영향력이 형편없습니다. 1919년에 3·1운동을 주도했을 당시에는 인구의 1%밖에 안 되었지만 기독인들이 나라를 책임졌었습니다. 특히 독립운동에 앞장섰던 정치 지도자들뿐만 아니라 교회 지도자들이나 류관순과 같은 기독 여학생들도 거대한 사회악과 싸웠습니다. 그런데 지금은 왜 이렇게 기독교의 영향력이 떨어졌을까요? 이유 중에 하나는 예수 믿고 구원받는다는 것을 물질적 축복이나 육체적 건강 보장으로 오도한 것뿐만 아니라, 영혼구원을 강조하느라 가치관의 변화와 진리로 인한 삶의 대가를 충분히 강조하지 않은 탓이라고 생각합니다. 그것은 외적인 숫자 증가에 눈이 어두워 종교인들을 양산하느라 정신이 없었기 때문입니다. 사실 '회개(metanoeo)'란 말 한마디만 생각해 보더라도 이 말은 본래 '메타, meta'와 '누스, nous'의 합성어로서 '마음이나 지성을 바꾼다'는 말로부터 파생된 것이며 회개한다는 것은 사고방식을 바꾼다는 것이 본질적입니다. 그러나 한국 교회는 영적인 변화를 강조하느라 가치관의 중요성을 간과했습니다. 한국 교회를 무척 잘 아는 밀러(Darrow Miller)는 회개와 사고방식과의 관계에 대해 이렇게 설명했습니다. "'회개한다'는 것은 문자적으로 우리가 하나님에 관하여 생각한바 실재의 본질, 인간의 본질과 그의 반역, 역사 속의 하나님의 목적 등에 대하여 자신의 생각을 바꾸는 것이다. 그것은 하나님이 사물들을 보는 방식대로 보기 시작하는 것이다. 또한 그것은 하나님의 관점이나 실재에 대한 그분의 정의, 그리고 우리의 상태에 대한 그분의 진단을 인정하는 것을 의미한다." 그래서 영혼과 육체의 변화와 함께 지성의 변화가 동반되는 세계관이 필요합니다. 그 영향으로 복음 전도가 한계에 왔습니다. 더 이상 전도가 잘 안된다는 말이 들린 지도 오래되었습니다. 사회

지도층과 지성인 전도는 그중에서도 가장 어렵습니다. 그러나 교회는 철학자들이 '지혜의 여왕'이라고 부른 이성(理性)을 그 보좌로부터 끌어내리려고만 했지, 성령의 기름을 부어 '지혜의 여왕'으로 하여금 겸손하게 하나님을 섬길 수 있는 법을 가르치지는 않았습니다. 그 결과 신앙의 초월성을 확보하는 대신에 신앙의 합리성을 포기했던 신 정통주의적이고 실존주의적인 신학이 오늘날의 반지성적인 분위기를 부추기고 있고 더구나 전도가 잘 안 되는 책임을 교회 안의 반 지성주의에 두지 않고 성령에게 전가하고 있습니다. 쉐퍼는 오늘날의 신학계를 이렇게 탄식한 적이 있습니다. "바르트(Karl Barth, 1886-1968, 스위스 신학자)도 불신자를 만났을 때 '하나님의 은혜가 당신을 두드릴 때까지 우리는 단지 당신에게 증거 할뿐이다'고 한다. 즉 불신자가 하나님의 은혜로 돼지 밥통에서 재발로 걸어 나오기까지 밖에서 관조하겠다는 것이다. 그것은 불신자가 기독인의 전제를 수용할 때까지는 대화를 중단할 수밖에 없다는 것이다." 서양에서 선교가 뒷걸음친 이유 중에 하나도 지식인들의 정직한 질문에 정직한 대답을 세계관적으로 제시해 주기보다는 대중 집회나 신유 은사를 중심으로 한 반지성주의적인 전도 방법에 호소했기 때문입니다. 당연히 교회가 영향력도 줄어들고 있습니다. 하나님의 교회가 세상의 빛과 소금이 되지 못한다는 말이 많이 들립니다. 그것은 한국 교회뿐만 아니라 그렇게도 튼튼하던 영국과 미국교회도 마찬가집니다. 원인 진단도 여러 가지입니다. 1) "변증법적 상대주의 세계관에 대항할 만한 기독 지성이 준비되지 못했기 때문이다."(프란시스 쉐퍼), 2) "미국(영국도 포함)의 근본주의자들이 문화 세계로부터 소외되는 것 자체를 미덕으로 여겼기 때문이다."(마크 놀), 3) "거룩하고 의롭게 되고자 한다면 지성을 위험한 것으로 생각했기 때문이다."(마틴 로이드존스) 그 결과 영국교회는 "80대 노인이 이끄는 무식쟁이들의 군대"라는 소리를 듣게 되었고 미국교회는 "복음주의의 스캔들"이라는 말이 생겨났습니다. 왜냐하면 그들은 문화나 학문적 연구 신앙의 근거에 대한 합리적 탐구가 필요 없다고 생각하기를 좋아했으며 생각과 지성을 다하여 하나님을 사랑하라는 명령이 불필요하다고 느꼈기 때문입니다. 이 점은 그들의 분리주의적 태도에서 잘 나타나고 있습니다." 교회의 사회적 영향력이 급격히 감소된 것은 당연한 귀결인지 모릅니다. 민족과 역사에 대해 선구적인 예언자의 역할이나 최소한의 빛과 소금의 역할을 못하게 된 것입니다. 돈이 모자란 탓이 아니라 세계관의 빈곤 탓입니다. 넷째, 인류 문화가 붕괴되고 있기 때문입니다. 요즘 청소년들은 정신적으로 피곤한 하루하루를 살아가고 있습니다. 특히 예민한 젊은이들은 정직하게 살지 못한 데서 찾아오는 자책감, 부모님이나 선생님들의 높은 기대에 부응하지 못하는 데서 찾아오는 자기연민, 특히 자위행위나 포르노비디오 시청, 친구와의 성관계와 같은 성적 불장난에서 느끼는 수치심 등으로 날마다 시달리고 있습니다. "당신은 날 이해하지 못해요"라는 외마디 소리나 깊은 소외감, 상실감, 허무감 등은 일일이 다 말하기 어려울 정도입니다. 신세대들은 부모가 있어도 "나는 우리 부모님들과 마음을 털어놓고 이야기해 본 시간이 별로 없다"고 말하는 청소년들이 많습니다. 모처럼 시간이 나서 말할 기회가 생기더라도 "말만 하면 다투고 상처받기 때문에 피차 대화를 피한다"고 합니다. 얼굴을 맞대고 마음을 주고받아야 할 처지에 있는 사람끼리도 "차라리 말하지 않는 것이 낫다"고 할 정도로 모든 인간관계가 멀어지고 있는 것입니다. 기성세대들 간의 대인관계는 여기에서 말하고 싶지 않을 정도입니다. 복잡하게 얽힌 이해관계 때문에 동물적이고 타산적이기까지 합니다. 깨어진 인간관계를 총체적으로 바르게 세워줄 인격적인 세계관이 필요합니다. 갈수록 의사소통이 단절되고 있는 것도 문제입니다. 대화가 막힌 것은 청소년들과 기성세대들만은 아닙니다. 얼마 전에 '참여연대'에서는 청와대에 보내는 [개혁통신]을 중단한 적이 있

습니다. 국민들의 밑바닥 소리가 대통령에게 전달되지 못하고 중간에
서 막힌다는 이유 때문이었습니다. 그러나 의사소통이 국민들과 대통
령 사이에만 막힌 것은 아닙니다. 대통령뿐만 아니라 정치인들과 국
민들 사이에도 막혀있습니다. 정치가 '쇼비지니스(show-business)'나
'거짓말 게임'인 이상, 단절은 계속될 것입니다. 요즘은 공동체 전체
에 특히 그림과 관객사이, 영화와 관객 사이, 시와 독자 사이에도 커
뮤니케이션이 막히기는 마찬가지입니다. 지난 세기의 가장 유명한
커뮤니케이션 단절 중에 하나는 피카소(Pablo Picasso, 1881-1973, 스
페인 화가)와 그가 그린 그림들과 감상자 사이의 3중 막힘이었습니
다. 어느 날 피카소는 걸상과 여자가 있는 추상화 그림을 한 장 그
렸습니다. 그러나 그가 전달하고자 하는 메시지가 그 그림을 통해서
관객에게 전달되지 못한다는 것을 발견했습니다. 그래서 그는 그 그
림 위에다가 '나는 에바를 사랑한다(J'aime Eva)'고 썼습니다. 자기논
리에 비약을 감행한 것이었습니다. 그랬더니 피카소와 관객사이에는
드디어 커뮤니케이션이 시작되었습니다. 그러나 그 그림과 관객사이
에는 단절이 그대로 남아있었습니다. 결국 커뮤니케이션은 실패한
것입니다. 과학도 위험수위에 도달했습니다. 오늘날의 찬란한 과학문
명이 어느 날 저절로 생긴 것이 아니라는 것쯤은 누구나 압니다. 그
러나 근대과학이 기독교적 세계관을 바탕으로 하여 탄생한 것이라는
것을 아는 사람은 많지 않습니다. 유럽에서 일어난 15-17세기의 근
대과학 혁명, 우유로 버터를 만들고 쇠로 쟁기를 만들고 말에 안장
을 씌우고 삼포제 농업이 개발되고 뉴턴(Isaac Newton)이 1666년 어
머니의 정원에서 '사과를 땅으로 끌어내리는 것과 같은 종류의 힘에
의해 하늘의 행성들이 자체의 궤도를 돌고 있다'고 생각한 것은 모
두 기독교적 세계관에서 나온 것들입니다. 그러나 우리는 근대과학
의 탄생을 낳은 이런 세계관을 망각하고 지적 교만에 빠지고 있으며
인간의 생명까지도 마음대로 실험하고 조작하면서 "할 수 있는 것은

무엇이든 할 수 있다"는 종적 마법에 도전하고 있습니다. 유전자 조작, 안락사, 인간복제, 낙태 등이 그것입니다. 과학과 신비주의의 만남도 예사롭지 않습니다. 몇 년 전에 한국과학의 총아로 불리는 무궁화위성 2호를 발사했습니다. 그런데 바로 미국 케이프커내버럴 발사기지 현장 한쪽 모퉁이에서 한국 최고의 과학자들과 한국통신 지도자들이 '통돼지 바비큐'로 고사(告祀)를 지내는 해프닝을 연출했습니다. 위성시대의 시작은 그동안 땀 흘려 이룩한 첨단과학의 개가이기보다는 '통돼지 고사 덕분이라'고 기록해야 할 처지가 되어버린 어처구니없는 현실에 한 기자가 이렇게 비꼬았습니다. "1억 달러를 들여 쏘아 올린 무궁화 2호가 궤도를 찾아 이제 순항 중이다. 어찌 과학 아닌 바비큐 고사 덕이겠는가?" 지난 한 세기 동안 사람들은 이데올로기라는 '세속적인 종교'의 제단 앞에 무릎을 꿇었습니다. 그러나 이제는 확실성을 빙자한 '과학적인 종교'의 제단 앞에 무릎을 꿇고 있는 것입니다.

그 밖에도 우리 라브리서당에 왔던 말이 많은 맹꽁이는 "답답하고 의미 없는 일상으로부터 벗어날 수 있는 모종의 돌파구를 찾아야 하기 때문에 세계관 공부를 해야 합니다"고 말했고 이제는 제법 의젓한 마당쇠는 "급변하는 세상의 복잡한 문제들을 판단할 수 있는 분별력과 비판능력을 길러야 하기 때문입니다"고 말했습니다. 그리고 언제나 바른 말만 하는 또순이는 "세기말을 지나면서 삶을 지탱시켜 주던 모든 가치관들이 해체되어버렸기 때문에 다시 굳건한 기초를 찾아야 하기 때문입니다"고 야무지게 말했습니다. 그림 한 장을 감상하는 문제와 태아 하나에까지 성경적 세계관이 필요하다면 우주와 인생의 근본 문제뿐만 아니라 세상만사(世上萬事)에 대해서는 얼마나 더 넓고 정확한 독수리 같은 성경적인 눈이 필요하겠습니까?[12]

---

12) 성인경(L'Abri Fellowship)의 세미나를 강의를 위해 기재함

　세계관은 안경과 같은 것입니다.

　안경의 색깔에 따라 세상이 다르게 보이듯이 '세계관'이란 사람마다 가지고 있는 세상과 사물을 보는 관점이며 그것은 안경과 같은 것입니다. 같은 남산이지만 앞의 할아버지와 손자는 자기들이 끼고 있는 '보이지 않는 안경'이라고 하는 세계관에 따라 남산을 다르게 본 것입니다. 즉 할아버지는 남산을 환경적인 시각으로 바로 보았다면 손자는 같은 남산을 예술적인 관점으로 보았던 것입니다. 세계를 보는 안경, 그것이 세계관입니다.

　역사적으로도 독일의 철학자 칸트(Emmanuel Kant, 1724-1804, 독일의 철학자)가 '세계(welt)'와 '관점(anschauung)'이란 말을 합성하여 '세계관(weltanschauung)'이란 말을 처음 사용했다고 알려져 있습니다. 그러나 지금은 '세계관'이란 말이 서로 다른 가치관을 총칭하는 말로 널리 사용되고 있으며 자본주의 국가뿐만 아니라 사회주의 국가에서도 '유산계급 세계관', '무산계급 세계관' 등으로 사용되고 있다고 합니다. 우리나라에서는 독일어를 한자말로 번역한 것을 그대로 사용하고 있는데 나는 개인적으로 보다 쉽고 의미가 통하는 좋은 우리말을 찾고 있습니다. 이처럼 '세계관'이란 배운 사람이든 못 배운 사람이든 그리고 나이가 든 사람이든 나이가 어린 사람이든 상관없이, 사람이라면 누구나 생각하고 판단하고 세계를 보는 관점입니다. 그런 의미에서 '세계관'이란 학문수준이나 연령 차이에 상관없이 그리고 신앙이나 종교와 상관없이, 사람이라면 누구나 가지고 있는 세상을 보는 관점입니다. 즉 배우고 지적이기 때문에 세계관을 가지는 것도 아니고 나이가 많이 들어야 세계관을 가지는 것도 아니며 종교를 가져야 세계관을 가지는 것도 아닙니다. 인간이기 때문에 세계관을 가지고 있습니다.

세계관은 홍역과 같습니다.

요즘같이 독감이 기승을 부리는 때에 우리 스스로가 독감을 예방할 재주가 있으면 얼마나 좋겠습니까? 그러나 우리는 온갖 바이러스가 득실거리는 세상에 살고 있기 때문에 우리 자신도 모르게 유행성 독감에 걸리는 수가 많습니다. 걸린 후에야 알아차리게 된다는 점에서는 홍역도 마찬가지입니다. 이처럼 '세계관'이란 보이지 않는 독감이나 홍역 바이러스처럼 자신도 모르게 무의식적으로 전염되는 것이며 그것을 철학적으로는 '전제(presupposition)'라고 합니다. '전제'는 일반적으로 다음 단계의 판단으로 나아가기 전에 갖고 있는 선입관이라 할 수 있는데 전제는 사람에 따라 의식적으로 선택하는 경우도 있지만 그렇지 못한 경우가 대부분입니다. 가끔 자기 나름의 세상을 보는 전제를 가지고 있으면서도 자신이 세계관을 가지고 있다는 것을 모르고 있는 사람도 있지만 분명한 것은 전제가 없는 사람은 아무도 없다는 것입니다. 쉐퍼는 그것을 이렇게 설명했습니다. "대부분의 사람들은 그들의 전제를 가지고 있다. 그것은 마치 어린아이가 홍역에 걸리듯이 주위의 가족과 사회로부터 자기도 모르는 사이에 가지게 된다." 그러나 경험이 많고 생각이 있는 사람들은 가끔 홍역과 독감을 미리 예방하기도 하듯이 전제를 조심스럽게 선택하기도 합니다. 즉 '세계관'이란 무의식적으로만 취득되는 것이 아니라 의식적으로도 선택된다는 것입니다. 쉐퍼는 그것을 다음과 같이 설명했습니다. "보다 지적인 사람들은 그들의 전제가 어떤 세계관인가를 주의 깊게 생각한 후에 선택해야 한다는 것을 안다." 쉐퍼는 사람마다 갖고 있는 '전제'와 '세계관'을 동일시했으며 대부분의 사람들은 무의식적으로 세계관을 가지게 되지만 어떤 사람들은 자신이 선택하는 세계관이 어떤 성질의 것이며 그것이 어떤 결과를 낳을 것인가를 심사숙고한 후에 결정한다고 보았습니다. 무의식적으로든 의식적으로든 사람마다 갖고 있는 전제가 세계관입니다.

세계관은 자(束)나 저울과 같습니다.

자는 물건의 길이를 재고 저울은 물건의 무게를 재는 도구입니다. 특히 물건의 길이나 무게를 정확히 알아보고자 할 때 사용하는 계측 도구입니다. 이처럼 '세계관'이란 보이지 않는 마음속의 자와 저울과 같은 것인데 자신과 자신의 바깥 세계의 근본적인 문제를 정확하게 재어보고 달아보는 일련의 '지적인 사고 체계'를 말합니다. 그런 의미에서 '세계관'이란 한 개인이 세계에 대해 갖는 종합적인 '신념 체계'이며 자나 저울과 같이 인생의 근본적인 질문들에 대해 체계적이고 종합적이며 논리적인 대답을 가진다는 의미에서는 '철학'이라고도 할 수 있습니다. 20세기 실존주의 철학자 야스퍼스(Karl Jaspers)도 "철학에서 도피할 방법은 없다…… 어떤 사람은 철학을 부인하면서도 스스로는 무의식적으로 철학을 실천하고 있다"고 말한 적이 있답니다. 사람이라면 누구나 자기 나름의 사고 체계와 신념 체계를 갖고 있기 때문에 삼척동자까지도 '아마추어 철학자'가 될 수 있다는 말입니다. 그런 의미에서 세계관은 철학과 동일시하는 것도 가능하며 철학이 곧 세계관이라고 할 수도 있습니다. 그러나 우리가 흔히 말하는 '세계관'이란 엄밀한 논리체계를 갖추고 인간과 우주의 근본적인 질문에 대답하려고 했던 전통적인 철학과는 약간의 차이가 있습니다. 즉 세계관은 전래의 철학하는 정신을 존중하면서도 괴변이나 즐기는 탁상공론(卓上空論)이나 혹세무민(惑世誣民)의 철학보다는 실제적이고 일상적인 문제에 대한 합리적이고 현실적인 대답을 찾고 거기에 의미를 부여하는 지적 작업이므로 굳이 세계관을 철학이라 부른다면 그것은 '앎과 삶의 철학'이라 부를 수 있을 것입니다.

기독교 세계관은 하나님의 뜻을 분별하는 영적 통찰력입니다.

기독교 세계관이란 한 마디로 하나님의 뜻을 분별하는 것이며 더 정확하게 말하면 하나님의 선하시고 온전하시고 기뻐하시는 뜻이 무엇인지를 아는 영적 통찰력이라 할 수 있습니다. 여기에 "분별한다"는 말은 주님의 뜻이 좋은지 나쁜지 '시험한다'는 말이 아니라 '알게 된다', '발견한다', '찾는다', '배운다'라는 뜻입니다. 그리고 "하나님의 뜻"은 그리스도의 마음이며 예수님의 생각입니다. 즉 하나님의 생각과 관점을 분별하는 능력이 세계관이며 그것은 마치 독수리처럼 높은 곳에서 세상을 보는 통찰력입니다. 그것은 또한 "그리스도의 마음"을 배우는 것입니다.(빌립보서 2:5, 고린도전서 2:16) 여기의 "그리스도의 마음"이란 예수님의 느낌이나 감정 혹은 정서를 말하는 것이 아니라 예수님의 생각(minds)이며 예수님의 전제(presupposition)이며 예수님의 사고체계(thought system)이며 예수님의 철학(philosophy)을 말합니다. 그 밖에도 "네 뜻을 다하여 하나님을 사랑하라"(누가복음 10:27), "마음의 허리를 동이라"(베드로전서 1:13)는 말씀도 예수님의 생각과 사고방식을 가지라는 말입니다.

특히 "오직 네 마음의 변화를 받아"라는 말씀의 "마음"이란 말은 '지성(mind)'을 의미하는데 영혼과 몸을 산제사로 드린 사람은(로마서 3:20-12:1) 이제는 생각과 지성마저도 하나님의 뜻을 따르는 것이 마땅하기 때문에 예수님처럼 생각하고 예수님의 말씀처럼 사물을 판단하며 예수님의 마음으로 세상을 보라고 하는 것입니다. 영혼이 변화 받은 마음은 하나님의 뜻을 쫓는 영적 분별력을 가지는 것이며 우리는 그것을 여기에서 기독교 세계관이라 합니다. 그런 의미에서 기독교 세계관은 예수님과 예수님을 믿는 신앙에 의해 이미 결정되는 것입니다.

기독교 세계관은 시대정신을 비판하는 능력입니다.

인간의 역사는 사상의 전시장입니다. 그런데 사상의 전시장에는 인본주의니 마르크스주의니 실존주의니 탈현대주의니 하는 것뿐만 아니라 요즈음은 '노장사상'이니 '몸 철학'이니 '사오정'이니 하는 괴담론들이 판을 치고 있으며 누구나 이런 시대정신에 영향을 받을 수 있습니다. 인류역사에 나타났다 사라진 수많은 사상의 변천 과정과 옳고 그름을 일일이 다 따져보지 않더라도 이런 시대정신의 속성은, 바클레이(William Barclay)가 잘 지적한 것처럼 "주위환경에 따라 색깔을 바꾸는 카멜레온"과 같이 변화무쌍합니다. 비판력이 필요한 이유는 "이 세대(this age)"의 특징에도 있습니다. 여기의 "이 세대"는 지리적인 의미의 '세상'이 아니라 시간적이고 가치관 '시대'를 말하는 것인데 "하나님의 뜻(God's will)"을 받아들이지 않는 세대를 말합니다. 특히 "이 세대"는 영원하지 않으며 "올 세대(the age to come)" 혹은 "하나님의 뜻"과는 근본적으로 다른 무신론적이고 불신앙적이며 비성경적인 특징을 가지고 있습니다. "하나님의 뜻"을 아는 마음이 필요한 이유가 여기에도 있는 것입니다. 그러므로 "이 세대를 본받지 말라"고 하신 이유는, 1) "영과 몸"을 산제사로 드린 사람은 예수 그리스도처럼 생각하는 것이 순서이기 때문이며, 2) 시대정신이 "하나님의 뜻"을 따르지 않고 오히려 하나님을 대항하기 때문입니다.(비교: 고린도후서 10:5) 예수 믿지 않는다면 몰라도, 예수를 믿고도 계속 시대정신대로 생각하고 살아간다면 그것은 진정한 기독인의 삶이 아닙니다. 그것은 마치 유대인의 영혼에 바벨론 머리를 달고 다니는 것과 같으며 삼성컴퓨터 하드웨어에 MS 소프트웨어가 깔려 있는 것과 같은 이원론적인 삶입니다. 우리 시대의 유행하는 시대정신과는 다르게 생각하는 것 혹은 하나님을 대항하는 시대정신과 거꾸로 사는 것이 기독교 세계관입니다.

기독교 세계관은 점진적으로 변화되는 삶의 가치관입니다.

예수님을 믿기로 작정하는 것은 한 순간에 끝납니다. 그리고 그 단한 번의 믿음은 영원한 효력을 가집니다. 그러나 삶의 체계와 가치관의 변화는 단 한 번으로 되는 것이 아니라 계속적인 작업으로만 가능합니다. "옛 사람"을 벗어버리는 것도 단번에 가능합니다. 그러나 "새 사람"을 입는 것은 단 번에 되지 않습니다. 점진적인 변화입니다.(에베소서4:23-24) 나쁜 생각과 불신앙적사고방식도 한꺼번에 바꾸어지지 않고 점진적으로 장시간에 걸쳐 바뀌는 훈련입니다. 비록 10년이 걸리고 20년이 걸린다 하더라도 사고의 변화는 평생에 걸친 영적 변화의 핵심적인 목표 중에 하나이어야 합니다. 머레이가 그것을 잘 지적했습니다. "성화(그리스도인의 삶)는 인간의 의식의 중심, 즉 사고 속에서 일어나는 하나의 '혁명적인 변화의 과정이다." 성경적 세계관은 하루아침에 생기는 것이 아니라 점진적으로 변화되는 것이라는 말입니다. 특히 그 변화는 하나님의 말씀인 성경을 기초한 '계시 의존적 사고방식(啓示依存的 思考方式)'을 가지려고 꾸준히 노력할 때 가능합니다. 성경이 없이도 하나님의 뜻을 알고 그리스도의 마음을 읽을 수 있는 길은 없습니다. 감사한 것은 비록 시간이 걸리고 서서히 바뀌기는 하지만 결국 바뀔 수 있다는 것입니다.

4. 영성 이해

12세기 이후로 만개한 신비신학을 계속적으로 수정, 보완했던 가톨릭교회와 달리 개신교회는 '신학'과 '영성'을 통합하는데 회의적이었기 때문에 반영성적일수록 신학적이며 반신학적일수록 영성적이라는 이원론적 사고에 빠져 있었다. 1960년대 초반의 반문화운동이 추구했던 초월성과 동양종교의 영성에 대한 관심 그리고 해방신학이 추구하는 해방의 영성, 연대성의 영성에 대한 신학의 영향으로 말미암아 1960년대 후반부터 영성이 교회와 신학의 주목을 받게 되었다. 어밴 홈즈 3세는 실천신학의 입장에서 동방교회의 영성적 전통과 서방교회의 영성적 전통을 수렴하면서 가톨릭교회와 개신교회, 신학과 목회 사이를 다리 놓는 입장에 있기 때문에 그를 이해하는 것은 매우 의의 있는 일이다. 교회는 전통적으로 왕적, 제사적, 예언적 직무를 수행하기 위해 설교, 예배, 교육, 상담, 행정 등의 기능을 수행해 왔으며 이러한 직무와 기능들이 시대와 문화에 따라 강조점을 달리하는 것을 용납해 왔다. 그러나 기능적으로 볼 때 목회는 시대의 변화에도 불구하고 변할 수 없는 기능을 가지고 있는데 그것은 곧 '성례전적 기능'이다. 성례전적 기능이 교회의 변치 않는 기능일 수밖에 없는 이유는, 그리스도는 하나님의 성례이며 교회는 그리스도의 성례이기 때문이다. 현대에 이르러 목회가 위기를 맞게 된 데에는 대략 네 가지 이유가 있다. 1) 르네상스 이후로 인간의 이성적 능력을 강조하게 됨에 따라 목회에서도 설교나 교리교육을 강조하고 지적으로 우월한 성직자와 그렇지 못한 평신도 사이의 간격을 크게 벌려 놓았다. 2) 산업혁명의 결과로 산업화, 도시화가 진행되는 동안 자연공동체가 와해되고 목회가 산업시대에 부응하는 프로그램을 공급하는 데 집중하게 됨으로써 공동체적 회중을 잃어버린 것이다. 3) 콘스탄틴적인 교회의 쇠퇴로 말미암아 교회가 사회생활의 중심에서 밀려나게 되고 성직자들이 정체성의 위기를 맞게 되었다. 4) 비마술화(각성)된 사회와 문화로부터 받아들인 패러다임으로 말미암아 목회의 초월적인 소명이 설 자리를 잃고 말았다. 현대의 목회 위기에 대해 교회가 보인 태도는 시대적 변화를 무시한 구태의연한 목회를 계속하거나 봉사활동에 중점을 두거나 여전히 잘 할 수 있다는 자기 확신으로 무장하거나 아니면 전문화 목회를 추구하는 것이었다. 그러나 홈즈는 현대 목회에서 이상적인 해결책으로 제시되고 있는 전문화 목회까지를 포함한 교회의 모든 대응은 목회의 성례전적 기능을 도외시하여 초월적 의미를 확보하는데 실패했다고 평가하면서 이에 대한 해결책으로 목회에 대한 영성적 접근을 시도하고 있다.

아직까지 영성의 개념은 모호하고 혼돈스럽다. 넓은 의미에서 영성은 "인간 행위를 유발하는 어떤 태도나 정신으로서 구체화된 종교적 또는 윤리적 가치의 총칭" 혹은 "사람들의 삶에 활력을 주고 초감각적인 실재를 향해 나아가도록 도와주는 태도, 신념, 실천"을 의미하는 것으로서 특정 종교에만 국한되지 않는다. 좁은 의미에서의 영성은 고전적 기독교의 신비주의와 동일한 개념으로 이해되고 또한 토마스 아켐피스로 대표되는 근대 경건을 뜻하기도 한다. 그러나 홈즈는 이런 구분을 피하고 경험적이고 포괄적인 면에서 다섯 가지로 정의한다.

1) 영성이란 관계를 맺고자 하는 인간의 개방성으로서 보편적인 능력이다. 이것은 단순히 타 존재와 접촉하는 것이 아니라 타자의 내면적 실재에 들어가는 것 그리고 거기서 우리의 내면적 자기를 나누는 것이다. 2) 인간이 접촉하는 관계 대상은 단순한 타인이 아니라 감각현상을 초월하는 초월적 존재이다. 초월적 존재가 우리의 유한성과 대면할 때 들어오는 초월적 에너지에 대해 개방적인 자세를 유지하는 것이 영성생활의 특징이다. 3) 이러한 초월적, 영성적 경험은 삶의 새로운 의미나 소명 같은 상승된 혹은 확장된 의식을 수반한다. 그러나 초월자와의 관계성에서 얻은 체험은 새로운 지식의 형태를 취하게 되지만 그것은 습득하여 가질 수 있는 것이 아니라 기다리고, 신뢰하고, 수용하는 것일 뿐이어서 사회적 행동과는 상반되는 것이라고 생각하기 쉽다. 4) 영성은 초월적이지만 동시에 역사적이다. 역사적이지만 시간적, 지리적 편협성을 초월한다. 역사적 예수 안에는 최고 극치의 순간, 즉 우주적 사건이 있다. 그러면서도 그것은 여전히 역사적 사건이다. 인간 존재란 역사 속에서 자기의 영성을 실현해 나가는 영성적 존재이다. 5) 이와 같이 영성경험에 의해 상승된 지각은 세계 속에서 창조적 행위로 나타난다. 진정한 영성은 사회적 행동으로부터의 도피일 수 없으며 하나님의 나라를 세계 속

에서 실천하는 그 행위에 의해 측정된다. 이와 같은 영성 이해에 의해서 하나님 사랑과 이웃 사랑, 신비주의의 길과 행동주의의 길은 통합된다. 그것은 웨슬레의 영성사상과 맥을 같이 한다. 홈즈는 지금까지 영성신학을 금욕주의를 지향하는 낮은 차원의 수덕신학과 신비경험을 추구하는 고차원의 신비신학으로 구분했던 것을 지양하고 그것들을 도구적 이미지와 종착적 이미지로 이해하려고 한다. 도구적 이미지는 생활 속에서 하나님의 현존을 지향하기 위해 사용하는 수단, 즉 정규적인 기도, 금식, 성서읽기, 자비의 행위들을 뜻하며, 종착적 이미지는 그 결과로 도달한 상태 혹은 지향한 목적, 즉 하나님과의 합일, 예수의 마음, 아가페적인 사랑 등이다. 홈즈의 이미지론은 목회자 자신의 영성생활을 진단하거나 교인들의 생활을 지도하는 데 있어서 유용하다. 홈즈는 또한 인간의 감성이 어느 방향을 지향하고 있는가를 고찰함으로써 영성을 분석하는 현상론적 방법을 제시했다. 개인의 영성은 다음의 네 가능성, 1) 무념적-사색적 2) 사색적-상념적 3) 상념적-정의적 4) 정의적-무념적 영성의 가능성을 가지는데 목회자는 각 차원의 균형을 취하도록 교인들을 지도하는 것이 바람직하다.

전통적으로 수도자의 길을 걷거나 성직자가 완덕을 향해 택한 길은 복음적 세 권고, 즉 순종, 가난, 순결의 생활이다. 1) 순종은 가톨릭교회에서는 성직의 위계질서와 개신교회에서는 성서의 권위에 대한 순종과 관계되어 왔다. 홈즈는 참된 순종을 외적 권위에 대한 맹목적인 순종 이상의 어떤 것, "우리의 '내면적 지향'에 주의 깊게 경청하는 것"으로 이해한다. 일종의 직관적인 들음, 느낌의 사고, 사물을 지각하는 데 있어서 어디나 도달하는 영혼의 자유롭고도 예민한 응시, 암묵적인 앎. 그러나 이 내면적 지향에의 경청은 결코 인간의 감정이 아니라 인간 존재 안에 있는 의미구조를 향한 것이다. 이 의미구조를 통해서 인간은 외부 세계와 관여하며 하나님에 대한 인격적 지식을 획득한다. 홈즈에게 있어서 순종이란 내면적 지향에 경청하며 성서와 교회와의 대화를 통해 형성된 삶의 목적과 방향을 따라 하나님 나라의 비전을 가지고 반성적으로 행동할 수 있는 용기이다.

2) 가난한 자와의 동일화는 기독교의 영적 성정에 있어서 매우 중요한 도구적 가치를 지녀왔지만 홈즈에게 있어서 가난 자체가 목적이 되는 극단주의, 물질적 부를 축복이라고 가르치는 이교주의, 그리고 가난과 고난의 도피처로서 기능하는 종교는 비판의 대상이 된다. 홈즈가 시도하는 가난에 대한 현대적인 해석은 '상징으로서의 가난'이다. 이것은 "세상을 보고 살아가는 한 방법"으로서의 가난이다. 가난과 궁핍은 구분되어야 하며 가난은 포용되어질 상징이지만 빈궁은 극복해야 할 문제이다. 목회자는 영성 생활의 도구적 이미지인바 목회자의 삶은 하나님을 향한 개방성과 비움이라는 점에서 가난의 문제와 관련되며 이런 방법으로 회중을 섬기게 된다. 가난은 기근과 전쟁, 압제와 차별이 존재하는 세상 속에서 마음의 청결, 단순성의 삶, 평화를 위한 행동이라는 의미를 가진다.

3) 성직자의 독신생활은 일종의 성직의 표징으로서 후기 교부 시대부터 자리를 굳혀 갔다. 홈즈는 기독교적 실천에서 영성과 성(sexuality)이 항상 대립되는 개념으로 나타난 것을 역사의 남용이라고 비판한다. 성이란 다른 사람과 관계를 맺고자 하는 욕구이고 에로스는 인간 존재 속에서 다른 사람과 하나 되고자 하는 본래적인 에너지로서 그 이면에는 더 위대한 현존에게 소유되고자 하는 염원이 있다고 홈즈는 이해하는데 이러한 성 개념은 영성의 개념과 일치한다.

복음적 세 권고에 대한 홈즈의 해석은 전통적 실천을 크게 배제하지 않으면서도 그 내면성과 상징성에 강조점을 두고 있는데 이것은 하나님을 대면케 하는 상징과 도구로서의 성직자의 도구성을 재강조한 것이라고 볼 수 있다.

1) 목회와 영성 Urban T. Holmes

홈즈는 교회를 목회의 목적이 아니라 주요 도구라고 이해하면서 교회 안에는 네 개의 동경(vector)이 있다고 말한다. 동경이란 체계 이론에서 말하는 '투입'(inputs)과 같은 의미를 지닌 것으로서 목적을 달성하기 위해 투입되는 보다 역동적인 성질을 가진 것이다. 홈즈가 말하는 교회의 네 가지 동경은 다음과 같다. 1) 과거(past): 어느 종교이든 그것의 존재 이유를 가능케 하는 원초적 사건이 있고 그것이 공동체, 예배, 신앙, 신조의 형태로 존재한다. 이 과거는 분명한 것이고 변하지 않는 것이기 때문에 안정성을 보장한다. 그러나 과거의 문제에는 일관된 해석과 역사 이해가 존재한 적이 없기 때문에 과거로부터 안정성을 확보하려는 것 자체가 어리석은 일이다. 첫 번째 동경에서 그리스도인의 과제는 과거 속에(in) 살거나 과거와 단절되어(apart from) 사는 것이 아니라 과거로부터(out of) 사는 것이다. 2) 사회적, 자연적 환경(environment): 인간과 자연을 대치관계로 보는 기독교적 자연이해에 근거해서 교회가 사회적 환경에 대해 취한 태도는 단절 아니면 타협이었다. 중세기적 타협은 교회와 국가간의 권력투쟁을 야기했고 금욕적인 개신교적 타협은 극단적인 개인주의와 자본주의를 낳았다. 60년대 이후의 정치신학, 해방신학, 혁명신학은 교회가 사회적 환경에 대해 어떻게 대처해 나갈 것인가를 고심하는 증거이며 교회가 이 두 번째 동경에서 벗어난다면 하나님의 도구로서 성취해야 할 목적을 상실하게 된다.

3) 교회자신의 내면생활(internal life): 교회라는 체계가 그 자체의 목표를 달성하기 위한 효과적인 방법으로 집단 안에서의 상호작용을 증진시킬 수 있는 인간관계훈련이나 조직 개발에 관심을 두고 있다. 이것은 교회 안의 갈등을 제거해 주고 교인 상호 간의 관계성을 강

화해 줌으로써 교회의 목적을 효과적으로 성취하게 해 준다.

4) 인간에게 말씀해 오시는 하나님의 초월(transcendence): 만일 초월성에 대한 현재적 경험이 없다면 교회는 박물관이거나 휴게실 혹은 거대한 성장 집단으로 전락할 것이다. 하나님의 초월성 경험은 인간 자신과 역사를 뚫고 들어오시는 하나님의 현존경험을 말하며 그 경험의 콘텍스트는 바로 성례전이다.

영성생활이란 하나님 경험을 향한 인간의 개방적인 삶을 말하며 그러한 개방성은 인간 유기체가 가지고 있는 여과장치의 한계성을 극복하여 하나님 경험이 가능할 수 있게 해 주는 것이다. 또한 목회자란 사람들을 그러한 가능성에로 인도해 주는 상징 담지자(symbol-bearer)의 기능을 가지고 있으며 그런 뜻에서 목회자는 영성의 도구성을 진지하게 다루어야 한다.

2) 예배와 기도

예배 갱신 운동에 대한 개신교적 경향은 기독교 예배의 원형 혹은 규범이 무엇인가를 발견하기 위해 전통적 기도문이나 특히 성례전의 회복에 큰 관심을 두게 되었다. 이러한 개신교적 예배 갱신 운동은 목회의 전문화 모델이라는 점에서 바람직한 것이지만 자칫하면 현대교회의 상황과 실존을 무시한 복고 작업으로 머물러서 또 다른 예배의 형식화를 초래할 가능성을 안고 있다. 한편 제2 바티칸 공의회 이후로 기존의 풍부한 예전을 바탕으로 현대교회의 상황, 문화와 접목하는 작업을 계속해 왔던 가톨릭교회의 입장은 문화적 가치를 중시한 나머지 초월성이나 신비를 상실하기 쉽다는 함정을 가지고 있었다.

홈즈는 예배와 제의를 다룰 때에 하나님의 초월성과 인간 실존의 현실성, 예전과 문화, 예배와 삶이라는 두 영역을 항상 고려해야 한다고 믿는다. 제의는 원초적 사건과 동일한 감정을 재현하거나 환기시키기 위한 반복적 행위로서 참예자로 하여금 내면에 하나님 의식을 고양하고 확장시킴으로써 하나님과의 보다 밀접한 관계로 나아가게 해야 한다는 보편적인 목표를 가지고 있다. 그런 점에서 볼 때, 신앙공동체 전원이 그리스도 안에서 하나 되는 교제의 성격을 상실하고 그리스도와의 사적인 만남의 기회로만 여기는 근대경건주의의 성만찬이나 원죄사상과 결합되어 수난만 강조하는 침울한 성만찬은 잘못된 성만찬이라 해야 할 것이다. 성만찬은 매주 실시되는 것이 옳으며 성만찬의 경험이 거듭됨에 따라 그리스도인의 인격이 형성되어 그의 기억 속에 심층적으로 자리 잡는다고 본다. 기도를 구분하는 여러 가지 기준이 있지만 홈즈는 기도하는 사람이 집중하고 있는 지향성의 연속체에 따라 기도를 구분하고자 한다. 즉 기도하는 사람이 아무 것도 지향하지 않거나 혹은 하나님으로부터의 특별한 응답을 지향함에 따라 무념적 기도와 상념적 기도로 구분할 수 있겠다. 무념적 기도란 관상기도라고도 하는데 단순성과 반복수단을 사용해서 마음속에서 세속적 관심을 몰아내고 초월적인 하나님의 현존 앞에 자신을 개방하고 빈 마음이 되는 기도로서 동방교회의 중요한 영성수련 방법 중 하나였다. 이에 반해 상념적 기도란 개신교회 기도의 주류를 이루는 찬양, 참회, 감사, 중보, 간구의 기도들인데, 여기서는 정도의 차이가 있겠지만 모든 기도가 나의 뜻을 지향한다는 특징을 가지고 있다. 홈즈는 성직자들과의 면담을 통해서 영성적으로 성숙해 감에 따라 지향에 집중하는 농도가 희박한 방향으로 나아간다는 사실을 밝혀냈지만 기도의 지향이 어느 한 쪽으로 편중되는 것은 바람직하지 못하며 기도자가 먼저 묵상과 관상을 통해서 내면적 지향에 경청함으로써 하나님의 뜻에 순응하는 구송기도(vocal prayer)가 바람직하다고 본다. 홈즈는 성례전이나 기도가 단순한 제의의 반복이 아니라 하나님의 원초적 사건의 재현되어 인간이 참다운 자기를 회복할 수 있게 하려는 수단임을 강조해 주고 있다.

3) 영성 지도

오늘날 개신교회에서 광범위하게 사용되고 있는 영성훈련이란 말은 16세기에 로욜라의 성 이냐시오가 신자들의 경건훈련을 위해 만든 소책자에 처음 붙인 이름으로서 이후에 이 책자에 따라 실시되는 일정 기간 동안의 퇴수회(피정)를 의미했다. 이에 비해 영성지도는 기독교 초기의 사막 교부들에게 그 기원을 두고 있다. 이것은 영혼의 안내자이며 친구인 영성지도자와 그 제자가 일대 일의 관계에서 이루어지는 형태, 한 사람의 지도자 아래 다수의 제자가 집단지도를 받는 형태(이것이 수도원 제도의 형성과 직접적인 관계가 있다), 그리고 소집단역학 원리에 입각해서 참여한 자들이 동등한 자격으로 상호작용하며 영적으로 성숙해 가는 형태들이 있다. N.W.Goodacre는 영성지도를 "성령의 소명과 은총과 능력에 의지하여 기도와 권면으로서 영혼을 인도하는 목회적 행위"라고 정의한다. 그러나 이런 정의는 영성지도와 목회상담을 혼동시킬 우려가 있다. 그러나 목회상담이 문제가 발생했을 때 찾아오는 사람들을 대상으로 하는 응급처치적 성경을 가진다면 영성지도는 모든 그리스도인들을 대상으로 계속 아니 평생토록 성장하도록 지도하는 것이다. 바람직한 것은 영성지도가 목회상담과 동의어가 되는 것인데 이 말은 모든 목회자는 우선적으로 영성지도자가 되어야 한다는 말이다. 사람들은 대개 영성지도자로 남성 성직자들을 원하지만 기독교 역사에는 아빌라의 성 테레사나 시에나의 성 캐터린 같은 뛰어난 평신도 여성 영성지도자들이 있었으며 종교개혁 이후로 영성지도자의 자격은 성직안수를 중시하는 경향을 띠게 되었다. 영적인 성숙, 성령의 분명한 현존, 기꺼이 경청하려는 자세, 거룩함, 공감(동정심), 다른 사람의 요구를 들어주는 헌신, 조화된 인격, 정직, 신뢰성, 친절을 영성지도자의 자질이라고 할 수 있는데 홈즈는 여기에 초연함, 신중함, 분별력을 더해야 한다고 주장한다. 영성지도자의 자질을 전문적 자질과 도덕적 자질로 구분할 수도 있다. 전문적 자질로서는 기독교 영성에 대한 광범위한 지식, 사려 깊고 신중한 판단과 분명한 복종을 요구할 수 있는 확고함, 그리고 충분한 경험이며, 도덕적 자질은 경건, 성화를 향한 열심, 겸손, 그리고 무사 공평이다. 홈즈는 지금까지의 교회 정책이 효과적인 영성지도자 배출에 걸림돌이 되었다고 주장하며 목회자들을 위한 영성지도자의 자질 결핍에 대한 처방으로 '직고(accountability)'를 제시한다. 직고란 하나님의 법과 복음에 따라 책임을 다하였는가를 엄중히 묻고 성찰하는 것으로서 하나님과 자기 자신을 향해서 할 수 있는 것이다. 초기 감리교 운동의 속회나 신도반, 선발 신도반에서는 직고와 영적 동료관계를 통한 영적 지도가 이루어졌다. 홈즈의 동경 이론에서 볼 때 현대 목회의 위기는 과거로부터의 단절, 즉 교회의 초월적, 성례전적 기능의 상실에서부터 온 것이며 이를 극복하려는 지금까지의 모든 노력들은 환경에 대한 임기응변적인 방편이었을 뿐이다. 효과적이며 올바른 목회를 시행하기 위해서 먼저 목회자는 초월적인 하나님의 현존을 향해서 늘 개방적이어야 하며 자기 속에 침전된 이미지들과 환경의 이미지들이 사멸, 굴절, 소외되지 않고 올바른 상징과 표징을 통해 나타날 수 있도록 힘써야 한다. 이런 점에서 교회의 제의 혹은 예전 및 기도는 단순한 전통적 형식의 반복이 아니라 참여자로 하여금 하나님의 원초적 사건에 접근하여 그를 변형

시켜 주며 참인간에로의 자각을 경험하게 해 주는 것이 되어야 하며
목회자는 이러한 기능을 담당하는 도구적 이미지로서 영성지도자나
영혼의 친구의 역할을 수행한다.

Ⅲ. 조직적 접근의 신학

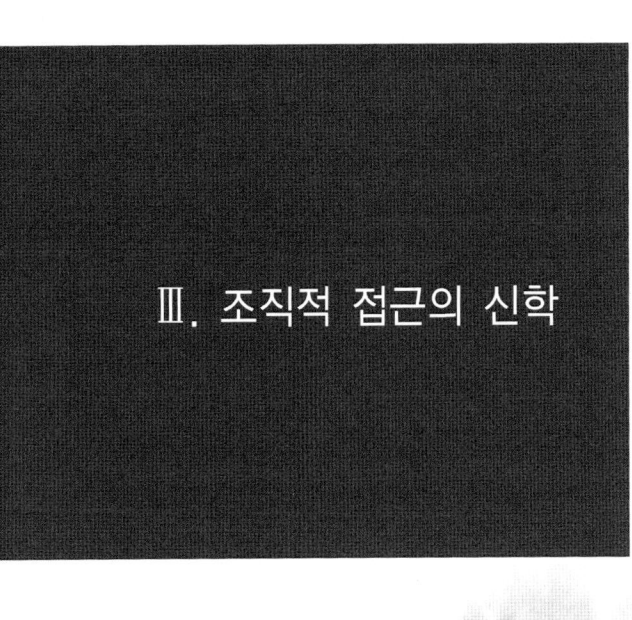

1. 조직신학

○ 조직신학-기독교 신앙전체⇒사도신경에 대한 해석(What I believe, 우리는 무엇을 믿는가)
○ 조직신학은 우리가 믿는 내용을 1)전체적 2)체계적(논리적)으로 서술한다.
  - 하나님 → 인간론 → 기독론(그리스도론) → 구원론(그리스도의 속죄가 개개인에게 어떻게 적용) → 교회론(그리스도 재림 시 까지 말씀 따라 살도록) → 종말론 등으로 체계적이다

  ① 성경론(Doctrine of the Bible, prolegomena)

○ 역사적, 비판적 방법(복음, 근본주의)
○ '론'의 일반적 개념은 Theory로서 뜻은 '가설'로서 이는 일부 입증된 어느 정도 인정되나 포기될 수 있는 학설-그러나 Doctrine 는 sound teaching를 가리키며, '성경에 대한 가르침'을 뜻한다.
○ prolegomena는 pro(앞에)+로고스 이며 '앞에 말에 대한 논리적 근거를 제시한다.'이다
※ 성경론이란: 모든 내용에 논리적 근거(성경)를 제시하는 것
※ 권위 ① 무오성 ② 명료성(의미) ③ 필수성(성경은 필수적) ④ 충분성(성경만으로 다된다)
→ 적어도 4가지가 갖추어져야 권위가 선다

② 하나님론(Doctrine of God, Theology)

1) 하나님의 자기정체성(Person of God, identittdy)
2)하나님의 일하심(Work of God)

Θ의 자기정체성 1. 삼위일체론 내재적 삼위일체론: 하나님 자체에
서 일하심경세적 삼위일체론: 피조세계와 관계,
섭리 등
2. 속성론
1) 전능, 전지, 전재: 인간과 구분
2) 공의, 사랑, 자비, 진노……: 인간과 비슷한
성격
일하시는 하나님 ┌ 1.창조
└ 2.섭리 : 천사론, 마귀론, 신정론, 기도론

③ 인간론(Doctrineol of Man, Anthropology)－구원의 대상

┌ 1. Person of Man: 하나님의 형상론, 영혼, 혼, 몸
└ 2. Work of Man(행동론): 죄론(원죄, 자범죄)

④ 기독론(그리스도론 Doctrineot Christ, Christology)

┌ 1.Person of Christ: 양성론(신성, 인성이 한 인격체)
└ 2.Person of Work: 속죄론(죄의 값을 지불함: 롬1:32 하나님의 정하심)
※ 신학에서의 속죄: 오직 그리스도만이 가능

⑤ 구원론(그리스도론 Doctrine of Salvation, Soteriology)

○ 그리스도의 속죄의 공로가 죄인 각 개인에게 적용되어 구원의
효과를 이루는 방법은 무엇인가? 인간은 어떻게 구원받는가 등
－구원의 순서【Ordo(길, 방법, 순서), Salutis(구원)】

1) 현대 조직신학의 조류

보수주의(신본): 복음주의, 근본주의, 오순절주의－성경은 하나님의
말씀으로 여타 인간문서와 다르다.

진보주의(인본): 자유주의, 정치신학, 해방신학－과거 사람의 종교
적 체험 등 과거의 여타문서와 동일취급 따라서 오류가 있을 수 있
으므로 과거 사실의 진위를 논하는 역사적 비판적 방법 검토한다.

○ 복음주의: 교회의 시작은 사도행전에 근거하며 이신칭의, 이신
의인을 강조한다.

중세기 루터의 종교개혁(면제부 반박)때 분명히 나타나며 그것이
칼빈으로 이어지고 약 200년 후 자유주의적 계몽주의에 반하여 웨슬
리를 중심으로 한 감리교 부흥운동이 축 이룬다.

○ 자유주의: 현대의 자연과학에 맞추어 교회가 믿음을 재해석 해
나가 인간을 행복하게 하는 것을 "기독교의 본질"이라 하며 개
개인의 가치와 행복을 높이 산다.
－A · D 4C경 어거스틴과의 논쟁에서 펠라기우스는 사람중심의 성
경해설을 주장하여 자유주의의 출발점으로 보며 영향력은 17C부

터이다.

- 루터 종교개혁 후 개신교와 천주교의 이권다툼이 30년 종교
전쟁으로 결말 맺고, 인간 각자에게 하나님이 주신 문제해결
능력, 즉 '이성'과 '양심'을 계몽하자는 이성계몽주의가 시작
된다. 따라서 성경해석은 이성에 따라 해석하고 예수의 가르
침은 '양심'에 적용하였다.

○ 근본주의: 1920년 자유주의에 대한 극단적 도전으로 현대자연
과학에 반대 입장이며, 성경, 그리스도탄생, 재림 등을 철저히
고수한다. 미국에서 시작되었으며 레이건은 근본주의에 입각하
여 이슬람교에게 성경을 전수하였다.

○ 오순절주의: 1901년 방언(성령세례)능력 기초하여 성결운동의
시작으로 웨슬리 추종자에서 나왔으며 일부 부패한 수 다시 회
복위해 성결교가 등장하게 되고 후에 다시 오순절로 바뀐다.

○ 정치신학: 1960년대 제1세계(경제 7개 강국)에서 학생운동(student
power)이 일어나는데 이는 베트남 전쟁을 위선적인 기독교 가
르침의 결과로 보며 가치체계를 바꿀 것을 주장하며 전쟁평화
주위를 선호한다. 또한 자본주의가 위선의 상징이므로 사회주
의로 전환하여 공산주의를 표방한다. 기성시대가 믿는 신(하나
님)은 죽었다는 신 죽음의 신학이다. 기독교의 핵심은 사회를
인간적인 사회답게 만들자하여 기독교가 정치, 경제에 참여하
는 인간 중심주의이다.

○ 해방신학: 1960년대 후반, 70년대 정치신학은 이론적인 경향이 강
하므로 남미에서 흑인들이 백인에게 눌리는 것 해방된다는 의

미에서 해방신학이 등장한다. 여기서 해방은 7대 강국(미국)에 의한 남미착취, 즉 칼·마르크스의 종속이론이 등장한다.

　-한국의 민중 신학은 같은 맥락이며 아프리카의 제3세계 신학도 해방적의미를 포함하며 여성신학 또한 그러하다.

① 복음주의

가. 어　의

현대 기독교에 있어서 교회를 초월하여 신앙의 기본적 교리인 복음의 표현에 일치할 것을 강조하며 또한 열정적이고 긴박감 있는 선교활동을 강조하는 운동

　-복음: 고전 15:1-4에 그리스도께서 우리 죄를 위해 죽으시고 장사한지 사흘 만에 살아나셔서 죄 가운데 있는 인류를 구속할 수 있는 길을 주셨다는 기쁜 소식으로 정의

나. 강조점(신앙의 기본 교리)

특별 강조: 하나님, 인간, 예수 그리스도, 구원, 교회론, 재림

전통적 그리스도인들인 근본주의, 오순절주의와의 공유: 삼위일체 하나님, 그리스도의 성육신, 동정녀탄생, 예수 재림 시 모든 죽은 자의 육체적 부활, 기적의 실재와 초자연적 영역의 실재(자유주의와 대립), 성례전(화체설), 영혼불멸

다. 복음주의 신학적 의미

1) 하나님-절대주권: 창조하시고 통치하시는 초월적, 인격적 무한자

　　-내재적: 죄를 묵과할 수 없고 죄인을 사랑하시고 연민을 가지시는 공의와 자비의 하나님

　　-인간의 적극적 응답 기다림: 하나님의 구원계획 절대주권 속

인간 받음

2) 성경: 하나님의 계시를 영감을 통하여 기록한 것으로 신앙과 실천 위해 무오하다. 즉 인간의 말임에도 불구하고 하나님의 권위를 가진다. 그러나 신령한 가르침은 자명하지 않기 때문에 영감을 드러내고 삶에 적용하기 위해 성령의 인도와 조명이 필요하다.

극소수 복음주의는 성경을 하나님이 직접 불러주었다 하며 자유주의적 복음주의는 자유주의 약간 가깝게 해석

3) 인간: 본유적으로 선하다고 보는 계몽주의 인간관 거부, 죄로 인해 하나님의 형상 상태(지정의가 잘 이루어진 상태)의 부패, 즉 원죄로 인한 죄의 유전인정. 하나님을 하나님으로 보지 못하는 불신앙이 죄의 뿌리이며 인간이 태어날 때부터 존재, 죄는 궁극적으로 하나님 앞에서 완전히 영구히 분리되는 것으로 본다.

* 계몽주의 입장: 인간 속에 선의 개념 있다 보며 인간의 타고난 약함이나 무지상태가 죄이며 교육이나 훈련 통해 해결 가능

4) 예수 그리스도: 대속죄로서 갈보리 십자가에 달려 죽으시고 부활하시어 어둠의 세력들을 이기심. 이는 모든 피조물이 죄의 부패시키는 영향력으로부터 구속(reedeew)되는 기초 놓음. 그리스도인들은 그리스도의 속죄행위 천명위해 예수의 제자 될 것을 권하고 예수의 증인이 되도록 부르심을 받음

5) 구원: 로마가톨릭에서의 참회나 자유주의의 선행이 아닌 오직 그리스도를 믿는 믿음을 통해 받는 값없이 주시는 하나님의 은혜의 행위이며 이는 하나님의 일방적 행위로서 사랑과 자비로 죄인에게 먼저 다가오셔서 구원을 위하여 필요한 일을 손수 행하시는 하나님의 행동이다.

믿음→중생(즉 거듭남), 칭의(죄의 용서), 하나님가족으로 입양(양

자), 성화로 이어짐 즉 오직 믿음으로 구원을 받는다는 이신칭의의 개념

6) 교회론: 하나님을 모르고 멸망하는 사람들을 그리스도를 알도록 인도하며 제자의도 가르치며 인류궁핍 극복 적극 참여하는 것으로 사회봉사는 복음 선포준비이다. 따라서 설교는 말씀으로서 중요하고 사회봉사, 즉 사회참여는 거룩한 삶의 영위로서 중요하다.

7) 종말론(재림): 자유주의는 재림을 이상적 나라 천년왕국 건설 후의 의미상의 재림으로 이해하는 반면 복음주의는 예수 그리스도가 손수 눈에 보이게 재림하여 그의 나라를 세우실 것을 기다린다. 이는 세상에 심판을 완성하고 믿는 자들에게는 구원(영생)을 완성할 것이다.

라. 복음주의의 역사적 의미

- 복음주의 정신은 기독교 교회의 역사 전반을 통하여 시종일관 표현되어 오고 있다.
- 특징은 '헌신과 계율을 지키는 정신', '선교의 열정'
- 종교개혁 시기에 기독교를 다시 복음에로 전향 및 교회를 하나님의 권위 있는 말씀을 기반으로 새롭게 하고자 했던 루터파 사람들을 '복음주의자'라 부른다.
- 계몽주의가 영적 운동들을 냉각시켰을 때 종교개혁의 복음주의적 정신의 활력을 재발견한 것은 17C후기와 18C에 있었던 3가지 운동들의 결과: 독일의 경건주의, 감리교 운동, 대 각성운동으로 개신교신앙에 뿌리를 둔 것이다
- 19C는 명백히 복음주의 운동의 시대
  - 영국: 죠지 윌리암스 창시 YMCA, 캐더린 부스와 윌리암부스의 구세군, 케스윅 운동 등

- 독일, 홀랜드(퀴퍼), 미국에서도 부흥운동 일어났으며 특히 미국의 부흥운동은 미국 전역의 종교적 판도에 큰 변화를 주어 미국인들 가치관을 형성하고 종교가 된다.

-20C초 일시적 약화: 물질적 번영, 세속주의, 사회적 다원주의, 개인주의로 인해 약화 되었다. 독일의 고등비평(누가, 어떻게 등, 극단적으로 가려는 사람), 다윈의 진화론(창세기 권위위협), 프로이드의 심리학(인간 죄를 '성'관계로 연결), 마르크스의 사회주의(종말론을 사회철학으로) 등 새로운 사상에 대한 대처능력 미약하며 성경의 무오성, 초자연적 세계 존재에 대한 실재를 무너뜨렸다.

-1차 세계대전으로 피바다가 되어 복음주의 더욱더 낙담

-2차 세계대전이후 극적 전환, 영국에서는 보수적 복음주의인 근본주의파 등장

-신복음주의는 근본주의 반박

첫째 교리 및 행동을 따르지 않는 자를 비기독교 인으로 간주함과

둘째 자유주의 물결도 못 막고 오늘날 사회문제 안에 깊이 침투 못 하는 잘못된 결과 초래

셋째 교회전승신조와 연결 된 것이 아닌 일종의 정신적 기질 현상이라 함

-신 복음주의는 에큐메니칼 운동에 대해 개방적, 복음의 사회적 차원 진지한 관심

-복음주의자들 간의 상호 협력과 긴밀한 연계로 전 세계 확산과 진정한 의미에서 지구촌 전체를 포괄하는 현상이 된다.

② 자유주의

○ 이성(자연과학)과 양심(도덕)을 가진 존재로서 스스로 자신의

삶을 주관할 수 있는 인본주의적 성격이다. 인간이 인식의 주체, 도덕의 주체, 삶을 영위하는 주체로서 '이성'과 '양심'에 맞추어 삶을 살아간다.

○ 신학에서는 슐라이어마허, 리츨 등 독일계통에서 비롯되었고 철학에서는 칸트와 헤겔, 성서학에서는 슈트라우스, 율리우스 벨하우젠에게서 비롯되어 공통된 성향으로 계몽주의 이후의 세계관을 견지한다.

○ 특징으로는

1) 필요하다면 전통적인 교리 동정녀 탄생, 성육신, 부활 등을 포기하고서라도 신앙의 핵심을 현시대의 자연주의적이고 인간중심적인 관점에 적응시키는 것이며

2) 기독교의 초자연주의를 회의적으로 보며 성경을 이성에 맞추어 재해석하려는 경향성을 보인다.

3) 성경: 하나님의 계시로 보기보다는 종교적 사상과 종교적 체험에 대한 오류 가능한 인간의 기록으로 보며 성경이 말하는 하나님의 나라가 이성과 도덕이 중시되는 나라로 보아 윤리를 주요 관심사로 보고 개인전도보다 사회개혁을 추구

4) 하나님: 역사적 발전 안에서 활동하는 내재적 존재로 보아 인간은 자기 잠재력을 발전계발 시키면 되며 초자연(미신)적 요소를 버려야 한다는 유사삼위일체를 주장한다. 예수는 하나님이 아닌 계몽되고 자기 개발이 100%된 이상적 인물로 묘사하며 이성에 맞지 않는 초자연적인 성육신을 부인한다. 낙관적이고 진화론적인 세계관을 갖는다.

5) 인간: 능력 계발 시 자신의 경험을 반추함으로써 내재된 하나님을 성경 없이도, 무종교인이라도 기독교 신앙만이 진리라는 배타적 인식 할 수 있으며 타고난 본성으로 스스로 취득 가능한 자연 신학으로 표현할 수 있다 한다. 기독교

신앙만이 진리라는 배타적 주장에 적대감을 갖는 토착화 신
학이다.

6) 죄: 원죄 부인하며 하나님의 내재적 사상 및 인간관 때문에
그리스도의 '義의 전가', 즉 인간 속에 의가 없으나 그리스
도 통해 받는 '의'를 부인한다.

그리스도의 죽음을 도덕적 감화설로 해석하며 개척자요 모범자로
본다.

자유주의의 회개는 공로(merit)이며 공로의 대가가 용서이다. 즉
참회가 우리를 용서받을 만한 상태로 되게 한다.

○ 자유주의는 인간을 '선을 가진 존재'로 보았으며 교육 통해 역
사 상향 발전하여 이상적 지상나라를 건설할 수 있다는 낙관주
의 허상이 1914년 1차 세계대전 시 인류의 양육강식, 피바다로
인해 드러남

○ 당시 칼바르트의 실존주의적 성경주의(전적타자: 자유주의의 내
재적 신관 전적 부정)로 주도권이 넘어간 후, 2차 세계대전 후
바르트에 반하여 신자유주의가 등장하는데 자유주의의 본질은
변하지 않음

○ 불트만(Bultmann)의 「신약성경의 비신화화」는 동정녀, 부활, 물
위 걷는 것 등을 비신화적인 것으로 오늘날 자연주의 과학에
맞추어 믿어야 함을 주장한다.

③ 근본주의

○ 미국의 북부 지역에서 발생하여 그 특성을 발전시켰는데 '죄사
함과 거듭남'이 핵심인 이신칭의(복음주의)의 극단적 현상으로
서 부흥운동적 성격의 복음주의가 주도적이다.

○ 용어는 1920년 반현대주의 파를 지칭하기 위해 사용하여 곧 자유주의 신학, 현대문화의 세속화에 대한 투쟁적 대항하는 복음주의자들의 폭넓은 연합을 지칭하는 데 사용했다.

  - 근본주의자라는 것은 1) 복음주의적 개신교, 2) 초자연적 성경 이해하는 반현대주의적 3) 반현대주의적 태도나 세속화 양상에 대해 타협을 거부하는 사람

○ 근본주의의 5대 교리로 십자가, 속죄, 부활, 승천, 최후심판을 들 수 있다.

○ 근본주의 용법

  - 가장 일반적 용법은 여하한 종교적 반현대주의를 지칭하는 데 사용(예: 이슬람교에 있어서의 근본주의자들)

  - 개신교 내의 근본주의를 대적하는 사람들은 「복음주의적 부흥 운동의 양심들로 보아 근본주의와 부흥 운동주의를 비슷하게 보는 오류 있었는바 1) 19C 후반에 발생한 성결주의 운동은 성령의 부으심과 체험들과 이것이 죄짓지 않는 완전한 삶으로 인도한다는 교리강조가 구별되며 2) 20C 초 발생 오순절주의 는 극단적 영적 능력들을 받는다는 교리 강조에서 구별

  - 광의의 용법은 영국적인 용법으로 1) 성경의 권위를 존중하며 2) 성경의 근본적인 요구를 존중하는 무릇 복음주의적 보수주의 지칭이며 미국에서는 반현대주의적인 백인 복음주의자들로 구성된 주요 집단들이라는 좁은 의미의 현상 지칭

○ 역사적 발전 과정 통해 다른 운동들과 구별되는 것으로

  - Ernest R. Sandeen은 근본주의의 주요 발생원인 중 하나는 예수 재림의 전 천년 예언운동의 입증이라는 것으로 세대주의가 이 운동의 특징인 양상이었다.

  - 근본주의의 대표적 신학으로서 세대주의는 하나님께서 세상을 섭리하실 때 창조에서 재림까지 7세대(7Dispen sations)로

구분하여 시대별 공통된 특징은 하나님이 인간에게 요구하고 명하는 것이 있고 인간들은 순종의무가 있다. 그러나 인간의 불순종으로 세속화가 되었고 이제 남은 것은 7번째로서 고조적 종말론이다.

-7단계를 살펴보면

1) 무죄상태(창1:1~3:7): 죄 없는 완전한 상태에서 사단에게 속아 선악과를 따먹음으로 인간실패

2) 양심, 도덕적 책임상태(창3:7): 눈이 밝아 옷 벗은 줄 깨달음

3) 인간정부시대(창8:15~): 노아 방주에서 나가 스스로 정부 형태취하나 바벨탑으로 실패

4) 약속(창12:1): 나를 믿고 따르면 복을 받는다는 아브라함과의 약속

5) 율법(출19:1~): 이스라엘 백성이 하나님의 뜻을 어김으로 하나님의 십계명을 준다.

6) 공동체(행2:1): 그리스도의 성육신과 십자가 고난, 그리고 부활하시고 죄를 해결하려는 바탕위에 성령이 임하시고 교회가 시작되어 복음이 전파의무 가지나 교회타락 및 영적부패 (현대주의, 자유주의)

7) 하나님 나라시대(계20:4): 임박한 시대로 그리스도의 재림 및 천년왕국

⇒ 즉 마지막 단계에 와 있음을 강조하며 현시대도 하나님의 뜻에 부응하지 못하고 실패했으며 자신들 만을 옳다 여긴다. 즉 다른 것과는 타협을 안 하는 흑백논리의 특징을 가진다.

○ 1930년대에는 분리주의적인 양상을 띠기 시작했으며 이를 표방하는 자가 진정한 근본주의자라 하며

○ 1940년대에는 분열되기 시작한 후 전투적 성향을 약화시켜 주요 교단들과의 접촉시도하면서 스스로 '신복음주의자'로 부르다가

○ 1950년대 후반에 들어 그냥 '복음주의자'라 불렀다.

④ 오순절주의

○ 복음주의 내에서의 성령 받은 후의 은사주의적 성향이 개혁운
동으로 행2장의 교회다운 면모로서 성령 받아야 함을 주장한다.

○ 1901년 1월 감리교의 설교자였던 팔햄이 지도하던 베델성경학
교에서 '오즈만'학생의 방언 체험사건 이후 오순절주의의 기본
교리를 형성, 즉 방언현상에 교리적으로 지대한 중요성을 최초
로 부여했다. 19C 영국에서 이미 방언체험이 있었지만 중요시
되지 않았다.

○ Parham의 학생 흑인목사 세이무어(Seymour)가 1906년부터 1909년
까지 소위 '아주사 거리의 부흥운동'을 주도 특별한 중요성을
부여하며 전 세계적인 운동으로서 오순절주의를 출발시킴.

○ 오순절주의가 출현하게 되는 주요환경은 19C 미국의 감리교에서
발전되어 나온 웨슬리에서 시작된 전 세계적인 성결운동이다.

○ 3가지 발전(축복)과정으로는
첫 번째, 예수를 믿음으로 얻는 중생을 통한 순간적인 회심
두 번째, 성령세례를 통한 축복으로서의 순간적인 성화
세 번째, 회심과 성화에 뒤따라오는 "불세례"로 보았다.

○ 행2장의 오순절 사건의 재현으로서 성령세례의 의식적인 체험
을 강조하여 신약시대의 교회가 회복될 것을 기대했는데 이는
타락으로 인한 현실교회에 대한 실망에서 오는 종말론적 내용
이다.

○ 그래서 타락한 교회에 대한 새로운 탈출구로 강조한 것이 기도
에 대한 응답으로서 기적적인 신유가 가능하다는 교리와 그리
스도의 임박한 전 천년적 재림에 관한 교리이다.

○ 회심 후에 따라오는 성령세례(방언)를 통해 신유의 능력을 받는 것을 성결운동의 기본으로 하여 즉각적 중생, 즉각적 성령, 신유은사, 즉각적 재림을 말한다.

○ 오순절주의의 세 번의 물결로는

첫 번째 물결(1901, 1906~1908)은 방언을 특징으로 하여 흑인, 하부계층에서 주로 이루어졌으며,

두 번째 물결은 1960년대 은사주의 운동으로 찬양이 더하여 중류이상 지식인에까지 확장되었다.

○ 은사주의는 오늘날 교회가 본래의미 상실했기에 사도교회로 돌아가자는 운동으로 갱신신학(Renewal Theology)이다. 방언 체험 후에도 교단을 떠나지 않았음을 각 교단은 성령체험에 대한 노력 있었고 이것이 신오순절주의이다. 1966년에는 로마 가톨릭으로도 들어갔으며 로마 교황청에 인정도 받았다.

○ 세 번째 물결은 1970년대 이후 비냐드(포도원)운동으로 안수기도시 뒤로 넘어짐 현상이나 괴성을 지르는 것으로 나타났다.

○ 1910년 성화와 삼위일체론 논쟁으로 시작되나 1916년 분열로 귀결되는데

–성화란 1) 방언 받기 전 죄의 회개로 보며 세 번째 축복인 방언세례를 받으려면 거룩하게 살아야 한다는 입장과 2) 방언 받고 비로소 성화가 시작되므로 방언 받으려고 거룩한 생활은 불필요하다는 입장으로 나뉨.

–삼위일체론에 있어서도 오직 예수만 하나님이다. 즉 삼위일체를 거부하고 예수가 그리스도요 동시 성부, 성자, 성령이어서 성부, 성령을 동일시하며 세례 시에 방언이 동반되어야만 합당한 세례라 주장한다.

⑤ 정치신학

○ 용어는 어느 종교를 그것이 존재하고 있는 그 사회의 정치적 차원과 어떤 형태로든 관련시키고자 하는 다양한 시도들을 자칭하는 용어로서 그 의미는 광범위하다.

○ 대표적 현상은 1960년대 서독의 로마 가톨릭 신학자 Metz가 이 용어를 부활시켜 쓰다가 후에 신정치 신학이라는 용어를 쓰면서 자신의 신학사상 주장.

○ 정치신학 옛 형태들로서 어거스틴은 정치체제를 합법화하고 종교적으로 정당화하려는 로마를 비판하기 위해 정치신학이란 용어 사용하여 전통의 기원은 정치로부터 분립하는 것으로 봤으며 이 전통은 Luther의 "두 왕국론"으로 이어졌다.

※ 두 왕국론(정부와 교회): 하나님께서는 정부에게 검을 주시고 교회에는 복음을 주셨다. 정부가 교회를 지배하면 세속화되고 하나님의 권위가 서지 못한다. 반면 교회가 정부를 지배하면 교황이 교만해져서 교회가 부패하게 된다. 그러므로 두 왕국은 서로 지배적인 관계가 아니라 상호 보완하는 관계이어야 한다.

○ 1920년대와 1930년대의 독일의 민족주의를 찬양하는 Carl Schwitt의 "정치신학"에서 독일 그리스도인들이 히틀러를 종교적으로 정당화 하도록 고무하였다.

오늘날에 와서 Eric Peterson에 의해 정치적 단일신론, 즉 정치적 불의를 정당화하기 위해 신학을 오용했다는 비판을 받는다.

－독일 그리스도인들은 역사를 통해 계시된 독일 민족은 우수하며 예수는 순수 독일인 혈통이고 반유대인 감정으로 유대인과의 결혼을 반대했다.

－이에 칼 바르트를 대표자로해서 독일 그리스도인 주장에 반발하여 Barmen선언을 하는데 「우리의 주는 성경에 계시된 그대로의

예수 그리스도만이 우리의 주이시다」라 주장한다.

○ Metz의 정치신학

1) 최근의 거의 모든 신학들은 수정되어야 한다 - 신학은 정치적 환경을 도피할 수 없다. 즉 올바른 관계를 갖지 못했다. 대안으로서 "신학이 사회가 잘못하는 것을 비판하는 것을 첫 번째 과제"라 보았다.

  - 성경에 나온 하나님나라에 관한 모든 약속들은 사회 전체에서 실현되어야 하는데 이는 넓은 의미에서 자유주의이며 사회에 대한 비판적 안목이므로 정치신학으로 본다.

  - 정치적 사회에 대한 자유로운 비판 안에서 그 사회를 위해 헌신할 수 있도록 한다는 의미에서 정치적 사회에 대한 자유로운 해방, 즉 해방신학의 중요 연결체가 된다.

○ 정치신학 유형에 속하는 신학들의 공통점으로는

1) 교리를 진리로 보지 않고 2) 신학을 개인의 결단에만 집중하는 방식 반대 3) 실천이라는 것에 관심 4) 복음의 본질인 사적 차원이 아닌 공공 생이다. 5) 미래의 변화에 대한 개방적 태도 6) 정치가 중재적 역할을 한다는 신념공유

⑥ 해방신학

○ 신학이론을 주창하는 새로운 학파라기보다는 사회적 - 정치적 관심을 신학에 연결시키려는 일종의 운동이다. 오늘날 해방신학은 흑인신학, 여성신학, 아시아신학, 남미신학, 미국토착민의 신학 등에서 표현되며 남미의 해방신학이 정확하게 표현한다.

○ 라틴 아메리카의 해방신학이 형성되는 데 있어서 중요한 역할

을 한 4가지 요인으로는

- 첫째, 계몽주의의 정신을 이어받은 신학운동이 중요 역할을 했고
- 둘째, 유럽의 정치신학과 미국의 과격파신학의 영향을 받았으며
- 셋째, 남미 해방신학은 주로 로마 가톨릭 신학의 운동으로서 가톨릭교회는 해방신학을 남미 대륙 전체로 파급시키는 통로 가 되었다.
- 넷째, 남미 해방신학은 유일무이하게 남미 대륙의 특이한 상 황과 맥락과 뿌리를 두고 자라 나온 신학운동이다. 그들의 대륙이 식민지주의, 제국주의, 다국적 거업들의 희생물이 되 어왔고 종속되어 왔으며 경제적 기득권을 유지하려는 각 나 라를 지원하고 있는 것이라 해방신학자들은 본다.

가. 신학적 방법론

- 구티에레츠는 신학을 '역사적 실천에 대한 비판적 성찰', 이는 역사적 실천을 해방되어야 할 자로 보았으며 행동하는 신학은 신학자로 하여금 사회적, 정치적 역사에 개입하여 인간적인 사 회로 변화시키는 것을 요구한다.
- ○ '실천'이라고 하는 것은 신학적 지식을 주어진 상황에 적용하 는 것 그 이상을 의미한다.
- 두 가지 계몽주의의 도전으로부터 해방신학의 성경해석학을 형 성했다.

첫 번째는 이성의 자율을 주장한 칸트의 철학적 관점으로 성경을 통한 하나님의 계시가 아니고 '인간과 역사의 상호작용' 속에서 발 견되는 하나님의 계시로 대처된다. 칸트의 순수이성비판과 실천이성 비판에서 양심은 도덕규범을 알고 따라가는 기능으로 영혼 불멸할

수 있음을 주장하고 도덕시스템을 견지하기 위해 하나님이 필요하며 사람의 영혼이 하나님께 가서 상을 받으므로 '영혼이 불멸'함을 주장하여 역사적 현상 안에서 하나님을 인식할 수 있다 함.

두 번째는 인간의 온전함은 사람을 소외시키는 사회의 정치, 경제 구조를 극복할 때 실현됨을 주장한 맑스의 정치적 관점으로부터 온다. 맑스는 "지금까지 철학자들은 세상을 설명만 해 왔다. 우리는 세상을 바꾸는 것이다"라고 함에 이에 해방신학자들이 따랐다.

- 두 가지 계몽주의 도전이후 이어서 세 번째로 라틴아메리카의 상황으로부터 도전이 뒤따르는데 "해방신학의 실천적 해석학"으로 가난한 자의 입장에서 세상을 바라보며 성경을 해석하는 것이다.

- 가난한 자들의 인식론적 특권으로 "그들이 하는 말만이 진리이고 가진 자(기득권층)는 빗뚫어 본다. 그리하여 가난한 자들의 위치를 특이하게 올려놓았다.

- 소외된 자들만이 하나님을 바로 보게 된다는 의미에서 칼바르트의 표현인 전적타자를 계시한다. 이는 하나님의 내재성을 반대하며 하나님은 하나님, 인간은 인간으로 절대 구분됨을 의미한다.

- 예수는 소외된 사람들과 그리스도의 몸이 한 몸이 되는 성례전을 하나님나라에 들어가는 결정적 요소로 삼음으로 구원의 수단을 세속화시켰다.

나. 신학적 해석

- 정통주의는 부익부 빈익빈의 갈등구조가 하나님의 섭리라 함에 해방신학에 있어서 하나님은 말로 표현할 수 없는 존재로 묘사하며

- 인간세상의 주최가 가난한 자가 되어야 하는데 가진 자가 되고

또 혁명을 하여 만들어 놓으면 그 상태가 되풀이 된다는 '영속적인 문화적 혁명' 안에서 끊임없이 해방을 향해 나가는 하나님의 역사를 경험하도록 한다.

- '구원'은 억압과 불의로부터 해방의 과정과 동일시되며, '죄'는 '인간의 인간에 대한 비인간성'으로 정의된다.
- 이웃사랑이 곧 하나님을 사랑하는 것인데 구원받은 자만이 사랑할 수 있다하여 하나님 사랑을 이웃 사랑으로 축소하여 해석하며
- 구원이라는 것은 인간의 인간에 대한 비인간화를 제거한 것(인간화)의 역사와 동일시된다.
- 출애굽 사건이나 예수의 삶과 죽음은 해방을 위한 세속에서의 투쟁의 영적의미를 보여준다.
- 세례는 민중해방 투지위한 의지표현이며 뜻을 함께 하겠다는 표현이다.
- 예수는 과거역사의 투쟁적, 모범적 인물이지 믿고 구원받는 신적존재가 아니며 역사 안에서 하나님이 경험하는 고통, 즉 모든 억압당하는 자들의 고통을 당하는 유일무이하나 오늘날 누구나 가능하다고 본다.

다. 신학적 평가

- 가난한 자들이 하나님의 관심의 대상이 될 뿐만 아니라 구원과 계시의 주체라는 인간상으로 예수 그리스도가 있든지 없든지 문제해결이 가난한 자들 자신에게 있다는 식으로까지 복음을 정치화하는 위험수위에 와 있다.

2) 성경론

① 하나님의 말씀

설명과 성경적 근거(권위이기 때문에 모든 믿는 것이 근거됨)

A. 하나의 위격이신 '하나님의 말씀': 예수 그리스도
　-성경이 때로는 하나님의 아들을 '하나님의 말씀'으로 칭하기
　도 함(계19:13, 요1:1, 14, 요일1:1)
　-예수 그리스도는 삼위일체 하나님의 속성과 뜻을 우리에게 계시
　하는 존재로서 인간으로 나타나셨다. 따라서 인격체 안에서 말씀
　하신다.

B. 하나님께서 발설하신 "하나님의 말씀"
1. 하나님의 법령(decree)-정해졌고 불변하는 분
* 법령의 2가지 성격: 뜻의 표현, 실현시킴
　-하나님의 말씀은 사건이 발생하게 만들거나(뜻의 표현) 사물이
　존재하게 하는 능력 있는 명령형태(실현시킴)를 취하기도 한다.
ex) 하나님이 가라사대 빛이 있으라 하시매 빛이 있느니라(창1:3)
뜻의 표현(창조결정) 실현시킴
　-하나님의 능력 있고 창조적인 말씀을 하나님의 법령(decree)이라
　고 부르는데 하나님의 법령이란 어떤 일이 발생하도록 하는 하
　나님의 말씀이다.
　ex) 엄격히 장로교의 예정도 decree이고, 감리교는 믿으면 구원,
불신은 지옥이라는 개념도 decree임.

2. 하나님의 직접 하시는 말씀(Personal address)
   - 하나님의 백성들에게 직접 말씀하심으로써 그들과 교통하심: 개인적으로 하신 하나님의 말씀으로 성경 전체 통해 쉽게 찾아봄

ex) 아담에게 선악과 금지명령(창2:16-17). 모세에게 십계명 전수(출 20:1-3), 예수님이 세례 받으실 때(마3:17)
   - 특정한 사람들에게 개인적으로 말씀하신 사건들에서 듣는 자들이 그것을 직접적인 하나님의 말씀으로 들었으며 이 말씀이 절대적 권위의 말씀이요 믿을 수 있는 말씀으로 들었다. 말씀에 대한 불신과 불순종은 곧 하나님에 대한 불신과 불순종으로서 죄로 간주됨.
   - 말씀들이 불완전한 인간의 용어이지만 권위나 진실성에 한계가 있음을 암시하는 부분은 없고 오히려 그 말씀들을 듣는 이들로 하여금 온전히 믿고 순종하도록 절대적인 의무를 부여(personal address)

3. 인간의 입술을 통한 하나님의 말씀
   - 보통 선지자들의 입을 통하여 일상적인 인간의 언어를 사용하지만 그럼에도 그 말들의 권위와 진실성은 축소되는 것이 아닌 온전한 하나님의 말씀.

ex) 신18장에서 모세를 통한 하나님의 말씀, 렘 1:9의 "여호와께서 그 손을 내밀어 내 입에 대시며 내게 이르시되 보라 내가 내 말을 입에 두었노라", 반면 하나님으로부터 아무런 말씀도 받지 않고 하나님 말씀을 전한다고 주장한 자는 엄한 벌을 받음 (겔13:1-7, 신18:20-22).

4. 성문화된 하나님의 말씀(성경)
   - 문서화된 여러 경우 발견하는데 이는 그만큼 율법을 중요하게 여겼다는 의미.

- 십계명, 여호수아의 율법책 추가기록(수24:26), 이사야에게 "이제 가서 백성 앞에서 서판에 기록하며 책에 써서 후세에 영영히 있게 하라(사30:8) - 문서기록 목적이다.
- 성문화된 하나님의 말씀을 불신, 불순종 하는 것은 중한 죄로 심판을 받게 된다.(고전14:37)
- 하나님의 말씀이 성문화됨으로써 얻는 몇 가지 유익

첫째, 다음 세대를 위해 하나님의 말씀을 훨씬 더 정확하게 보존할 수 있다.(신31:12-13)

둘째, 기록된 말씀을 계속해서 읽을 수 있는 기회는 신중한 연구와 토론을 가능케 하므로 그 말씀들을 좀 더 바로 이해 할 수 있고, 그래서 확실하게 순종할 수 있도록 해 준다.

셋째, 기록한 하나님의 말씀은 단순히 기억되거나 구전에 의한 방법보다 훨씬 많은 사람들이 접할 수 있도록 해 준다.

- 신빙성, 영구성, 접근 용이성의 이접 증대
- 문서화된 형태, 즉 성경은 우리에게 인격체로서의 하나님의 말씀, 곧 현재는 지구상에 육체를 입고계시지 않은 예수 그리스도에 대해 입증한다.
- 하나님 말씀의 다른 형태는 신학 연구 위한 근거로 부적합.
- 개인에게 하나님께서 말씀하시는 일은 성경에서도 흔치 않은 일 - 또한 정확하리라는 확신 없다.
- 인간의 입술을 통하여 하나님께서 말씀하시던 것은 신약성경의 정경이 완성되면서 폐지되었다.

⇒ 성경에 기록된 하나님의 말씀을 연구하는 것이 가장 유익

A. 구약성경의 정경성

※ Canon(정경) ← καυων ← (갈대) → 잣대(겔 40:3, 5) → 규범(경계선)

"경계선 안쪽은 옳고, 바깥쪽은 틀리다"라고 보았으며 규범은 하나님의 계시를 담은 원래의 문서로 봄.

1. 성경 자체가 정경의 역사적 발전에 관해 증거.

① 정경의 최초 형태인 십계명(두돌판): 언약궤 안에 보관되었고 하나님과 백성 사이의 언약관계 보여줌

② 이스라엘 역사 통해 더 많아짐: 모세에게 첨가한 말씀기록, 여호수아가 율법책 기록(수24:26), 대체로 선지자 직분자들 첨가 기록(사무엘이 나라 제도 기록: 삼상10:25, 다윗의 행적기록: 대상29:29)

⇒ 구약성경의 정경성은 성경기록 과정 끝날 때까지 계속 증가

2. 신구약 중간기에는 구약성경 외에 문헌 통해 권위 있는 말씀 중단되었음을 나타냄

① 마카비서(B·C100년경): 짓밟힌 제단에 관해 기록시 "선지자가 올 때까지 돌들을 적당장소에 쌓아 기록"

② 요세푸스(A·D 37/38년 출생): 아닥사스다 이후 역사 다 기록했는바 선지자들의 계승이 결여되어 외경들은 구약성경(현재)과 동등 가치로 간주 안 함. 즉 B·C, 435년 이후 성경에는 하나님말씀이 첨가되지 않았다 함.

③ 랍비 문헌: "후기 선지자들인 학개, 스가랴, 말라기가 죽은 후 성령은 이스라엘을 떠났지만 그들은 밧 콜(bath qol)을 이용하고 있었다."

※ 밧 콜(bath qol): 「메아라 목소리」로 하나님의 말씀 개념이며 구약의 말씀만 이용했다.

④ 쿰란 공동체: 당시 규범들을 초월하는 말씀의 권위 가진 선지자를 기다리고 있었다.

② 신약시대

가. 당시 구약에 대한 정경의 여부
- 정경 범위에 대한 유대인들과 예수님과의 논쟁이 전혀 없다.
- 어떤 기록 의하면 예수님과 신약성경의 저자들은 구약성경을 신적권위를 가진 것으로 여겨 295회나 인용했다고 한다.

나. 개신교에서 제외된 로마 가톨릭 정경인 외경
- 외경을 성경으로 보는 것을 분명하게 반대 입장 취하지만 종교개혁 때까지 일부 교회에서는 오히려 외경을 더 많이 사용했는데 이는 인간의 행동을 강조했기 때문이다.
- 제롬이 라틴어 번역판인 빌게이트에(주후 404년 완성) 외경 넣음: 제롬 자신은 단순히 신자들에게 유익하고 도움 되는 덕 함양의 '교회의 책'이지 '정경의 책' 아니라고 하였다.
- 외경들 역사적 교리적 모순 된 부분들 상당(영, E.J.Young 지적)
  1) 유딧, 토비트: 역사적, 연대적, 지리적 오류들이 있으며, 거짓과 술수를 정당화 시키고 구원을 개인의 공적과 행위에 의존하도록 만든다.
  2) 집회서, 솔로몬의 잠언: 편의주의, 임기응변적 윤리
  3) 지혜서는 이 세상 창조가 이미 존재하던 물질로 되어졌다고 가르치며 집회서는 구제가 속죄함을 받는 방편 됨을 가르친다.(루터 반박), 바룩서에는 죽은 자의 기도를 들어주시며 마카비 1서에는 역사적, 지리적 오류들이 상당이 많다.
- 1546트렌트 공의회에서 로마 가톨릭은 외경 공식적 인정

다. 외경을 성경의 일부로 간주해서는 안 되는 이유
1) 외경 자체가 구약성경과 같은 권위를 주장하지 않는다. 즉 성

경자체가 권위 가짐

2) 책을 기록한 유대인들이 외경들을 하나님 말씀으로 간주 않음

3) 예수님이나 신약성경 저자들이 성경으로 간주 안 함: 외경 인용 안 하였다.

－신약 성경의 정경의 발전은 사도들의 기록으로부터 시작

라. 신약 성경이 사도들의 글로 구성되어 있는 이유

1) 성령으로부터 예수님의 생애와 행적을 정확히 기억해서 다음 세대 위해 바로 해석할 수 있도록 능력을 받은 사람들(요14:26 의 보혜사, 요16:13-14의 진리의 성령을 통해 모든 것을 가르쳐 주시고 예수님 말씀 기억나게 하며 진리 가운데 인도하심 의해)

2) 초대교회의 사도직은 하나님의 말씀을 직접 쓰고 말할 수 있는 권한을 가지고 있던 구약시대 선지자들과 같은 권위 가지고 있는 것으로 간주한다.

3) 사도들은 하나님께서 친히 하신 말씀을 증거함: 사도 바울의 글 가운데 자주 나타남(고전2:9)

4) 사도들은 진리와 권위에 있어서 구약성경의 말씀과 동일한 하나님의 말씀을 기록할 권한을 가지고 있었다: 바울서신은 구약성경의 하나님 말씀과 동일한 것으로 간주하는 차원에서 "그라페(성경이라고 번역된 원어)"사용

5) 사도직이라는 권한으로 성경의 말씀으로 기록할 수 있었기 때문에 사도들의 신빙성 있는 기록들은 초대 교회의 결정으로 정경으로 채택됨

　　－교회 아주 초기부터 인정받은 비사도의 저작에 의한 성경은 마가, 누가, 사도행전, 히브리서, 유다서로서

　　－마가는 베드로, 누가는 사도바울과 가까웠기 때문에, 유다서

도 저자가 야고보와 관계있고 예수님의 친 동생이라는 사실
로 쉽게 받아들여질 수 있었는지 모른다.

- 히브리서는 바울 저자에 대한 믿음에서 기인한 것만이 아니
라 책의 내면적인 질이 독자들에게 궁극적 저자는 하나님일
수밖에 없다는 확신을 줌.

③ 정경론의 핵심

1) 하나님이 친히 기록하신 것이어야 한다: 사도가 직접 기록치
않은 신약성경의 일부 존재는 그리스도께서 능력 주신 다른
사람들이 초대 교회에 있었음 증거하며 어느 문서가 하나님
말씀의 특징들을 가지고 있는가 식별할 책임이 초대교회에 있
었다.

※ 초대교회가 어느 글이 (인간저자 통한)하나님의 말씀이고 정경
되기 합당한가 결정위해: 사도들의 승인(사실일치 여부), 다른
성경과의 일관성, 대부분의 성도들이 하나님의 감동으로 기록
된 것임을 인식할 수 있어야(사회성)

2) 아들을 통해 우리에게 말씀하신 것이 인류 향한 하나님의 말씀
의 절정이요 구속사에서 가장 위대하고 최종적인 계시임을 보
여줌.

- 그리스도 안에서 하나님의 계시와 완성을 볼 수 있으며 따라
서 그리스도 외에 메시아가 없으므로 계시록까지 그리스도를
밝혀 나가는 것이다.

- 그리스도의 생애와 죽으심, 부활 등이 모든 시대의 신자들의
삶에 주는 의미에 관해 하나님께서 우리로 하여금 알기 원하
시는 모든 것들의 문서화된 최종적인 기록 보유하게 됨으로
정경의 문제는 막을 내림.

2. 성경의 특성

1) 성경의 권위

① 성경적 근거

-성경의 권위란 성경에 있는 모든 말씀이 하나님의 말씀으로서 성경의 어느 한 말씀에 불순종하거나 불신하는 것은 곧 하나님을 불신하고 불순종하는 것이라는 의미: 성경의 모든 말씀은 하나님의 일치에 우리의 삶을 살기에 필요충분하다고 본다.

A. 성경에 있는 모든 말씀은 하나님의 말씀이다.
1. 이것이 곧 성경이 성경에 대해 내증하는 것이다.
   -성경에 기록된 모든 말씀이 하나님의 말씀이라는 주장은 성경에 여러 번 나온다.
   -선지자들이 "여호와께서 말씀하시기를"이라 할 때 자신들을 하나님의 사자로 간주하는 것이며 그들의 말은 절대적 권위를 가지고 있는 하나님의 말씀으로 주장하는 것이다.
더욱이 하나님께서 종종 선지자를 통해 말씀하신다고 했다.(왕상 14:18, 16:12, 34, 렘37:2, 슥7:7, 12 등)
   -신약성경의 구약에 대한 태도
구약의 모든 글들을 하나님의 말씀으로 간주했음을 보여주는 구절들이 많다.
   1) 딤후3:16의 모든 성경(graphe: 정경의 의미)은 하나님의 감동으로 된 것으로……, graphe는 신약 성경에서 51번 언급, 이는 구

약성경 의미

2) 벧후 1:21에서 "예언은 사람의 뜻으로 낸 것 아닌 오직 성령의
   감동하심 입은 사람들이라 함

구약성경의 일부분에 대해서 비슷하게 언급한 신약성경 구절들

1) 마4:4 사람이 떡으로만 살 것이 아니요 하나님의 입으로 나오는
   ……이라 했는데 "하나님 입으로" 나오는 말씀은 곧 구약성경
   을 의미

2) 행1:16에서는 시편 69편과 109편 말씀을 성령이 다윗의 입을
   의탁하여 하신 말씀이라 했고 행 2:16-17에서는 요엘 2:28-32
   의 요엘 선지자 통해 하신 말씀 인용

   - 신약성경의 두 곳에서 신약성경도 구약성경과 함께 "성경"을
     (graphe)라고 불렀다.

1) 벧후 3:16에서 "바울의 모든 서신"을 다른 성경(구약)과 동일시
   하려는 의도 분명 나타남

2) 딤전5:18에서 바울은 눅10:7의 예수님 말씀을 인용하면서 "성
   경"이라고 불렀다.

   - 신약성경의 저자들이 기록한 말들이 하나님의 말씀이라는 입
     장은 "바울이 자신의 말과 주님의 말을 구분한 고전 7:12 「이
     는 주의 명령이 아니라」이며, 25, 40절에서 이해된다.

※ 바울은 처녀에 대하여는 주께 받은 계명이 없고 단지 자기의견
   을 말한다고 함.

   - 바울이 고전 7:12-15에서도 구체적 윤리적 기준 제시하는데
     7:25에서 "주의 자비하심을 받아서 충성된 자가 되어" 명령
     한다고 한다. 바울의 판단이 예수님의 말씀과 동등 된 권위의
     수준에 놓여야 함을 암시하는 듯하다.

   - 사도들이 예수님 말씀 아닌 자지 주장을 할 때는 성령이 거
     하심으로 예수님의 말씀을 기억나게 하고 모든 진리로 인도

하신다는 약속의 말씀을 근거로 주장(요14:26)

2. 우리는 성경을 읽으면서 성경이 하나님의 말씀이라는 주장에
   확신을 갖게 된다.
   -성령이 말씀 안에 있고 말씀을 통하여 우리의 마음속에 역사
   하게 되는 것으로 성령과 말씀은 항상 동반되며 짝을 이룬
   다.(고전 2:13, 바울의 사도적 교훈은 성령의 가르침으로 된
   것이라 설명)
   ※ 루터 당시 말씀 무시하고 성령을 강조하는 재세례파는 하나님
   말씀을 직접 받아 주자한다.

   -"내 양은 내 음성을 들으며 나는 저희를 알며 저희는 나를
   따르느니라(요10:27)"에서 "양"은 성령의 감화 감동받고 순종
   하는 자를 의미한다.
   -성경을 읽으면서 성경에 있는 말씀을 통해 말씀하시는 창조
   주의 음성을 듣게 되며 참된 하나님의 말씀임을 깨닫게 된다.

3. 다른 증거들은 유용하기는 하지만 결정적인 설득력이 있는 것
   은 아니라
   -성경의 모든 논증들은 하나님의 말씀이라는 주장이 수백 번
   기록되어 있음을 깨닫게 되는 것이 매우 유익하고 도움이 되
   나 개별적으로나 전체적으로나 완전히 설득력 있는 것이 못
   되며 만약 없어도 괜찮음.
   -1643-46년 반포된 웨스트민스터 신앙고백서: ~성경의 무수한
   진리와 신적 권위에 대한 우리의 온전한 납득과 확신은 우리
   의 마음속에서 그 말씀에 의하여 그리고 그 말씀으로 증거하
   시는 성령의 내적 사역에 달려 있는 것이다.

4. 성경의 말씀은 스스로를 증거하고 있다.

 성경 바깥에 그 권위를 증거하지 않는다. 즉 성경이 최고의 권위라 하면서 다른 것에 대한 그 권위를 두는 것은 자가당착이다.

5. 이의: 그것은 순환논법에 불과하다.

 절대적인 권위를 위한 모든 논증은 결국 궁극적으로 일종의 순환논법으로 증명되나 그것이 순환논법에 불과한 것이 아니라 누구든지 자신의 신앙의 궁극적인 권위를 변호하기 위해 암암리(공공연히) 사용함

 궁극적으로 성경의 진실함은 다른 어느 종교 서적과 비교하여 더 많은 설득력을 얻는다.

 우리의 죄 때문에 창조와 하나님에 대한 우리의 이해와 분석에 결함이 생겼다. 성경이 참으로 하나님의 말씀이며 성경의 주장이 맞는다고 설득하기 위해서는 죄의 영향력을 극복하게 해주는 성령의 역사 필요

 ※ 웨슬리의 "죄"관점: 지(하나님을 하나님으로 알아보고), 정(하나님의 기뻐하심에 따라감)의 (하나님의 뜻을 따르는 것), 즉 본성(지·정·의)의 부패

6. 이는 물론 하나님의 구술이 유일한 전달수단이라는 의미는 아니다.

 하나님께서 원하시는 결과를 위해 여러 다양한 방법들을 사용하신다는 기록들이 있다.

 그 가운데 하나님이 받아쓰도록 부르신 경우가 산발적으로 성경에 언급: "에베소 교회의 사자에게 편지하기를……"(계 21), "여호와의 말씀이 이사야에게 임함(사 38:4-6)

-직접적인 방법이 성경의 말씀을 기록하는 유일한 수단이 아니었음은 분명

1) 히브리서 저자는 하나님께 "여러 부분과 여러 모양으로"는 조상들에게 말씀하신 것이라고 했다.

B. 성경의 말씀을 불신하고 불순종하는 것은 곧 하나님을 불신하고 불순종하는 것이다.

-성경의 모든 말씀들은 하나님의 말씀이므로 결과적으로 성경에 있는 말씀의 불신, 불순종 곧 하나님을 불신, 불순종하는 것, 즉 근거는 성경자체이다.

ex) 예수님께서는 구약의 성경 말씀을 믿지 않는 제자들을 책망하실 수 있었다.(눅 24:25) 또한 신자들은 제자들의 말씀을 지키고 순종해야 한다.(요15:20)

ex) 바울의 글을 순종하지 않은 것은 출교(살후 3:14), 영적인 벌(고후 13:2-3), 하나님의 매 등의 교회의 권징을 받게 되며, 반대로 하나님께서는 그의 말씀에 두려워 떠는 뭐든지 기뻐하신다.(사66:2)

② 성경의 진정성

1. 하나님은 거짓말이나 틀린 말을 하실 수 없다.
   -디도서 1:2는 "절대로 거짓말을 하실 수 없는 하나님" 혹은 "거짓말을 안 하시는 하나님"에 관해 말함.

2. 성경의 모든 말씀은 온전히 진실하며 어떤 부분에도 오류가 없다.
   -모든 말씀이 사실이므로 신빙성이 있어 성경의 권위를 뒷받침한다.

3. 하나님의 말씀은 궁극적인 진리의 기준이다.

 - 요 17:17에서 예수님은 "저희를 진리로 거룩하게 하옵소서. 아버지의 말씀은 진리나이다."라고 기도했는데 이는 그 말씀 자체가 곧 진리라는 의미의 명사를 사용

4. 몇몇 새로운 사실이 성경과 모순 된 적이 있는가?

 - 모든 참된 사실은 하나님께서 영원 전부터 알고 계셨던 것들이며 따라서 성경에 있는 하나님의 말씀과 상충될 수 없다. 따라서 새로 발견된 역사적 사실이나 과학적 사실이 성경과 모순이 되지 않는다.

5. 기록된 성경이 우리의 최종 권위이다.

 - 성문화된 형식이 성경을 권위 있게 만드는 최종적인 형식이다.
 - 자유주의자들은 기록된 하나님의 말씀 아닌 다른 것을 최종적인 기준으로 대치시키려는 경향 있다.

1) 예수님의 말씀을 아람어로 재구성할 때 복음서의 저자들에 의한 번역상의 오류를 수정할 수 있다고 주장하는 경우

2) 바울이 기록한 단어의 의미와 전혀 다른데도 바울이 정말로 의도했던 것을 안다고 주장, 또는 바울을 신학을 다른 부분들과 일관성 유지 위해 이렇게 했어야 한다고 말하기도 함.

3) 마태가 마태복음을 기록한 교회의 상황을 강조하면서 그 상황, 아니면 그 상황에서 그들이 생각하는 마태가 시도한 해결 방안에 중점 둠.

⇒ 이러한 단어나 상황에 대한 가상적인 재구성이 최종적인 권한으로 성경을 와성하거나 대신 할 수는 없으며, 성경에 있는 말씀의 정확성에 의문제기나 모순 있는 것처럼 유도해서는 안 된다.

③ 성경의 무오성

A. 무오성의 의미
 - 성경의 무오성이란 성경원문은 사실과 반대되는 그 어느 것
   도 주장하지 않는다는 것이다.
이 정의는 성경에 있는 언어의 진실성과 거짓에 관한 문제에 초
점을 맞춘다.
간단히 말해서 성경은 언제나 진실만을 말하며 그것이 말하는 모
든 것에 관해서 언제나 진실만을 말한다.

〈우선 언어상의 절대적인 진실성은 다음과 같은 주장들과 모순
됨이 없음을 인정〉
1. 성경은 무오하다. 그럼에도 일상적인 인간의 언어로 되어있다.
  - 성경의 척도는 사실을 사실대로 말하는 진실성이지, 사건의
    정밀도와 관련된 것은 아니다.

2. 성경은 무오하면서도 자유로운 인용을 포함할 수 있다.
  - 직접화법의 경우 내용에 대한 정확한 보고만을 기대하며, 또
    한 간접적인 인용에는 말한 사람이 원래 사용한 단어를 하나
    도 사용 안 해도 무오성에 문제가 되지 않았다.
3. 성경에 일반적이 아니고 특이한 어구가 있다고 해서 무오성에
   문제가 되는 것은 아니다.
  - 문법적으로 맞지 않는 문장들이 있음에도 그것들은 확실하고
    진실하기 때문에 무오하다. 즉 문제는 그 말의 진실성에 있는
    것이다.

B. 무오성에 대한 최근의 이의들

1. 종교적 "믿음과 행위"에 대해서만 유일한 권위를 갖는다.

　　– 종교적 신앙과 윤리의 행동에 직접적 관련 있는 부분만 가르
　　치므로 중요치 않은 역사적 사실, 과학적 사건의 경우 오류가
　　능성 인정하여, 성경이 절대적 신빙성 있지만 무오라는 단어
　　쓰기 꺼려함

　① 성경은 반복해서 모든 성경이 우리에게 유익하며(딤후3:16), 모
　　든 말씀이 하나님의 감동으로 된 것이라 주장한다. 그래서 그
　　것은 온전히 순결하고(시12:6), 완전하며(시119:96), 진실한(잠
　　30:5) 것이다.

성경은 진실하게 말하는 어느 특정한 주제를 제한시켜 그러한 주
장을 하지 않는다.

　② 성경의 주요 목적을 성경의 전체목적과 혼동 시키려고 하고 있
　　다. 성경의 온전한 목적은 그 주제가 무엇이든 성경이 말하는
　　그것을 온전히 다 말하는 것이 바람직하다. 성경의 모든 말씀
　　은 다 중요하여 가감할 수 없기 때문이다.(신4:2, 계22:18-19)

2. 무오라는 용어가 너무 적합지 않다.

　① 용어를 사용해 온 학자들은 1백여 년 동안 분명히 그 용어를
　　정의해 왔고 일상 생활용어가 가지는 한계를 인정해 왔다. 과
　　학적 정밀도 의미 사용은 한 명도 없다.

　② 성경의 가르침을 요약할 때 성경에 없는 용어도 사용한다. 삼
　　위일체, 성육신 등.

　③ 오늘날 교회에서 이 용어를 사용 안하고는 이 주제를 논하기란
　　불가능해 보인다.

※ 성경의 무 오성을 위한 국제회의(ICBI)가 1977년 무오사상을 변호하

고 확장시키기 위한 10년간의 캠페인 시작 시, 논쟁의 주축이 됨은 불가피.

3. 우리는 무오한 사본을 가지고 있지 않다.(성경의 무오성은 원본에만 국한 주장)

① 성경 말씀의 99% 정도는 원문에 어떻게 기록되었는지 알고 있으며, 사본 상의 차이들이 의미를 결정하는 데 어렵고 중요한 경우는 극소수에 불과하다. 이 경우도 문맥을 보면 흐름을 분명히 알 수 있다.

－만일 원본에 실수 있다면, 사람뿐만 아니라 하나님도 실수하시고 틀린 말을 하셨다는 말을 하는 것이 되는데 이는 신학적으로 불가능

4. 성경의 저자들은 그 당시에 존재했던 잘못된 사상을 그들의 메시지에 흡수시켜 본의 아니게 그와 같은 사상들을 가르치고 주장했다.

① 하나님은 성경 기록 당시 잘못된 사상을 주장 않고도 인간언어 통해 온전히 의사전달하실 수 있는 인간 언어의 주인이시다.

② 잘못된 이해를 수용하도록 하심은 하나님께서 거짓말을 하지 않으시는 성품에 역행하는 행동을 하셨음을 전제하게 된다.

5. 무오성은 성경의 신적인 면을 지나치게 강조하고 인간적인 면을 무시한다.

① 성경은 철저히 인간 언어 사용한 인간의 책이지만 하나님 자신이 말씀하신 것으로 근본적으로 다른 책과는 다르다.

② 인간의 모든 말이나 글이 오류를 내포하고 있다는 것도 맞지 않다.

6. 성경에는 확실한 오류들이 있다.

① 구체적으로 어느 구절에 오류가 있는가? 하여 세세한 부분까지 주의 깊게 살펴보며 열정적 연구 필요

② 질문에 대한 역사적 관점을 살핀다 - 성경이 1960년 이상 된 것이고 가정된 문제들도 예전부터 존재했으나 확실한 믿음을 유지해 왔다.

C. 무오성을 부인하는 경우의 문제

1. 심각한 도덕적인 문제에 직면하게 된다.
   - 하나님은 거짓말쟁이로 우리의 삶에 부정적 결과를 가져다주는 위험 있다.

2. 하나님께서 하신 모든 말씀을 정말로 믿을 수 있을까 의아해하기 시작한다.
   - 일부만 맞는다면 다시 정경을 정해야 하며 개판된다.

3. 하나님 말씀 자체보다 인간의 마음을 더 높은 진리의 기준으로 삼게 된다.
   - 곧 지적인 죄의 뿌리가 된다.

4. 사소한 사항뿐만 아니라 교리에서도 성경이 틀렸다고 말해야 한다.
   - 무오성 부인 시 편의주의자가 된다.

④ 성경의 명확성

※ Clarity: 애매모호하여 여러 가지로 해석되지 아니한다.

A. 성경은 자주 스스로 명확성을 주장한다.
  - 신 6:6-7에 "자녀에게 부지런히 가르치며"라는 구절이 나오듯
    나이 어린 자도 듣고 이해할 수 있음을 전제한다. 심지어 우
    둔한 자까지도 바로 이해케 하여 지혜롭게 만든다고 했다.(시
    19:7)
  - 신약성경에서도 예수님은 가르침이나 대화, 토론에서 구약성
    경이 분명치 않다고 원망한적 없으시며, 성경 자체에 있는 것
    이 아니라 오히려 이해하지 못하거나 받아들이지 못하는 사
    람들에게 있다 한다.
  - 또한 대부분의 신약서신은 교회의 지도자가 아닌 회중들에게 쓴
    것이다.
  - "모든 예언은 사사로이 풀 것이 아니라"(벧후 1:20)라는 말은
    "성경의 어느 예언도 선지자들 스스로의 해석으로 된 것이
    아니다(NIV성경)로 보며, 믿는 자들의 교통, 즉 사도신조(교
    리화)를 통해 이루어져야 한다."는 의미로 받아들여야 할 것
    이다.
  - 성경을 이해하는 데 있어 시대적 문화적 차이의 장벽이 이해
    되지 못하는 것이 아니다.

B. 바른 이해를 위한 도덕적, 영적 자질
  - 신약성서 저자들은 성경은 그 자체가 명확하게 기록되었다고
    주장하면서 그 가르침을 받으려 않는 자는 바로 이해할 수
    없음을 강조한다. 즉 진지하게 열망하는 자에게 구원의 방식
    으로 성령께서는 죄의 영향력을 극복하도록 역사하시기 때문

C. 성경의 명확성에 대한 정의
  - 성경의 가르침이 하나님의 도우심을 구하며 순종하기를 원하

는 모든 사람들에 의해 이해될 수 있도록 성경이 기록되었다
는 의미이다.

D. 왜 사람들은 성경을 잘못 이해하는가?
① 제자들도 예수님과 함께 있을 때 가르침을 이해 못할 때가 여
러 번 있었다.
② 초대교회시대에는 구약을 가르침이나 사도 서신들의 가르침을
못 이해하거나 의견 불일치
  - 행 15장의 예루살렘 공회에서 많은 논란 절정
③ 역사적으로 성경의 의미에 관해 일치된 의견을 갖지 못하는 것
은 언제나 성경에 있는 것이 아니라 우리에게 있다.

E. 이 명료성 교리가 주는 실질적인 격려
  - 교리적, 윤리적 불일치가 있을 때 2가지 가능한 원인이 있음
    을 이 교리가 가르쳐준다.
1) 성경에서 침묵하고 있는 것을 우리가 억지로 주장하려는 경우
(예수이전 이방인의 구원 문제 등)
2) 성경 해석상 실수를 범한 경우로 해석상 문제를 결정하는 데
사용한 바깥 자료가 완전하지 않았거나 정확하지 않았을 경우
발생, 또는 교만, 욕심, 믿음 부족 등 개인 실책
⇒ 하나님의 도움을 구하며 성경으로 가며 깨달음이 올 때까지 기
다림

F. 학자들의 역할
1) 내용의 분명 전달함으로 성경을 가르칠 수 있고 직분 충실 감당
2) 성경의 가르침의 새로운 분야를 개척할 수 있다.
3) 다른 학자들이나 특별한 교육을 받은 사람들의 공격으로부터

성경의 가르침을 변호할 수 있다.

4) 교회의 유익을 위하여 성경을 연구하는 데 보조 역할을 할 수 있다.

⇒ 이러한 기능들이 교회로 하여금 전체로서 옳고 그른 교리를 결정하거나 어려운 상황에서 가장 옳은 행동이 무엇인가를 결정하는 권한을 갖게 하는 것이 아니라 결정을 내리는 과정은 학자들이건 아니건 상관없이 교회 제직들에게 맡겨야 한다.

⑤ 성경의 필요성

※ 정의: 복음을 알고 영적인 삶을 유지하고 하나님의 뜻을 발견하는 데 필요하지만 하나님이 존재하시는가 하는 것과 하나님의 속성과 도덕법에 관한 것을 아는 데 필요한 것을 의미하지는 않는다.

A. 성경은 복음의 지식을 위해 필요하다.

- 롬 10:13~17에서 구원받는 믿음은 들음에서 나며 들음은 그리스도의 말씀으로 말미암는다. 즉 영원한 구원은 오직 예수 그리스도를 믿는 믿음을 통해 가능하다.
- 하나님의 약속의 말씀에 대한 구체적인 지식 없이 구원에 이르는 믿음을 갖는 것은 불가능해 보인다.

B. 성경은 영적인 삶을 유지하는 데 필요하다.

- 마 4:4(신 8:3)에서 "사람이 떡으로만 살 것 아니요"라고 하셨듯이 육적인 삶의 영위와 마찬가지로 영적인 삶도 하나님의 말씀 통해 영양분을 섭취해야 함을 지적하신다.
- 모세도 이스라엘 백성에게 (신 32:47), 베드로는 편지로(벧전

2:2), 또한 바울을 통해서 성경은 영적인 삶을 유지하며 성장
시키는 데 필수적이다.

C. 성경은 하나님의 뜻에 대한 지식을 위해 필요하다.
- 모든 사람은 양심을 통하여 하나님의 뜻을 아는 확실한 지식
을 가지고 태어나나 종종 희미하고 불확실하게 느껴질 수 있
어서 양심이나 조언, 이성, 일반상식으로는 확실히 하나님의
뜻 알 수 없었기에 확실 지식 얻기 위해 성경은 필수적이다.
- 모든 일에 확실한 지식을 얻기 위해서 성경이 필요하다고 주
장할 수 있다. 왜냐하면 우주의 모든 사실을 알며, 거짓말을
절대 못하는 분이 참된 사실들을 말해 주는 것이 모든 해결
책으로 전지전능하신 하나님만이 적대적 확실한 지식을 가지
고 계신다.

D. 하나님의 존재하심을 알기 위해서 성경이 반드시 필요한 것은
아니다.
- 성경이 없이도 비록 절대적으로 확실한 지식은 아니지만 하
나님에 대해 어느 정도 지식은 가질 수 있다.
- 웨슬리는 신 존재를 성경 없이 알 수 있으며 또한 실제 알고
있다고 해서 다 교제하는 것이 아니라 교제가 없을 수도 있
다는 입장을 보였다.
- 완악함으로 진리를 억누르는 자들조차도 하나님의 존재(existence)
와 창조질서를 유지하고 있는 자연에 관한 증거들을 피할 수
없다.

※ 신 존재 증명은 크게 선험적 논증과 경험적 논증 2가지로 구분
된다.

1. 선험적 논증(A Priori, 경험이전 논리적 증거): 언어의 논리만 따져도 하나님 계시다.
   - 존재론적 논증: Anselm이 주장했으며 "神"이라는 단어 있는 것 보니 실제 존재할 수밖에 없고 하나님보다 더 큰 것은 존재할 수 없다.(이론보다 실재가 더 크다) 1606년대 데카르트는 '신'이란 단어 속에 "신의 존재를 포함한다"고 했다.

2. 경험적 논증(A posteriori)
   - 하나님의 존재에 대한 전통적인 증명들
   ① 우주론적 논증(Cosmological Argument): 인과법칙 근거, 즉 자연이 결과가 있으면 원인이 있기 마련이며, 그 원인이 신이다. 신 존재 추론.
   ② 목적론적 논증(teleological Argument): 일정 목적 같고 우주를 순리적으로 디자인한 존재가 있을 것이고, 바로 디자인한 분이 신이며 섭리주이다.
   ③ 도덕적 논증(moral Argument) :인간이 도덕적 기질(양심)이 있고, 도덕적 삶은 명령이요 의무이다(칸트는 실천이성에서 신의 존재는 도덕적 시스템 견지 위해 반드시 있어야 함 주장)
   ④ 존재론적 논증(Ontological Argument): 선험적 논증으로 "그 이상 아무것도 상상할 수 없는 것보다 더 큰 이"라고 정의된 하나님에 대한 생각으로부터 시작한다.

E. 하나님의 성품과 도덕적 율법들(양심)을 알기 위해 성경이 반드시 필요한 것은 아니다.
   - 바울은 롬 1장에서 불신자들조차도 양심 속에 하나님의 도덕적 요구에 대한 이해를 소유하고 있다 함.
   - 감리교의 경우도 선행의 은혜(The preventing grace, 先行, 恩惠)를 강조하여 원죄하의 인간 구원 위한

최초 은혜를 말하는데 선행이라 함은 go before(앞서서 유도하다). 즉 양심가책 현상으로 선·악을 느끼며 하나님을 알게 된다. 그러나 이것은 찰나적으로 느끼나 왜곡 변질될 수 있다.

  - 불신자들의 양심은 성경 없이도 하나님의 도덕적 표준에 대해 증거 하지만 많은 경우 변질되거나 왜곡된다.

  - 계시를 통해 하나님을 알 수 있다.

1) 일반계시(Common revelation): 선택받은 자나 유기 된 자 모두에게 주시는 계시로서 창조를 통해 모든 인류에게 미치는 하나님의 실존과 성품, 도덕률에 대한 지식으로 절대 구원을 못 받는다.

2) 특수계시(special revelation): 창세전 구원 여부결정(이중 예언설)으로 구원받을 자는 선택되며 이들에게 주는 계시는 성경 안에 있다.

  - 성경은 하나님 말씀에 기초하지 않은 인간 생각을 구원의 근거로 보지 않으며 구원에 이르는 믿음은 하나님 말씀의 진정성에 의존하는 신뢰와 확신이다.

  ⑥ 성경의 충분성

A. 성경의 충분성에 대한 정의

  - 하나님께서 구원의 각 단계마다 그의 백성들이 소유하도록 하신 모든 말씀이 성경에 기록되어 있으며, 따라서 현재는 구원과 하나님을 온전히 믿고 순종하도록 하는 데 필요한 모든 말씀이 성경에 있다는 의미.

  - 중요한 성경적 근거와 설명은 딤후 3:15에서 「네가 어려서부터 성경을 알았나니 성경은 능히 너로 하여금 그리스도 예수

안에 있는 믿음으로 말미암아 구원에 이르게 하는 지혜가 있
게 하느니라.」
- 도덕적으로 완전하기 위해 성경에서 요구한 것 외에 아무 것
도 없고 다만 성경말씀을 지키기만 하면 완전할 것이고 하나
님이 기대하시는 모든 성행을 행하게 된다.

B. 특별한 주제에 관해 하나님이 말씀하신 모든 것을 찾을 수 있
고 우리 문제들에 대한 답을 찾을 수 있다.
- 성경의 충분성은 하나님 말씀을 찾는 데 있어 오직 성경에만
관심을 갖도록 해주며 수많은 기독교 가르침이나 주관적 느
낌 등을 통해 하나님의 요구하심을 찾으려는 끝도 없는 일로
부터 막아준다.
- 성경만으로 충분하므로 '공의회' 결정 또한 오류 범할 수 있
으므로 내세우지 말 것을 웨슬리는 주장.

구속사의 각 단계에 주어진 성경
- 오늘날 기독교인들의 경우, 신구약성경 언두를 포함하고 있는
이 하나님의 말씀이 교회시대 신자들에게 충분하다.
- 하나님의 말씀은 그 시대 시대마다 충분하다.

C. 성경의 충분성에 대한 실제적인 적용
1. 하나님께서 우리로 하여금 무엇을 생각하며 무엇을 행하기를
원하시는가를 찾으려 할 때 큰 용기를 준다.
- 살아가면서 하나님의 인도하심을 성경에서 찾으려는 노력은
우리의 문제나 의문들에 대한 체계적인 답을 찾을 수 있는
실력이 향상된다.
2. 충분성은 성경에 아무 것도 더해서는 안 되고 어느 문서도 동

일한 위치에 놓아선 안 됨을 상기시킨다.

- 몰몬교는 성경을 믿는다고 주장하지만 「몰몬경」에도 성경과 동일한 권위를 부여하는 오류를 범한다.

3. 성경의 충분성은 하나님께서 자신에 관해서나 구속 사역에 관해 성경에 없는 내용을 믿으라고 요구하시는 일이 없음을 증거한다.

4. 성경의 충분성은 하나님으로부터 온 최근의 계시들이 그 권위에 있어서 성경과 동등한 위치에 있어 서는 안 됨을 보여준다.

- 최근의 계시들일지라도 그것이 성경과 일치해야 인정한다.

5. 신앙생활과 관련 성경의 충분성은 성경이 공공연히 혹은 암시적으로 금지하지 않은 것은 죄가 아님을 상기시킨다.

- 종교 강령 25개(감리교 교리장정)는 영국 성공회와 같으며, 제5조에서 성경은 구원에 이르는데 충분하다(충분성)와 제6조에서 구약은 신약과 반대되는 것이 없는 동등한 하나님의 말씀임을 강조한다.

6. 성경의 충분성은 하나님께서는 성경에서 공공연히 혹은 암시적으로 명령하지 않은 것을 우리에게 요구하지 않으심을 증거한다.

- 성경의 충분성을 확신하는 기독교인은 성경에서 하나님의 뜻을 발견하는 일에 열심히 착수해야 한다.

7. 성경의 충분성은 교리와 윤리적인 문제에 있어서 우리는 성경이 강조하는 것만 강조하고 하나님께서 성경을 통해 말씀하시는 것에 만족해야 함을 상기시킨다.

- 성경에 근거 없는 교파 간의 차이 등 왈가불가할 필요 없다.

⑦ 하나님의 존재

A. 하나님에 대한 인간의 내적인 감각(일반계시)

- 사람들은 일반계시로 하나님이 창조주라는 사실에 대한 내적 감
각 있으나 섬기지도 않고 감사도 않는다.(롬 1:19~20) 이는 죄가
사실에 안 맞게 생각하게 만들어서 하나님의 존재를 부인하게
한다는 것.
- 그리스도인의 삶에서 하나님에 대한 내적 감각이 더욱 확실
하고 분명해진다. 우리는 아버지를 인식하고 성경이 우리가
하나님의 자녀임을 우리에게 증거하며(롬 8:16) 우리 안에 살
아 계신 예수 그리스도를 알게 된다.

B. 성경과 자연에 나타난 증거를 믿음(특수계시)
- 성경은 하나님의 존재를 기정사실로 전제하고 있다. 창세기의
첫 절도 하나님의 실존증명보다 하신 일에 대하여 바로 증거
한다.
- 이 세상 또한 하나님의 존재에 대한 많은 증거를 제시한다.
모든 피조물들이 하나님의 성품을 증거 하지만 특히 하나님
의 형상대로 지음 받은 사람이 풍족히 증거한다.
- 자연에도 뚜렷한 증거들이 있다. 음식과 비, 결실의 계절 등
은 모두 하나님을 증거하는 것으로 본다.(행 14:17)
- 죄로 인해 마음이 어두워지지 않았다면 모든 나뭇잎, 풀잎,
모든 별들, 모든 피조물들이 "하나님이 나를 만드셨다"라고
외치고 있음을 알 수 있다.

C. 하나님의 존재를 지지하는 전통적인 "증명들"
- 우주적, 목적론적, 존재론적, 도덕론적 논증들은 진실 된 창조
에 관한 사실들에 근거하였기에 이 모든 증명들은 객관적인
관점에서 모두 유효하다.
- 이 증명들의 가치는 불신자들의 지적 반론을 물리치는 데 있

는 것이지 불신자들로 구원에 이르는 믿음을 소유하게 하지
는 못한다.

D. 하나님만이 우리의 죄를 물리치고 그의 존재를 믿게 만드실
수 있다.
　- 하나님을 하나님으로 알 수 있게 하는 것은 오직 믿음밖에
없다. 하나님 인식의 근거는 믿음뿐이다. 믿음 소유 위해 우
리는 하나님을 의지(일치)한다.
　- 바울의 전도 여행은 하나님과의 일치이다.

　⑧ 하나님에 대한 지식

A. 하나님께서 자신을 계시하여야 할 필수성
　- 우리가 하나님에 대해 조금이라도 알려면 하나님은 자신을
계시하셔야 한다.
　- 죄악 된 사람들이 자연에 나타난 하나님의 계시를 잘못 이해
한다는 사실에서 볼 수 있다. "불의로 진리를 막는 사람들"은
그 생각이 허망하여지고(롬 1:18)에서 "생각"은 인간과 하나
님 사이 대화로서 그것이 단절되고 자기 본인과의 대화로 바
뀜을 의미한다.
　- 그러므로 하나님을 바로 알기 위해서 성경을 통한 하나님 계
시를 의존한다.

B. 우리는 하나님을 결코 온전히 이해할 수 없다.
　- 하나님은 무한하시나 인간은 유한하고 제한되어 있어서 절대
로 온전히 알 수 없다.
　- 하나님의 감추어진 부분, 즉 알 수 없는 부분을 불가해성이라

하며 알 수 있는 부분은 우리에게 나타나신 하나님으로 두 개념이 짝을 이룬다.

ex) 출 33장에서 하나님께서는 이스라엘 백성에게 진노하여 「가나 안까지 인도하겠지만 같이는 안 하겠다. 내가 진노하여 너희 를 멸할까 함이라」라고 하셨는데 하나님의 불가해성을 나타내 는 지극히 크신 하나님의 은혜이다.

C. 우리는 하나님에 대하여 참으로 알 수 있다.

- 하나님을 속속들이 다 알 수는 없지만 성경이 우리에게 증거 하는 모든 것은 참되다.

2) 三位一體

하나님은 성부, 성자, 성령 삼위로 영원히 존재하는데, 삼위는 각 자 완전한 하나님이시다.

그러므로 하나님은 한 분이시다. 신성에 있어서도 차이가 없다.

A. 삼위일체교리는 성경에서 점진적으로 계시되었다.

1. 구약에 나타난 부분적 계시

- 창 1:26 에서 "우리의 형상을 따라 우리의 모양대로"는 "우 리"라는 복수형으로 사용되었으며 창1장에서부터 하나님의 여러 위가 언급되었고 한 분 이상이 관여하였음은 사실이다.

- 시 110:1에서 다윗도 "여호와께서 내 주에게 말씀하시기를 ~ 너는 내 우편에 앉으라."라고 말한 적 있는데, 두 별개의 위 를 언급한다.

- 사 63:10에서 "반역하여 주의 성신을 근심케 하였다"라 했는

데 이는 성령이 하나님과 구분되고 성령이 근심할 수 있는
인격체로서의 감정적 가능성을 의미한다.

2. 신약에서 볼 수 있는 삼위일체에 대한 보다 완전한 계시
   - 예수께서 세례 받으실 때, "하늘이 열리고 하나님의 성령이
   비둘기 같이 임하심을……(마3:16-17)에서 한순간에 삼위 봄
   (성부는 하늘에서 말씀, 성자는 세례 받으시며, 성령은 임재)
   - 신약의 저자들은 일반적으로 하나님은 성부 하나님을, 주는
   성자 하나님을 가리키는 명칭으로 사용했음을 인식한다면 고
   전 12:4-6에서 삼위일체 분명 표현: 은사는 여러 가지나 성령
   은 같고 직임은 여러 가지나 주는 같으며 또 역사는 여러 가
   지나 모든 것을 모든 사람 가운데서 역사하시는 하나님은 같
   으니.

B. 성경의 가르침을 요약하는 세 가지 명제
   삼위일체 교리는 이해할 수 없는 비밀임에도 성경의 가르침을 세
명제로 요약함으로써 진리를 깨달을 수 있다.
1. 하나님은 삼위이시다.(three person, 三位)
   - 요 1:1-2에 "태초에 말씀이 계시니라 말씀이 하나님과 함께
   계셨으니……"는 성부 하나님과 성자 하나님은 구별된다는
   의미(성부와 성자의 독립된 위격)
   - 요 14:26에 "보혜사 곧 아버지께서 내 이름으로 보내실 성
   령……"은 성부와 성령이 독립된 위격임을 보여준다.(성부와
   성령의 독립된 위격)
   - 마 28:19의 예수님 지상명령에서 그리스도께서 하늘로 올라
   가시고 성령을 보내시겠다고 하신 말씀(성자와 성령의 독립
   된 위격)

2. 각 위는 신성에 있어 온전한 하나님이시다.

첫째, 성부 하나님은 분명히 하나님이시다.

- 하나님께서 하늘과 땅을 지으신 것으로부터 명백히 나타나며 신구약을 통해 만물을 다스리시는 주권적 하나님으로 증거 됨

둘째, 성자도 완전한 하나님이시다.

- 요 1:1-4에서 그리스도는 "말씀"으로 소개되었고 요한은 말하기를 그는 "하나님과 함께" 계셨고 또한 "하나님이시라"라고 했다.

셋째, 성령도 온전하신 하나님이시다.

- 마 28:19에 "성부와 성자와 성령의 이름으로 세례를 주라"처럼 세분이 같은 차원에서 다루어졌으며 성부, 성자가 온전하신 것처럼 성령도 온전하시다.

3. 하나님은 한 분이시다.

- 신 6:4-5에 "이스라엘에 들으라. 우리 하나님 여호와는 오직 하나인 여호와시니 너는 마음을 다하고"
- 사 45:5-6에 "나는 여호와라 나 외에 다른 이가 없나니 나 밖에 신이 없느니라." 하나님께서 말씀하실 때 혼자 말씀하시는 것이지 세 분 중 한 분으로 말씀하신 것이 아니다.

4. 단순한 해결안은 성령의 가르침의 한 부분을 부인하게 만든다.

1) "하나님은 삼위이시다"라는 명제 부인 시 세 분이 독립된 인격체라는 사실, 성부가 성자를 세상에 보내시고 성자가 성부께 기도하며 성령이 중보기도 드린다는 사실을 부인하게 된다.

2) "각 위는 온전한 하나님이시다" 부인 시 성령에 있는 삼위 모두 온전한 하나님이심을 부인하는 경우며 종속되거나 창조의 일부로 생각할 수 있으며 성경의 가르침을 부인하는 것이다.

3) "하나님이 한 분이시다"를 부인 시 하나님이 세 분이라는 주장
   이 되며 성경의 가르침과 상충한다.

5. 모든 유비에 의한 설명에는 결함이 있다.
   - "세 잎 클로버"는 각각의 잎이 클로버의 한 부분이요 온전한
     잎이 아니므로 부적합. 삼위일체의 각 인격처럼 독립적이면서
     도 복잡한 개성을 소유하지 않고 있다.
   - "물의 세 형태(증기, 물, 얼음)"는 물의 양이 세 형태의 경우
     같을 수 없고 다른 특성을 가지므로 하나님은 한 분이란 사
     실을 제대로 반영 못함(양태론적 단일군주론)
   - 인간의 경우 농부이면서 사장이면서 장로인 경우 다른 시간
     에 행하는 것은 단지 한사람이다.(양태론, modalism)
   ⇒ 어느 비유도 삼위일체를 제대로 가르치지 못하고 모두 결합
     있다는 결론

C. 하나님은 영원히 필연적으로 삼위 하나님으로 존재하신다.
   모든 오류는 성경의 가르침을 요약한 세 가지 명제 중 하나를 부
인함으로 발생
   1. 양태론은 한 분이 세 가지 형태로 우리에게 나타나신다고 주장
한다.
      - 사벨리우스주의와 양태론적 군주주의: 하나님은 세 위가 아니
        라 다만 다른 여러 형태로 자신을 계시하셨을 뿐 우주에는
        오직 한 분의 통치자 하나님이시다 주장
      ⇒ 양태론의 결정적 결합은 성경에 나타난 삼위간의 개인적 관계
        부인 및 속죄의 핵심을 읽게 된다.

   2. 아리우스주의는 성자와 성령의 완전한 신성을 부인한다.

a. 아리우스논쟁

　－성자는 어느 한 순간에 성부에 의해 창조되었고 창조 전에는 다만 성부만 존재 주장, 325년 니케아 공의회에서 이단 정죄, 창조의 의미가 아니라 낳으신 것으로 이해했으며 381 큰스탄티노플 공의회에서 재확인했고 니케아 신경은 그리스도는 성부와 "동일 본질" 주장

b. 성자 종속설

　－성자가 영원하며 하나님이지만 그럼에도 존재와 속성에 있어 동일하지 않고 성자는 성부에 비해 열등하고 종속됨 주장, 초대교회 교부 오리겐 (185-254)지지

c. 양자론

　－예수께서 세례 전까지는 보통사람, 세례 통해 양자로 입양하시고 초능력을 주셨다는 이론

d. 삼위일체 교리의 중요성

첫 　째, 대속의 문제가 된다.

둘 　째, 성자의 신성 부인 시 이신칭의 가르침 문제로 대속 관련됨

셋 　째, 예수님이 무한하신 하나님이 아니라면 예배의 대상으로서 무의미

넷 　째, 피조물인 그리스도로 우리를 구원했다면 구원의 공적을 불교 등 다른 피조물로 돌리게 된다.

다섯째, 하나님의 독립성과 개인적 성품에 문제 생긴다. 내재적 삼위일체 하나님문제

여섯째, 우주의 통일성 문제 생긴다.

3. 삼신론은 하나님이 한 분뿐이심을 부인한다.

　－하나님은 삼위이시고 세 인격체가 모두 완전한 하나님이라면 하나님은 세 분이시더라는 주장

D. 성부와 성자와 성령 사이에는 어떤 구분이 있는가?

1. 삼위일체 각 위는 세상과의 관계에서 각기 다른 기능을 지닌다.
   - 삼위일체의 질서라는 말은 삼위가 세상에 대해 상호 간에 다른 방법으로 관계하심 의미
   - 창조에서 성부 하나님은 우주가 존재하도록 말씀하셨고 성자 하나님은 이 말씀이 이루어지도록 하셨다. 성령께서 수면 위를 운행하셨음도(창 1:2) 하나님의 임재 증거이다.

   구속사역에 있어서도 성부 하나님은 구속을 계획하시고 아들을 보냈고(요 3:16, 갈 4:4) 성자는 순종으로 구속을 성취

   - 따라서 창조와 구속에 있어서 성부의 역할은 계획을 세우고 아들과 성령을 보내는 것이었다고 말할 수 있다. 삼위일체의 각 위는 신성에 있어 동등하지만 역할에 있어서는 종속적이다. 이 역할 차이는 일시적인 것이 아니라 영원히 계속될 것이다.

2. 삼위일체의 각 위는 영원히 성부와 성자와 성령으로서 존재한다.
   - 이 진리는 종종 "존재론적 동등함과 질서적 종속"이라는 말로 요약된다.

3. 하나님의 존재와 삼위 사이에는 어떤 관계가 있는가?
   - 325 니테아 공의회에서 "삼위일체 결정 중요 역할 하였다. 아타나시우스신경에서도 성부, 성자, 성령은 각 한 위격이시나 한 분이심을 강조했다.
   - 세 개의 클로버처럼 각 위가 1 / 3을 차지하는 것도 아니며
   - 삼위일체의 각 위는 단순히 하나님을 보는 관점의 차이가 아니다. 즉 시각을 달리하면 한 분밖에 안보이게 되는 양태론적

단일군주론에 빠질 수 있다.

지금까지 조직신학의 전반적인 이론을 단편적으로나마 거론하였다. 요약하면 다음과 같다.

전통적으로 조직신학은 서론, 신론, 인간론, 기독론, 구원론, 교회론, 종말론의 일곱 부분으로 나누어져 설명된다. 엄밀히 말하자면 이 여섯 "론"들이 조직신학이라고 할 수 있고 이 여섯 가지 문제에 들어가기 위해서 미리 다루어야 하는 내용이 서론이라고 할 수 있다. 어느 학문에서나 서론에서는 연구의 대상(What)과 연구의 방법(How)의 문제를 다루게 마련이다. 특히 신학에서는 연구의 의의(Why)의 문제가 꽤 중요하게 다루어지며, 연구자(Who)의 문제와 연구기간(When)의 문제도 상당히 중요하게 언급되곤 한다. 연구 장소(Where)를 이야기하는 사람도 있지만 주로 그것은 How의 문제에 포함되는 것으로 보인다. 일반적인 조직신학의 분류를 필자는 파괴하였다. 그 이유는 단연히 의도적이라고 할 수 있다. 기존의 가치관, 이론, 생각들이 천편일률적이기에 목회자들이 발전하지 않고 교회가 부흥되지 않고 있다고 보기 때문이다. 이제는 변화에 민감한 지도자들이 필요한 때이다. 조직신학도 변화하여야 한다. 보는 시각부터 다양화하여야 한다. 때로는 심도 있게 한 부분만을 연구할 줄 알아야 한다.

발전하는 신학, 발전하는 목회, 발전하는 전도가 되기 위해 진정한 조직신학을 현장감 있게, 즉 현실적인 이해가 필요하리라 본다.

조직신학은 움직이고 있다. 시대에 맞게 그리고 가치관의 변화에 따라 보는 관점이 달라지고 있다. 본질적인 진리는 변하지 않지만 그것을 이해하고 보는 시야는 다르다는 것이다. 그러므로 나만이 옳은 신앙인이고 내가 믿는 방법만이 정답이라고 생각하는 우물 안 개구리식을 탈피해야 한다. 신 중심의 사상으로 바뀌어야 한다. 첨단과학적 조직신학으로 거듭나야 한다. 프로페셔널한 조직신학인 것이다.

한만봉(韓萬奉)
Han Man-Bong

1994. U.S.A. Midwest College (M.Div, Hon, D)
2002. 고려대학교(교육정책학 석사 – 수석장학생)
2005. 성균관대학교 대학원 박사Candidate(교육행정학 전공)
1995. 한국어린이선교원신학교 캠퍼스 분교 학장
2002. 고려교육정책학회 상임회장(학진 학회검색가능)
2002. 고구려대학교 설립추진위원회 법인이사
2003. 한주신학 학술원 설립이사(교수)
2004. U.S.A. Cohen University 정책학과 cross-appointed professor
2005. U.S.A Holy People University Campus 유학담당 지도교수
2005. PHILIPPINE PRESBYTERIAN THEOLOGICAL COLLEGE
　　　객원교수
2005. 혜전대학 adjunct professor 교수
2005. 지방분권신문사 사장(대표 이사)

•주요논저•

우리나라의 복지행정제도에 관한 고찰 연구(1988)
Kal Barth의 신관 연구(1988)
한국 민중문화와 민중 신학 연구(1992)
Rein hold Niebuhr & Marx 에 대한 상관관계 연구(1993)
A CHRONOLOGICAL HARMONY OF THE RESURRECTION
　　　APPEARANCES OF JESUS THE MESSIAH(1994)
북한종교의 변화 전망 연구(2002)
교육위원회와 지방의회간의 갈등 현상에 관한 연구(2001)
조선조 과거시험 방식의 정책적 분석(공동, 2005)
조선의 과거제도에 대한 정책적 연구(공동, 2005)
조선왕조 과거제도 인사정책 연구(공동, 2005)
조선왕조 과거시험주기 정책적 주장 분석연구(공동, 2005)
조선왕조 과거제도가 현대 정책에 주는 의미(공동, 2005)

과거제도 시험주기의 정책 분석연구(공동, 2005)
북한 종교지형 변천 정책 분석연구(공동, 2005)

『대학생활영어 ENGLISH LANGUAGE』(공저)
『행정경제교육』(저술)
『행정정책기획론』(저술)
『의원학』(저술)
『국회의원학』(저술)
『교육정책학 상』(저술)
『교육정책학 하』(저술)
『산학협동교육학』(저술)
『현대교육학실기론』(저술)
『현대환경행정론』(공저)
『행정사무관리론』(공저)
『영재교육심리』(저술)
『인사행정학』(저술)
『행정복지론』(저술)
『조직신학』(공저)
『7만교인 교육론』(저술)
『교육학과 비서행정』(저술)
『행정복지론』(저술)
『동양환경행정』(저술)
『아다르마성공비법』(저술)
『실기교육방법론』(저술)
외 다수

• 연락처 •

doctor@skku.edu   010-4432-8561   041-633-8561,
633-5741, 631-2094

정 바 울

Jung Paul

S.D 신학대학교 졸업

경희대학교 교육대학원 졸업

U.S.A. Bethany 대학원 선교학박사

U.S.A. Medison 대학교 교환교수 역임

U.S.A. Holy People University 캠퍼스 교수 역임

캘리포니아 대학교 대학원 교환교수 역임

합동총회신학원 학장 역임

대한예수교 총회(개혁보수 부총회장)역임

대한예수교 총회(합동보수 부총회장)역임

한화전기통신그룹 대표이사 역임

세계바울선교협의회 회장 역임

세계영성부흥협의회 상임회장 역임

중국선교사로 3년간 중국에서 교회개척사역 100곳 이상 집회

고구려대학교 설립추진위원회 대표이사

지방분권신문사 서울지국장

현, 한국어린이선교원신학교 캠퍼스 학장

성화전기공업주식회사 영업이사

대학출강 특강 다수

『조직신학』(공저)

외 다수

조직신학

- 초판 인쇄   2008년 7월 15일
- 초판 발행   2008년 7월 15일

- 지 은 이   한만봉 · 정바울
- 펴 낸 이   채종준
- 펴 낸 곳   한국학술정보㈜
           경기도 파주시 교하읍 문발리 513-5
           파주출판문화정보산업단지
           전화   031) 908-3181(대표) · 팩스   031) 908-3189
           홈페이지   http://www.kstudy.com
           e-mail(출판사업부)   publish@kstudy.com
- 등   록   제일산-115호(2000. 6. 19)
- 가   격   33,000원

ISBN   978-89-534-9703-0 93200 (Paper Book)
          978-89-534-9704-7 98200 (e-Book)